本书为国家哲学社会科学基金项目
"美国国家档案馆藏新民主主义革命未刊资料搜集、
整理与研究（19BDJ080）"的阶段性成果

新民主主义革命根据地粮食政策与实践研究

陈德军 著

复旦大学出版社

目 录
CONTENTS

引 言 ·· 1

上 篇
革命性与组织性的实践辩证法：苏维埃时期红军的粮食供应

第一章 红军组织结构与粮食供应：制度层面的视角 ·········· 14
第二章 红军粮食供应的内部机制：微观层面的视角 ·········· 29
第三章 革命性与组织性（上）：红军粮食的自我供应 ·········· 47
第四章 革命性与组织性（下）：红军粮食的苏区供应 ·········· 64
本篇小结 ·· 89

中 篇
地方共同体的财政之道：全面抗战时期陕甘宁边区征粮工作

第一章 "取之有道"：政治共同体战略与边区征粮 ·········· 98
第二章 自上而下的革命：边区征粮干部体系及其表现 ·········· 132
本篇小结 ·· 173

下 篇
整体主义体系的起源与形成：东北解放战争是如何解决粮食问题的

第一章 "食"随"心"动：东北解放区的历史意志与粮食政策 ·········· 180

第二章 "予"与"取"：东北解放区粮食政策的本体论与方法论 …… 193
第三章 一个整体性组织体系的形成（上）：以生产领域的粮食
　　　 为线索 …………………………………………………… 217
第四章 一个整体性组织体系的形成（下）：以财政领域的粮食
　　　 为线索 …………………………………………………… 234
本篇小结 ……………………………………………………………… 255

结　语 ………………………………………………………………… 259

征引文献 ……………………………………………………………… 264

表 目
CONTENTS

表 2-1　杨家沟马维新历年负担情况一览表(1912—1941年)……… 105

表 2-2　陕甘宁边区各级党委干部文化调查统计表 ………………… 150

表 2-3　高崞与青化砭仓库借粮情况表 ………………………………… 157

表 3-1　1948年11月辽宁省各级机关团体粮食生产自给表 ……… 230

表 3-2　1947年吉南各级政府编制表 ………………………………… 243

表 3-3　1948年上半年吉林省编制检查情况表 ……………………… 252

引　言

　　意大利历史学家克罗齐表示："当代史固然是直接从生活中涌现出来的,被称为非当代史的历史也是从生活中涌现出来的。"①沿着克罗齐的思想路线,在某种意义上,我们不妨认为,政治史固然是有关政治的历史,非政治的历史从根本上讲也是不可能不具有政治意义的历史②。

　　粮食的历史即是如此。1947年7月,蒋介石在全国粮政会议上强调各省粮食之征实,为国民党"戡乱"总动员的首要工作③。而在中国共产党领导下的东北解放区,粮食却经历了另一种政治过程。在该解放区,三年来,前后方农民省吃节用,争先恐后,在冰天雪地的奇寒天气中,把数以百十万吨的粮食,积极缴纳给中共领导下的政权,不仅充分而及时地保证了作战部队的供给,并使中国共产党握有必要的物质力量,得以解决战争中的极端财政困难④。所以,粮食植根于自然土壤,亦植根于特定的政治社会土壤之中。

　　在中国共产党领导、开辟的新民主主义革命根据地里,每一颗粮食,从种植、收获、流通到初次分配或再分配,就无一不表明它"身不由己"。

---

① 贝奈戴托·克罗齐:《历史学的理论和实际》,傅任敢译,商务印书馆2017年,第2页。
② 蒋介石往往片面误读共产党的惊人发展,认为共产党的长处不在于政治,而在于组织和宣传。这令他反省自身治党失败时往往似是而非、不得其要。他说:"我们如果失败,也失败在党的组织和宣传方面。"不过,他在实际中却不知不觉地试图重校国民党的政治方向,并考虑征收财产税与土地税,实行"平均地权"与"调节贫富"等。可参见周美华编辑:《蒋中正"总统"档案·事略稿本》(70),台北"国史馆"2012年,第195、318、712页。
③ 周美华编辑:《蒋中正"总统"档案·事略稿本》(70),第441页。
④ 东北粮食总局:《三年来粮食工作总结报告(1949年6月)》,东北解放区财政经济史编写组编:《东北解放区财政经济史资料选编》(第四辑),黑龙江人民出版社1988年,第226页。

不仅如此,新民主主义根据地有关粮食的种种决策举措与行动,若进一步深究其根源,都与中国共产党人追求新世界的政治抱负息息相关①。确实,如果从1927年算起,那么,新民主主义根据地的历史大致有二十多年。在这二十多年里,各革命根据地风雨如晦、艰苦卓绝,涉及粮食的政策与实践,林林总总、纷繁变化,但是,都源自中国共产党始终秉持不屈不挠、不断筹划与奋斗的历史性抱负。

然而,至今为止有关苏区时期、全面抗战时期以及解放战争时期革命根据地粮食问题的研究,一个较大的遗憾,就是没有尝试由表及里,深入政策与行动的背后的政治本源,追溯它们是如何系统性地展开的。这里我们不妨举其荦荦大者,从不同的角度回顾一下既往的讨论与考察。

(一) 主题方面

对于革命根据地粮食问题的研究,若从主题看,归纳起来,大致有财政、经济、军事等三大类别。

财政主题的研究,主要表现为不同形式的农业税收问题。这已是中共党史研究的一个经典议题。李成瑞的《抗日战争时期几个人民革命根据地的农业税收制度与农民负担》系统考察了以"救国公粮"为主要形式的农业税,指出其与过去田赋制度的原则区别在于:实行累进税制、有免征点、限制地租以及征收工作由民主政府领导而不再由土豪劣绅操纵。他指出:"抗日根据地农业税收制度的建立和巩固为第三次革命战争时期农业税收制度的改进打下了良好的基础,并为全国解放后的农业税收制度在全国范围内的建立,提供了宝贵的经验。"②在《第三次国内革命战争时期几个革命根据地的农业税制度》中,李成瑞进一步指出:各根据地政府将过去的累进税制改变为有免征额的比例税制,适应了当时土地大体平分的情况,"成为鼓励农民增产、动员财力物力支援战争的有力工具"③。中华

---

① 《中国共产党宣言(1920年11月)》,中央档案馆编:《中共中央文件选集》(第一册),中共中央党校出版社1989年,第548页。
② 李成瑞:《抗日战争时期几个人民革命根据地的农业税收制度与农民负担》,《经济研究》1956年第2期。
③ 李成瑞:《第三次国内革命战争时期几个革命根据地的农业税制度》,《经济研究》1958年第3期。

人民共和国财政部的一个专门研究小组,系统考察了中国历代以来的农民负担,其中亦涉及革命根据地的粮食征收问题[①]。

经济主题的研究,主要以农业生产为重点,论述各革命根据地采取多种政策举措,克服包括粮食在内的物质困难。邱松庆分析中央苏区农业恢复与发展的主要原因是:土地所有制的转变;实行"农业第一、以粮为主"的方针;有一支密切联系群众、全心全意为人民服务的干部队伍[②]。一些研究认为:由于大生产运动,抗日根据地不仅"为粉碎日本帝国主义的疯狂进攻和国民党反动派的包围封锁",提供了足够的物质力量,其所积累的经验和所培养的干部,对于以后新中国的经济建设,"也不是没有意义的"[③]。还有学者肯定了抗日战争和解放战争时期,山东解放区多种形式的劳动互助合作组织,对于提高劳动生产率,解决解放区军民粮食供给所起到的作用[④]。

军事主题的研究,往往关注战争期间,粮食方面是如何组织供应的。革命根据地,其所以能够存在和发展,是由于实行武装割据,故而在此范畴之下形成的论著,数量众多,其趋势至今仍是方兴未艾。其中,《中国人民解放军后勤史》系列著作在这一学术发展路径中具有标杆性意义[⑤]。最近的研究则有陈佳对第五次反"围剿"后期松毛岭战役的考察,认为为保障系列战斗的进行,中共中央及福建党政军领导机关积极准备,苏区民众踊跃支前。在此过程中,在军队中建立的预决算制度,为后勤工作的规范化进行了有益的探索[⑥]。黄志高认为,红二十五军在围攻七里坪之后,由于其军事行动逐渐受制于粮食,最终被迫放弃鄂豫皖苏区[⑦]。王士花强调,山

[①] 中华人民共和国财政部《中国农民负担史》编辑委员会编著:《中国农民负担史》第3卷,中国财政经济出版社1990年。
[②] 邱松庆:《略论中央苏区的农业生产》,《中国社会经济史研究》2002年第2期。
[③] 刘永之:《抗日战争时期解放区的大生产运动》,《新史学通讯》1954年11月号;张水良:《抗日战争时期解放区军民农业大生产运动》,《厦门大学学报(哲学社会科学)》1965年第6期。
[④] 刘大可:《山东解放区的农业互助合作运动》,《东岳论丛》1991年第2期。
[⑤] 该系列著作中,土地革命战争时期,由吴学海主编,金盾出版社1992年出版;抗日战争时期,由郭清树、李葆定主编,金盾出版社1995年出版;解放战争时期,由张德良、徐庆儒主编,金盾出版社1999年出版。
[⑥] 陈佳:《第五次反"围剿"中松毛岭战役的后勤保障》,《党史研究与教学》2021年第6期。
[⑦] 黄志高:《地缘·粮食·革命:鄂豫皖苏区的际遇与困境》,《党史研究与教学》2019年第5期。

东抗日根据地为保障粮食供应,不仅在征收前后需要进行一系列反抢粮斗争,还要在行政力量和军事力量的配合下,灵活运用经济法则,实施反封锁措施,充分发挥党政军民相互配合的一体化力量①。有的研究以冀东解放区为对象,详尽阐述了其为支援辽沈、平津两大战役,积极开展常态化思想政治教育,健全各级战勤组织,在粮食供给等方面所取得的巨大成绩②。

(二) 方法方面

若以方法而论,革命根据地的粮食研究以宏观叙事为主。耐人寻味的是,21世纪初以来,当革命功过是非的论定不再是学术的头等任务时,人们反而欣赏起宜细不宜粗的历史美学,从微观上描述根据地粮食的种种命运与遭际。

不过,从宏观上考察不同革命时期各地面临的粮食危机以及由此采取的各种应对措施,始终是新民主主义根据地粮食问题研究的主流。黄正林在研究抗战时期陕甘宁边区粮食问题时指出,位于黄土高原上的陕甘宁边区,粮食生产环境不算优越,但是由于中共和边区政府多方努力,增加粮食生产、保障粮食供应,边区粮食问题得以成功解决,粮食产量大幅度提高,农民负担也相应减轻,度过了抗战最为艰难的时期③。

最近有少数作品,致力于从微观上深描革命根据地的征粮机制。比如,李铁强没有沿用传统的阶级分析方式,而是将根据地社会里的个体都视为理性经济人,以此为角度,注意到农民、士绅与政府三者行动逻辑的汇聚,形成抗战时期鄂豫边区克服粮食危机的一种共同体机制④。孙超以1934年"于都检举"为切入点,认为苏维埃政府为提高资源动员效率,采取了划分阶级、发起运动等诸多方式⑤。

在这方面,周祖文的系列研究尤为瞩目。他在考察陕甘宁边区救国

---

① 王士花:《中共山东抗日根据地的粮食保卫战》,《军事历史研究》2019年第4期。
② 刘艳静、王广义:《"一切为了前线":解放战争时期冀东解放区的支前工作》,《党的文献》2023年第4期。
③ 黄正林:《抗战时期陕甘宁边区粮食问题研究》,《抗日战争研究》2015年第1期。
④ 李铁强:《抗战时期鄂豫边区粮食危机中的政府、士绅与农民》,《党史研究与教学》2012年第5期。
⑤ 孙超:《米谷与革命:中央苏区后期的资源动员》,《中国农业大学学报(社会科学版)》2020年第4期。

公粮征收时,勾勒出累进条例、政治动员、民主评议与土地调查之间的相互关系,以及其重心如何不断转换①。在考察1940—1944年晋西北救国公粮征收时,他发现,中国共产党以村庄为中介和征收单位,利用村庄内的宗族、租佃关系等矛盾,将农民与国家勾连起来,以充分地动员农民②。

这些微观研究,之所以可以表征一个新时代的来临,在于它们有比较明确的学术自觉。事实上,朱玉湘在20世纪80年代研究山东抗日根据地有关救国公粮"合理负担"政策时,就注意到当时山东省战时工作推进委员会为公平起见,以"村"为征收的基础单位。一村之内,除特别贫穷无力负担者或者特别富有应有特别负担者之外,"其余村户均按贫富程度之不同,分为十等分别负担之"。但是,他也只是仅此而止,"村"在他的研究中,没有作为一个充满意义的历史场域。朱玉湘所关怀与追求的,是山东抗日根据地"合理负担"政策对于现实的指导意义③。

(三) 观点方面

如众所知,直至今天,海内外还在从不同角度探讨新民主主义革命的制胜之道④。而根据地的粮食决策与表现,作为新民主主义革命的一个重要组成部分,人们随之亦有不同的认识与评价。大致看来,有三个方面的取向:注重革命根据地在粮食方面取得的成效及其原因;考察革命根据地在粮食方面存在的问题以及原因;以革命根据地粮食工作过程为重点,试图超越功过成败之争⑤,专注于发掘其中的某种历史机

---

① 周祖文:《动员、民主与累进税:陕甘宁边区救国公粮之征收实态与逻辑》,《抗日战争研究》2015年第4期。
② 周祖文:《封闭的村庄:1940—1944年晋西北救国公粮之征收》,《抗日战争研究》2012年第1期。
③ 朱玉湘:《山东抗日根据地的"合理负担"政策》,《文史哲》1985年第3期。
④ 正如马克·塞尔登(Mark Selden)所说:"(有关中国革命的)这些史实清楚无误",但是对于中共革命事业的评价以及其制胜的原因,"依然聚讼不已"。详见 Mark Selden, "Yan'an Communism Reconsidered", *Modern China*, Jan., 1995。
⑤ 比如同样是研究川陕苏区粮食供给问题,罗其芳论述该地苏维埃政府通过土地革命、向富农征收公粮、对地主豪绅实行没收以及鼓励粮食进口等措施,成功地解决了粮食供给问题(参见罗其芳:《川陕苏区军政人员粮食供给问题探究》,《四川文理学院学报》2016年第1期)。但是刘宗灵、郑祥文却指出:红四方面军入川后,虽然提出和采取了一系列重要举措,以缓解粮食危机,但是由于红军阵地不断收缩,国民党军合围之势逐渐形成,苏区粮食的匮乏状况依然严重,最后不得不进行战略转移(参见刘宗灵、郑祥文:《川陕苏区的粮食供应问题探析》,《苏区研究》2023年第6期)。

制或特征。

应该说,不少论著都倾向于论述革命根据地不同程度地成功解决了其所面临的粮食问题。这些论述从不同时期、不同地方,源源不断地汇入1949年新民主主义革命胜利叙事总体性框架之中。我们姑举数例。邱明华强调,中共中央和苏维埃政府为粉碎敌人第四、第五次"围剿",发行借谷票、经济公债,累计筹粮140万担以上,为政府和红军的粮食补给"奠定了扎实的物质基础","彰显了不朽的'苏区精神'"①。郝平、李淑蘋则分别撰文认为,抗战时期太行太岳、晋察冀边区所推行和创设的一整套措施和制度,化解了粮食危机,为抗战胜利奠定了重要的物质基础②。刘信君和王丽君在论述东北解放区粮食供需紧张之后,也指出中共中央东北局一方面千方百计增加粮食供应,解决农民土地问题,开展生产运动,采取合理负担的征购原则,另一方面整理财政,严格粮食制度,精简机关,降低供给标准,从而"顺利解决了东北解放区的粮食供需紧张问题","为解放战争的胜利奠定了重要的物质基础"③。而杜赞奇则强调中国共产党通过清除长期盘踞乡间的赢利型经纪人,根治了自明朝以来历届政府所无法解决的偷税漏税难题④,其学术说服力和思想启示意义是不少新民主主义革命论著所难以企及的。

另外有一些学者,主要关注战争对根据地粮食生产与供应的严重制约作用。1932年10月红四方面军撤离后,鄂豫皖根据地出现了群众饿死的情况,"吃树叶子和糠秕",红二十五军也因为饥饿而战斗力锐减,无法展开军事行动。张雷分析认为,国民党对根据地粮食储藏及农业生产的破坏、封锁粮食,是造成鄂豫皖根据地粮食危机的主要原因。虽然中共鄂豫皖省委和红二十五军采取了多种措施,但是由于反"围剿"的军事斗争无法取得胜利,粮食危机无以从根本上化解。这迫使红二十五军不得

---

① 邱明华:《中央苏区四次重大筹粮活动的成效、措施及启示之探析》,《苏区研究》2020年第1期。
② 郝平:《太行、太岳革命根据地粮食危机及应对》,《安徽史学》2016年第6期;李淑蘋:《试论晋察冀抗日根据地的救国公粮制度》,《晋阳学刊》2007年第2期。
③ 刘信君、王丽君:《东北解放区粮食问题的应对和解决》,《党的文献》2023年第3期。
④ 杜赞奇:《文化、权力与国家——1900—1942年的华北农村》,王福明译,江苏人民出版社1996年,第240—241页;也可参见孔飞力:《中国现代国家的起源》,陈兼、陈之宏译,生活·读书·新知三联书店2013年,第92—94页。

不进行长征①。胶东解放区在全面内战爆发后,由于财粮紧张,被迫追加征收公粮。1946年人均粮食产量200—500斤者,与往年相比,征收比率增加超过40%。对此,胶东行署及时发还了部分公粮。但是,受制于国共战争持久扩大,如何减轻农民粮食负担,始终是解放区政府的一大难题②。

最近出现的少数研究,以粮食问题为切入点,深入探讨中国共产党在陕甘宁边区构建政治共同体的战略抱负,促使其运用村落共担、发现"敌人"以及群众斗争等方式,重塑传统征粮中强制性的征缴关系。根据地的征粮工作成为某种政治与社会信仰的表达③。还有研究通过叙述全面抗战初期八路军从进入山西到立足华北的过程中,其所面临的军费、粮草等问题以及解决的途径,重建了抗日根据地有关粮食供应的军事财政体系从无到有的形成过程,以展现党、军队与政权之间在互动中形成的地方财经秩序④。这种取向的研究,一直试图"保持客观",但仍难以抑制地作出某种主观性的评价,而且不管承认与否,多少印证了克罗齐所说的历史源于生活的观点。

如果考虑到民国"礼崩乐坏"、宏大的一元化叙事几乎完全解体,充满着种种政治的斗争以至于战争⑤,那么,上述雪泥鸿爪式的学术史回顾,一个颇令我们意外的关键之处是,有关新民主主义革命根据地粮食决策与表现的诸多研究视角中,唯独政治视角严重地缺位⑥。

---

① 张雷:《1932—1934年鄂豫皖革命根据地粮食危机探析——兼论红25军长征原因》,《军事历史研究》2018年第6期。
② 邓广:《加征与发还:战后初期胶东解放区公粮征收的考察》,《中国农史》2016年第2期。
③ 陈德军:《抗日战争时期陕甘宁边区的征粮政策与实践(上、下)》,(香港)《二十一世纪》2021年第4,5期。
④ 李玉蓉:《从进入山西到立足华北——1937—1940年八路军的粮饷筹措与军事财政》,《抗日战争研究》2017年第4期。
⑤ 比如,国民党东北行辕政委会为"加强政治战斗起见",决定在各机关编制原有人员中挑选精干者编组政治工作队,并一再声称:文化、教育须"提高其政治性";发动政治战,"以加强戡乱力量"等。
⑥ 马克·塞尔登批评查尔默·约翰逊(Chalmers Johnson)不太注意抗战时期中共土地政策的意义,忽视了根据地的生活之所以与其他地方不同,在于其所实行的具有竞争力的经济、政治与社会纲领(Mark Selden, "Yan'an Communism Reconsidered", Modern China, Jan., 1995)。但是塞尔登没有深入地从政治的角度把握和分析中共(粮食)政策。这经常使他陷入各抗日根据地之间的差异或者1949年前后的对比之中,无法一般地探讨中共的政治性质。

冷战时期的学者,不管身处于哪个阵营或者阵营中哪个派别,往往是对政治原初含义被动的、不自觉的遗忘,而最近的研究则是没有深入认识到中国共产党自从诞生以来一直处在激烈紧张的政治斗争之中,其所有的战略、政策与表现都不能不讲政治(效果)①。事实上,黄克诚在东北解放军后勤干部的一次会议上强调:"我们打了二十年仗,从没有仓库,没有工厂,没有枪支子弹干起,到现在这样大的规模,是从哪里来的呢? 主要是从做政治工作中来的","我们老解放区还好一些,在鄂豫皖新区的部队,又要打仗,又要吃粮食,还要群众拥护我们,这是不是简单的事?""当兵的要不怕死,要吃苦,行军打仗,还要打胜仗,升了干部也不一定有多大味道","没有政治工作能行吗?""我们后勤工作过去没有搞好,就是政治工作弱的缘故"。他问道:"大家看看蒋介石天天下命令,那样硬! 但还是天天打败仗,毛主席只颁布了三大纪律八项注意,我们就天天打胜仗,陕北每天只发出一些新闻消息、社论、文章,又不给大家老婆、钱、房子","但是几百万党员就这样自觉的干下去了","这是什么道理呀? 难道还不明白吗?"黄克诚批评一些人"革命十几年,连我们力量的基本源泉在哪里都不知道"。他希望"每个同志都懂得政治工作","都能以政治工作的方法去处理问题,去工作"②。

既然政治对于人类的命运是如此地注定与攸关③,那么无论是哪一种遗忘,都应该拒绝,它们会让人无法深思熟虑,获得一种认识论上的优势,更为客观地把握历史的原动力。解放战争时期,国民党方面在经历重大挫败、屡遭千钧一发的危机之后,其高层开始幡然有所醒悟。在国民党军队仿照美制、废除党部、改行新闻制度后不久,1947 年 6 月,蒋介石重

---

① 陕甘宁边区参议会的一份决议案讲到:边区地广人稀、经济文化落后、极端分散的面貌之所以有惊人的改变,根本关键在于,"彻底实行了革命三民主义即新民主主义的政治"。可参见《陕甘宁边区第二届参议会第二次大会关于政府工作报告的决议(1944 年 12 月 19 日)》,陕西省档案馆、陕西省社会科学院合编:《陕甘宁边区政府文件选编》(第八辑),档案出版社 1988 年,第 468—469 页。
② 《印发黄克诚同志讲话(1948 年 1 月 12 日)》,后勤学院学术部历史研究室、中国人民解放军档案馆编:《中国人民解放军后勤史资料选编(解放战争时期)》(第六册),金盾出版社 1992 年,第 716—717 页。
③ 墨菲(Chantal Mouffe)指出:"政治不能被局限为一种制度,也不能被设想成仅仅构成了特定的社会领域或社会阶层","它必须被构想为内在于所有人类社会并决定我们真正的存在论条件的一个维度"。尚塔尔·墨菲:《政治的回归》,王恒、臧佩洪译,江苏人民出版社 2008 年,第 3 页。

新下令陈诚加强各部队的政治工作,每团组设"人民服务队"①。1948年2月,国民党军队新闻局改组为政工局,恢复政工制度。只是历史大势已成,难以回天逆命②。

  在新民主主义革命的过程中,中国共产党的唯物主义历史观表现出强大的对抗与缝合作用,不同时期、不同程度地促成了内外双重的革命性阵线(团结),在影响、重塑既有的政治阵线组合时具有举足轻重的历史分量③。与中国共产党同时代的大大小小的其他政治力量,其存在与活动,不仅足以提示我们党的战略与行动是政治的,始终面临着形形色色的纷争与对抗④,也让我们看到其他政治力量,虽然亦有一定的社会基础(革命性),抑或有相当的组织基础(组织性),但是两者之间能够相互为用、相得益彰者几希⑤,因而多无法担当中国革命的领导大任⑥。某种程度上,这也意味着西达·斯考契波(Theda Skocpol)等人在现代革命的跨国比较研究中所形成的四大宏观结构性要素(脆弱的政权、纷争的精英、快速

---

① 可参见周美华编辑:《蒋中正"总统"档案:事略稿本》(70),第68—69、218—219、325页等。
② 蒋介石并未就此屈服,而是试图通过救心以实现救世。他抄录南宋陈宗礼的一段话以自勉:"天命人心,因其警戒而加敬畏,天命未有可回,因其未坠而加绥定,人心未尝不可回。"然而,蒋介石没有将历史唯物主义作为指导思想,其能引为指针者,仅仅是"反身修德"。详见周美华编辑:《蒋中正"总统"档案:事略稿本》(70),第89页。
③ 在乔治·凯南(George Kennan)看来,马克思主义有关封建的、前资本主义社会发展到人民共和国的革命规划,对于当时整个中国有着巨大的情感号召力。详见Record of Round-Table Discussion by Twenty-Five Far East Experts with the Department of State on 'Amercian Policy Toward China'", October 6, 7 and 8, 1949, HST-PSF, Subject Files, *Foreign Affairs File, 1940-1953: China*,美国国家档案馆藏,馆藏号750241,第15页。
④ 政治社会的动态多元性不仅表现在布罗代尔(Fernand Braudel)所说的上层事件史层面,更存在于长时段的底层社会之中。王国斌(R. Bin Wong)曾提到:清朝灭亡后的40年间,各种持有不同信仰的政治与社会激进分子,纷纷进入到县级的乡村社会,"这些人包括持儒家关于社会秩序之观点的梁漱溟、受到西方影响鼓吹自由改革的晏阳初,还有'主张重新建构农村社会关系的毛泽东'。王国斌认为,这些创造农村社会秩序的各种策略与意识形态是相互对抗的。参见王国斌:《转变的中国——历史变迁与欧洲经验的局限》,李伯重、连玲玲译,江苏人民出版社1998年,第228—231页。
⑤ 蒋介石多次要求其部属研究共产党的"组织"与"精神",其部属亦以为有必要积极组织一个严密而坚强的革命团体。(可参见周美华编辑:《蒋中正"总统"档案:事略稿本》(70),第4—5、13页。)不过,1948年3月熊式辉向蒋介石痛陈:对于国民党而言,"今日之事乃害于有组织之形,无组织之用"。详见熊式辉:《海桑集:熊式辉回忆录(1907—1949)》,明镜出版社2008年,第664页。事实上,至少从抗战时期开始,蒋介石就在不断哀叹国民党已经丧失革命精神。
⑥ 王新亭曾讲到:"记得贺龙同志在延安时说过'离开党就什么也干不成',这话虽然简短,但它是经过无数实践证明了的真理。"见王新亭:《王新亭回忆录》,解放军出版社2008年,"写在前面的话"。

的人口增长以及国际侵入)①,难以充分解释1949年中国革命的胜利。

1948年的时候,毛泽东将中国共产党人的阶级革命主张,升华凝练为"新民主主义革命总路线"②。其实,它从一开始就渗透到各个领域,粮食亦在其中。欧内斯特·曼德尔(Ernest Mandel)的不少观点固然需要辩证看待,但是他深刻地指出:"在社会主义革命中,你同时需要具备两个要素:尽可能高的阶级觉悟以及最广泛的人群拥有尽可能高的自我组织和自我活动水平。"③在本书中,我们将以苏区时期红军组织、全面抗战时期的陕甘宁边区政府,以及东北解放区有关粮食的决策与表现为主要阵地,从中考察中国共产党人思想上的革命逻辑,以及在实践中不断发展的组织逻辑④,是如何辩证交织成为一条曲折多变的新民主主义革命道路的,并由此进一步思考整个过程为什么远比人们迄今所认为的更为独特、深刻、复杂与充满着各种不确定性。

---

① 可参见 Jack Goldstone, "Revolution", in Joel Krieger ed., *The Oxford Companion to Comparative Politics*, Oxford: Oxford University Press, 2013; Theda Skocpol, *States and Social Revolutions: A Comparative Analysis of France, Russia, and China*, Cambridge: Cambridge University Press, 1979; Barrington Moore, *Social Origins of Dictatorship and Democrarcy: Lord and Peasant in the Making of the Modern World*, Boston: Beacon Press, 1966 等。
② 《毛泽东选集》(第四卷),人民出版社1991年,第1313页。
③ 欧内斯特·曼德尔:《革命的马克思主义与20世纪社会现实》,颜岩译,中国人民大学出版社2016年,第51页。
④ 有学者对中共组织在1942年前后发生的形态变化进行了对比考察,但是其未从根本上把握其中一以贯之的本质特点,有见树木不见森林之失。可参见 Frederick C. Teiwes and Warren Sun, "From a Leninist to a Charismatic Party: The CCP's Changing Leadership, 1937-1945", in Tony Saich and Hans van de Ven (eds.), *New Perspectives on the Chinese Communist Revolution*, New York: Routledge, 2015, Chapter 12; Tony Saich, *From Rebel to Ruler*, Cambridge: The Belknap Press of Harvard University Press, 2021, p.115 等。

上 篇

革命性与组织性的实践辩证法：
苏维埃时期红军的粮食供应

大多数红军队伍萌芽于农民各种各样打土豪的集体行动,以至于后来发展为一定范围的游击战斗,其组织程度仍然是非常之低。不过,如果农民们斗争的星星之火就此熄灭,那么也就不会有红军在随后几年里举行的大规模战役。从四处游击的分散战斗到一次次的大规模战争,实际上见证了一套战争组织机构的锻造与形成①。在以往的有关研究中,人们更多关注了军队作为某种组织机构的理性化建制②,而很少充分估计某种形而上的政治伦理、历史观念,对于缔造一支军队所起到的根本性构成作用,也很少详尽考察军队组织得以维系的微观运行机制。

　　1933年"五卅"这一天,为使红军更适应大规模作战的需要,决定从编制上提高其组织程度时,周恩来指出:红军部队在组织上"构成坚实而亲密的结合"而不是"听其偶然凑集成为乌合之众","不单是靠纪律维持","主要的是靠阶级利益及主义斗争目的之了解"③。一位共产国际的顾问也认为:苏区部队巨大的道义优势和政治前提为其提供了重要的机会,这些革命性因素"足以使我们在实行适当的战术情况下取得巨大的胜利"④。

---

① 例如,1932年4月中共湘鄂西省委向钟祥县委提出:在"拖延租债枪款的斗争"不断扩大的形势下,要直接发动农民抢粮,在"成千成万农民的游击战争"中,"建立区革命委员会,组织贫农团、雇农会",直至"乡至区的苏维埃"以及工农赤卫军。《中共湘鄂西省委给钟祥县委信(1932年4月10日)》,中央档案馆、湖北省档案馆、湖南省档案馆编:《湘鄂西苏区革命历史文件汇集·省委文件(1927—1932)》,1985年印,第341—342页。
② 可参见卡尔·曼海姆:《重建时代的人与社会:现代社会结构的研究》,张旅平译,生活·读书·新知三联书店2002年,第234—240页;安东尼·吉登斯:《民族-国家与暴力》,胡宗泽、赵力涛译,生活·读书·新知三联书店1998年,第4章;Roger Chickering, Denis Showalter and Hans van de ven, *War and the Modern World*, Cambridge: Cambridge University Press, 2012;黄仁宇:《从大历史的角度读蒋介石日记》,中国社会科学出版社1998年,第7、139、143页;张国琦的《第二次国内革命战争时期红军编成情况》及其续作,《近代史研究》1981年第2、4期。
③ 周恩来:《说明编制的要义(1933年五卅纪念节于乐安县的水口)》,后勤学院学术部历史研究室、中国人民解放军档案馆编:《中国人民解放军后勤史资料选编(土地革命战争时期)》(第一册),金盾出版社1993年,第80—82页。
④ 《布劳恩关于中央苏区军事形势的书面报告(1933年3月5日于上海)》,中共中央党史研究室第一研究部编译:《联共(布)、共产国际与中国苏维埃运动(1931—1937)》(13),中共党史出版社2007年,第340—341页。陈诚在1931年8月吉安行军途次所写日记也称:"政府万恶是无可讳言的""现在政治腐败,蒋先生实应负责,如湖北之何成浚、安徽之陈调元等之劣绩,实在国内能选出第二人来?又如南京所有各部院长之腐败无能,亦不易多得。"陈诚:《陈诚先生日记》,林秋敏、叶惠芬、苏圣雄编辑校订,台北"国史馆"、"中研院"近代史研究所2015年,第45、47页。

另一位共产国际的顾问则表示：如果我们有更大的组织才能，那么我们的革命潜力"是很有利的"，"前途是光明的"①。红军的粮食供应工作具体地反映和说明了他们论断的正确性。当大规模战斗方酣之际，在火线的红军战士能够吃上满足的饭菜，某种意义上是农民社会蕴含的革命性逻辑与在共产党领导下反复锤炼出的组织性逻辑之间相互辩证作用的共同结果②。

① 《埃韦特给皮亚特尼茨基的第 4 号报告(1933 年 3 月 11 日于上海)》，《联共(布)、共产国际与中国苏维埃运动(1931—1937)》(13)，第 342—343 页。
② 从中共鄂西特委书记、红六军政委周逸群和特委委员段德昌向中共中央的报告中，我们发现鄂西苏区的游击队能够发展到红六军，"大有一日千里之势"，本质上看，就是这种组织性与革命性双重逻辑作用的结果。可参见《鄂西游击战争的经过及其现状(1930 年 5 月)》，中共铜仁市委党史研究室编：《周逸群文集》，中共党史出版社 2006 年，第 336—354 页。

第一章
红军组织结构与粮食供应：
制度层面的视角

在游击战争阶段，不少红色武装并无后勤方面的分工与组织。鄂豫皖苏区的红十师，最初萌芽于乡村自卫队。他们"平时在家种田，进行训练时早晚回家，吃穿都是由个人解决"，"即使去打仗也是吃自己带的干粮"。在发展到赤卫队形态时，"没有任务不调出去时，吃自己家的"，"调出去，哪里执行任务，就吃哪里"，因此，队伍中并没有专门供应伙食的机构与人员。每到一个地方，"就由苏维埃派人做饭，集中开饭，八人一桌，饭菜都不错，通常是米饭，大盘菜有荤有素，有鸡杀鸡有猪杀猪，一般能吃到猪肉与豆腐，没有标准限制，吃饱为止，住几天吃几天"，"也没有什么手续，吃罢饭把嘴一抹就走"。甚至成为主力部队的补充团时，这支队伍"仍没有司务长、炊事员，吃饭仍是由苏维埃做饭"①。一些十几或几十个人的游击队由于没有固定炊事员，"打土豪就在土豪家吃"。一般土豪跑了由长工看家，就由队长告诉长工给做多少人的饭；"如找不到长工，就自己动手轮流做饭"。没有土豪或土豪家没有留下长工，就到群众家派饭吃②。

鄂西的第六军亦是如此。起初未组建之前，"一切开支是由党支出"，

---

① 林树良：《关于鄂豫皖时期游击队解决吃穿问题(1927年)》，后勤学院学术部历史研究室、中国人民解放军档案馆编：《中国人民解放军后勤史资料选编(土地革命战争时期)》(第四册)，金盾出版社1993年，第161—162页；程儒珍：《红四军供给来源和供给方式》，《中国人民解放军后勤史资料选编(土地革命战争时期)》(第四册)，第170—173页。
② 肖正红：《关于游击队的物质来源(1927年)》，《中国人民解放军后勤史资料选编(土地革命战争时期)》(第四册)，第162—163页；吴维祥：《游击队怎样解决吃穿(1927年—1931年)》，《中国人民解放军后勤史资料选编(土地革命战争时期)》(第四册)，第163—165页。

鄂西党第二次代表大会以后又由农协来管理战争的供应问题①。周九银提到：洪湖时期"游击队吃饭靠派饭，吃了给钱，到哪里在哪里吃，自己不起伙，也没有供给人员"，直至1930年7月，"二、六军会合成立红二军团，在正规部队中设立了司务长、给养士和炊事员，此后开始自己做饭吃"②。范忠祥也忆及湘鄂西红军的"派饭制度"："1930年到1931年初，连里没有伙食单位"，"伙食钱发到战士手里，一天发十六个铜板"，部队到哪里，"把房子一号"，"就通知老乡做饭，住多少人做多少人的饭"，"吃过饭以后，每个人把铜板放在桌上作为饭钱"③。在中央苏区一带，起初，"武装斗争半公开，还没有建立苏维埃政府以前"，一般也是"每到一个村庄向富裕中农以上派饭"④。不过，红军吃派饭不一定是在初始阶段。据扬直亭回忆，1930年他在赤卫连当连长时，"全连约100余人"，"以连为单位起火做饭"，"粮食吃九区苏维埃的，驻军整训就由炊事员负责做饭"。但是，"如行军打仗，还是采取向老百姓家派饭，或由老百姓送饭"⑤。

那么，红军是怎样逐渐发展，以至于在其整个组织架构中有相对制度化的后勤部门与人员？

一、红军各部队的粮食供应机构

我们先看看湘鄂西红军供应机构的形成过程。据顿星云讲：

> 湘鄂西红军"派饭制度搞了一年多"以后，"就改为以连为单位起

---

① 《鄂西游击战争的经过及其现状（1930年5月）》，后勤学院学术部历史研究室、中国人民解放军档案馆编：《中国人民解放军后勤史资料选编（土地革命战争时期）》（第三册），金盾出版社1993年，第139页。
② 周九银：《洪湖时期部队的吃穿问题是怎样解决的》，《中国人民解放军后勤史资料选编（土地革命战争时期）》（第三册），第207—208页。
③ 范忠祥：《湘鄂西红军的供给来源》，《中国人民解放军后勤史资料选编（土地革命战争时期）》（第三册），第208—210页；徐元甫：《洪湖苏区红九师的供给来源和地方支前工作》，《中国人民解放军后勤史资料选编（土地革命战争时期）》（第三册），第214—215页。
④ 陈挺：《在苏区时的供给工作情况》，后勤学院学术部历史研究室、中国人民解放军档案馆编：《中国人民解放军后勤史资料选编（土地革命战争时期）》（第二册），金盾出版社1993年，第450—451页；也可参见袁恩：《红四方面军在鄂豫皖初期及入川后后勤工作》，《中国人民解放军后勤史资料选编（土地革命战争时期）》（第四册），第249—251页。
⑤ 扬直亭：《游击队如何解决吃穿问题》，《中国人民解放军后勤史资料选编（土地革命战争时期）》（第四册），第228—229页。

伙,自己做饭吃"。在这个阶段,红军的连有司务长,"开连伙食,由分散开始走向集中"。到1932年,红三军返回洪湖苏区时,"后勤有统一的供应,每人一天吃多少粮、多少菜金,有个标准了"。"这时打土豪的粮、款集中起来,由经理处统一供应,部队自己打土豪,也要上交。"①

吴维祥曾在鄂豫皖苏区红十一师经理处担任粮秣员。他讲述了从最初其所参加的黄安县(今红安县)紫云区游击队直到红军正规师,在不同阶段,红军是怎样解决吃穿问题的。最初,游击队没有司务长、炊事员,"平时吃饭回自己家里,打仗自己带干粮","如果日子久,就在土豪家做饭吃"。到了第三年,赤卫队发展到120多人时,"已有司务长与大师傅给做饭"。1930年3月,他参加警卫师,其师部即有工作人员二三百人,有司务长、买办、炊事员十余人②。

部队各级大多有军需处、经理处等供应部门③。在红十二军,"各级经理部门任务,打仗时就是保障战斗,平时就是搜集资财,如粮食、布匹、药品、食盐、电池等"④。1930年红九军团成立后,其每个团"有司令部、政治处、军需处和军医处",其中"军需处共七八个人,有军需处长1人,管财务的有3人,管粮秣的3人,管军械的1—2人,管军需的2—3人"⑤。中央苏区的少共国际师,其供给部有部长和政委,下设军需科、出纳科、会计科和两个挑夫连等组织。"其中以军需科人数最多,大概有七八名,负责粮秣、被服和军械筹措与分配工作","会计、出纳人员很少,只有两三个人"⑥。鄂豫皖苏区的第一军,军、师、团都有军需处(军需处的干部都叫

---

① 顿星云:《湘鄂西红军供给工作情况》,《中国人民解放军后勤史资料选编(土地革命战争时期)》(第三册),第236—237页。
② 吴维祥:《游击队怎样解决吃穿(1927年—1931年)》,《中国人民解放军后勤史资料选编(土地革命战争时期)》(第四册),第163—165页。
③ 周玉成:《红三军团的后勤工作情况》,《中国人民解放军后勤史资料选编(土地革命战争时期)》(第二册),第131—133页;《关于四军后勤组织状况(摘录)(1931年—1936年)》,《中国人民解放军后勤史资料选编(土地革命战争时期)》(第四册),第100—101页。
④ 董永清:《红十二军后勤机构情况》,《中国人民解放军后勤史资料选编(土地革命战争时期)》(第二册),第149—150页。
⑤ 郭永清:《忆红三、九两军团的供给工作片段》,《中国人民解放军后勤史资料选编(土地革命战争时期)》(第二册),第472—474页。
⑥ 朱志明:《红军少共师的供给工作情况》,《中国人民解放军后勤史资料选编(土地革命战争时期)》(第二册),第535—537页。

副官),营有副官与事务长,连是事务长与采买。"连首长还有一个勤务员,连有裁缝 2—3 人","每连有宣传队五名,有事打仗调查,没事缝衣","各级宣传队是垂直领导,与经理处并行"①。

据周廷泰讲,红三十军各级后勤组织的情况是:"连是司务长、采买,营是副官(即管理员)、司务长(有的叫四排长),没有会计,团经理处有主任和粮、需、财等股约十余人。师经理部下为科。""基层一个连约有八十至一百人,炊事班有六至八名伙夫。"其中连的司务长主要工作是搞吃的,行政上还派副排长帮厨。"连还组织一个伙食管理委员会,共四至五人,由连排干部、司务长等参加。"②据川陕时期红九十师经理处政委聂鸿国讲,其时师经理部的机构不健全,也不正规,下属四个科:粮秣科、军需科、军械科和财务科。师经理部还直辖一个 20 多人的运输队,"带有牲口驮粮食、布匹、医药"。还有一个 10 余人的被服厂,"带手摇缝衣机 10 余架","另外还有通讯班、炊事班"。整个师经理部"全部人员有百余人",有战斗任务人就更少,通信班、运输队的工人,都下去充实部队③。战情的变化莫测在一定程度上促使红军必须具备可分可合的组织弹性。据刘炳华讲,红二十五军七十三师一个团的供给处大约为 40—50 人,包括一个主任、一个政委,下属四个科(财政科、军需科、粮秣科和总务科)以及一个 10 余人的通信班④。

我们再看看长征时期红二军团,其与粮食供应有关的后勤组织情况。当时红二军团直接下辖单位有:供给部、卫生部、第四师、第五师和第六师。其中,第四师又直接下辖供给部、卫生部、第十、第十一团和第十二团。第五师同样下辖供给部、卫生部、第十三团、第十四团和第十五团;第六师也是下辖有供给部、卫生部、第十六团、第十七团和第十八团。每个团都设有供给处、卫生队。每个师供给部本身又有会计科、出纳科和粮秣

---

① 肖正红:《关于红四方面军最初供给来源(1927 年—1934 年)》,《中国人民解放军后勤史资料选编(土地革命战争时期)》(第四册),第 165—169 页。经理处即为军需处。
② 周廷泰:《红三十军基层后勤情况》,《中国人民解放军后勤史资料选编(土地革命战争时期)》(第四册),第 204—206 页。
③ 聂鸿国:《红九十师川陕时期的供给工作》,《中国人民解放军后勤史资料选编(土地革命战争时期)》(第四册),第 222—225 页。
④ 刘炳华:《红二十五军七十三师供给工作概况》,《中国人民解放军后勤史资料选编(土地革命战争时期)》(第四册),第 256—261 页。

科等组织①。比如第五师,其供给部有部长、副政委,"下设:财务科,有科长一人、出纳会计4—5人","粮秣科有科长、粮秣员7—8人","军实科有科长、科员3—4人","军械科有科长(有个修理所6—7个工人)",还有"管理员一人,司务长一人,一个通讯班,师运输队有30—40匹牲口"②。至于团一级有关粮食供应的组织结构,我们以12团为例。据曾任该团供给处主任的周九银回忆:供给处没有指导员,"下设有会计(兼出纳)1人,粮秣员2—3人,运输组(5—6个工人,十多个牲口),被服工人2人。营设管理排长1人,连有司务长、给养士各一人"③。应该说,整个红二军团犹如一台结构严密的战斗机器,其整体性与系统性足以使之比较高效地遂行包括粮食供应在内的多种任务。

二、红军粮食供应与各苏区统一财政的尝试

在红军处于纯粹游击时代,由于其组成"因其首长才能大小不同","所有的兵器种类多少不同、所处地形的山岭和平原不同、所征集资财难易不同、所号召阶级斗争的进展速度不同"④,红军的各个方面在不短的时期内普遍呈现出"各自为政"的现象。粮食供应工作自不例外。

整体而言,在中央苏区,1932年上半年之前,军队、地方与中央在财政方面都没有统一的制度,直到1932年下半年始有改变。此前,不仅各部队是各为一个系统,就是苏区各地的财政,也是分散的。1932年中华苏维埃共和国中央革命军事委员会讲到:"过去红军中各部队每月用费,不是直接按照预算向上级机关领取,而是以筹得之款维持,不敷时向上级机关领取","各级部队费用均不一致","可说是游击主义的一种表现"⑤。

---

① 《长征时期二军团后勤组织系统和部分主官姓名(1935年11月—1936年6月)》,《中国人民解放军后勤史资料选编(土地革命战争时期)》(第三册),第30—31页。
② 曹昆隆:《红五师供给部的组织》,《中国人民解放军后勤史资料选编(土地革命战争时期)》(第三册),第55页;侯洪波、蔡志彬:《从红军供给部长到新中国的车管部长——记老红军曹昆隆》,《湖南党史月刊》1989年第2期。
③ 周九银:《湘鄂川黔时期团的供给组织》,《中国人民解放军后勤史资料选编(土地革命战争时期)》(第三册),第55页。
④ 周恩来:《说明编制的要义(1933年五卅纪念节于乐安县的水口)》,《中国人民解放军后勤史资料选编(土地革命战争时期)》(第一册),第80—81页。
⑤ 《中华苏维埃共和国中央革命军事委员会关于各项用费的规定(1932年)》,《中国人民解放军后勤史资料选编(土地革命战争时期)》(第一册),第276页。

一些苏区为了集中、高效地使用有限的经济资源,提出严格实行财政预决算制度①。1932年统一财政首先从地方开始,要求各级政府设立金库(区设特派员,县设支库,省设分库),一切收入均交金库。同年9月,红一方面军总政治部发出"财政统一问题的训令",指出:"在不妨碍革命战争与消灭敌人的情形下,各部队与直属队在新区所筹之款要按各级组织依照各种表册登记与按时呈报","红军部队每旬所筹之款,须一律如数交至本级经理机关或上级经理机关转解中央财政部","各级经理机关收到各级政治部所送之款,除给予正式收据外,同样要汇解总经理部"。"各级筹款机关之帐目,必须依照所发之新式簿记记帐,并必须有详细帐目以便审查核对。"②

据曹菊如回忆,1933年上半年中央苏区把金库设到部队中,师设分库,团设支库。他说:"这样就把部队的收入也统一起来了。凡部队的收入开支都列入政府预算。"一般情况下,部队在苏区时,需要用钱,由供给部造预算,经军委批准,向财政部领款。"关于预算内容,财政部不管。"不过,曹菊如也谈到:"由于经费困难,政府一下拿不出钱,财政部往往和供给部的同志吵架。部队用款有时先把打土豪的钱留着用,再办转帐手续。也有上边没有支付命令,我们就凭政治部的批件借给。"部队金库一般设在政治部,部队有了收入,必须交付金库。而"花钱归供给部"③。

早在1931年3月过湘江时,红一、三军团开始尝试对粮食等在内的物资供应实行统一标准制度④。但是,红军粮食的供应实行统一标准自始至终一直是很难实现的目标。在红十二军,大多数时候是由各部队自己搞,"搞到多少发多少",所以"有的部队就吃的好些,穿的好些,有的就

---

① 比如在鄂西苏区,1930年初红六军组建不久就有相关决议,可参见《周逸群文集》,第335页。
② 《四次反"围剿"中供给工作情况》,《中国人民解放军后勤史资料选编(土地革命战争时期)》(第二册),第514—518页。本书中的直接引文,其中的错字、别字,或者其他表达不当之处,除非另有注明,否则均保持原样。
③ 曹菊如:《中央苏区银行工作情况》,《中国人民解放军后勤史资料选编(土地革命战争时期)》(第二册),第338—342页;杨至诚:《忆第五次反"围剿"中的经费筹措情况》,《中国人民解放军后勤史资料选编(土地革命战争时期)》(第二册),第352—354页。
④ 周玉成:《红三军团的后勤工作情况》,《中国人民解放军后勤史资料选编(土地革命战争时期)》(第二册),第131—133页。

差一些"①。据刘振球回忆:"一九三一年以后,规定打土豪没收的东西由军团统一管理,统一分配","团的政治处有民运股,他们掌握政策,统一管理打土豪的事情。连队打听到哪里有土豪,要向政治处报告,怎样行动按上级指示办。第一次到第三次反'围剿'期间,团里供给处负责物资统一管理与供应"②。

在闽赣苏区,直至1933年11月还在强调:"中央政府已发下谷票分发各部,特命令各县、区、乡政府及战委会粮食调剂局自令到日起,凡红军部队来领粮食时,当遵中央令必须取得中央政府谷票为凭,私自写的收条不能发生效力。"③红四方面军在四川的时候规定,各军、师的粮食运到后方之后不分彼此,由方面军或军供给部统一分配。但是也存在一些"本位主义的现象","如三十一军在得胜山有几百担粮食,不给其他部队吃",三十一军后方供给部长随后受到了撤职的处分④。在艰难的生存环境下,红军队伍需要经常地克服其身上的各种无组织的、无计划的自发性倾向,以最大限度地集中与分配稀缺的粮食资源。

为了避免部队各级任意开支,集中财力,统一分配,红军方面采用了当时国内军事思想中较为流行的军需独立制度,强调部队级主管官长尤有责任"保持经理机关之独立系统"。红一方面军总部还据此规定了各种费用。比如,伙食费发一角,后方医院同;"病兵一概由军及师军医处负责送,伙食休养均归军医处发","随军队休养的不发休养费","送政府休养的发大洋一元,带伙食一元","送后方医院休养的伙食费一概不发";"客饭费:每餐三分,无公事者不得领钱"等。不过,在实践的过程中,此类统一规定遇到了种种挑战。1931年,红一方面军总部发现各军有对于经费

---

① 董永清:《红十二军后勤机构情况》,《中国人民解放军后勤史资料选编(土地革命战争时期)》(第二册),第149—150页。
② 刘振球:《对红十二军供给工作的回忆》,《中国人民解放军后勤史资料选编(土地革命战争时期)》(第二册),第425—427页。刘振球(1911—1997),福建上杭人,曾任红十二军排长、连政治指导员。
③ 《闽赣省革委会命令——供给红军粮食需取得中央政府谷票为凭事(1933年11月14日)》,福建省三明、建阳档案馆,江西省抚州、上饶档案馆编:《闽赣苏区文件资料选编》,1983年印,第125页。
④ 肖正红:《关于红四方面军最初供给来源(1927年—1934年)》,《中国人民解放军后勤史资料选编(土地革命战争时期)》(第四册),第165—169页。

支付由师部批发,军需处不批发的,有下级政委在军需处吵闹的,有军需处只受师长、政治委员指挥,不能在经理系统之下工作的(三十五师),调换军需人员不告诉经理处的(第三军),有因批发手续问题导致经理人员与军长、政委冲突的(三十五军),有调监护兵、长夫不经经理机关同意强蛮调用的。方面军总部警告:军需组织制度贯彻不力,将妨害革命战争任务的胜利完成[①]。

中华苏维埃共和国中央革命军事委员会(以下简称"中革军委")在组织管理上进行了多次的尝试与安排,以尽最大可能供给红军。考虑到此前红军中的经理工作没有像军事指挥机关那样建立正确统一的独立工作系统,"在经理工作范围内,给经理机关以不适宜之限制,经理机关之机械地讲军需独立,经理机关与各部队关系之不清楚,经理机关组织的分歧,经理机关之不明了筹款情形,缴款领款手续之不统一及出差人员往返重复报领伙食",中革军委1932年2月的时候曾经提议:军队的经理机关"建立独立统一的工作系统(非组织系统)","一切经理行政,下级经理机关应受上级经理机关之指导","各级经理机关是各级指挥机关之一部,但在经理范围内,军团及军经理处,受总经理部之指导,师经理处受军经理处之指导"[②]。实际上,这就是军需独立的一种制度设计。

军需供应独立的制度设计在实践中所面临的组织上的困境,最终往往由整个革命体系顶层在权衡、判断各方面的轻重缓急之后予以化解。1932年2月,朱德、王稼祥与彭德怀联名要求:"经理机关在工作系统上原有直接领导之规定,但一切支配,平时仍须受该级指挥员的指挥,尤其是战时,指挥员所下的支给命令更要服从执行,不得有丝毫阻碍致误事机。"他们提到红军三军团的事例。该军团总指挥要求给做坑道工作人员每天增加伙食费五分及另发点灯油,但是"该部经理处均不肯发给"。朱德等指出:"这些事实虽然是节省经费,同时亦须注意到军事上需要","不

[①] 《红一方面军总部关于节省经费的通令(1931年8月22日于总部)》,《中国人民解放军后勤史资料选编(土地革命战争时期)》(第二册),第358—359页。
[②] 《中华苏维埃共和国中央革命军事委员会关于颁布经理工作问题提案的训令(1932年2月17日)》,《中国人民解放军后勤史资料选编(土地革命战争时期)》(第一册),第64—74页。

得因小而妨大"①。

红军粮食的供应,从组织系统上分为地方与军队两大途径。自1932年9月开始,方面军、军团和师的粮食保障机构为供给部、经理部或者没收委员会等,团一级则大多称为供给处②。苏维埃政府系统则是中央一级的有财政部、劳动与战争委员会以及中央粮食部,其下各级政府系统有粮食调剂局、平粜局、粮食委员会等。有的苏区,军、民分途主要是在省级以下。比如,在湘鄂川黔苏区,在组织机构上,虽然军队有自己一套独立的后勤组织,"但上面总的领导还是省革委财政部,它既管军、又管民"③。

在湘赣根据地,地方苏维埃政府供应红军的组织有财政部、粮食部等④。中共湘赣苏区省委严厉制止地方武装部队自由增加伙食费等破坏财政上统一收支原则的行为,要求其"一定要按照军区的规定开支",极力节省,"供给红八军的战争经费","使八军能集中行动不受经费限制","继续不断地和敌人作战"⑤。1933年中共湘鄂赣省委执行会决定:"从七月起建立国库,向会计制度分清管款,各机关实行新式簿记",统一财政,精确计划全年度战费和红军给养,"除与土地税谷子四万石给医院作全年粮食外,其余一概自给","地方武装除自给外,还要帮助其他战费"⑥。

湘赣苏区由于实行财政统一,其"节省经费筹足战费","有了很大的成绩"。尽管需要负担"三军团后方医院及二十一师新兵经费",其仍然积极表示计划解决战费问题,"努力从各方面来改善红军生活"⑦。不过,湘

---

① 朱德、王稼蔷、彭德怀:《军委关于物质支给问题的训令(1932年2月9日)》,《中国人民解放军后勤史资料选编(土地革命战争时期)》(第一册),第3页。
② 有关中央军委、红军总部后勤领导机构,红一、红二、红四方面军后勤领导机关的演变图,可参见吴学海主编的《中国人民解放军后勤史(土地革命战争时期)》的附表一至四。
③ 范子瑜:《湘鄂川黔以后红二军团供给工作的几个主要问题》,《中国人民解放军后勤史资料选编(土地革命战争时期)》(第三册),第282—286页。
④ 周玉成:《红三军团的后勤工作情况》,《中国人民解放军后勤史资料选编(土地革命战争时期)》(第二册),第131—133页。
⑤ 《中共湘赣苏区省委报告(1933年2月1日)》,《湘赣革命根据地》党史资料征集协作小组编:《湘赣革命根据地》,中共党史资料出版社1991年,第595—596页。
⑥ 《湘赣省委执委会关于扩大会议讨论之问题的报告(1933年5月22日)》,《中国人民解放军后勤史资料选编(土地革命战争时期)》(第二册),第360—361页。
⑦ 《湘赣苏区省委关于节省经费等问题的报告(1932年—1933年2月1日)》,《中国人民解放军后勤史资料选编(土地革命战争时期)》(第三册),第158页。

赣苏区省委承认，其"财政统一虽经我们以最大力量去执行，但现在各县仍不能把预算决算统计报告上级政府，还发生隐瞒款项、浪费经济（如永新关背口）、假公济私（如新峡县肃反委员会主任）等贪污现象"。与此同时，"上级到下级的经济审查，没有严格地进行"，乡苏维埃也"没有对选民报告经济开支"①。

1935年，湘鄂川黔苏区提出"建立与建全各级财政机关"，要求"各级革命委员会应该把财政机关的工作看作是自己的一个重要部门"，"各级机关的用费和地方武装（独立团、营、游击队）必须有预算和决算，在财政机关整个计划和规定之下，实行审查批准开支，以后一切没有预算和决算的用费，财政机关都不能负责认账和不发款"，"乡区筹得现金不应保留，县亦不应多留现金，而应集中送到省革命委员会财政部，各级机关的行政费，须有预算决算报告省财政部批准发给和转账"。对于"一切自由地动用公共的款子，和各自保留公共的款子"的行为，将予以"严厉的打击"②。罗云章也讲到红二军团的现款由出纳科保存，有时因运输工具不够，就分散保存，交给干部个人，"金银财宝一般在省财政部保存"③。

三、红军统一财粮制度及其纵横表现

在动荡不安、危机四伏的年月里，整个革命组织的结构关系或紧或松，极其地不稳定，所以各层级对于财政的统一性与组织性的追求，经常表现为自上而下的层层批评与督促。按照1932年红军总政治部、总供给部的训令，各团连所捉之土豪、所没收的款项，应一律详报与缴解师政治部，师政治部每旬或每次筹款工作结束时汇报军团政治部和总政治部。据何维忠讲，在湘赣苏区，"打土豪的物资一律归公，严禁私自扣留"，同时，实行统一分配。"如团里某连杀了一口猪，得报告供给机关，供给机关

---

① 《湘赣苏区省苏党团给省委转中央关于苏维埃各项工作情况报告（1933年2月1日）》，《中国人民解放军后勤史资料选编（土地革命战争时期）》（第三册），第159—162页。
② 《湘赣省委为筹足战争经费、收集粮食、统一财政、反对贪污浪费给各级党部的指示（1935年1月29日）》，《中国人民解放军后勤史资料选编（土地革命战争时期）》（第三册），第170—173页。
③ 《湘鄂川黔及长征中红二军团的财务制度（1935—1937）》，《中国人民解放军后勤史资料选编（土地革命战争时期）》（第三册），第177—178页。

说由两个单位平分就由两个单位分,说给四个单位就分成四份,从不敢多留或少留一点"。每项开支,"供给部审查以后要报首长批准",如有虚报冒领,"超过五大洋,就以贪污论罪"①。

1933年,安福县军事部发现:"过去各区军事部、各红色部队的财政统一没有依照本科的指示,对统计工作总不明了下层的实际情形,关于决算预算表文没有按期送来","甚至还有个别区份还以看守所的名义,存留土豪放在后方,有些区份隐瞒土豪不报告上级,甚至有土豪代表解送款来留存区用也同样不报,除短枪队外,还发现有个别部队在途中等用土豪代表的款子私自开支"。对此,县军事部要求各区军事部、各红色地方武装部队,"迅速将土豪一律解来本科后方处理,不得存留土豪于各区后方,如有个别区份成立后方看守所,马上取消名义",各区、各红色部队按期填写各种决算预算表,按月送交,"不得超过日期"②。正如安福县军事部在通令中所说,财政的有组织的统一规定,是为了适应长期战争的需要。

1931年6月,中共皖西北特委召开扩大会议,提出"经济必须统一集中与支配,不应有丝毫保守观念"。但是,"各地区乡苏维埃每月经济支出没有清账,每月用去也没有计划,有些地方完全是割据一方,封建军阀的观点,不愿把钱与粮食剩余的集中到上级苏维埃,若上级来要,完全用欺骗的方法掩藏"。这次会议所通过的决议案表示:"我们必须以党的领导作用来消灭此种不健全的倾向","使苏维埃的出入都有预算,不能任意浪花,把每月的经济预算报告到上级来,若有余款必须交到上级来"③。中共湘鄂赣省委在1931年8月的时候也提出:军事上,"没收反革命地主财产统一供给各地方,无论何人不能拿丝毫,否则严处","党与团应组织轻骑队监视之","凡没收反革命金钱财产,送给县苏"④。为解决严重的财政问题,

---

① 何维忠:《湘赣红军的财政工作(1931—1934)》,《中国人民解放军后勤史资料选编(土地革命战争时期)》(第三册),第175—176页。
② 《安福县军事部关于统一财政工作的通令(1933年2月27日于洋茶市)》,《中国人民解放军后勤史资料选编(土地革命战争时期)》(第三册),第162—163页。
③ 《皖西北特委政治决议案——目前政治形势与皖西北特委的中心任务(1931年6月第十四次常委扩大会通过)》,中央档案馆、湖北省档案馆、河南省档案馆、安徽省档案馆编:《鄂豫皖苏区革命历史文件汇集(1929—1935)》(第四册),1985年印,第319—330页。
④ 《中共湘鄂赣省委第一次执委扩大会议案(1931年8月30日)》,湖南省档案馆等编:《湘鄂赣革命根据地文献资料》(第一辑),人民出版社1985年,第596—597页。

湘鄂赣省委还要求"地方党部与红军应立即规定经费的预算与决算"①。

上级追求财政的统一性与组织性,很大程度上是由于各级财政之间的关系,在制度与习惯方面更多地表现为下级供应上级,而不是相反。1931年湘鄂西苏区发生水灾。经济本来就很困难,而"各县也不能交钱到省苏维埃来",财政上几乎到了山穷水尽的地步。于是不得不再次要求"各县要交款到省政府来","具体的分配方法是阳□2 500元、监利1 500元、汉川和独立团每月交2 500元、江陵1 500元、天门1 000元","还不够的由省政府设法解决"②。在皖西,"因为苏维埃对于商业和累进税的政策,根本没有进行,所以财政来源完全依靠白色区域",这导致上级的财政来源依赖于下级③。

王森山讲到红四军入川后,各部队供给机关除供给自己部队吃粮外,"还有向师供给机关交付粮食任务","师也有向军交粮食任务"④。他讲到红三十三军亦是如此。"在296团时,团经理处上缴给军二次,每次有几担粮食",由他们捎信给军部,将粮食底单告诉其经理处,"由军自己取","后来在35团给12师经理处送过两次毛牛,每次几十条"⑤。

从横向财政关系上看,相对而言,更多的是苏维埃政府向军队提供财政支持。1930年12月,中共六安中心县委舒传贤向中央报告说:"在六霍开始暴动后,即成立三十三师,该师一切的给养,均由各苏维埃政府接济,至一军来时,以至现在的独立师,一切的给养仍由苏维埃政府负责。"⑥1933年

---

① 《中共湘鄂赣省委通告——最近政治局势的变化与党的任务(1931年10月14日)》,《湘鄂赣革命根据地文献资料》(第一辑),第606页。
② 《盘铭关于湘鄂西报告(1931年11月12日)》,《中国人民解放军后勤史资料选编(土地革命战争时期)》(第三册),第142页。
③ 《沈泽民关于皖西北情况给中央政治局的综合报告(1931年5月23日)》,中央档案馆、湖北省档案馆、河南省档案馆、安徽省档案馆编:《鄂豫皖苏区革命历史文件汇集·中央分局文件(1931—1932)》,1985年印,第29页。
④ 王森山:《关于红四军入川后供给与组织》,《中国人民解放军后勤史资料选编(土地革命战争时期)》(第四册),第194—195页;杨林:《红四方面军入川后供应情况》,《中国人民解放军后勤史资料选编(土地革命战争时期)》(第四册),第213—216页。
⑤ 王森山:《关于红三十三军后勤保障》,《中国人民解放军后勤史资料选编(土地革命战争时期)》(第四册),第212—213页。
⑥ 《舒传贤关于六安中心县委工作情况给中央的报告(1930年12月10日)》,中央档案馆、湖北省档案馆、河南省档案馆、安徽省档案馆编:《鄂豫皖苏区革命历史文件汇集(1929—1935)》(第四册),第222—255页。

3月,湘赣苏区党第二次代表大会称:"苏维埃工作,三个月来是有点成绩的",表现在对革命战争经费的筹措,"共收得累进税四万"。又称:"我们正在准备五月的战费。"①5月,湘赣省委在工作报告中表示,其将"统一财政","实行节省与储蓄运动,加紧筹款工作,准备三十万战费,供给红军及军区后方机关"②。9月,湘赣省苏财政部在给下属各级财政部的指示信中提出:"革命战争正在急激的开展,前方战鼓愈响愈烈","随着战争形势的开展而日益壮大,战费也一天一天的扩大来了"。"我们为了裕筹战费巩固红军长期战争的给养","应有计划地从各方面找取经济来源充裕战争经费"。在指示信中,湘赣省苏财政部制订了一些具体的办法:"县财政部须立即召集保卫局、土地部、内务部、裁判部、工农监察部、工会开一联席会议,计划进行在查田中审讯豪绅、地主,彻底追究其埋藏或寄在别处金银财物";"豪绅、地主是非常狡猾的,在此阶级斗争愈激烈时,把花边金子深深埋藏地下,一切财物寄存别处",因此,"必须运用一切技术方法,将所有财产没收起来,由裁判部将他捉来审讯,要他将所埋藏地下与寄存别处的财物报告出来"。信中还分配了各县在省苏大会前需要完成的具体数额,比如"永新三万五千元""吉安四千元""萍乡三千元"等③。

不过,红军也有给苏区政府不少财政上的支持。据红十六军军委书记邓乾元向中央报告:"十六军的给养全靠自己去捉土豪,一面还要供给省苏特区委的费用","伤病兵都不愿到后方去,情愿在前方跟着拖"。湘鄂赣省召集的"七二二"边特区大会用费,"全靠在十六军的身上","后方缝纫工厂、医院、军事政治学校都是候十六军的款子"④。而在赣东北苏

---

① 中央湘赣省委:《湘赣苏区党第二次代表大会工作报告中有关筹款问题(1933年3月8日)》,《中国人民解放军后勤史资料选编(土地革命战争时期)》(第三册),第164—165页;《湘赣苏区大会决议之五:扩大红军与健全地方武装决议案(1932年8月1日)》,《中国人民解放军后勤史资料选编(土地革命战争时期)》(第三册),第189—190页。
② 《湘赣省委红五月工作报告(1933年6月4日)》,《中国人民解放军后勤史资料选编(土地革命战争时期)》(第三册),第86—90页。
③ 《湘赣省苏财政部关于筹款计划给各级财政部指示信(1933年9月19日)》,《中国人民解放军后勤史资料选编(土地革命战争时期)》(第三册),第166—167页。
④ 《红十六军军委书记邓乾元报告(1931年7月18日)》,《中国人民解放军后勤史资料选编(土地革命战争时期)》(第三册),第178—179页;肖正红:《关于红四方面军最初供给来源(1927年—1934年)》,《中国人民解放军后勤史资料选编(土地革命战争时期)》(第四册),第165—169页。

区,红十军与地方政府则决议:"如十军财政充裕,则送给地方政府,反之,缺乏时,而地方政府恰有存,则向地方政府支用。"①

四、红军的临时筹粮:制度之外的有组织行为

对于粮食的临时筹取,不论是红军、还是政府,一般要求有组织地统一实施。川陕省规定:红军征发粮食等财物,一般"由省苏明令宣布,或由县苏呈请省苏批准后,临时执行之","如遇特殊情况时,得由师、团政治部、处与县苏会商,并呈报上级批准后执行"②。贺翼张曾在红二方面军的十八师供给部当政委,他说:"当时物资来源主要靠打土豪","没收白洋、金子后,马上报告军团供给部,要交多少就上交多少,自己留多少由师供给部造预算批准报销,所以财政制度是统一的"③。罗章也讲到,红二方面军各级没收委员会基本上不管钱,营、连筹的款附上三联收据,送交供给部门。这三联据分别是营或连存一份,"没委"留一份,再送交供给部门一份。"供给部门有骡子运金银,没收委员会没有,最多能保存500块现洋,五个人每个人带100块。"④

1935年中革军委的一个指示要求各部队收集的谷子除准备一个月吃用外,"多余谷子不满一百担的由政治机关发给群众,超过一百担以上的应报告军团司令部及没委处置,超过五百担的均应报告军委及总没委"⑤。在具体执行的过程中,军委要求"以团为单位,由各连队派给养人员,在地方工作领导下,组织先遣队,统一没收、筹划与分配给养工作,严禁各连队在行军中打土豪,在宿营地区仍须发动连队积极调查土豪,但未

---

① 汪明:《关于十军目前军事与财政状况向中央报告(1930年10月26日)》,江西财经学院经济所、江西省档案馆、福建省档案馆编:《闽浙赣革命根据地财政经济史料选编》,厦门大学出版社1988年,第474—475页。
② 《川陕省苏维埃政府布告(三)——关于没收征发》,杜中主编:《川陕革命根据地财政经济史料选编》,四川省社会科学院出版社1987年,第119—120页。
③ 贺翼张:《湘赣苏区和湘赣川黔时期部队的供给工作和供给来源》,《中国人民解放军后勤史资料选编(土地革命战争时期)》(第三册),第212—214页。
④ 罗章:《有关没收委员会工作情况的补充》,《中国人民解放军后勤史资料选编(土地革命战争时期)》(第三册),第216—218页。
⑤ 《军委关于供给工作的指示(1935年? 月11日)》,《中国人民解放军后勤史资料选编(土地革命战争时期)》(第一册),第406页。

得政治处批准前,严禁没收"①。当时的供应关系,大多数部队往往是"上边向下边要东西来维持"②。

1935年7月,总政治部对于初到西北地区的部队发布规定③:

> 1. 筹取粮食资材必须要有统一负责的组织,不管没收、乐捐、收买或借贷都要经过一定的组织,绝对禁止私人进行;
> 2. 在行动区域,由师以上政治机关、供给部或参谋处、保卫局等机关派人组织筹集资材委员会,由政治机关负责领导;
> 3. 在已经建立了政权的地区,没收捐助均须经过当地政府机关进行。

总政治部还强调,在少数民族地区的大小商店,其货物只能经过购买手续,若是需要甚急,"则须经军一级以上的政治机关批准后",才能借取一部分,并留下收条说明书。

---

① 《军委关于收集资财粮食的指示(1935年)》,《中国人民解放军后勤史资料选编(土地革命战争时期)》(第一册),第407页。
② 周玉成:《红三军团的后勤工作情况》,《中国人民解放军后勤史资料选编(土地革命战争时期)》(第二册),第131—133页;肖正红:《关于红四方面军最初供给来源(1927年—1934年)》,《中国人民解放军后勤史资料选编(土地革命战争时期)》(第四册),第165—169页。
③ 《关于红军目前在西北地区筹取粮食资财的办法(1935年7月19日)》,《中国人民解放军后勤史资料选编(土地革命战争时期)》(第一册),第397—399页。

第二章
红军粮食供应的内部机制：
微观层面的视角

红军的粮食无论是自己获取还是由苏区提供，其过程或隐或显地贯彻着革命性与组织性的双重逻辑。当我们从微观层面考察红军内部的粮食供应机制，这双重逻辑的辩证运动就显得更为清晰可见。

一、苏区之外

我们首先考察当红军不在苏区活动时，其各个组成部分之间是如何通过协调运作，以打土豪来解决粮食供应的。打土豪行动往往由部队的政治部门负责，称之为"吃白用白"[①]。石忠汉参加过红九十三师的两次筹粮行动。据他讲述，其方法是"先由政治机关领着少数特务团、便衣武装，作好调查，到晚上由部队前去抓土豪开仓分粮"[②]。

陈明池讲到红四方面军供给工作时说："凡占领一个新的地区，一个新的城市或开辟一个新的根据地以后，首先是摸清这个地区的经济状况，如敌人留下多少军用物资，当地出产什么，有多少土豪劣绅，他们有多少粮食和财产，有无官僚资本主义的工商业，交通运输如何，全军需要哪些物资，能用多长时间。对这些情况，供给人员一般都做到心中有数。然后

[①] 吴先恩：《红四方面军的供给来源》，《中国人民解放军后勤史资料选编（土地革命战争时期）》（第四册），第183—187页。

[②] 石忠汉：《关于红九十三师供给工作》，《中国人民解放军后勤史资料选编（土地革命战争时期）》（第四册），第189—190页。石忠汉（1912—1994），湖北孝感人，曾任红四方面军师供给部政治委员。

组织工作队,深入群众,发动群众,打土豪除恶霸分田地,没收地主恶霸的一切财产,征购粮食,支援前方等。"①

红二方面军没收征发委员会这一组织机构,自省革命委员会起以下各级都有,军团、师、团在政治机关领导下②。据郑奕胜回忆,在红三军团,团政治部没收委员会"天不亮就和打前站的一块出发","没收委员会、保卫、供给部门都派人参加,它走在部队前面,每到一个地方,要通过调查和查敌伪资料确定打土豪对象,查封没收土豪财物要贴布告,公布罪行","有些东西分给群众,分给部队的按部队番号"③。王森山讲到红三十三军后勤保障时表示,搞粮食是由团政治处派宣传队出去宣传政策,调查地主土豪,"供给处(即经理处)派粮秣干事去没收或购买","部队以营、连为单位也筹划部分"。舒满昌在讲到红四方面军供给工作时表示,一般打土豪只需军队政治机关批准决定,由经理部门带着运输队去打粮。"如营为单位组织搞粮食,就由营副官率领,没收委员会并不亲自搞粮食。"④红七军的没收工作也是由军、团(师)由首长和政治部、经理处领导组成领导小组,"各部队打土豪要经过领导小组批准才准许搞,营、连都不准许","在行军过程中,每个团组织了一个给养队,由供给处的同志去担任队长,每个连队挑选一个觉悟高,品质好的同志参加,每早到团部集合,由队长带领,和前卫连一起走在部队前头,宿营后立即调查谁是土豪,经批准后即没收其家产,将财物交经理处处理","各连派来的人晚上就回各连住,如第二天行军又另派人参加给养队"⑤。

---

① 陈明池:《红四方面军的供给保障情况》,《中国人民解放军后勤史资料选编(土地革命战争时期)》(第四册),第173—176页。陈明池(1915—2003),湖北麻城人,曾在红四方面军总供给部任职。
② 王云生:《湘鄂川黔省革命委员会没收工作情况》,《中国人民解放军后勤史资料选编(土地革命战争时期)》(第三册),第228—231页。
③ 郑奕胜:《红三军团的后勤组织概况》,《中国人民解放军后勤史资料选编(土地革命战争时期)》(第二册),第139—140页。红六军团的类似情况,可参见陈簌:《长征阶段的供给来源》,《中国人民解放军后勤史资料选编(土地革命战争时期)》(第三册),第231—233页。
④ 舒满昌:《关于四方面军供给工作概况》,《中国人民解放军后勤史资料选编(土地革命战争时期)》(第四册),第237—241页。
⑤ 欧致富:《红七军初建和转战时期的后勤保障》,《中国人民解放军后勤史资料选编(土地革命战争时期)》(第四册),第707—713页。

可见在没收粮食等物资时，团往往是掌握政策和作出决定的最前沿层级①。以红四方面军而言，粮食供应工作主要在团级进行掌握、决策。据肖正红讲："在供给工作上没有听说过方面军作过指示，一般由各单位自己去搞。"②陈新贵讲到鄂豫皖时期红十二师基层后勤工作时说，筹粮是由政治机关、供给部门一同出去筹粮，"调查好了土豪，没收到了粮食，就通知有关单位去取"。不过，他也谈及："到困难时期营连单位都可以单独出去筹粮，谁搞到谁吃。"③

长征时红六军团的连队往往有一个群众工作组，"一共五个人"，"负责调查土豪，化装成本地人模样，在部队前面走"，"到宿营地后找老百姓询问谁是老财，有多少田地，多大财产，最后告诉我们是红军，调查清楚后，报团政治处批准，然后带上司务长去没收"④。周玉成也讲到红十二军，很早就成立了没收委员会，"由政治部主任、供给部长、民运部长担任没收委员正副主任"。此外宣传队、后勤工作人员都参加筹款的工作，"宣传队负责发动群众，进行调查研究"，"后勤工作人员负责分配"⑤。这里所说的后勤工作人员，一般而言都有司务长，他的主要任务就是搞饭吃⑥。

范树德则提到红军打土豪，一般由营、连执行。"部队进驻白区后，先调查清谁是土豪"，"报请政治机关批准就可以打，如营连分散出去打土豪，报政治机关来不及，则由营、连党代表批准"，"把土豪家财物、粮食全部没收，粮食除供食用和三天携行粮外，多余粮食和全部财物交军需部门

---

① 王森山：《关于红三十三军后勤保障》，《中国人民解放军后勤史资料选编（土地革命战争时期）》（第四册），第212—213页。
② 肖正红：《关于从鄂豫皖到川陕时期后勤供给工作的回忆》，《中国人民解放军后勤史资料选编（土地革命战争时期）》（第四册），第225—227页。
③ 陈新贵：《关于十二师和二十五军的基层后勤工作情况》，《中国人民解放军后勤史资料选编（土地革命战争时期）》（第四册），第235—237页。
④ 许兴文：《长征阶段红六军团的供给来源》，《中国人民解放军后勤史资料选编（土地革命战争时期）》（第三册），第225—226页；王云生：《湘鄂川黔省革命委员会没收工作情况》，《中国人民解放军后勤史资料选编（土地革命战争时期）》（第三册），第228—231页。
⑤ 周玉成：《忆三军团的筹款工作》，《中国人民解放军后勤史资料选编（土地革命战争时期）》（第二册），第319—322页。
⑥ 周桂生：《忆红四军直属队的供给工作》，《中国人民解放军后勤史资料选编（土地革命战争时期）》（第二册），第441—443页。

会同政治部处理"①。顿星云曾在湘鄂西红军中担任连长的工作。他谈及当时没收工作时说,连里组织宣传小组,一面宣传政策,一面调查土豪情况","调查以后就上报团政治处,由团政治处派人没收,连无权没收"②。肖正红谈及从鄂豫皖到川陕时期红四方面军后勤供给工作时回忆说,"作战时供给部门主要是保障给养,除了每天携带二、三天生粮以外,一般都是打到那里,就在那里筹措。这个工作基本上由团营连自己负责。各连均有宣传队,与司务长一同出去调查,打土豪没收的东西,由团供给处统一分配"③。

红五军团第三师则是,"每到一个新的地区,首先要调查土豪、地主的情况,报到没收委员会(没收委员会由政治部负责),确定打土豪的对象,没收其财物和粮食,交给供给处保管和分配。这项工作主要由政治部民运干事、司令部管理干部和供给处人员组织进行"④。

红军其他部队大体都是如此。据王云生回忆,"要没收地主财产,先要深入地调查,在当地群众中进行了解,然后开会讨论决定谁是土豪","作这个调查工作在行军时是与侦察连一起行动的,先部队三、四小时出发,到达宿营地,即分头调查,约一两个小时即可调查完毕","调查确定以后,即把没收的土豪排排队,写个布告,派人分头在他门上一贴,马上没收其财产。粮食由供给部门通知部队去挑,鸡鸭猪羊,由司务长处理,金银财宝一律交给供给部门,衣服物品分给群众"。当时没收委员会要做两件工作:一是登记没收的财物包括金银、首饰、现款(银洋、钞票)、粮食、鸡鸭猪羊,还有大烟土;二是认真执行纪律,"打土豪一切归公",个人不能拿一丝一毫的东西。"要没收的东西分到供给部门和政治部门处理,分给部

---

① 范树德:《红一方面军的供给来源的回忆》,《中国人民解放军后勤史资料选编(土地革命战争时期)》(第二册),第419—422页。
② 顿星云:《湘鄂西时期的没收工作》,《中国人民解放军后勤史资料选编(土地革命战争时期)》(第三册),第211页。
③ 肖正红:《关于从鄂豫皖到川陕时期后勤供给工作的回忆》,《中国人民解放军后勤史资料选编(土地革命战争时期)》(第四册),第225—227页。
④ 李洪斌:《忆红五军团第三师的供给情况》,《中国人民解放军后勤史资料选编(土地革命战争时期)》(第二册),第451—452页;肖正红:《关于红四方面军最初供给来源(1927年—1934年)》,《中国人民解放军后勤史资料选编(土地革命战争时期)》(第四册),第165—169页。

队的由供给部门分配,发给群众的由政治部门召集群众开大会分发。"至于布告的内容,大意是宣布地主的罪状,宣布没收其财产。如某某利用土地剥削人民,压迫人民,不劳而获,倚势欺人。现根据苏维埃政府的法令,予以没收其财产①。

在红二军团与红六军团会合以后,部队各级随之设立没收委员会的机构。"没收委员会是在各级政治机关的领导下,同供给人员一道进行没收工作的。他们的分工是:没收委员会掌握对于地主土豪的调查和批准权限,供给机关也参加调查,但不负责批准,他们主要是将没收来的东西,根据部队需要进行分配","没收委员会对部队内部的分配不负责,但分给群众的东西,由没收委员会负责召开群众大会,宣布办法,因为没收工作实质上是一项群众工作,所以必须在政治机关的领导下,以便掌握方针、政策"。"为了便于工作,没收委员会经常与供给工作(特别是粮秣人员)一起行动。"②范忠祥谈到红二军团如何没收粮食时也说:"没收委员会和民运部都是政治部领导的,两者是平行机关。"该方面军的团政治处大多有总支书记、特派员、组织干事、民运干事、没收委员会主任。"民运部不管没收委员会,它主要是作群众工作。如到什么地方,组织群众、扩兵、调查土豪;打仗时组织担架、搞粮食。"民运部与供给部的关系非常密切,"一是搞粮食,二是要担架、挑夫"③。

罗章曾在红六军团担任五十一团的没收委员会主任。他进一步详述了红二方面军各级没收委员会的工作机制,指出其在各级政治机关的领导下,"与党总支是平列机关"。五十一团团政治处的没收委员会,直接归该团副政委兼政治处主任领导。"团没委与师没委是上下级关系,师没委给各团没委划定筹款区域,分配筹款任务。"各团没委"每半月或一个月一次向师没委报告筹款情况(特殊情况随时报告)、上报单据;钱款则交团供

---

① 王云生:《湘鄂川黔省革命委员会没收工作情况》,《中国人民解放军后勤史资料选编(土地革命战争时期)》(第三册),第228—231页。
② 《湘鄂川黔及长征中红二军团没收委员会的领导关系及其工作职责》,《中国人民解放军后勤史资料选编(土地革命战争时期)》(第三册),第53—54页;《湘鄂川黔及长征时期红二军团的后勤组织情况》,《中国人民解放军后勤史资料选编(土地革命战争时期)》(第三册),第56—57页。
③ 范忠祥:《没收委员会民运部与供给部门的关系》,《中国人民解放军后勤史资料选编(土地革命战争时期)》(第三册),第45页。

给处,不上交师没委"。别祖厚曾在红二军团六师担任十六团的没收委员会主任。他提到没收委员会隶属政治处建制,"为便于工作,设在供给部门,有的也设在政治部门,便于了解和掌握政策"①。

罗章还详细叙述了团没收委员会的内部运行情况。一般而言,某个团的没收委员会,有"主任、委员共五人",还有"一个公务员"。"主任在家里的时候多一些,负责批准营连送来的调查土豪的报告。其余四个委员分工到各营和团直属队调查土豪的情况;平时有一个人管帐,一个人搞出纳工作。""没收委员会的账不同于供给部门的会计账,很简单,只记下那月那天收入金子、银元、鸦片烟、布匹、枪支多少,向供给处交多少。出纳也不保存多少款,一百元以上就交供给处。"②

红四方面军在川陕苏区时,由各级政治部处和各级经理部处共同组织没收委员会,并派主要负责干部担任正副主任委员,"多半是政治部处主任或副主任担任主任委员,经理部处担任副主任委员"③。1933年,福建省军区成立了没收委员会,名义上是省军区的机构,实际上属于中央财政部领导。没收委员会下设筹款队,负责打土豪。据回忆,这个没收委员会的筹款队,"全是由各部队抽调的共产党员组成的",并且规定"打土豪所没收的布匹、药品、金银、现款等都由没收委员会封存保管",上交中央财政部,由中央财政部分配使用。这是因为根据制度设计,"就是军队总供给部需要,也得向中央财政部请示"④。

在长征路上,王稼祥、李富春曾给各军团政治部发出指示,要求"各部队筹措资材与给养,应以团为单位,由各连队派给养人员在地方工作组领导下,组织先遣队统一没收筹划与分配给养工作,严禁各连在行军中打土

---

① 别祖厚:《红二军团师、团的供给工作情况》,《中国人民解放军后勤史资料选编(土地革命战争时期)》(第三册),第221—223页。别祖厚(1912—1981),即别祖后,湖北天门人,曾任红军团没收委员会主任、师供给部主任等职。
② 罗章:《有关没收委员会工作情况的补充》,《中国人民解放军后勤史资料选编(土地革命战争时期)》(第三册),第216—218页。红四方面军的情况可参见林树良:《红四军团供给组织与粮秣工作(1927年—1936年)》,《中国人民解放军后勤史资料选编(土地革命战争时期)》(第四册),第169—170页。
③ 李鸿鸣:《红四方面军在川陕苏区时后勤保障》,《中国人民解放军后勤史资料选编(土地革命战争时期)》(第四册),第195—198页。
④ 游玉山:《回忆筹款工作队的工作情况》,《中国人民解放军后勤史资料选编(土地革命战争时期)》(第二册),第349—350页。

豪"。"在宿营地区仍须发动连队积极调查土豪,但未得政治处批准前,严禁没收。"①

红军在苏区外活动,其缴获的粮食有时还可以供应苏区。1931年,红十二军政治部提出:"筹足两百万给养,充实红军和苏区的经济武装是目前一方面军的重大任务",要求各部队在未出发筹款之前的休息期间,"加紧对指挥员战斗员的筹款教育"②。中共赣东北省委则提到,其财政来源也是一度依靠红军打仗③。1932年,红三军团"到河西以来共筹得十一万元",其中"给湘赣军区一万元"④。1933年上半年,正是湘赣苏区第四次反"围剿"最紧张的时候。"苏区一天天缩小,供给没保障,不能解决粮食问题,只有派部队到白区或红白交界的地区去捉土豪,搞粮食(边界上只能搞到粮食,捉不到土豪)。部队开出去以后,规定一个人要搞20天的粮食","背回苏区,供伤病员食用"⑤。中央苏区第五次反"围剿"时,由于三军团在外围活动,其粮食供给基本上靠自给,"有时缴获了物资,还要运到后方来"⑥。廖济民说到红四方面军的粮食供应问题时表示:当时"主要是前方供应后方",红军经常到根据地外去活动,就地供给,"同时把粮食、布匹、军械等从白区集中赤白交界处,再运往根据地"。"只有红军到苏区中心活动整训时,才由苏区供给公粮。"⑦

二、苏区之内

在苏区或者经过苏区时,红军的粮食多由地方苏维埃提供。1930年

---

① 《王稼祥李富春关于收集资财粮食给各军团政治部的指示(1934年?月14日)》,《中国人民解放军后勤史资料选编(土地革命战争时期)》(第二册),第398页。
② 《红十二军政治部筹款问题训练大纲(1931年10月13日)》,《中国人民解放军后勤史资料选编(土地革命战争时期)》(第二册),第288—289页。
③ 《赣东北省委关于苏维埃工作报告(1931年10月31日)》,《中国人民解放军后勤史资料选编(土地革命战争时期)》(第二册),第290—291页。
④ 彭德怀、滕代远:《红三军团关于部队财经状况和击敌意见的报告(1932年5月16日)》,《中国人民解放军后勤史资料选编(土地革命战争时期)》(第二册),第297—298页。
⑤ 罗章:《反"围剿"斗争中的后勤工作》,《中国人民解放军后勤史资料选编(土地革命战争时期)》(第三册),第131—133页。
⑥ 杨至诚:《五次反"围剿"中后勤组织机构情况》,《中国人民解放军后勤史资料选编(土地革命战争时期)》(第二册),第163—166页。
⑦ 廖济民:《关于四方面军后方工作(1931年—1936年)》,《中国人民解放军后勤史资料选编(土地革命战争时期)》(第四册),第142—144页。

七八月间,红七军韦拔群为红军筹借粮食致信乡苏,通知他们红军大部队即将开到,"决定贵乡筹包谷三百斤",希望接信后马上筹收送到①。据范树德回忆,各地苏维埃政府建立后,都建立了粮食仓库,"在根据地内的部队、机关,可以就地、就近向政府领粮"②。陈明池也讲到,红军在鄂豫皖和川陕等地区活动时,走到哪里就吃到哪里,吃过之后,给当地苏维埃政府打欠条,当地政府持此条逐级上报顶替公粮。实行粮票制之后,"当地政府收到此票后即可拨给粮食,然后持此票上报,顶替应上缴的军用粮"。不过,他认为,由于平时大部分部队都活动在敌占区或根据地的边沿上,所需之粮多半取之于敌和从地主恶霸、土豪劣绅那里没收来的。所以,"这类性质的军用粮,在当时来说占农村上缴粮的比重是很小的"③。不过,有一些地方苏维埃没有好好地组织税粮工作,影响到红军的供养④。

1931年12月初,红四方面军围攻黄安。由于相持多日,如何供应红军的粮食成为这次战斗取得胜利的关键所在。于是中共鄂豫皖中央分局动员附近苏区群众拿出粮食来供应红军,指示"麻城县委苏光山东区区委区苏,南区区委区苏接此通知后","即应午夜举行谈话会(多弄工作人)分派到各区各乡去举行一个动员会,(多弄工作人)分配到工会贫农团、妇委会苏维埃党团工作人,以及不是工作人之积极分子到各村去举行群众大会(这会最重要),鼓动群众拿粮食拥护红军完成这次的胜利";苏区内的党员团员"应该可以首先拿粮食出来以作领导"。虽然当时军情万急,鄂豫皖分局仍然强调:"完全要有充分的鼓动工作,出于群众的自愿,不要命令拉蛮。"至于"附近数县(黄安、陂安南、陂孝北)","在不侵犯中农利益前

---

① 《红七军韦拔群为红军筹借粮食的两封信》,《中国人民解放军后勤史资料选编(土地革命战争时期)》(第四册),第720页。
② 范树德:《红一方面军的供给来源的回忆》,《中国人民解放军后勤史资料选编(土地革命战争时期)》(第二册),第419—422页;陈挺:《在苏区时的供给工作情况》,《中国人民解放军后勤史资料选编(土地革命战争时期)》(第二册),第450—451页;何维忠:《湘赣红军的财政工作》,《中国人民解放军后勤史资料选编(土地革命战争时期)》(第三册),第175—176页。
③ 陈明池:《红四方面军的供给保障情况》,《中国人民解放军后勤史资料选编(土地革命战争时期)》(第四册),第173—176页。
④ 《湘鄂西红军击破敌人四次"围剿"中第一步进攻的教训》,《实话》第五期(1932年5月30日)。

提下,可以向富农征收粮食"①。到月底,黄安县城被红军攻下,鄂豫皖中央分局要求宣传队"到各乡各湾各种群众中去宣传","继续加深扩大红军和输送粮食去前方去的工作",并分配了各地输送粮食的数目:"黄安一千石谷子,麻城六百石谷子,光山一千石谷子,罗山五百石谷子,陂孝北一千石谷子,陂安南一千石谷子,潢川二百石谷子,商光边三百石谷子。"②

红一方面军至晚是从第三次反"围剿"开始,由于苏区"有了较巩固的工农政权","红军的给养就由政府供给一些"。"方法是由团交涉之后,再由连司务长到乡、村政府去领。"第五次反"围剿"时,"几乎全部是靠苏区供应"③。周桂生也特别提到了中央苏区第五次反"围剿"时,"到兵站去领粮"④。胡弼亮也说:"从一次反'围剿'到四次反'围剿',我们一军团很少留在苏区,都是在白区活动,物资经费来源主要靠打土豪,五次反'围剿'时才依靠苏区供给。"⑤

实际上,中央苏区在第四次反"围剿"时,除设有较为固定的兵站及兵站线外,根据战役情况的需要,沿参战方向,还临时选定了兵站线,设立了若干兵站,如 30 里一小站,60 里一中站,并根据部队发展方向,向前延伸兵站线。为了确保兵站之安全和建立强有力的兵站工作,便利军事运输和军队行动,中央苏区政府规定:"凡是靠兵站两边各 30 里内之政府,负运输和保护责任,该线一带之赤卫军,成为保护和护送的武装",要求每一个赤卫队员有一支武器,有一条扁担,五人共有一副担架。为使沿兵站线上有充分的物资供应,中央军委于 1932 年 10 月 26 日在"给各作战地域指挥部的密令中"指出:所规定的后方与后方联络线上(兵站线)特别是

---

① 中共鄂豫皖中公局:《鄂豫皖中央分局对于动员群众多拿粮食以早日攻克黄安县的万急通知》(1931 年 12 月 10 日),《中国人民解放军后勤史资料选编(土地革命战争时期)》(第四册),第 127—128 页。
② 《鄂豫皖中央分局紧急通告——庆祝红军攻下黄安县城和动员群众参军、送粮(1931 年 12 月 23 日)》,《鄂豫皖苏区革命历史文件汇集·中央分局文件(1931—1932)》,第 521—522 页。
③ 陈玉:《红一方面军 1930 年至 1935 年的后勤工作片断》,《中国人民解放军后勤史资料选编(土地革命战争时期)》(第二册),第 503—505 页。
④ 周桂生:《忆红四军直属队的供给工作》,《中国人民解放军后勤史资料选编(土地革命战争时期)》(第二册),第 441—443 页。
⑤ 胡弼亮:《第四次反"围剿"的供给来源情况》,《中国人民解放军后勤史资料选编(土地革命战争时期)》(第二册),第 447—448 页。

在支线上应发动群众储备必要的柴、米、油、盐,红军公谷,应亦核价储藏起来,以便红军经过或驻扎时贱价卖给红军①。

关于苏区究竟如何供应红军粮食,我们以长汀县为例作一微观考察。在攻打赣州前,有关方面曾要求长汀县的四都地方武装,"准备一万斤稻子,磨成米"②。1932年攻打漳州前夕,中共长汀县委又接到指示,准备十万斤粮食。经过开会研究,长汀县委"依照中央局的指示信",在古城、新桥、河田、涂坊、濯田、三州和畲心等成立了粮食站。他们把县苏的干部都集中起来,分头到全县七八个粮食市场,在墟日统统把粮食控制起来,动员群众把粮食都卖给区苏粮食部。同时,"发动节省三升米,便宜卖到粮食站去,即刻实行可以先交米后交钱"。在一些新区域,如河田、大埔、上张地、新桥、童坊、彭坊、馆前、桃花砾等地,"特别注意没收豪绅地主的粮食及富农有余粮食","除一部分分配给农民外,大部分集中到粮站,加紧注意保存留来供给红军"。各区的粮食站,还派专人负责③。中共长汀县委原以为是红一军团开进长汀消灭团匪,"后来才知道,要民夫和粮食是为了打漳州"④。

申书年曾经讲到,当红一军团驻扎苏区,其供给部筹粮时,先是由军团划片,"通过政府筹粮,靠开票为依据,公粮中扣除,给钱的很少"⑤。杨至诚也讲到,"部队在苏区作战,政府就根据军队的用粮计划(每人每天一斤半),经过省苏维埃通知各县囤积粮食设立粮站,由军队自取"⑥。

尤其在中央苏区第五次反"围剿"期间,"粮食已完全由政府控制,部

---

① 《四次反"围剿"中供给工作情况》,《中国人民解放军后勤史资料选编(土地革命战争时期)》(第二册),第514—518页。
② 温必成:《忆攻打汀州和建设政权支援红军的情况》,《中国人民解放军后勤史资料选编(土地革命战争时期)》(第二册),第219—222页。
③ 《中共长汀县委关于动员群众消灭苦竹山团匪的紧急通知(1932年4月4日)》,《中国人民解放军后勤史资料选编(土地革命战争时期)》(第二册),第191—193页。
④ 温必成:《忆攻打汀州和建设政权支援红军的情况》,《中国人民解放军后勤史资料选编(土地革命战争时期)》(第二册),第219—222页。
⑤ 申书年:《红一军团后勤组织概况》,《中国人民解放军后勤史资料选编(土地革命战争时期)》(第二册),第148—149页。其他部队的情况,也可参见俞杰:《红六军团供给工作主要情况》,《中国人民解放军后勤史资料选编(土地革命战争时期)》(第三册),第218—220页。
⑥ 杨至诚:《五次反"围剿"中后勤组织机构情况》,《中国人民解放军后勤史资料选编(土地革命战争时期)》(第二册),第163—166页。

队用粮主要靠后方供给","政府在交通要道设有粮站,部队拿了政府所发的谷票,就可向粮站取粮。到战时,政府根据作战意图,在预定作战地区,囤粮设粮站,专门供应部队。"①如果部队没有作战,则需要自己从地方政府那里领取。比如,当时的少共国际师,由于是整训,全师(四千多人)的粮,要到八九十里路以外去运。该师供给部的两个挑夫连,翻越三座大山到古龙岗挑粮。据回忆,"领粮手续是'公谷证',有50斤、100斤、500斤不等","我们每两天往返一次,把粮运到师供给部,各团再到师里来领"②。

郭永清谈到红三、九两军团驻扎在苏区时,"由团部统一跟地方上交涉,通知各连去领","团里有向地方领粮的粮票,政府发给的,是个两联单,票额最大的是500斤"③。郭永清没有谈及领粮的具体数目。1933年8月5日,红一方面军的一份命令,有助于我们了解当时红军的伙食详情。该命令通知所属部队:苏区中央政府"已令各县就近拨谷米供给方面军给养"。具体发米数量是:每人每天一斤六两食米,"遇没米发给时改发米钱大洋六分";伤病员"每人每天吃米一斤四两,油菜钱一角";马乾"有谷时每天发谷四斤","没谷每天二角二分"等④。

周玉成也讲到,"在有了根据地时,在根据地内的供给,由苏维埃政府负责粮食供应,县粮食局的代表随着部队行动,由他向地方支拨"。事实上,"由游击区或白区进入苏区时,尽量从外地携带一些粮食到苏区去吃,有时战士每人背20—30斤粮食进来,尽量少吃苏区的粮食"⑤。

由于筹买粮食时,各部队与地方苏维埃之间缺乏组织协调,曾经严重地影响到红军的粮食供应。1931年红一方面军总司令部发现,苏区粮食一般都不太充裕,由于各军前后部队及医院"自由到各处采买",结果费了

---

① 杨至诚:《五次反"围剿"中后勤组织机构情况》,《中国人民解放军后勤史资料选编(土地革命战争时期)》(第二册),第163—166页;胡弼亮:《第四次反"围剿"的供应来源情况》,《中国人民解放军后勤史资料选编(土地革命战争时期)》(第二册),第447—448页。
② 朱志明:《红军少共师的供给工作情况》,《中国人民解放军后勤史资料选编(土地革命战争时期)》(第二册),第535—537页。
③ 郭永清:《忆红三、九两军团的供给工作片段》,《中国人民解放军后勤史资料选编(土地革命战争时期)》(第二册),第472—474页。
④ 朱德、周恩来:《红一方面军关于规定改发食米及其他伙食费数目的命令(1933年8月5日)》,《中国人民解放军后勤史资料选编(土地革命战争时期)》(第二册),第362—363页。
⑤ 周玉成:《紧紧依靠群众做好后勤工作》,《中国人民解放军后勤史资料选编(土地革命战争时期)》(第二册),第227—228页。

很大的心力，还发生"卡买情事"，"破坏红军与群众的亲密关系"。红一方面军战委会决定对粮食买卖进行有组织的管理，规定："(1)红军的前后方及医院要吃粮食，都要政治部或后方主任或院长政委打条子到龙岗战委粮食处来买，不得自由筹买。(2)价格每担重百斤大洋两元七角。(3)各地政府群众团体和地方武装要买的米，都由自己去找，不在战委筹买数内，被摊群众的米请省政府召集被摊群众代表会议解决之。(4)各摊栈、各筹办员、各政府、各群众团体，必须看得有战委粮食处主任范树德同志的条子才可将米发卖。(5)各军的后方医院来的夫子要自己另外找好，不得在派来战委的马队、运输队的数内抽调。"①

三、红军粮食供应的微观过程

无论是从苏区之外还是苏区之内筹集到粮食之后，红军部队是如何分发至每个人的？我们以别祖厚曾经所在的红三军为例。他一度在三军九师二十六团一个营里当军需。该军的每个团都有经理处，在其驻地，"门口挂块红布作招牌"，以方便各营容易找到。每个营里有管理供给工作的军需、给养士(上士)。他们负责到团里领伙食钱，"按现有人数领出款来，记在一个本子上，有多少人领多少钱，回到营把各连的司务长找来"，按实领数分发。连队的伙食主要是由司务长管，另外还有给养士一人、文书一人②。范铁民讲到红二十五军吃饭问题时也说：大多连队的吃粮是由司务长带领工作组3—5人，做群众工作，调查出土豪地主以后报团政治处批准，由经理处派粮秣员去看粮食有多少，如粮多，则统在全团范围分配。一般情况也是由营负责领回再分发给各连③。

在长途行军的休整时，往往要求每个战士带足相当时间内的口粮。据吴嘉民讲，"行军时，团营领导、供给主任到每个战士，都要带五天粮食，

---

① 《总司令部关于红军前后方部队医院粮食供应问题的通知(1931年5月12日)》，《中国人民解放军后勤史资料选编(土地革命战争时期)》(第二册)，第388—389页。
② 别祖厚：《红二军团师、团的供给工作情况》，《中国人民解放军后勤史资料选编(土地革命战争时期)》(第三册)，第237—239页。
③ 范铁民：《关于红二十五军后勤工作》，《中国人民解放军后勤史资料选编(土地革命战争时期)》(第四册)，第251—252页。

至少也得带三天的"①。1935年2月,红一方面军要求各野战部队"在现驻地准备好五天至七天预备米粮","除谷米外包粟、豆子也可携带"②。5月,红一方面军为了"求得迅速与四方面军会合开展苏维埃运动",又要求各部队"动员每个指战员、工作什务人员,均须亲身参加收集粮食并负责携带,并以竞赛完成和超过七天规定"③。同年6月,红一方面军总司令部与总政治部规定,部队休息结束出发前"须带足五天至七天粮食"④。7月,为确保松潘战役的胜利,中共中央军委特别强调了部队携带充足的粮食。他们预计松潘一带,山多田少,粮食久已为敌搜刮一空,番民又坚壁清野,因此坚决反对借口粮少、力弱无法携带的行为,对于违背命令者,实行"禁食、背粮直至开除军籍"的处分⑤。在以往的战斗中,就出现过由于没有携带口粮,以至无饭可吃的状况。1933年2月红三军团的黄陂战役,就是如此⑥。

不过,"行军给养除了每个战士携带规定几天生粮、几天干粮以外",炊事员较为辛苦,他们要担全连一天的生粮,"油盐挑子一般由买办(即上士)来担"⑦。

事实上,对于部队的行动方向和目标,红军指挥员往往在供给部门汇报其手中的钱粮之后才能决定⑧。范子瑜说红二方面军的军政首长部署

---

① 吴嘉民:《红十六师的物资来源》,《中国人民解放军后勤史资料选编(土地革命战争时期)》(第二册),第448—449页。
② 《红一方面军关于筹粮的通知(1935年2月15日)》,《中国人民解放军后勤史资料选编(土地革命战争时期)》(第二册),第399页。
③ 《军委总政关于为解决粮食困难进行政治动员工作的指示(1935年5月10日)》,《中国人民解放军后勤史资料选编(土地革命战争时期)》(第一册),第391—392页;周桂生:《忆红四军直属队的供给工作》,《中国人民解放军后勤史资料选编(土地革命战争时期)》(第二册),第441—443页。
④ 《军委总司部、总政治部关于一、四方面军会合后部队整休的规定(1935年6月16日)》,《中国人民解放军后勤史资料选编(土地革命战争时期)》(第一册),第24—25页。
⑤ 《军委关于保障松潘战役的胜利,携带充分粮食的决定(1935年7月2日)》,《中国人民解放军后勤史资料选编(土地革命战争时期)》(第一册),第27—28页。
⑥ 《红三军团黄陂附近战役经过详报(1933年2月27日)》,《中国人民解放军后勤史资料选编(土地革命战争时期)》(第二册),第44—47页。
⑦ 吴先恩:《红四方面军的战役保障》,《中国人民解放军后勤史资料选编(土地革命战争时期)》(第四册),第244—247页。
⑧ 吴嘉民:《红十六师的物资来源》,《中国人民解放军后勤史资料选编(土地革命战争时期)》(第二册),第448—449页。

战斗任务时,"一定要把供给部门的负责同志找去,说明战斗任务,交待后勤保障的具体任务,如打多长时间的仗,准备多少粮食"①。而后勤部门也"经常向首长和司令机关请示工作","了解部队行迹和需要,以便事先做好准备"②。在红三十三军,"因没有师,凡布置打重大战役战斗,都吸收团经理处主任参加",说明敌人是哪个部队,自己的任务打法,后勤怎么准备粮食、武器弹药,"筹多少粮食,要多少民夫等具体数字,由团首长确定"③。周明亮也强调,要做好司务长工作,必须"经常向首长请示,了解情况",如出发时间、驻军日期、敌情、地方情况。"只有掌握住这些基本情况司务长工作才有可靠的依据。"④

为了保证部队能及时吃饭,后勤人员往往是"部队休息他们还在忙"⑤。离开中央苏区后,红一方面军第四师,一般是由每个团的供给处主任带1—2名军需员、民运干事和几名侦察员,在前边走,以便到宿营地后调查当地的地主和土豪。据回忆,"这种办法是很解决问题的,因为天下到处有穷人,到处也就有地主老财"。他们不时地在"一个老财家里,弄到好多大米和鸭子",或者"从一个区长家里弄到很多大米、火腿",在一个大资本家的后楼里,"翻出很多砖茶、白面和牛油"⑥。

谢象晃也讲到:"司务长工作是非常辛苦的,每天和大家一样行军","每到宿营地后,要组织安排战士食宿。部队睡觉了,他们还在忙","他们还要打前站,每天走的路要比战斗人员多,如果战斗人员走一百里,他们就要走一百三四十里"。仗未打起来之前他们就要"心中有数",准备怎么做饭。"部队作战时,要送饭给前沿阵地。"送饭时,"由营统一组织,每个

---

① 范子瑜:《湘鄂川黔以后红二军团供给工作的几个主要问题》,《中国人民解放军后勤史资料选编(土地革命战争时期)》(第三册),第282—286页。
② 谢象晃:《我在红军时做供给工作情况》,《中国人民解放军后勤史资料选编(土地革命战争时期)》(第二册),第500—502页。
③ 王森山:《关于红三十三军后勤保障》,《中国人民解放军后勤史资料选编(土地革命战争时期)》(第四册),第212—213页。
④ 周明亮:《做司务长工作的体会》,《中国人民解放军后勤史资料选编(土地革命战争时期)》(第四册),第241—243页。
⑤ 吴嘉民:《红十六师的物资来源》,《中国人民解放军后勤史资料选编(土地革命战争时期)》(第二册),第448—449页。
⑥ 朱志明:《红军少共师的供给工作情况》,《中国人民解放军后勤史资料选编(土地革命战争时期)》(第二册),第535—537页。

连派三个人,挑饭、挑菜、挑水各一人"①。鄂豫皖苏区的红军,"一个连约120人,有炊事员7—8人,有一个上士管伙食,以后叫事务长"②。

陈乐山在红四军担任过粮秣科长。他回忆道:"每逢部队要行军,我就把团供给主任、营管理员、司务长集合起来先走,到预定宿营地点,既号了房子,也筹了给养。"筹粮主要靠打土豪,"打土豪必须走群众路线。只有通过我们基本群众,才能掌握情况,而开仓分粮,又是发动群众最有效的方法","穷人们一分到东西,就会主动向我们报告哪个地主有什么东西,藏在什么地方","再不然,就去告诉我们地主躲藏的地方,让我们去抓"。"如没有群众报告,又找不到粮食","只好带铁锹,到处找地窖与夹墙","只要找到地窖或夹墙,就不愁没有东西"。"如果群众跑了,我们自己带的粮又已经吃完,又打不到土豪,我们就吃群众的粮食,不过吃了以后,就给那家留下现洋。"陈乐山讲,他在四川的几年里,"主要就是带领团营连干部在前边搞粮食"③。

周廷泰讲到红三十军基层后勤时说:"当时司务长的主要任务是打土豪",他"整天拿着棍子到处找粮","如果自己找不着,只好由供给处从别连调剂"。一般是部队出发,"司务长带着炊事员(团出发由团经理处组织),跟尖兵前卫部队走在前边(尖兵部队也有任务协助),发现粮食就留人看管,除自用一部外,其余逐级上交,根据地就派运输队来接运"。"部队战士与司务长关系非常密切,当司务长筹粮归来,大家都围上来,问今天搞到多少,很亲热。在行军中战士往往帮伙夫背锅、挑油盐担子、背粮食。"④

在鄂豫皖苏区做过四年司务长的周明亮比较系统地讲述了其当年的工作:"主要是起早睡晚,睡在人后。""当司务长的必须比炊事员起得还要早,把他们逐个叫醒",到了晚上大家都已休息,司务长要给炊事班安排好明天出发和吃饭的事宜。行军时,司务长要提前出发,"为了保障沿途有

---

① 谢象晃:《我在红军时做供给工作情况》,《中国人民解放军后勤史资料选编(土地革命战争时期)》(第二册),第500—502页。
② 吴维祥:《关于鄂豫皖区后勤工作》,《中国人民解放军后勤史资料选编(土地革命战争时期)》(第四册),第178—180页。
③ 陈乐山:《关于红四军供给工作回忆》,《中国人民解放军后勤史资料选编(土地革命战争时期)》(第四册),第202—204页。
④ 周廷泰:《红三十军基层后勤情况》,《中国人民解放军后勤史资料选编(土地革命战争时期)》(第四册),第204—206页。

饭吃,司务长必须和政治部、副官处、粮秣科的同志一起早走",因为"要打土豪筹粮离不开政治机关与粮秣科","房子分配是由副官处安排,指个大方向","具体准备粮、柴、菜蔬、号房子都是司务长"。

周明亮还讲到,作为司务长要作好充分的物资准备,"要根据条件好坏来考虑,如何不断粮、油、盐、菜蔬"。他叙述了所用到的一些办法,比如"尽量动员大家多带几天粮食,每人米袋装3—4天的固定粮,不经过批准不许动用";每到一地注意收集干菜,"亲自向各个老乡家动员购买",或者单位杀了猪,"先吃头、蹄、下水,全部肉、油都炼一遍油,把炸过的肉和油都担着慢慢吃";另外还带着捕鱼的网,"每到一地见有地主家的鱼塘就设法打鱼"。周明亮强调,做好司务长工作,必须团结、教育好炊事员,"经常鼓励与团结他们的情绪,启发他们的积极性","生活上的关心体贴,给以必要的照顾是不可少的,尤其在行军中不要让他们担累了,脚不要打起了泡"①。

吴先恩曾经担任过黄安独立师经理处长、红四方面军总经理部军需科长以及九军供给部长等职务。他从作战方式与斗争形势,系统讲述了红四方面军的后勤保障情形:

(1)如果是运动战,那么部队的军政首长,"根据敌情、地形、距离,判断行动方向与作战时间,指示后勤作好准备",比如,"带几天干粮、几天生粮"。当时红军有二条米袋,一生一熟,一般熟粮为三斤,炒米可吃三天,磨成粉可吃五天,一天一夜可行军140里。

(2)如果是围城打援,比如苏家埠、韩摆渡、黄安、新集等战役,由于军师团都有固定的指挥位置,"团后勤与团部在一块,师后勤离师部3—5里,军后勤离军部8—10里"。具体保障方法有二:"一是靠苏区人力、物力的支援,苏区负责围城部队的主副食与鞋袜等物资供应,县苏维埃负责供给师,并将供给各团的粮、油、鞋袜任务分配给区苏维埃,由县苏把部队所处位置与所需物资数量,通知给负责供给的区。部队收到物资以后,只要打一收条也不再另外算账";"二是分配某一部队到白区去搞一部分物资(包括粮食在内),来解决自己的给养与装备,同时又支援围城部队"。

---

① 周明亮:《做司务长工作的体会》,《中国人民解放军后勤史资料选编(土地革命战争时期)》(第四册),第241—243页;袁园:《红四方面军在鄂豫皖初期及入川后勤工作》,《中国人民解放军后勤史资料选编(土地革命战争时期)》(第四册),第249—251页。

（3）反"围剿"战争，有两种形式："一是打敌人的弱点，各个击破"，即击破其一路后扩大战果，"这与运动战差不多"；二是时间长的，"主要是靠吃苏区的粮"，部队走到哪里吃到哪里，这对苏区影响很大。

（4）打阵地战时，有时候守2—3天，最多守一个星期。"部队所需物资，主要靠苏维埃平时收集来进行供应。另外还征购一部分粮，群众慰劳一部分粮。"

（5）在退出苏区时，往往由团经理处主任、粮秣股长、工作员、营副官、连司务长和政治处主任、宣传股、组织股、保卫股长加上司令部的设营队等，组成一个工作组，另有一个排或一个连的武装掩护，较部队提早三小时出发，到预定宿营地点，调查地主土豪，进行筹粮筹款，"司务长就负责杀猪、宰羊、煮饭，保证部队一到就能有饭吃"①。

应该说，吴先恩所讲述的五种作战类型及其相应的后勤保障方式，基本上适用于红军各部队。比如红二方面军的瓦庙集战斗，其后勤保障就属于阵地战模式。1932年3月下旬，徐源泉指挥"清剿"京山、天门地区的红三军主力，瓦庙集战斗就此打响。战前，红三军八师后勤部门负责划区供应部队的粮食、蔬菜。在部队驻扎地区的附近一定的范围之内，组织老百姓给部队送吃。师的经理处设在阵地不远，"隔一个山头，在山背后（距火线约十里地），组织物资供应工作"，而二十七团二营离火线更近，在火线后面四五里的村子里给部队做饭，由苏区各乡苏维埃组织挑夫送到阵地上去。前方部队的粮食，由后方送到指定地点，再由各部队司务长前去领回。当后方粮食运不及时，在驻区范围内，通过苏维埃互济会向当地老百姓借。当地的互济会则发动老百姓给红军送咸菜，从各家各户收集来，装到竹篮子，一个篮子里有多样菜，送给当地驻扎的部队，连司务长派人到大路去接，接到后打个收条②。

第五次反"围剿"开始时，红五军团、三军团的十几个团，从广昌到驿前镇30里路的一条线上守了六个月。在这期间，"前方吃粮统统后方按

---

① 吴先恩：《红四方面军的战役保障》，《中国人民解放军后勤史资料选编（土地革命战争时期）》（第四册），第244—247页。
② 别祖厚、徐元甫：《瓦庙集战斗和进攻津市澧州战役的后勤保障工作》，《中国人民解放军后勤史资料选编（土地革命战争时期）》（第三册），第123—126页。

照标准送到"。各军团供给部在驿前设兵站(最前线的一个兵站)供给粮食,"把稻子从后方运到这个地方,脱皮搞成细米供给前方","另外生豆芽,做豆腐",也在驿前镇。"再往后点二三里路,由供给部供给咸鸡蛋、熏腊肉送到前方。"①整个战役的伙食供应井然有序。

不过,即使粮食准备充分,如果不能及时有组织地送到前线,也会影响到部队的吃饭。在1933年黄陂战役中,红五军团的部分给养员,"怕死和偷懒","饭送到半路又返回去,好多部队一两天没吃饱饭"②。

红军的伙食多有士兵委员会在监督,很注意发扬经济民主。周桂生说:"每天都有一个采买员在伙房,是各班轮流派出的。他跟上士一起去买菜,监督伙房花钱、用物很负责任。"③在红三军团也是如此,连队有经济委员会,"厨房值日的战士和上士一块上街采买,回来要由司务长和经委会人员共同检查,然后才签字报销。晚上司务长写帐,经委会人员参加"④。1933年,红九军团伙食费的结算采取旬报的形式,"十天结算时有士兵委员会的经济委员参加"。"打土豪来的钱,伙食费、杂支费等都得由经济委员参加结清,向全体军人公布。连里除派采买外,每天还有一个监厨,帮助炊事员工作,并负责监督。"⑤湘鄂西的红军,其连队也设有经济委员会,"是士兵委员会的组成部分,负责算伙食帐"⑥。别祖厚则谈及每个连队有列宁室,设有经济委员会,"通过他们同意每个月的伙食帐就算报销"⑦。

---

① 耿万福:《红五军团的供给来源》,《中国人民解放军后勤史资料选编(土地革命战争时期)》(第二册),第440—441页。也可参见黄惠运:《中央苏区反"围剿"中的群众工作》,《军事历史研究》2014年第3期。
② 《红五军团黄陂战役战斗详报(1933年2月28日至3月1日)》,《中国人民解放军后勤史资料选编(土地革命战争时期)》(第二册),第47—50页。
③ 周桂生:《忆红四军直属队的供给工作》,《中国人民解放军后勤史资料选编(土地革命战争时期)》(第二册),第441—443页。
④ 方坤:《红三军团部队供应情况》,《中国人民解放军后勤史资料选编(土地革命战争时期)》(第二册),第512—514页。
⑤ 郭永清:《忆红三、九两军团的供给工作片段》,《中国人民解放军后勤史资料选编(土地革命战争时期)》(第二册),第472—474页。红二方面军的情况可参见范子瑜:《红二方面军在湘鄂川黔时期和长征时期的供给工作》,《中国人民解放军后勤史资料选编(土地革命战争时期)》(第三册),第253—266页。
⑥ 《湘鄂西红军后勤的组织情况(1930年—1932年)》,《中国人民解放军后勤史资料选编(土地革命战争时期)》(第三册),第42—43页;《鄂西游击战争的经过及其现状(1930年5月)》,《中国人民解放军后勤史资料选编(土地革命战争时期)》(第三册),第139页。
⑦ 别祖厚:《红二军团师、团的供给工作情况》,《中国人民解放军后勤史资料选编(土地革命战争时期)》(第三册),第237—239页。

第三章
革命性与组织性(上):
红军粮食的自我供应

红军粮食解决的主要方法,正如中共湘鄂西省委所讲,是由红军自己在继续不断的胜利中解决的①。一般而言,红军自己筹集粮食的方式,主要是打土豪、战争缴获,或者在市场上购买②。为了购买所需粮食,当时红军除了打仗外,筹款也是其一项主要任务。

一、打土豪

没收粮食在土地革命战争初期和前期比较常见,"是红军给养的主要来源"③。朱良才在谈到红四军的财经情况时说:"开始没有根据地,以后有了,如井冈山时期,但也是不巩固的,没有什么后方来供给我们。一切经费、粮食、物资都得到外边去找,主要是靠打土豪时筹措。"④当然,这远远不止是红四军如此。1932年3月,红五军团报告称:其有关部队在固陂、枫山背、太平圩、安息、江口等地,三天之内,"挖窖二千多元集谷约千担"⑤。

---

① 《中共湘鄂西第四次代表大会政治任务决议案(1932年1月27日原则通过,中央分局审查批准)》,《湘鄂西苏区革命历史文件汇集·省委文件(1927—1932)》,第205页。
② 也可参见罗云章:《湘鄂川黔时期红二军团的供给来源》,《中国人民解放军后勤史资料选编(土地革命战争时期)》(第三册),第226—227页。有研究认为,1932年以后红军部队不再担负筹款任务(李怀印:《现代中国的形成(1600—1949)》,广西师范大学出版社2022年,第328页)。此乃盲人摸象之论。
③ 周恩来:《中共中央给红军第四军前委的指示信(1929年9月28日)》,《周恩来选集》(上卷),人民出版社1980年,第39页。
④ 朱良才:《红四军初创时期的财经情况》,《中国人民解放军后勤史资料选编(土地革命战争时期)》(第二册),第318—319页。
⑤ 萧劲光:《红五军团关于部队驻地等问题的报告(1932年3月29日)》,《中国人民解放军后勤史资料选编(土地革命战争时期)》(第二册),第295—296页。

在鄂豫皖,由于苏区粮食万分困难,甚至到了断炊的地步,所以红军的粮食主要来源之一是打土豪,"打开一个村子,没收了土豪的粮食,战士每人灌满二个米袋子,经理处的牲口又驮一部分,分给当地群众一部分,其余的交给苏维埃政府保存,将来部队再回来吃"。吴维祥提到了其老家有个黄姓大土豪,"全家40多口人,五个儿子都在国民党里当师、团长,请了20多个人看家、收租,一年收几千担租子"。红军发动群众开仓,"附近村子的农民约一万多人,都带了口袋去分粮食,大家随便扛"①。在苏家埠围攻战役中,为了保证围攻的胜利,"组织武装跑到六十里路以外的地方去打粮"②。鄂豫皖的另一支部队红十二师,"都是靠自己出去打粮,往往到几十里外英山附近去打土豪","能打到土豪就打来吃,打不到土豪就买来吃"③。据郭永清讲,红九军团成立后,"粮食的来源主要靠打土豪"④。曾在洪湖的红九师做过司务长的徐元甫说,"到湘鄂边以后没有打什么大仗","主要是要给部队搞粮食吃,依靠打土豪洞子"⑤。

湘鄂西苏区曾经"因为给养困难而将十六军分散游击","没有一次筹款到两千余元以上",中共湘鄂西中央分局对此发出连环质问:"你们为什么不计划夺取一两个市镇来解决布匹粮食呢?你们为什么不多组织特务队去没收附近豪绅的财物呢?你们为什么不去没收附近白区地主的粮食财物呢?征发苏区富农粮食呢?你们没有用一切力量去作这些工作,你们所想的却是上海中央和湘鄂西中央分局给你们之钱。这真是你们对于解决苏维埃财政问题之怠工消极。"⑥在给鄂东道委的信中,湘鄂西中央

---

① 吴维祥:《关于鄂豫皖区后勤工作》,《中国人民解放军后勤史资料选编(土地革命战争时期)》(第四册),第178—180页。
② 程儒珍:《红四军供给来源和供给方式》,《中国人民解放军后勤史资料选编(土地革命战争时期)》(第四册),第170—173页。
③ 陈新贵:《关于十二师和二十五军的基层后勤工作情况》,《中国人民解放军后勤史资料选编(土地革命战争时期)》(第四册),第235—237页;《沈泽民关于皖西北情况给中央政治局的综合报告(1931年5月23日)》,《鄂豫皖苏区革命历史文件汇集·中央分局文件(1931—1932)》,第22页。
④ 郭永清:《忆红三、九两军团的供给工作片段》,《中国人民解放军后勤史资料选编(土地革命战争时期)》(第二册),第472—474页。
⑤ 徐元甫:《洪湖苏区红九师的供给来源和地方支前工作》,《中国人民解放军后勤史资料选编(土地革命战争时期)》(第三册),第214—215页。
⑥ 《中共湘鄂西中央分局给湘鄂赣省委的信——关于苏区党的中心任务,革命战争的准备,土地、经济政策,加强白区及白军工作,党的改造等问题(1932)》,中央档案馆、湖北省档案馆、湖南省档案馆编:《湘鄂西苏区革命历史文件汇集·中央分局文件(1931—1934)》,1985年印,第130—131页。

分局也指示说:"红军给养能够提附近白区没收解决"①。

确实,湘赣苏区在第四次反"围剿"期间,红军就不时到白区或红白交界的地方捉土豪、搞粮食。到了1934年6月第五次反"围剿"时,适逢青黄不接,粮食很紧张,部队主要是吃打土豪弄的粮食②。红四方面军到四川发展很快,"各种主要物资供给,主要是部队自己供给自己","主要方法是打出去,没收土豪的粮食"③。1935年,在长征路上,中革军委发出指示:"各兵团应在所规定的工作区域收集一个月谷子,来源是靠没收。"④

在紧急情况下,没有其他办法得到粮食的时候,红军往往自己动手收割还在田地里的粮食作物⑤。程儒珍讲到鄂豫皖苏区反四次"围剿"时,"正是青黄不接的季节,苏区范围缩小",于是只好"以武装到白区去割地主豪绅长在田里的谷子回来"⑥。1935年7月,在长征的路上,红一方面军就通令各部队,除值班人员外,在武装掩护下,"一律参加割麦工作"⑦。红三军团在长征时,情况紧急,"没现成粮","就收割稻子"。经过紧张的劳动,各连至少每人预备了三天的粮食⑧。

就像周明亮所讲的红四方面军一样,大多数打土豪所没收的粮食,"包括地主家里的现粮,场上堆的粮,长在地里未收割的粮与藏在地窖的

---

① 《中共湘鄂西中央分局给鄂东道委的信——关于鄂东苏区的发展方向,国内革命战争的准备,实施苏维埃政纲与巩固苏维埃等问题(1932年3月)》,《湘鄂西苏区革命历史文件汇集·中央分局文件(1931—1934)》,第186页。
② 罗章:《反"围剿"斗争中的后勤工作》,《中国人民解放军后勤史资料选编(土地革命战争时期)》(第三册),第131—133页;也可参见罗章:《战役后方部署和长征时战救工作情况》,《中国人民解放军后勤史资料选编(土地革命战争时期)》(第三册),第134—135页。
③ 肖正红:《关于红四方面军最初供给来源(1927年—1934年)》,《中国人民解放军后勤史资料选编(土地革命战争时期)》(第四册),第165—169页。
④ 《军委关于供给工作的指示(1935年? 月11日)》,《中国人民解放军后勤史资料选编(土地革命战争时期)》(第一册),第406页。
⑤ 《关于收割番民麦子问题的通令(1935年7月18日)》,《中国人民解放军后勤史资料选编(土地革命战争时期)》(第一册),第396—397页;周明亮:《关于后勤组织、供应来源与做司务长工作的体会》,《中国人民解放军后勤史资料选编(土地革命战争时期)》(第四册),第187—189页。
⑥ 程儒珍:《对红四方面军供给标准的回忆》,《中国人民解放军后勤史资料选编(土地革命战争时期)》(第四册),第157—158页。
⑦ 《关于收割田中熟麦问题的通令(1935年7月12日)》,《中国人民解放军后勤史资料选编(土地革命战争时期)》(第一册),第395—396页。
⑧ 周玉成:《红三军团长征时后勤组织机构和工作情况》,《中国人民解放军后勤史资料选编(土地革命战争时期)》(第二册),第171—174页。

粮"。他特别讲述了每个地方由于各有不同的风俗习惯,"地主隐藏粮食,也采取了各种不同的形式","有室内有室外,夹墙之内套夹墙,房子之内有房子"。周明亮说:在定边,大地主往往好几层窖,"第一、二、三层都是暗窖,放有粮食","第四层是明窖住人","不了解内情的人,从外表看只是一层窖洞";在陕北,"地主在牛羊圈下边挖窖放粮食","地主愈大,窖就挖得愈深"。所以他强调,没收粮食"主要靠政治工作,依靠向阶级弟兄进行调查研究,如果思想工作没有做到家,他们也只能偷偷地告诉我们,或用手指个方向"。"除了政治思想工作以外,我们搞到了粮食还要分给他们一部分。"①而湘赣苏区的地方武装,开始时"大多数都是陷于单纯筹款的泥坑中","许多行动不是为了群众利益而是自己去找经费",造成"白区群众害怕游击队","为难游击队","甚至公开说红军大队来了,真正好梭镖队黑杀队来了",导致苏区的发展严重受到限制②。

由此我们可以在相当程度上理解,在没收粮食的时候,红军方面为什么非常注意政策与政治影响。王云生讲到,湘鄂川黔省革命委员会的没收工作"要清楚几个界线":"一是地主和富农的界限,地主不劳动,或只有附带劳动;富农是参加劳动的";"二是地主与商人的界限,湘鄂川黔有许多地主兼资本家,我们只没收其土地粮食和附属土地的财产(如鸡、鸭、猪等),对商业部分采取捐款的办法,不没收";"三是反动地主(即反革命罪犯)和一般地主的处置办法不同,反动地主是要枪毙的,一般地主称为'经济土豪',只当经济案子来办,一般不枪毙"。"不经没收征发委员会批准的一律不准打,私自打土豪,就是犯纪律。"③

据徐元甫讲,湘鄂西苏区的红九师就曾规定:"庙里的粮食可以没收,因为是封建团体,清明会的粮食不能没收,因为是群众办的。"④别祖厚则

---

① 周明亮:《关于后勤组织、供应来源与做司务长工作的体会》,《中国人民解放军后勤史资料选编(土地革命战争时期)》(第四册),第187—189页。陈诚1931年7月在黎川亲身所见:当地人民对于红军"似有好感"。人们表示:红军来,"仅土豪劣绅倒楣",若国民党军队,"连穷苦老百姓均遭殃"。《陈诚先生日记》,第27页。
② 《中共湘赣苏区省委报告(1933年2月1日)》,《湘赣革命根据地》,第577、594页。
③ 王云生:《湘鄂川黔省革命委员会没收工作情况》,《中国人民解放军后勤史资料选编(土地革命战争时期)》(第三册),第228—231页;程儒珍:《红四军供给来源和供给方式》,《中国人民解放军后勤史资料选编(土地革命战争时期)》(第四册),第170—173页。
④ 徐元甫:《没收工作情况》,《中国人民解放军后勤史资料选编(土地革命战争时期)》(第三册),第215—216页。

谈到,当时湖南农村的情况很复杂,"有的一大家几个兄弟住在一起,但已经分门立户,如果大哥是土豪,几个弟弟不是土豪",那么就要分别对待,"分粮食时要派人守住,不许挑错了"。他也提到:有时把一些剥削性的会堂、祠堂和庙宇存储的粮食没收来吃,但是"群众性会堂的粮食还不能吃"①。这些具有高度组织性的没收粮食行动,无论从其动因还是效果来看,都蕴含着相当程度的自觉的革命性追求。

即使在长征路上亦是如此。1935年3月,中央红军发布指示:为"充分保障红军给养,尽量改善对群众关系",在筹粮时应将主要负担"加在番民富有者的肩上","反对不分阶级路线侵犯群众利益和屈服粮食困难不去设法解决的行为和观念"。"在粮食较多的地方除没收土司反动头人",还要"分一部分给群众"②。在长征途中出于迫不得已,部队拟收割番民的麦子,但仍特别强调:"收割麦子时,首先收割土司头人等的,只有在迫不得已时,才去收割普通番人的麦子。"收割普通番人的麦子,"必须将所收数量、为什么收麦子的原因等(照总政所发条子),用墨笔写在木牌上,插在田中,番人回来可拿这木牌向红军部队领回价钱"③。

二、战争缴获

战争缴获也是红军粮食的重要来源之一。吴嘉民讲到在湘鄂赣边活动的红十六师,其粮食来源有三个渠道:"向苏维埃政府去领或相约送到部队","打仗缴获","打土豪"④。1931年,湘鄂西苏区出现水灾,本来主要任务是肃清内部的敌人,但是由于内部没有粮食,所以,"军事行动的主要原则总是傍着原有苏区发展,相机打击敌人"⑤。1932年8月,红十二

---

① 别祖厚:《红二军团师、团的供给工作情况》,《中国人民解放军后勤史资料选编(土地革命战争时期)》(第三册),第221—223页。
② 《军委关于红军进入番民地区筹粮问题的指示(1935年3月1日)》,《中国人民解放军后勤史资料选编(土地革命战争时期)》(第一册),第390—391页。
③ 《关于收割番民麦子问题的通令(1935年7月18日)》,《中国人民解放军后勤史资料选编(土地革命战争时期)》(第一册),第396—397页。
④ 吴嘉民:《红十六师的物资来源》,《中国人民解放军后勤史资料选编(土地革命战争时期)》(第二册),第448—449页;吴维祥:《关于鄂豫皖后勤工作》,《中国人民解放军后勤史资料选编(土地革命战争时期)》(第四册),第178—180页。
⑤ 《中共湘鄂西中央分局致中央信(1931年10月16日)》,《湘鄂西苏区革命历史文件汇集·中央分局文件(1931—1934)》,第107页。

军等占领南丰后,"缴获米面、汽油无数"①。1933年6月,红一军团第二师所进行的枫坪战斗,主要任务之一就是为了解决给养问题②。八九月间红三军团在顺昌、将乐地区的战斗,获得了包括粮食在内的丰富的战利品③。红四方面军入川后,"打刘湘、刘存厚、田颂尧缴获到一些粮食、布匹、衣服、军毯之类的东西"④。为了准备绥丹崇懋战役,中革军委命令左纵队除在党坝携带七日粮食外,"特别注意夺取白军粮站"⑤。在娄山关,红军把板桥区的官仓打开,解决了吃饭问题⑥。共产国际远东局曾提醒鄂豫皖苏区红军寻找合适的时机,在"保存和加强我们作战部队"的同时,"不让我们的主力承担直接保卫剩下地盘的任务",而是努力"建立新的游击中心和苏维埃中心",以更大程度地缓解粮食问题⑦。确实,当中央红军一部打到甘南时,毛泽东欣喜地告诉彭德怀等,我军"没收敌粮数十万斤、盐二千斤"⑧。

三、市场购买

红军的粮食除了没收以及战斗缴获,还经常通过市场购买加以解决。1932年,红五军团在岩城攻打土围时,由于当地食米很贵,部队的吃饭问题甚受影响⑨。红三军团在同年5月的一份报告中也讲到,虽然他们在

---

① 周恩来:《乐安宜黄战役后不宜攻南城(1932年8月28日)》,《周恩来军事文选》(第一卷),人民出版社1997年,第169页。
② 《红一军团第二师枫坪战斗经过详报(1933年6月6日)》,《中国人民解放军后勤史资料选编(土地革命战争时期)》(第二册),第63—65页。
③ 《施特恩关于中国红军在1933年8、9月间的军事行动进程给共产国际执行委员会的报告(1933年10月1日于上海)》,《联共(布)、共产国际与中国苏维埃运动(1931—1937)》(13),第531页。
④ 杨林:《红四方面军入川后供应情况》,《中国人民解放军后勤史资料选编(土地革命战争时期)》(第四册),第213—216页;聂鸿国:《红九十师川陕时期的供给工作》,《中国人民解放军后勤史资料选编(土地革命战争时期)》(第四册),第222—225页。
⑤ 《绥丹崇懋战役计划(1935年10月7日)》,《中国人民解放军后勤史资料选编(土地革命战争时期)》(第二册),第89页。
⑥ 梁之余:《娄山关公社群众谈红军打土豪筹粮情况》,《中国人民解放军后勤史资料选编(土地革命战争时期)》(第二册),第463—464页。
⑦ 《共产国际执行委员会远东局给中共鄂豫皖苏区委员会的信(摘录)(1934年1月底于上海)》,中共中央党史研究室第一研究部编译:《联共(布)、共产国际与中国苏维埃运动》(14),中共党史出版社2007年,第40—41页。
⑧ 毛泽东:《部队的行动部署和严整纪律问题(1935年9月18日)》,《毛泽东军事文集》(第一卷),军事科学出版社、中央文献出版社1993年,第369页。
⑨ 董振堂、萧劲光:《红五军团关于部队行动和岩城情况的报告(1932年4月18日)》,《中国人民解放军后勤史资料选编(土地革命战争时期)》(第二册),第296页。

赣江以西地区"筹得十一万元",但是当地"食米奇贵","每石十五元"。因此,他们拟"每师组织一个别动队,一百五十枝枪派很好的干部,深入白区来无踪无影的去游击",除了"消灭白军的武装"之外,就是"捉土豪,解决经济"①。红三军团在第五次反"围剿"期间以及长征路上都曾买粮,以解决吃饭问题②。据陈明池讲,红四方面军在粮食征购时,"首先是划清阶级界线,一般来说,只向富农、富裕中农或中农征购,而对于贫下中农不仅不征购,有时还救济他们","除非在万不得已的情况下才向他们征购一些,但也是在他自觉自愿的基础上购其一部分"③。

川陕苏区红军的食粮问题,"开始因为是新区,有土豪可打,部队吃粮容易",以后粮食就困难了,主要是靠购买解决。其渠道是"由地方政府在各县开设的经济公社负责收购",或者"由军队总经理部派遣干部在苏区边沿地区(如仪龙、营山等地)设立粮站,负责收购新区群众的余粮"。"粮站一般就开设在交通线上。"④1934年,红二十五军在鄂豫皖省委率领下向伏牛山区挺进途中,为摆脱敌军的追堵,要求各部队"不打土豪,不进围寨",所需粮草,"一律实行购买"⑤。

红军如果从苏区内取得粮食,有的也是通过购买的方式。1931年,中共湘鄂西省委要求一些没有遭受水灾的地方,购买二万石粮食,接济红军⑥。1932年5月,湘赣苏区决定"举行由群众贱卖五斤谷子给红军,和每个党团员卖给红军十斤谷子的运动",并表示:"这些谷子一概由区苏粮

---

① 彭德怀、滕代远:《红三军团关于部队财经状况和击敌意见的报告(1932年5月16日)》,《中国人民解放军后勤史资料选编(土地革命战争时期)》(第二册),第297—298页。
② 周玉成:《红三军团长征时后勤组织机构和工作情况》,《中国人民解放军后勤史资料选编(土地革命战争时期)》(第二册),第171—174页;方坤:《红三军团部队供应情况》,《中国人民解放军后勤史资料选编(土地革命战争时期)》(第二册),第512—514页。
③ 陈明池:《红四方面军的供给保障情况》,《中国人民解放军后勤史资料选编(土地革命战争时期)》(第四册),第173—176页。
④ 李泛山:《川陕苏区红军后勤工作(1932年—1934年)》,《中国人民解放军后勤史资料选编(土地革命战争时期)》(第四册),第192—194页;李泛山:《红四方面军入川后后勤供应情况》,《中国人民解放军后勤史资料选编(土地革命战争时期)》(第四册),第207—208页。文中"仪龙",为"仪陇"之误写。
⑤ 中国工农红军第二十五军战史编辑委员会编:《中国工农红军第二十五军战史(第二稿)》,解放军出版社1985年,第81页。
⑥ 《湘鄂西省委会关于水灾时期党的紧急会议(1931年7月31日通过)》,《中国人民解放军后勤史资料选编(土地革命战争时期)》(第三册),第179—182页。

食部负责贮藏,不能以钱折。""给群众的谷子钱,红军承担,但目前须由各级苏维埃代出。"①同年8月,湘赣苏维埃代表大会通过决议,要求:"各级苏维埃政府必须提倡公共仓库,积蓄粮食,以便廉价卖给红军与接济贫苦工农群众与红军。"②这些决议并没有落空。次年3月,湘赣苏区党的第二次代表大会在工作报告中十分满意地表示:"粮食部工作最近较前有系统,共集中了三万担谷子作为红军的粮食,并在继续贮藏(每人贮藏二十担谷子贱价卖给或送给红军的运动),准备长期战争。"③

但是,并非苏区到处都是如此。1933年8月,永新县苏维埃执行委员会批评各乡苏府:"有红军经过的地方,大多数群众不但没有贱价卖给红军,来帮助红军的给养便宜,反而乘机抬高物价卖给红军",并提出:"要将全区各乡苏的群众贱价卖给红军的六[担]谷子,收集起来送去供给医院","如以前各区的群众贱价售六[担]谷子,供给红军的还没有偿清的,赶快如数还讫,绝对不准借口经济困难而再拖欠下去"④。

四、红军的筹款任务

一般而言,各个部队多有相当的财政储备(包括钱款、贵重物资)。如何筹款,是当时红军的"三大任务"之一⑤。"筹款的目的是为了吃饭,主要是搞粮食。"⑥毛泽东曾讲到在湘赣边界割据的最初一年里,"红军一面

---

① 《湘赣苏区省委动员群众积极参加大规模革命战争的工作计划(1932年5月26日)》,《中国人民解放军后勤史资料选编(土地革命战争时期)》(第三册),第63—68页;《湘赣苏区省委关于三个月工作竞赛给中央局的总报告(1932年7月17日)》,《中国人民解放军后勤史资料选编(土地革命战争时期)》(第三册),第75—80页。
② 《湘赣苏维埃代表大会决议之三:经济政策执行条例(1932年8月1日)》,《中国人民解放军后勤史资料选编(土地革命战争时期)》(第三册),第145—149页;《湘赣苏区大会决议之五:扩大红军与健全地方武装决议案(1932年8月1日)》,《中国人民解放军后勤史资料选编(土地革命战争时期)》(第三册),第189—190页。
③ 《湘赣苏区党第二次代表大会工作报告(1933年3月8日)》,《中国人民解放军后勤史资料选编(土地革命战争时期)》(第三册),第193—194页。
④ 《永新县苏维埃执行委员会关于动员群众帮助红军的通令(1933年8月28日)》,《中国人民解放军后勤史资料选编(土地革命战争时期)》(第三册),第99—102页。
⑤ 有关红军筹款的源起,可参见曹春荣:《苏区时期红军筹款自给问题胫论》,《苏区研究》2021年第1期。
⑥ 吴嘉民:《红十六师的物资来源》,《中国人民解放军后勤史资料选编(土地革命战争时期)》(第二册),第448—449页。

要打仗,一面又要筹饷"①。据陈毅关于朱毛红军的报告:"红军每月至少要需要五万元左右,这笔款项大部分出在土豪身上,小部出在城市商人。"②

红一方面军的主要经济来源,其实就是利用战斗间隙筹款、打土豪③。1930年9月,红一方面军撤围长沙后,在临江、上高一带进行筹款工作时,"打了个大土豪","从地窖里挖出来六千多块银元和几十两黄金"④。1931年1月16日,红一方面粉碎第一次"围剿"后发出命令,要求第四、十二两军在第三军团的掩护下,尽量分散筹款,"截至三十一日止应筹足十万大洋(除原定六万元外加筹四万元)",第三军则"应于三十一日前筹足一万大洋"⑤。2月21日,红一方面军再次发布命令,要求第三军团在22日以一师进占王陂,向宜黄前进并筹款,"工作到三月六日止,须筹足现洋两万元以上";要求"第四军以广昌为指挥中心,派一师进驻闽边之康都圩附近,沿大道一带在道路左右各三十里以内(距广昌一百二十里以内)分散筹款,限三月六日内筹足现洋四万元以上"。红一方面军司令部强调,各部队的工作"以筹款为第一位,次则消灭反动武装"⑥。1931年5月,红一方面军总前委决定夺取建城,以将筹款工作推展到黎川、泰宁三县⑦。6月,毛泽东致信周以栗、谭震林,提出:三军团"以顺昌、邵武、光泽为筹款区域",四军"以沙县、永安、□□为筹款区域",三十军"以瑞金为工作区域筹款自给",三军"以雩都、会昌为工作区域筹款自给"。他解

---

① 毛泽东:《中国的红色政权为什么能够存在?(1928年10月5日)》,《毛泽东军事文集》(第一卷),第17页。
② 《陈毅关于朱毛红军的历史及其状况的报告(1929年12月1日)》,《中国人民解放军后勤史资料选编(土地革命战争时期)》(第二册),第379—386页;范树德:《红一方面军的供给来源的回忆》,《中国人民解放军后勤史资料选编(土地革命战争时期)》(第二册),第419—422页。
③ 吴亮平:《红一方面军的供给工作情况》,《中国人民解放军后勤史资料选编(土地革命战争时期)》(第二册),第396—398页。
④ 黄克诚:《我在红三军团的经历(上)》,中共中央党史资料征集委员会编:《中共党史资料》(第二十二辑),中共党史资料出版社1987年,第81页。
⑤ 朱德:《粉碎第一次"围剿"后分散筹款的命令(1931年1月16日8时)》,《朱德军事文选》,解放军出版社1997年,第38—39页。
⑥ 《红军第一方面军关于部队向东移动继续加紧筹款的命令(1931年2月21日)》,《中国人民解放军后勤史资料选编(土地革命战争时期)》(第二册),第268—270页。
⑦ 《总前委一至八次会议决议案记录(1931年5月—6月20日)》,《中国人民解放军后勤史资料选编(土地革命战争时期)》(第二册),第274—281页。

释说:"所谓工作区都是要分配土地、建立政权的。筹款区只打土豪,做宣传,而不分田地,不建立政权。"①9月,红一方面军发出入闽第一号命令,决定开往福建筹款②。

在赣东北,红十军因为吃饭问题不能解决,决定冒险渡过信江,去闽北筹款。由于只筹到大洋七万余元,红十军又被迫准备攻打婺源城③。1932年1月,红三军报告说,由于捕捉到的土豪"不缴款",其"给养只维持到五日"④。1932年初,中央红军的行动方向曾深受筹款的制约,放弃了进攻粤军和大城市的准备,先后向北部苏区和福建连续作战,直至在漳州募集到资金之后,才"回过头来进攻广东来犯福建和江西之敌"⑤。在建黎泰战役后,红一方面军也深受给养问题的限制,没有进一步向东北方向出击⑥。在湘赣苏区,"红军对于筹款工作,完全没注意",结果"发现没有伙食费用,每天五分钱都没有,士兵的生活没有改善"⑦。在闽北的红二十二军"连日捉邵武著名土豪","最低限度可筹款三万元"。为了进一步扩大筹款,罗炳辉和谭震林提出,"在此继续工作半月"⑧。第五次反"围剿"期间,为了筹款,红军某部"在永丰县的三棵树就集中拘留土豪一千多个"⑨。1933年8月,闽赣苏区要求各军区以每月筹款十万元的速

---

① 毛泽东:《给周以栗谭震林等的信(1931年6月28日)》,《毛泽东军事文集》(第一卷),第235页。
② 朱德、毛泽东:《开往福建工作筹款的命令(1931年9月23日)》,《毛泽东军事文集》(第一卷),第253页。
③ 中共赣东北特委:《苏维埃政府的财政恐慌(1931年6月22日)》,《闽浙赣革命根据地财政经济史料选编》,第479页。
④ 周子昆等:《红三军关于攻克上堡土围积极筹款的报告(1932年1月2日)》,《中国人民解放军后勤史资料选编(土地革命战争时期)》(第二册),第474页。
⑤ 《周恩来、王稼祥、任弼时和朱德给中共中央的电报(1932年5月3日于瑞金)》,《联共(布)、共产国际与中国苏维埃运动(1931—1937)》(13),第147—148页。
⑥ 周恩来:《我方面军以出东北为最有利(1932年11月13日)》,《周恩来军事文选》(第一卷),第206—207页。
⑦ 《湘赣苏区省委关于三个月工作竞赛给中央局的总报告(1932年7月17日)》,《中国人民解放军后勤史资料选编(土地革命战争时期)》(第三册),第75—80页;也可参见蔡会文、萧克:《红八军关于部队及湘赣苏区情况的报告(1932年的情况)》,《中国人民解放军后勤史资料选编(土地革命战争时期)》(第三册),第157页。
⑧ 罗炳辉、谭震林:《关于邵武工农斗争情况和二十二军行动的建议(1932年11月15日)》,《中国人民解放军后勤史资料选编(土地革命战争时期)》(第二册),第303页。
⑨ 宋裕和:《忆第五次反"围剿"中的财政工作》,《中国人民解放军后勤史资料选编(土地革命战争时期)》(第二册),第351页。

度,在七个月内筹款七十余万元①。

然而,曹菊如讲到1933年初"左"倾路线中央领导迁入苏区后不久,就认为苏区什么也不好。其中对中央苏区的一个批评是:"财政基础建筑在沙滩上(指收入靠打土豪是靠不住的)。"②然而,第五次反"围剿"的一个重要错误即是坚持让部队进行内线作战,不到外面去打土豪,"强调正规化把部队筹粮、筹款任务都丢掉"③,结果造成中央苏区财政上收入少、开支大的艰难局面,只能"从大发票子上找出路"④。此前,红军方面特别强调:"在未夺取政权以前,正当战斗过程中,红军无论哪项经费都只有用自己的力量去筹集。"⑤

周恩来曾提出:红军给养的主要来源,"当然是没收豪绅官僚财产,进行对资本家富裕者的累进所得税以及在农村中的必要征发","有时要为这一问题的解决,即使短时地打下某些中心城市而不长期占领,也是非常必要的"⑥。他甚至讲到:"即使在一个地方只有一两天的停留或一日的游击,也必须注意到筹款与解决筹款和购买的问题。"⑦不过,他也强调,筹款工作"要经过群众路线","不要由红军单独去干"⑧。1935年9月,毛泽东致电彭德怀等:"部队严整纪律,没收限于地主及反动派,违者严处。"⑨

---

① 《闽赣省财政部七、八、九三个月工作和八、九、十、十一、十二、一、二七个月筹款计划(1933年8月8日)》,《闽赣苏区文件资料选编》,第60—61页。
② 1932年6月中共苏区中央局曾通过决议,"解除红军主力'分散'筹款'分散'做地方工作的任务"。参见《苏区中央局关于争取和完成江西及其邻近省区革命首先胜利的决议——苏区党大会前后工作的检阅及中央苏区党的目前中心任务(1932年6月17日)》,中共江西省委党史研究室等编:《中央革命根据地历史资料文库·党的系统》(3),中央文献出版社、江西人民出版社2011年,第2213—2215页。
③ 宋裕和:《忆第五次反"围剿"中的财政工作》,《中国人民解放军后勤史资料选编(土地革命战争时期)》(第二册),第351页。
④ 曹菊如:《中央苏区银行工作情况》,《中国人民解放军后勤史资料选编(土地革命战争时期)》(第二册),第338—340页。
⑤ 军区总指挥部训练科翻印:《筹款须知(1932年7月18日)》,《中国人民解放军后勤史资料选编(土地革命战争时期)》(第一册),第222—232页。
⑥ 周恩来:《目前红军的中心任务及其几个根本问题(1930年9月30日)》,《周恩来军事文选》(第一卷),第125页。
⑦ 周恩来:《为粉碎敌人第四次"围剿"的紧急训令(1932年11月24日)》,《周恩来军事文选》(第一卷),第211页。
⑧ 周恩来:《中共中央给红四军前委的指示信(1929年9月28日)》,《周恩来军事文选》(第一卷),第97页。
⑨ 毛泽东:《部队的行动部署和严整纪律问题(1935年9月18日)》,《毛泽东军事文集》(第一卷),第369页。

事实上,红军在筹款的时候反复强调:绝不能离开阶级立场、增加劳苦群众或小资产阶级的负担以致脱离群众,不但如此,还要将筹款工作变成阶级斗争,以之摧毁豪绅地主的封建经济基础,发动广大群众的革命斗争①。所以,朱良才认为,打土豪筹款是一个"政策性很强的工作"②。罗章讲到红二方面军的没收工作时,提及打土豪要根据下列五条来判断:"(1)人口多少;(2)土地多少;(3)有多少钱放债;(4)雇工有没有;(5)自己参不参加劳动。"③

在红军看来,其筹款行动正当性的政治基础在于:"中国现时经济基础主要还是建筑在帝国主义支配和封建剥削关系上面。故目前中国革命还是资产阶级性的民权革命,以推翻帝国主义的统治,铲除封建剥削,完成土地革命,建立工农民主政权为主要任务。"既然如此,筹款的主要目标应集中在"封建基础的地主身上","因为地主是残酷的封建剥削者,他最反革命,我们对他们特别严厉,随时随地要拿出打土豪罚款子推翻封建势力的政策,除捉人罚款(赎罪)外,还要坚决没收其田地财产。"同时,"因为大商人也是剥削阶级,且拥有极丰裕的经济基础",因此大商人也应是红军的筹款目标;"中商(3千元以上为中商)、富农也是筹款的对象",而富农被认为属于"封建阶级","捐款应比中商还要重"④。

五、红军的筹款技术

红军赋予了筹款工作高度的政治意义,还在实际斗争中不断摸索出一套行之有效的筹款技术。"没有好的技术,正确政策是不能得到结果的"。赣东北苏区,就由于"没有学会打土豪筹款的技术",导致打土豪筹款的成绩很差⑤。为此,当时有关部门编写的一本《筹款须知》手册,总结

---

① 军区总指挥部训练科翻印:《筹款须知(1932年7月18日)》,《中国人民解放军后勤史资料选编(土地革命战争时期)》(第一册),第222—232页。
② 朱良才:《红四军初创时期的财经情况》,《中国人民解放军后勤史资料选编(土地革命战争时期)》(第二册),第318—319页。
③ 罗章:《有关没收委员会工作情况的补充》,《中国人民解放军后勤史资料选编(土地革命战争时期)》(第三册),第216—218页。
④ 军区总指挥部训练科翻印:《筹款须知(1932年7月18日)》,《中国人民解放军后勤史资料选编(土地革命战争时期)》(第一册),第222—232页。
⑤ 《关于财政与经济问题的决议案(1933年3月22日)》(闽浙赣省第二次工农兵代表大会通过),《闽浙赣革命根据地财政经济史料选编》,第515页。

了不少有效的筹款技术①。

比如:"一网散开精密调查",就是指"在敌情许可下,所属部队应尽量以连或排为单位,散布在周围","划定区域,这样如网打开越收越拢,易散易收,便利指挥,督促土豪一个也跑不脱身,而且敌来可以应付"。而调查人员"要具备耐烦(即热心精密、细心两个条件)","能耐烦才能在豪绅地主压迫欺骗之下、语言不通的白色地区群众中有所问得,能精密细致才能调查得准确,百筹百中"。在进行调查的时候,"要找到贫苦勇敢的工农分子或流氓分子",并"由问路普通说话入门等宣传作用(能用宣传的方法启发群众阶级觉悟而报告为最上策)",或者"抄些土豪财物或鸦片烟酒肉等秘密给那些贫苦工农小孩或流氓分子,甚至许赏他以金钱以引诱他说出真话"②。

再比如,要"迅速捉人,适当待遇"。捉人时"注意运用便衣队,除部队中人外注意找当地人参加,组织成员出发要化装各色土民(每次化装要不同)暗藏手枪分途出发,特别注意趁黑夜半夜、雨夜雪夜,以及拂晓黄昏三个时候。要不怕路远不怕困难,要非常迅速以免逃避"。这本筹款须知中还提到"挖窖"的办法筹款。因为"土豪喜欢埋窖","只要有好的技术,热心,挖窖对于筹款常有帮助"③。

红军方面始终强调筹款不仅仅是解决自身的供应问题,还是一个"政治问题","有政治上重大意义"。有时各家罚款、捐款都缴得差不多了,但是自身的给养仍然不够,而"土豪商人出得起",那么,可以指控其曾经"重利剥削"、"高抬时价",或者"摧残过工农运动"等这些"政治上所不容"的事情,以进一步筹得所需要的款项④。中共闽北分区委强调:"没收财产必须根据政治没收的原则。"⑤中共赣东北省委也指出:"在白区没收豪绅

---

① 军区总指挥部训练科翻印:《筹款须知(1932年7月18日)》,《中国人民解放军后勤史资料选编(土地革命战争时期)》(第一册),第222—232页。
② 军区总指挥部训练科翻印:《筹款须知(1932年7月18日)》,《中国人民解放军后勤史资料选编(土地革命战争时期)》(第一册),第222—232页。
③ 军区总指挥部训练科翻印:《筹款须知(1932年7月18日)》,《中国人民解放军后勤史资料选编(土地革命战争时期)》(第一册),第222—232页。
④ 军区总指挥部训练科翻印:《筹款须知(1932年7月18日)》,《中国人民解放军后勤史资料选编(土地革命战争时期)》(第一册),第222—232页。
⑤ 中共闽北分区委:《厉行财政集中和严格筹款政策(1931年4月)》,《闽浙赣革命根据地财政经济史料选编》,第477页。

地主反动派的谷子,应分给当地的群众,建立红军的政治影响。"①

为了使筹款行动成为一种阶级斗争,没收的财物,"除少数必须留用(适于军用的)外,必须不分大小尽数发给当地工农贫民"。此外,"地主所有高利贷以及契约文契(关于田地、财产以及买卖奴婢等等均在内),都要没收",而且当着群众的面进行焚烧,以"增添群众对党与红军的信念","发动群众打土豪"。另外,"无论罚款、募捐、没收财物,或拍卖分发",都要将理由进行布告,派员宣传,"在布告与宣传当中特别说到豪绅地主行商富农的剥削罪恶,工农贫民以及小商中农痛苦出路,宣传党与红军的主张等,以发动群众对地主、富农、奸商以至军阀国民党政府的愤怒,扩大我们的政治宣传,得群众的拥护"②。

上述的这些筹款技术为红军所反复实践。1932年3月,红三军讲到其筹款工作部署时报告称:"各部现驻地已筹,没法再筹",因此"拟以政卫特务连驻镇江,以四团驻大堂,二十二团驻小河进行这一工作并筹款"③。

同年7月,红一方面军总司令部发布命令:为了"消灭陈、罗南下之敌,夺取赣吉向北发展,配合全国革命斗争,争取江西首先胜利",特规定在十天之内,第一军团筹足五万元,第三军团五万元,第五军团五万元,第十二军三万元。为此,红一方面军总部划定了各军团的工作区域:第一军团以坪田圩为指挥中心,占有乌迳、界址、极富以南,崇仙、江口、罗吉、东坑以西地区,包括头陂、龙源坝、龙下、东坑、罗吉、小江、迳脑、崇仙各市镇;第三军团以老界址圩为指挥中心,占有乌迳、界址、极富以北,信丰江以西地区,包括乌迳、新界址、支何圩、正平圩、九渡水、小河圩、极富圩各市镇;第五军团以铁石圩为指挥中心,占有千载、安息、石背以南、崇仙、江口、罗吉、东坑以东地区,包括安息、流塘、龙州、隘高、潭庆、石背各市镇。

---

① 中共赣东北省委:《关于财政和红军的给养问题(1932年6月24日)》,《闽浙赣革命根据地财政经济史料选编》,第497页。
② 军区总指挥部训练科翻印:《筹款须知(1932年7月18日)》,《中国人民解放军后勤史资料选编(土地革命战争时期)》(第一册),第222—232页;《中央红军进泰始末》,《中国人民解放军后勤史资料选编(土地革命战争时期)》(第二册),第342—343页。
③ 周子昆等:《红三军关于敌军动态和我军筹款工作部署的报告(1932年3月8日)》,《中国人民解放军后勤史资料选编(土地革命战争时期)》(第二册),第293页;也可参见董振堂、萧劲光:《关于红十三军须移地筹款的报告(1932年7月18日)》,《中国人民解放军后勤史资料选编(土地革命战争时期)》(第二册),第301页。

这种有组织的"一网散开"筹款方法,还有利于广泛地发动当地社会起来革命,"参加红军",建立"小而有力的游击队"①。

红十二军在筹款时则是"根据群众提供的线索,看到谁家的房子好,摆设好,家具多的,铺盖好的,就可以大体加以判断"。他们还发现土豪劣绅"常将其剥削搜刮来的现款埋藏起来或沉在塘内",为此或者"将水泼在院子内看一看水的流向和潜入地下的速度",以判断"是否有地下埋藏",或者根据土色新旧、墙壁声音等,"辨别出来是否有夹墙或地窖"②。

1934年,中革军委强调在白区"没收地主反动分子财物,向富农及城市商人捐款",必须"由各级政治机关负责,严格执行阶级路线,不许丝毫损害工农群众的利益,以及无组织的乱没收行为"③。具体而言,没收、捐款的决定权,"属于团政治处(师以上之直属队,属于各级政治部或直属队政治处)"。当"某一部队单独行动,距离没委较远时","则由该部队政治首长指人负责进行"。"各连队之政治首长及支部,应发动所属战士,尤其是党团员,在驻地附近,调查地主、富农及反动分子,填调查表,送交团政治处批准,由政治处派人协同进行没收、拘捕等工作,并须尽可能吸收当地群众中的积极分子参加"。对于"没收地主""枪决反动派"以及"向富农捐款","均须张贴布告,向当地进行广大的宣传鼓动,联系到发动群众斗争"④。1935年7月,红军到达西北地区时,总政治部也再次强调各部队"如遇没收时,应贴布告,说明其没收理由"⑤。

六、红军的筹款效应

应该讲,红军高度关注其筹款政策对于所在地方所起到的阶级效应。

---

① 总司令部:《方面军总部关于水口战役后部队分散整顿筹款的命令(1932年7月13日于乌迳圩)》,《中国人民解放军后勤史资料选编(土地革命战争时期)》(第二册),第299—301页。
② 周玉成:《忆三军团的筹款工作》,《中国人民解放军后勤史资料选编(土地革命战争时期)》(第二册),第319—322页;罗章:《红六军团突围西征与湘鄂川黔时期的供给工作》,《中国人民解放军后勤史资料选编(土地革命战争时期)》(第三册),第247—250页。
③ 李富春:《军委关于筹粮捐款暂行细则规定的通知(1934年10月22日)》,《中国人民解放军后勤史资料选编(土地革命战争时期)》(第一册),第253—254页。
④ 李富春:《军委关于筹粮捐款暂行细则规定的通知(1934年10月22日)》,《中国人民解放军后勤史资料选编(土地革命战争时期)》(第一册),第253—254页。
⑤ 《关于红军目前在西北地区dem取粮食资财的办法(1935年7月19日)》,《中国人民解放军后勤史资料选编(土地革命战争时期)》(第一册),第399页。

第一方面军要求"征集资材以不妨害发展阶级斗争为主旨"①。中共湘鄂赣省委曾为当地红军"不分阶级的没收与征发"行为向中央作过检讨②。红十二军在训练各级政治工作人员时,强调针对不同阶级采取有差别的政策,表示:"坚决进攻地主阶级,彻底消灭封建经济基础(对地主要捉人、逼缴罚款、没收财物散发穷人,地主走了贴条子、威吓罚款,能得多少就要多少)";对于富农,则是进攻而不是消灭,"只捐款不没收他的财物,捐款多少按他的经济能力大小而定";但是,"绝对不能侵犯中农的利益"。与此同时,红十二军政治部提出"发动雇农贫农反地主富农的斗争,并尽快取得他们对红军筹款的热烈拥护和帮助(所以每到一处,就要发谷子猪肉分衣服)"。在城市地区,红十二军采取了与乡村不同的政策,比如强调:"城市筹款主要对象除买办资产阶级之外,仍然是由乡村逃跑来城里的豪绅地主","土豪兼商人又罚又捐,所以一家前门贴捐款后门又贴罚款并不滑稽"③。红二方面军在筹款时对资本家与地主区别对待,"采取保护工商业的政策"。他们在打开某一城镇后,就调查谁是资本家,上两千元资本以上的就向他筹款。"这与处理经济土豪的案子不同,不捉人,就是要他们出几个钱。"④

红军的筹款行动在相当程度上产生了其所预期的政治效果。在长征途中路过板桥镇时,红军打了两家土豪,"一家是梁成轩,外号米贩子,有四五百担谷子田,还有买卖","另一个是邓有生家(地主兼资本家)"。"还有一个大土豪梁伯衡,有千余担谷田,捉住他又让他跑掉了。"红军虽然"只打了一两个土豪,但影响还是很大的","人人都知道红军'打土豪,分田地'的事,真正是为穷人的军队"⑤。在遵义泗渡地区,红军曾打过的土

---

① 《工农红军第一方面军战役计划(1932年10月14日于广昌发)》,中国人民解放军政治学院党史教研室编:《中共党史参考资料》(第六册),第209页。
② 《湘鄂赣省委代书记李宗白向中央的报告》,《中国人民解放军后勤史资料选编(土地革命战争时期)》(第二册),第469—472页。
③ 《红十二军政治部筹款问题训练大纲(1931年10月13日)》,《中国人民解放军后勤史资料选编(土地革命战争时期)》(第二册),第288—289页。
④ 王云生:《湘鄂川黔省革命委员会没收工作情况》,《中国人民解放军后勤史资料选编(土地革命战争时期)》(第三册),第228—231页。
⑤ 梁之余:《娄山关公社群众谈红军打土豪筹粮情况》,《中国人民解放军后勤史资料选编(土地革命战争时期)》(第二册),第463—464页。

豪有：冯汝勤（泗渡乡后屋，有三四百担谷）、冯奇君（泗渡乡后屋，有二百担谷）、冯其如（泗渡乡后屋，有七八十担谷）、冯子恒（泗渡乡司家坝，有二三十担谷）、冯英奎（泗渡乡松坝，有三四百担谷）、灯乐生（板桥镇，有千余担谷）等。红军把打土豪所得的财物、粮食等分给群众后，地方上都称赞"红军纪律好，不但不拿穷人的东西，相反还送给群众东西"①。

所以，正如湘鄂西苏区领导人所讲，不要忘记了红军中的政治工作，"红军中没有共产党的强固领导，那就有了给养也是枉然"，不仅如此，"没有党和苏维埃、红军的政治上的改造"，实际上也不能解决给养问题②。

---

① 冯德章等：《中央红军在泗渡地域打土豪筹粮的情况》，《中国人民解放军后勤史资料选编（土地革命战争时期）》（第二册），第464—465页。
② 夏曦：《中共湘鄂西省委扩大会的政治错误（1932年3月8日）》，《湘鄂西苏区革命历史文件汇集·中央分局文件（1931—1934）》，第169页。

第四章
革命性与组织性(下):
红军粮食的苏区供应

苏区社会经常动员起来,将粮食供应给红军①。其方式多种多样,仅中央苏区,邓子恢就提到了三种,即:"群众交的土地税","借谷运动借来的"以及"属于粮食调剂局的"②。胡弼亮除了提到"政府按累进税率向群众征收公粮",还指出"红军公田的收入","也是红军的一项供给来源"。红军公田是地方进行土地改革时分给那些家不在苏区的红军指战员的,由政府组织群众代耕,打下的粮食则给红军的外籍指战员,"但实际上他们都不肯要,自动缴公"③。

一、土地税

在供应红军的各种粮食中,土地税是较为正式的途径④。其初,一些

---

① 《中央局关于动员群众参加革命战争执行后方工作的问题给苏区各级党部的指示信(1932年3月8日)》,《中国人民解放军后勤史资料选编(土地革命战争时期)》(第一册),第208—211页;赵炳志:《关于四方面军的供给来源问题》,《中国人民解放军后勤史资料选编(土地革命战争时期)》(第四册),第181—183页。
② 邓子恢:《中央苏区粮食动员与解决办法》,《中国人民解放军后勤史资料选编(土地革命战争时期)》(第二册),第424—425页。
③ 胡弼亮:《第四次反"围剿"的供给来源情况》,《中国人民解放军后勤史资料选编(土地革命战争时期)》(第二册),第447—448页。
④ 《中华苏维埃共和国临时中央政府财政委员部关于伙食费发谷子办法的通令(1933年9月15日)》,《中国人民解放军后勤史资料选编(土地革命战争时期)》(第一册),第293—296页;《湘鄂西中央分局关于击破敌人"围剿"扩大革命战争的决议(1932年5月16日中央分局省委联席会议通过)》,《中国人民解放军后勤史资料选编(土地革命战争时期)》(第三册),第10—12页;弼时:《湘赣省委综合性工作报告(1933年7月27日)》,《中国人民解放军后勤史资料选编(土地革命战争时期)》(第三册),第92—93页。

地方的革命还处在游击战争阶段,经济来源主要是依靠打土豪,并未征收土地税①。到了苏区后期,其重要性则有相当的提高②。1931 年,鄂豫皖苏区要求各地向群众说明"特苏的累进税粮食收集蓄藏条例"的意义及实施办法③,对于鄂豫边特委的财政来源"完全建立在'打豪儿'上面"进行了批评,指出要"把财政来源建立到累进税的征收上面去"④。鄂豫边向中央报告:累进税的用途,其中一部分"供给红军"⑤。

1931 年,中共赣东北省委较系统地规定了土地税的累进办法:首先,"五石谷免收,五石至十石起每石收税谷 6 升,农民全年收获量从十石起,每十石一增加,土地税即二升一累进";其次,"用收获量规定上、中、下的田:收谷四石五斗为上田,三石五斗为中田,二石五斗为下田";再次,"用这样收获量乘某农民分得上田、中田、下田的亩数,即为某农民的全年收获量,再照税率收税"。赣东北省委还表示:其财政收入自 1931 年 10 月份开始,已经表现出"由没收财产为主要收入转变以税收为主要收入的趋势"⑥。1932 年,苏区中央局规定:"土地税,江西从三石起,4％累,福建三石起,5％累。"⑦湘鄂西苏维埃代表大会也通过决议,拟定每年秋收后征收"公益费","按田之肥瘠分上下两等","上等——十亩以上征收百分之

---

① 可参见《鄂西游击战争的经过及其现状(1930 年 5 月)》,《中国人民解放军后勤史资料选编(土地革命战争时期)》(第三册),第 139 页;《中央给湘赣苏区省委的信(1931 年 11 月 21 日)》,《中国人民解放军后勤史资料选编(土地革命战争时期)》(第三册),第 142—143 页;肖正红:《关于红四方面军最初供给来源(1927 年—1934 年)》,《中国人民解放军后勤史资料选编(土地革命战争时期)》(第四册),第 165—169 页。
② 邓子恢:《第五次反"围剿"战争中的财政经济情况》,《中国人民解放军后勤史资料选编(土地革命战争时期)》(第二册),第 333—337 页。有关农业累进税的两次较大调整,可以参见吴学海主编:《中国人民解放军后勤史(土地革命战争时期)》,第 172—173 页。
③ 《鄂豫皖中央分局通知第二十二号——扩大苏维埃税收的宣传解释(1931 年 8 月 13 日)》,《鄂豫皖苏区革命历史文件汇集·中央分局文件(1931—1932)》,第 196—197 页。
④ 《鄂豫皖中央分局给鄂豫边特委信——关于党务、肃反、分配土地、苏维埃、军事、群众运动及白区工作的意见(1931 年 11 月 24 日)》,《鄂豫皖苏区革命历史文件汇集·中央分局文件(1931—1932)》,第 443 页。
⑤ 《鄂豫边给中央的报告(节录)(1931 年 1 月 8 日)》,安徽省财政厅等编:《安徽革命根据地财经史料选》(一),安徽人民出版社 1983 年,第 37—38 页。
⑥ 中共赣东北省委:《赣东北苏区的土地税及其经济与财政(1931 年 10 月 31 日)》,《闽浙赣革命根据地财政经济史料选编》,第 481—482 页。此后,赣东北苏区多次颁布了相关的土地税法令。
⑦ 《中局瑞金会议关于财经、扩红、后勤等工作的决定(1932 年 6 月 25 日)》,《中国人民解放军后勤史资料选编(土地革命战争时期)》(第一册),第 4—6 页。

十(十亩以下不收),二十五亩以上抽百分之十五,四十亩以上抽百分之三十","下等——十五亩以上征收百分之十(十五亩以下不收),三十五亩以上收百分之十五,六十亩以上抽百分之三十"①。同年6月,永新县二区苏维埃政府发出指示,要求各乡补收富农的累进税②。1933年,福建省苏维埃政府发布征收土地税的布告:"今年中央政府所颁布的税率与去年的税率不同,即依据人口与分田数量混合起来决定的,比去年来说大大的减轻了劳苦工农的负担",并表示:"今年的土地税,中央政府决定概收谷子,亦可以金钱缴纳。"③广西左、右江苏区的农业累进税,则是"按照各人出产量交百分之五,余粮多的则另征收,如有余谷五十斤到一百斤者,征收百分之四十,余谷一百斤至三百斤者,征收百分之五十,余谷三百斤以上者征收百分之六十"④。川陕省苏维埃将群众捐助的粮食,称为"苏维埃公粮",根据每个成年、老年、小孩"在每年吃穿尽够"之后的剩余粮食来决定。其中成年"收谷在五背以上者,应纳苏维埃公粮五升;六背以上纳七升半;七背以上纳一斗;八背以上纳一斗二升五;九背以上纳一斗五升;十背以上纳一斗八(五背以下统统不纳公粮)"。这些公粮,"以十分之四作红军吃"⑤。

1930年,赣东北苏维埃政府通过收土地税获得二十余万石粮食,供应了一部分红军的吃食⑥。1931年,湘鄂西苏区由于遭受水灾,不能征收土地税,再加上一些其他不利因素,对于供给红三军全军及后方机关、医

---

① 《中共湘鄂西特委第一次紧急会议关于苏维埃经济政策决议案(1930年9月)》,《湘鄂西苏区革命历史文件汇集·省委文件(1927—1932)》,第7页。
② 永新县二区苏维埃政府:《永新县苏二区关于慰劳和优待红军家属工作给各乡苏的指示信(1932年6月3日)》,《中国人民解放军后勤史资料选编(土地革命战争时期)》(第三册),第69—71页。
③ 《福建省苏维埃政府关于征收土地税的布告(1933年10月)》,《中国人民解放军后勤史资料选编(土地革命战争时期)》(第二册),第313—314页。
④ 欧致富:《红七军初建和转战时期的后勤保障》,《中国人民解放军后勤史资料选编(土地革命战争时期)》(第四册),第707—713页。
⑤ 《川陕省苏维埃政府公粮条例》,《川陕革命根据地财政经济史料选编》,第98—99页。有关苏区累进税制的研究,也可参见何友良的《苏区制度、社会和民众研究》(社会科学文献出版社2012年)第二章中的有关部分。
⑥ 《赣东北特委给中央的报告(1931年6月22日)》,《中国人民解放军后勤史资料选编(土地革命战争时期)》(第二册),第286—287页。

院的粮食等各项用费,感到空前的困难①。1932年1月,中共湘赣苏区省委向中央报告称"红军及医院的粮食均由土地累进税项下供给",尽管土地累进税的数量不多,"据各县的报告至多只能供给一个月的粮食",但是"红军的伙食比较各级苏维埃都要比较好些"②。1933年6月,湘鄂赣苏区通过决议,表示:"今年累进税无论如何不能用,要归红军与后方医院作战粮。"③据罗章讲,1933年7月,敌人开始对中央苏区进行第五次"围剿"时,"湘赣苏区有二、三百里大的地方靠收土地税供给,粮食不困难"④。红三军团到了陕北之后,当地苏区政府就动员群众以缴纳公粮的形式供应部队⑤。

不过,一些苏区,由于其经济比较困难,仅仅依靠土地税供应红军,往往不堪其负。湘鄂赣省委为此向中央请示解决红八军的行动去向问题,他们表示,"红军生吃累进税",不仅"红军不能自给","更影响苏区经济"⑥。

二、借粮

苏区也经常采用向群众借粮的方式供给红军。鄂豫皖苏区就曾表示,"从前因军事、政府、救济等需要,特苏及各县向群众借的粮食不少"⑦。的确,在鄂豫皖苏区看来:由于将以前的征发制度改为借粮制度,并"允许向外发展得到地主豪绅的粮食来偿还","所以大概都愿意出借给政府"⑧。1933年8月,江西省委指示广昌县委,"借二十万(石)谷给红军"⑨。9月,闽北苏区由于新建立红军独立团,向广大群众提出"借一万五千担

---

① 《盘铭关于湘鄂西报告(1931年11月12日)》,《中国人民解放军后勤史资料选编(土地革命战争时期)》(第三册),第142页。
② 《湘赣苏区省委(给中央的综合报告)中有关支前情况的摘录(1932年1月12日于永新城)》,《中国人民解放军后勤史资料选编(土地革命战争时期)》(第三册),第61—63页。
③ 《湘鄂赣省委红军供给之问题(1933年6月10日—18日)》,《中国人民解放军后勤史资料选编(土地革命战争时期)》(第二册),第478—479页。
④ 罗章:《反"围剿"斗争中的后勤工作》,《中国人民解放军后勤史资料选编(土地革命战争时期)》(第三册),第131—133页。
⑤ 周玉成:《红三军团长征时后勤组织机构和工作情况》,《中国人民解放军后勤史资料选编(土地革命战争时期)》(第二册),第171—174页。
⑥ 《湘鄂赣省委请示八军行动方向与解决湘鄂赣经济困难的办法的报告(1932年10月)》,《中国人民解放军后勤史资料选编(土地革命战争时期)》(第二册),第302页。
⑦ 《鄂豫皖中央分局通知第二十号——关于偿还过去所借群众粮食的办法(1931年8月13日)》,《鄂豫皖苏区革命历史文件汇集·中央分局文件(1931—1932)》,第193页。
⑧ 《鄂豫皖边苏区概况(1931年5月10日)》,《安徽革命根据地财经史料选》(一),第61页。
⑨ 《省委给广昌县委的指示信(1933年8月20日)》,《江西党史资料》(第14辑),第160页。

谷子给红军",以"充裕红军给养"①。1934年6月,闽赣省各县收集粮食达到34 000石,其中向群众借的就有7 000石②。石中汉讲到红九十三师在光山营山一带时,"部队吃饭主要向老百姓借粮","方法是由部队打条,经苏维埃证明,将来由苏维埃负责归还"③。1934年,中央苏区就向群众动员了二十多万石粮食。有时候粮食征借附加在土地税之上。在征借的时候,苏区中央政府一再强调"要进行广泛深入的政治宣传鼓动",反对任何强迫命令,也反对"平均摊""沿家抖谷"的方式④。不过,据湘赣省委1933年6月的一份工作报告称,其在红五月里,借谷运动成绩很差,永新县"只完成六千六百五十石(红五月以前数在内原定一万八千石)",吉安"借谷完成五分之一"⑤。

苏区也以发行公债的方式为红军从农民那里吸收粮食。1933年7月,中共中央组织局决定:"在新谷大批上市时","应该立刻开始推销三百万苏维埃经济建设公债","这一公债可以用粮食来购买"⑥。同年7月,中共湘赣省委表示要"努力在八月完成二期公债"⑦。8月,在江西的苏区中央政府决定发行三百万经济建设公债,其中一百万是用来"充实革命战争的经费"。"为便利农民起见,中央政府准许购买公债票者交付谷子。"⑧在动员民众购买公债的过程中,苏区政府强调"必须打击那种以为群众困难,群众不觉悟的右倾机会主义的估计,特别要纠正过去那种摊派

---

① 《闽北分区苏执行委员会训令(第一一五号)——借一万五千担谷给红军(1933年9月5日)》,《闽浙赣革命根据地财政经济史料选编》,第533页。
② 《各省县收集粮食的数目字(节录)(1934年6月5日)》,《闽赣苏区文件资料选编》,第189页。
③ 石中汉:《关于红九十三师供给工作》,《中国人民解放军后勤史资料选编(土地革命战争时期)》(第四册),第189—191页。
④ 陈潭秋:《二十四万担粮食动员的总结(1934年8月10日)》,《红色中华》1934年第223期。
⑤ 《湘赣省委红五月工作报告(1933年6月4日)》,《中国人民解放军后勤史资料选编(土地革命战争时期)》(第三册),第86—90页。
⑥ 《中央组织局关于收集粮食运动中的任务与动员工作的决定(1933年7月22日)》,中央档案馆编:《中共中央文件选集》(第九册),中央党校出版社1991年,第263页。
⑦ 弼时:《湘赣省委综合性工作报告(1933年7月27日)》,《中国人民解放军后勤史资料选编(土地革命战争时期)》(第三册),第92—93页。
⑧ 《怎样发行经济建设公债(1933年8月25日)》,《中国人民解放军后勤史资料选编(土地革命战争时期)》(第一册),第247—250页;《中华苏维埃共和国临时中央政府财政委员部关于伙食费发谷子办法的通令(1933年9月15日)》,《中国人民解放军后勤史资料选编(土地革命战争时期)》(第一册),第293—296页。

的官僚主义方式的错误"①。1933年,崇安苏维埃政府曾要求各地将"土地税谷子"和"公债票谷子"送到指定地点集中②。据毛泽东1933年在长冈调查,该乡承销的5 456元经济公债,收到了谷子822担。从毛泽东的调查中还可以发现,1932年也是以发行公债的方式从当地社会中吸收粮食。只不过那时两元公债相当于两担半谷子,而1933年十元公债只出两担③。在推销公债时,一些苏区强调反对摊派,提倡"用乡村之间的互相竞赛"的方式④。

1933年,江西省苏维埃财政部所发行的建设公债,"群众交谷交钱听其自便",不过为了能更多吸收粮食,规定公债收谷子的价格,各地可根据自己的实际情形,"大概比市价贵百分之五至百分之二十"。"谷价一元以下,应比市价高百分之二十","一元至二元者高百分之十五,二元至三元者,高百分之十,三元以上者高百分之五"⑤。

三、生产与节约

在苏区内的机关、学校也通过自己生产,节省开支,以充裕红军的经济来源。1931年5月,中共鄂豫皖中央分局决定举行"粮食运动周",要求"每个党员、团员至少必须种五棵瓜藤(最好是南瓜)或等量其他杂粮","每个党员、团员必须负责宣传劝告工农群众","使每个老婆婆、每个小孩子都至少种一棵瓜藤"。与此同时,"党和苏维埃机关,每天吃两顿粥一顿干饭","只有红军和前方战士每天须担保有三顿干饭"⑥。为了使"苏区

---

① 《怎样发行经济建设公债(1933年8月25日)》,《中国人民解放军后勤史资料选编(土地革命战争时期)》(第一册),第247—250页。
② 《崇安县苏维埃政府第十二次主席团会议决议(1933年11月)》,《闽赣苏区文件资料选编》,第133—134页。
③ 毛泽东:《长冈乡调查(1933年11月)》,《毛泽东文集》(第一卷),人民出版社1993年,第276—320页。
④ 《湘赣省委给中央局的报告(1933年8月27日)》,《中国人民解放军后勤史资料选编(土地革命战争时期)》(第三册),第93—99页。
⑤ 《省苏财政部给各县指示信(1933年8月12日)》,《江西党史资料》(第14辑),第157—158页。
⑥ 《鄂豫皖中央分局通告第二号——关于举行粮食运动周的事(1931年5月29日)》,《鄂豫皖苏区革命历史文件汇集·中央分局文件(1931—1932)》,第49—51页。也可参见《鄂豫皖中央分局通告第八号——关于国际赤色纪念日的决定(1931年7月20日)》,《鄂豫皖苏区革命历史文件汇集·中央分局文件(1931—1932)》,第163页等。

内每亩耕地都能栽上秧",鄂豫皖中央分局提出,"各级党部、团部全体动员,向群众作广大的宣传,说明耕牛、秧种互相帮助的必要",同时,"要每个乡苏维埃负责动员农人,将有余力的牛组织成耕队,有组织的到别的乡去帮助春耕","动员多余的县区耕牛、秧种去帮助缺乏的县区"①。由于战争,或者缺乏劳动力、耕具等原因,各地有不少荒田。苏区提出"消灭这些荒田",尤其是"不让一寸公田荒着"②。

在中央苏区,对于春耕,提倡"多种粘米,少种酒米","种酒米完全是浪费"③。湘赣苏区同样要求所属各级苏维埃:"加紧督促春耕,以备今年加倍秋收,充实苏区粮食,鼓动群众多栽蔬菜杂粮,不准用白米蒸酒做米果等。"④在闽北,苏维埃执委会提出:"在春耕时期要特别抓紧发动群众春耕运动,来充裕红军战争的物质基础","各县要把没种杂粮的禾田一律耕完,不准留一条牛在家里空闲着","使秋收时收得很多谷子","不能种禾的旱田,应多种豆子、棉花、粟子、番薯等"⑤。中央苏区第四次反"围剿"的粮食主要靠苏维埃政府筹集供给。为使有充足的粮食储备,苏区中央执行委员会于1932年10月13日发布"关于战争紧急动员的命令",动员全体工农群众实行储藏粮食、食盐、节省粮食的耗费,努力耕种杂粮、菜蔬,准备在战争中供给红军⑥。1933年,洛甫提出"尽量扩大苏维埃的生产","有计划的进行春耕夏耕以及秋收等运动"⑦。在此号召下,中央苏区各红军学校除了在住地附近开辟空隙的地方为小规模的菜园外,还"发起一规模较大的种菜运动"⑧。中共寻邬县委也提出:"努力夏耕运动,多

---

① 《鄂豫皖中央分局通告联字第一号——关于春耕运动的事(1931年6月4日)》,《鄂豫皖苏区革命历史文件汇集·中央分局文件(1931—1932)》,第58—59页。
② 作霖:《消灭苏区的荒田!》,《青年实话》第十八期(1932年5月30日)。
③ 定一:《努力春耕,争取革命战争胜利》,《青年实话》第十一期(1932年2月25日)。
④ 《湘赣苏区省委动员群众积极参加大规模革命战争的工作计划(1932年5月26日)》,《中国人民解放军后勤史资料选编(土地革命战争时期)》(第三册),第63—68页。
⑤ 闽北分区苏维埃执委会:《春耕运动工作的决议(1933年3月1日)》,《闽赣苏区文件资料选编》,第6—7页。
⑥ 《四次反"围剿"中供给工作情况》,《中国人民解放军后勤史资料选编(土地革命战争时期)》(第二册),第514—518页。
⑦ 洛甫:《论苏维埃经济发展的前途(1933年4月22日)》,《中共中央文件选集》(第九册),第483—489页。
⑧ 范树德:《红军学校的种菜运动为提高生产力而斗争(1933年9月27日)》,《中国人民解放军后勤史资料选编(土地革命战争时期)》(第一册),第382页。

下肥料耘田,种杂粮增加生产充实战费。"①1933年初,红一方面军在前方未能筹足经费,希望中央苏区政府号召群众"提前春耕","现在可种蔬菜,二三月可加种花生、棉花"②。中共湘鄂赣省委则提出:"对于红军给养要特别充实,在加紧夏耕和秋收斗争中,保证今年秋收后到明年红军有充分的粮食。"③

苏区还通过节省粮食来供应红军④。湘赣苏区就提出"尽量裁减各机关吃空饭的人员,各机关必须规定办公人员,无论在任何机关不招待客友,要拿伙食钱来才有饭吃,实行各机关吃二餐饭,一餐稀饭的运动来供给红军,同时由下而上的缴来交拥护红军委员会";"工会及各革命团体,均要实行经费自给","区以下的各团体都应不脱离生产,要自愿兼做工作"⑤。1933年初,红一方面军战争经费紧张,于是希望苏区中央政府动员后方群众"节储粮食","紧急时借给红军"⑥。据朱开玲讲:"三三年六月青黄不接,缺粮食,毛泽东同志问我,现在前方后方都需要粮食,新粮还没成熟,怎么解决粮食问题呢?我提出发动群众,每人节约三升米(四斤半),毛泽东同志很赞成这个办法,让我们区带头办,我们一发动群众,几天就完成了。以后推广到全县。"⑦

---

① 《中共寻邬县委收买谷子口号(1933年6月6日)》,《中国人民解放军后勤史资料选编(土地革命战争时期)》(第二册),第200页。
② 朱德、周恩来、王稼祥:《红一方面军关于兵员补充勤人员训练与经费筹集的报告(1933年1月31日)》,《中国人民解放军后勤史资料选编(土地革命战争时期)》(第二册),第305—306页。
③ 《湘鄂赣省委红军供给之问题(1933年6月10日—18日)》,《中国人民解放军后勤史资料选编(土地革命战争时期)》(第二册),第478—479页。
④ 相关研究亦可参见黄道炫:《张力与限界:中央苏区的革命(1933—1934)》,社会科学文献出版社2011年,第261—262页。
⑤ 《湘赣苏区省委动员群众积极参加大规模革命战争的工作计划(1932年5月26日)》,《中国人民解放军后勤史资料选编(土地革命战争时期)》(第三册),第63—68页;《湘赣苏区省委关于三个月工作竞赛给中央局的总报告(1932年7月17日)》,《中国人民解放军后勤史资料选编(土地革命战争时期)》(第三册),第75—80页;弼时:《湘赣省委综合性工作报告(1933年7月27日)》,《中国人民解放军后勤史资料选编(土地革命战争时期)》(第三册),第92—93页。
⑥ 朱德、周恩来、王稼祥:《红一方面军关于兵员补充勤人员训练与经费筹集的报告(1933年1月31日)》,《中国人民解放军后勤史资料选编(土地革命战争时期)》(第二册),第305—306页。
⑦ 朱开玲:《我所经历的支前情况》,《中国人民解放军后勤史资料选编(土地革命战争时期)》(第二册),第229—231页。也可参见《邓小平年谱(1904—1974)》(上),中央文献出版社2009年,第106页。

中共铅山县委接到有关十月革命节的决议后,"经过深入的政治动员与宣传鼓动工作的转变",四天之内,"节省米共五十石,尚是不完全的统计"。"各机关与群众纷纷捉鱼拥护红军编团和送猪肉给红军","共送到鱼八十二斤,猪肉一百四十斤,县委支部鱼十斤,县苏支部鱼十三斤,卫生店支部鱼六斤,肉三斤,工会与反帝支部肉九斤,新丰区肉八十二斤,二区鱼二十五斤,城区肉五十三斤,团县委支部鱼二十八斤"①。

实际上,中共寻邬县委就多次发出号召,表示:"今年工农红军猛烈扩大,苏区粮食缺乏,谷价高涨,红军的给养极感受困难",所以应"将自己吃的谷子节省出来卖给红军,使红军吃饱饭去消灭敌人!"②福建崇安县也接到上级的训令,为粉碎敌人五次"围剿",鼓动群众自动节省半升以上粮食,来充裕红军的给养③。该县下梅区要求各乡"拿出十二万分精神去动员",然后将这些米"直接由各乡送到军分区政治部去,以免手续过于麻烦"④。中共东江特委则规定:"红军每月伙食费六元五角,每日应尽可能三餐饭,至低二餐饭,一餐粥",但是,"各地党部、各苏维埃机关及群众团体工作人员,每月伙食费五元,每日二餐,一粥一饭或二餐饭"⑤。永新县苏维埃执行委员会则言之谆谆地要各区乡苏府将其在1933年六、七、八月所节省的伙食费、办公费,"没有完全缴上来的须马上负责收集及时交上,以便转送省苏集中供给红军,切不可把这费另拿作别用"⑥。1934年,瑞金县苏维埃实行"每天每人节省2两米"的计划,"还准备发动分了田的

---

① 先喜:《铅山四天工作的总结(1933年11月10日)》,《闽赣苏区文件资料选编》,第116页。
② 《中共寻邬县委号召工农群众热烈节省谷子卖给红军(1932年6月9日)》,《中国人民解放军后勤史资料选编(土地革命战争时期)》(第二册),第193—194页;《中共寻邬县委收买谷子口号(1933年6月6日)》,《中国人民解放军后勤史资料选编(土地革命战争时期)》(第二册),第200页。
③ 《崇安县关于解决红军给养的训令(1933年11月18日)》,《中国人民解放军后勤史资料选编(土地革命战争时期)》(第二册),第204页。
④ 《崇安县下梅区关于节省粮食支援红军的训令(1933年11月24日)》,《中国人民解放军后勤史资料选编(土地革命战争时期)》(第二册),第205页。
⑤ 《中共东江特委通告(第七号)——关于节衣缩食的决定(1933年2月3日)》,广东省档案馆、广东省惠阳地区税务局编:《东江革命根据地财政税收史料选编》,广东人民出版社1986年,第74—75页。
⑥ 《永新县苏维埃执行委员会关于动员群众帮助红军的通令(1933年8月28日)》,《中国人民解放军后勤史资料选编(土地革命战争时期)》(第三册),第99—102页。

工作人员节省一个月的伙食"①。1936年5月,到达陕北之后,由于粮食问题非常之困难,为了不使红军的行动受到影响,中共方面"号召全苏区的人民都节省粮食慰劳红军,供给苏维埃,卖给苏维埃"②。

当然,不仅苏区民众节省粮食以供应红军,红军自身也在尽力节约。1933年,红一方面军就表示,其在一月份"自动减少伙食费或出钱买公谷","每人约日给八分公谷费,超过三分之二买公债",在紧急时"还可向战斗员借一二万元"③。9月,红一师主动提出:"全体红军将士一致同意将存中央政府一九三二年二万公谷费全数捐给战争外并进一步提议,请中央政府免发一九三三年的公谷费。"④

四、没收

在相当程度上,不少苏区是采用没收地主、有时候是富农的粮食的方式来供应红军。在湘鄂西苏区,"除了海关及营业税而外",全部财政收入的主要成分还是以没收为主⑤。为了最大限度保证红军的给养,中共湘鄂西省委提出:"各地没收得来的谷米及军用品等,应将大部或全部交给军委供给红军,坚决与狭隘的地方主义作斗争","省苏维埃经常至少要存储三月以上的给养,各县同样的要存储大量给养"⑥。

1930年,中共六安县委向中央报告,"地主粮食在赤区的,多数被农民分来"⑦。鄂豫皖中央分局号召"夺取豪绅地主敌人的粮食","多带镰

---

① 王首道:《裁减人员、节省经费、支援战争(1934年3月21日)》,《王首道文集》编辑委员会编:《王首道文集》,中国大百科全书出版社1995年,第13—14页。
② 《社论:保证红军的粮食,争取抗日战争的胜利(1936年5月23日)》,《中国人民解放军后勤史资料选编(土地革命战争时期)》(第一册),第217—218页。
③ 朱德、周恩来、王稼祥:《红一方面军关于兵员补充战勤人员训练与经费筹集的报告(1933年1月31日)》,《中国人民解放军后勤史资料选编(土地革命战争时期)》(第二册),第305—306页。
④ 《红一师全体捐出谷费的报告(1933年9月9日)》,《中国人民解放军后勤史资料选编(土地革命战争时期)》(第二册),第312页。
⑤ 《关于湘鄂西具体情形的报告(1932年12月19日)》,《湘鄂西苏区革命历史文件汇集·中央分局文件(1931—1934)》,第287页。
⑥ 《中共湘鄂西省委关于目前党的紧急任务决议案(省委扩大会一九三一年十一月二十一日通过)》,《湘鄂西苏区革命历史文件汇集·省委文件(1927—1932)》,第145页。
⑦ 《六安县委报告第四号——关于政治经济情况(1930年2月18日)》,《鄂豫皖苏区革命历史文件汇集(1929—1935)》(第四册),第21—30页。

刀,收获豪绅地主麦子,组织割麦队"。"坚决反对各地方武装组织以为夺取粮食非政治任务而忽视之的观念。"① 由于"秋收前粮食颇恐慌",鄂豫皖苏区让互济组织、割麦队、割谷队到白区去夺取豪绅反动的粮食②。在一份反对富农的通告中,鄂豫皖中央分局提出:"富农的钱不能随便没收",但是,"富农之粮食,在饥荒状况之下可以征发,并由群众自己决定留下给富农一部份"③。为了支援苏家埠战役,保证红军的粮食供应,皖西北道区临时组织打粮队,远出数十里、近百里去打粮④。

据1931年在六安担任乡苏维埃粮秣委员的舒满昌回忆:"乡苏维埃当时政策,对地主是没收,除留下自己口粮以外,其他一律没收。对富农是征收,并不给任何代价。只是留口粮土地留得多一点"。"没收过程先把地主存粮地方查封,有时间再过斗,集中到乡粮库(没收的地主院子)。供应赤卫队、地方独立团吃粮与救济当地贫雇农,同时还负责供给县苏维埃。"⑤ 中共湘鄂西省委会提出,"没收地主(及其家属)反水首领和反水富农的家属的全部粮食财产房屋船只"⑥。1932年,湘赣苏区省委决定:"过去没收豪绅地主反动派及征收累进税所存的谷子,一概集中在粮食站。"⑦ 1933年中共寻邬县委也决定:"没收一切豪绅地主家产,将谷子全部给红军。"⑧ 1935年初,湘鄂川黔苏区面临着粮食恐慌。该地苏区政府决定:"立即动员在分配土地斗争中,收集大批粮食,一方面在分田查阶级当中,全部没收地主粮食,另方面,发动群众在解决种子与粮食斗争中,来

---

① 《鄂豫皖中央分局通告第二号——关于举行粮食运动周的事(1931年5月29日)》,《鄂豫皖苏区革命历史文件汇集·中央分局文件(1931—1932)》,第51页。
② 《鄂豫皖中央分局关于鄂豫皖区情况给中央的综合报告(1931年10月9日)》,中国人民解放军政治学院党史教研室编:《中共党史教学参考资料》(第七册),第7页。
③ 《鄂豫皖中央分局通告第七号(1931年7月14日)》,《鄂豫皖苏区革命历史文件汇集·中央分局文件(1931—1932)》,第155—157页。
④ 杨友贵等:《记六安人民支援苏家埠战役》,华中师范大学历史系中国近现代史教研室编:《鄂豫皖苏区革命史资料选编》(2),1981年印,第149—150页。
⑤ 舒满昌:《关于四方面军供给工作概况》,《中国人民解放军后勤史资料选编(土地革命战争时期)》(第四册),第237—241页。
⑥ 《湘鄂西省委会关于水灾时期党的紧急会议(1931年7月31日通过)》,《中国人民解放军后勤史资料选编(土地革命战争时期)》(第三册),第179—182页。
⑦ 《湘赣苏区省委关于三个月工作竞赛给中央局的总报告(1932年7月17日)》,《中国人民解放军后勤史资料选编(土地革命战争时期)》(第三册),第75—80页。
⑧ 《中共寻邬县委收买谷子口号(1933年6月6日)》,《中国人民解放军后勤史资料选编(土地革命战争时期)》(第二册),第200页。

彻底调查地主以前隐藏的或寄存的粮食。"①

不必说,没收地主的粮食不会只限于苏区之内。1931年,湘鄂西苏区遭受水灾,"经济受了严重打击",次年1月决定:"除了修堤,春耕、播种两大工作外,必须领导灾民群众联合非苏区群众到白区去,作没收地主粮食的斗争。"②湘鄂西团省委还提出,"鼓动青年群众到白区的豪绅、地主、富农家里没收粮食回来过年"③,"组织及领导广大的青年群众到白区去抢豪绅地主的春收"④。湘鄂西省总工会也要求襄北苏区,"动员工人群众及一切劳苦群众配合红军力量去没收豪绅地主的粮食","并具体讨论没收来的粮食和反富农斗争来的粮食等以几分之几来保障红军给养之用"⑤。对于"以为只有扩大苏区,才能解决粮食问题的空谈",鄂豫皖苏区表示坚决反对⑥。

有些时候,一些苏区提出没收富农的粮食以充实战费。1931年,中共湘鄂西中央分局向中央报告:"洪湖本来米可以自给,现在加上被迫群众五千人,红军及机关人员六千,每日粮食就要五十石以上,现在正吸收富农的多余粮食,拿一部分给雇农贫农,一部分集中储藏为红军之用。"⑦由于皖西北苏区"没有粮食吃的有两万人以上","后方医院有一千余红军伤兵也没有粮食"⑧,所以,中共皖西北特委曾提出"征发富农分

---

① 《湘赣省委为筹足战争经费、收集粮食、统一财政、反对贪污浪费给各级党部的指示(1935年1月29日)》,《中国人民解放军后勤史资料选编(土地革命战争时期)》(第三册),第170—173页。
② 《湘鄂西四代大会关于土地经济及财政问题决议案(1932年1月26日)》,《中国人民解放军后勤史资料选编(土地革命战争时期)》(第三册),第182—186页。
③ 《团湘鄂西省委通告(第九号)——关于李、列、卢纪念与拥护党代会工作等(1931年12月17日)》,中央档案馆、湖北省档案馆、湖南省档案馆编:《湘鄂西苏区革命历史文件汇集·苏维埃、群团文件(1930—1932)》,1985年印,第119页。
④ 《团湘鄂西省委关于红色五月工作的决议案(1932年4月4日)》,《湘鄂西苏区革命历史文件汇集·苏维埃、群团文件(1930—1932)》,第167页。
⑤ 《湘鄂西省总工会委关于襄北代表团目前工作任务的决议(1932年3月16日省总通过)》,《湘鄂西苏区革命历史文件汇集·苏维埃、群团文件(1930—1932)》,第255—256页。
⑥ 《沈鄂豫皖中央分局通告第二号——关于举行粮食运动周的事(1931年5月29日)》,《鄂豫皖苏区革命历史文件汇集·中央分局文件(1931—1932)》,第51页。
⑦ 《中共湘鄂西中央分局给中央的报告——关于军事、土地、苏维埃、群团、红军、兵运情况及党的状况(1931年5月10日)》,《湘鄂西苏区革命历史文件汇集·中央分局文件(1931—1934)》,第21—22页。
⑧ 《皖西北特委方英给中央的信(节录)(1931年7月1日)》,《安徽革命根据地财经史料选》(一),第73页。

子剩余粮食"①。1932年5月,中共湘赣苏区省委决定:"到必要时粮食缺乏时,富农的多余的谷子可以征作红军给养。"②还有的苏区也对其认定为革命的对象进行粮食没收。1932年6月,永新县二区苏维埃指示各乡将其没收AB团的谷子贮藏到指定的地点③。

但是,苏区严禁没收粮食的政策加之于一般农民身上。川陕苏维埃强调:没收是为了彻底消灭帝国主义国民党豪绅地主的反革命力量,其用意"最要紧的是满足贫苦工农群众的迫切物质要求"。因此,"没收工作打土豪,必须要动员群众参加成为群众斗争,决不是单独苏维埃工作人员的事情","对于被没收者的罪恶,必须向群众宣布,要使个个群众都了解"④。

在湘鄂西苏区未开征土地税之前,"除没收地主、富农粮食不够外,提出拥红,收到一部分粮食"。在其给中央的报告中称,"在这当中固然有一部分农民是自愿出的,但沿户征收或强迫者仍不少"⑤。范忠祥也讲到,湘鄂西苏区后期,由于分了地以后,又没有很好地组织群众生产,结果粮食不够吃,没有办法,只有发动群众到白区去打给养,造成严重的"赤白对立"。"当时苏区干部带着赤卫队随部队到赤白交界的地区,见粮要粮,见东西拿东西,分不清地主、贫农(原因是群众跑光了),这样使得苏区周围形成了一个严重的隔离地带。"⑥

五、筹款收购

不少苏区的粮食都比较紧张,为了供应红军,只好出钱从市场上收

---

① 《皖西北特委通告第三号——关于加紧肃反工作(1931年10月2日)》,《鄂豫皖苏区革命历史文件汇集(1929—1935)》(第四册),第459—464页;《鄂豫皖第二次苏维埃代表大会关于粮食问题决议案(1931年7月)》,《鄂豫皖苏区革命历史文件汇集(1929—1935)》(第四册),第18—19页。
② 《湘赣苏区省委动员群众积极参加大规模革命战争的工作计划(1932年5月26日)》,《中国人民解放军后勤史资料选编(土地革命战争时期)》(第三册),第63—68页。
③ 永新县二区苏维埃政府:《永新县苏二区关于慰劳和优待红军家属工作各乡苏的指示信(1932年6月3日)》,《中国人民解放军后勤史资料选编(土地革命战争时期)》(第三册),第69—71页。
④ 《没收条例说明书》,《川陕革命根据地财政经济史料选编》,第46—47页。
⑤ 《＊＊＊关于湘鄂西具体情形给中央的报告中有关经济财政工作(1932年12月19日)》,《中国人民解放军后勤史资料选编(土地革命战争时期)》(第三册),第152—156页。
⑥ 范忠祥:《湘鄂西后期错误路线对红二军团后勤工作造成的影响与危害》,《中国人民解放军后勤史资料选编(土地革命战争时期)》(第三册),第239—241页。

购。这些财政上的收入相当一部分是打土豪获得。据邓子恢讲,苏区收入"开始主要靠打土豪没收地主财产"①。赣东北苏维埃,其主要收入是"被捕的豪绅地主(富农亦有一部分)的罚款"②。湘鄂西苏区在财政不敷的时候,省苏就"召集各县负责人会议",进行分摊,而其下各县、各区亦照例层层进行摊派。各级苏维埃为了按期缴款,"就大家绑票"。"司法部就变成了绑票室","一区甚至有几十个的,款项有起码五十元者"③。张升新在担任龙桑县革委会财政部长时,"财政部负责筹粮筹款,主要是打土豪"。"先由县游击队调查确实,由县委批准,派人去捉,捉到土豪后,先交肃反主席,再由肃反主席转给财政部。"④在闽赣苏区,1933 年 8、9、10 三个月的税收(营业税、烟叶屠宰酒业税、进出口税)预计收入大洋 25 650 元,租款(店房租、油槽水碓等租)三个月为大洋 9 360 元,没收品拍卖款三个月共计大洋 22 500 元。但是经过深入的分田查田运动,七个月内预计向土豪筹款大洋 662 000 元,富农捐款有大洋 20 800 元⑤。

1933 年,湘赣苏区还决定"在查田运动中筹款四十万元"。在查田筹款时,"县应组织工作团(政治保卫局十人、职工会一人、农业工会一人、裁判部一人),由财政部指定一人为主任,分配到区乡去参加查田运动,专门在查田中帮助捐收地主残余的财产,和向富农捐款"。"乡查田委员会中指定一人负责,贫农团指定二人,农业工会一人,乡代表一人,经济动员委员会由区几人专门注意没收与捐款工作,一经查出了地主、富农,由他们迅速去干,查田委员会把这一工作当作非常重要的工作","纠正过去对地主匿隐的财物和财产不彻底没收,对富农不坚决向其捐款的作法"⑥。当

---

① 邓子恢:《第五次反"围剿"战争中的财政经济情况》,《中国人民解放军后勤史资料选编(土地革命战争时期)》(第二册),第 333—337 页。
② 中共赣东北特委:《苏维埃政府的财政恐慌(1931 年 6 月 22 日)》,《闽浙赣革命根据地财政经济史料选编》,第 479 页。
③ 《***关于湘鄂西具体情形给中央的报告中有关经济财政工作(1932 年 12 月 19 日)》,《中国人民解放军后勤史资料选编(土地革命战争时期)》(第三册),第 152—156 页。
④ 张升新:《龙桑县革委的财政工作》,《中国人民解放军后勤史资料选编(土地革命战争时期)》(第三册),第 176—177 页。
⑤ 《闽赣省财政部七、八、九三个月工作和八、九、十、十一、十二、一、二七个月筹款计划(1933 年 8 月 8 日)》,《闽赣省苏区文件资料选编》,第 58—62 页。
⑥ 《湘赣省苏维埃财政部筹款工作大纲(1933 年 10 月 12 日)》,《中国人民解放军后勤史资料选编(土地革命战争时期)》(第三册),第 168—170 页。

然,毛泽东强调:查田运动筹款时,必须得到群众同意,而且决不可在黑夜进行,同时,"没收了地主的财产,除开现款及宝贵物件交政府财政部外,其他一切东西,都应分发群众"①。

在苏维埃看来,"土豪打完了,财产没收了","可以消灭地主阶级在经济上的势力,使他减少反革命的活动"。"地主土豪高利贷者及买办官僚"等的财产,"都是剥削工农血汗而来,我们向他们筹款是取回自己的钱,为工人阶级复仇,并不是强取豪夺"。据此,苏区政府宣称,"谁忽视筹款工作,谁就不了解财政在政治上的作用,谁就妨碍了革命的向前发展"②。实际上,赣东北省委在一份报告中就承认,其财政来源主要靠"没收反动财产及捕捉土劣筹款",即使在财政收入由没收为主转入税收为主之后,"没收反动财产"也依然是财政收入的一个重要来源③。曹菊如也指出:在中央苏区,财政收入主要是靠打土豪。"后来土豪少了,就靠发票子发公债来填补。虽以后愈来愈困难,但打土豪仍是一项大宗收入,约占收入的一半。"④鄂豫皖苏区也向中央报告:除累进税外,财政来源是"由保卫局所指挥的特务队(税局各县分局都有一队短枪便衣队)捉了白区豪绅缴款",其中,"岳维俊前后缴了大洋九万元,西药价值不到一万元"⑤。

中共福建省武西县革命委员会提出:"绝对不能容保守观念、亲族观念、地方观念等,我们要站在革命立场上,站在阶级立场上,坚决地向土豪富农筹款,供给前方红军。"⑥不过,苏区政府也提到,对于"那些富裕的中农,独立劳动者及工资较高的医生工人"等,由于"他们的财产大部分是靠自己的劳动得来的",所以"分毫不能向他们筹款","筹错的要还给他们","不然要破坏阶级路线,把群众送给反动派,替反革命造机会,这简直是革

---

① 毛泽东:《查田运动的群众工作》,《斗争》第三十二期(1933年10月28日)。
② 中央财政人民委员部:《筹款方法(1932年11月16日)》,《中国人民解放军后勤史资料选编(土地革命战争时期)》(第一册),第232—240页。
③ 《赣东北省委关于苏维埃工作报告(1931年10月31日)》,《中国人民解放军后勤史资料选编(土地革命战争时期)》(第二册),第290—291页。
④ 曹菊如:《中央苏区银行工作情况》,《中国人民解放军后勤史资料选编(土地革命战争时期)》(第二册),第338—342页。
⑤ 《鄂豫皖中央分局关于鄂豫皖区情况给党中央的综合报告(1931年10月9日)》,《鄂豫皖苏区革命历史文件汇集·中央分局文件(1931—1932)》,第332页。
⑥ 福建省武西县革命委员会:《武西县委为四次反"围剿"胜利而大力筹款的决议(1933年3月1日)》,《中国人民解放军后勤史资料选编(土地革命战争时期)》(第二册),第307页。

命的敌人"①。中共湘赣苏区省委也提出:"实行向富农筹款,各乡须按照富农的剩余,决定筹款的数目,并限期缴齐,如果富农有相当银钱违抗不缴可以押缴",不过,该省委的群众动员计划也提醒需要注意"不能乱向中农筹款并须发动群众来做"②。

苏区政府还一再强调:"打土豪要与发动群众斗争联系起来。""只有在广大群众得到利益热烈起来的时候,才能更快更多地捉到土豪筹到款子";在打土豪时,"一定要分清阶级,如果错抓了中农贫农,马上就要释放,并要特别优待他。苏区中央提醒说,"土豪地主和农民,在皮肉上、面目上、手足上、服装上、说话上大概可以看得出"③。即使这样,有的苏区在筹款时还是"侵占了不少的中农",更有"从中借党苏名义私自绑票者"④。

对于通过"深入白区"、积极向外扩大苏区来筹款,苏区中央更希望各军区及地方武装,有计划地执行,"经常在敌人后方连络线劫夺其辎重粮秣","除供给其他作战和警戒部队外,并须负责供给主力红军的责任"⑤。1931年,赣东北特委向中央报告,其主要收入,"是被捕的豪绅地主(富农也有一部分)的罚款"。但是,"老苏区豪绅地主捕捉已尽,其余尽为革命群众,无筹款的可能",所以只能设法向外发展⑥。在湘赣苏区,"各县的经济来源是专靠打土豪",然而一旦各县的土豪打完之后,"因赤白对立不能深入白区去捉土豪",或者"捉了湘南方面土豪反动派,不能解款子",各县的经济都发生困难⑦。1933年10月,湘赣省苏维埃财政部决定:"由财

---

① 中央财政人民委员部:《筹款方法(1932年11月16日)》,《中国人民解放军后勤史资料选编(土地革命战争时期)》(第一册),第232—240页。
② 《湘赣苏区省委动员群众积极参加大规模革命战争的工作计划(1932年5月26日)》,《中国人民解放军后勤史资料选编(土地革命战争时期)》(第三册),第63—68页。
③ 中央财政人民委员部:《筹款方法(1932年11月16日)》,《中国人民解放军后勤史资料选编(土地革命战争时期)》(第一册),第232—240页。
④ 《＊＊＊关于湘鄂西具体情形给中央的报告中有关经济财政工作(1932年12月19日)》,《中国人民解放军后勤史资料选编(土地革命战争时期)》(第三册),第152—156页。
⑤ 《军委关于为积极筹款及设立供给系统的训令(1933年5月25日)》,《中国人民解放军后勤史资料选编(土地革命战争时期)》(第一册),第246—247页。
⑥ 《赣东北特委给中央的报告(1931年6月22日)》,《中国人民解放军后勤史资料选编(土地革命战争时期)》(第二册),第286—287页;《赣东北省委关于苏维埃工作报告(1931年10月31日)》,《中国人民解放军后勤史资料选编(土地革命战争时期)》(第二册),第290—291页。
⑦ 《湘赣苏区给中央的综合报告中有关经济政策情况(1932年1月12日于永新城)》,《中国人民解放军后勤史资料选编(土地革命战争时期)》(第三册),第144—145页。

政部与军事部组织一坚强的筹款委员会(要求党、团、工会均派人参加)，委员应是最坚强的同志，最好是在白区工作团工作过的"，"在每次计划军事行动时必须计划筹款，每一武装必须限定其筹款数目"①。

湘鄂赣苏区也面临着相似的问题，由于"经济非常困难"，"红军给养走百余里自己找粮食"②。他们还决定：从1933年5月1日起，除医院的粮食由各县供给外，省级机关并保卫队、警卫团等，每月所需开支四千五百元，"均下决心领导游击队找取"③。邓子恢也讲到，中央苏区人口只有300多万，税收有限，在苏区之内无土豪可打、又不能向外发展时，生存相当艰难④。

六、慰劳与捐款

正如胡弼亮所强调的，苏区的慰劳也是红军粮食的一个具有物质意义、更具有政治意义的来源⑤。中共广东省委、团广东省委曾致信琼崖特委，提出："红军之给养，应使红色乡村有一定之捐助，无论是现款或粮食，不可使群众对红军之给养全不负责。但亦不可强制征发，应就群众乐意而可能的范围内，规定其负担之数额。"⑥1931年9月红四军回到黄麻苏区前夕，鄂豫皖中央分局通知该地："每区即须准备米一百石，由执行特苏颁布的粮食储藏条件收集起来"，"要鼓动群众自愿拿米出来拥护红军"⑦。江西崇义苏区，"听到红军到了南康、信丰等地，非常的

---

① 《湘赣省苏维埃财政部筹款工作大纲(1933年10月12日)》,《中国人民解放军后勤史资料选编(土地革命战争时期)》(第三册),第168—170页。
② 《湘鄂赣省委代书记李宗白向中央的报告》,《中国人民解放军后勤史资料选编(土地革命战争时期)》(第二册),第469—472页；《湘赣苏区省委给中央局的综合报告(1932年的情况)》,《中国人民解放军后勤史资料选编(土地革命战争时期)》(第三册),第14—15页。
③ 《湘鄂赣省苏关于拟定克服省属财政困难之办法(1933年5月)》,《中国人民解放军后勤史资料选编(土地革命战争时期)》(第二册),第361—362页。
④ 邓子恢：《第五次反"围剿"战争中的财政经济情况》,《中国人民解放军后勤史资料选编(土地革命战争时期)》(第二册),第333—337页。
⑤ 胡弼亮：《第四次反"围剿"的供给来源情况》,《中国人民解放军后勤史资料选编(土地革命战争时期)》(第二册),第447—448页。
⑥ 《中共广东省委、团广东省委致琼崖特委信(1928年9月25日)》,中共广东省海南行政区委员会党史办公室、档案馆编：《琼崖土地革命战争史料选编》,1987年印,第124页。
⑦ 《鄂豫皖中央分局通知第三十五号——为扩大红军及收集粮食、柴草问题(1931年9月23日)》,《鄂豫皖苏区革命历史文件汇集·中央分局文件(1931—1932)》,第299—300页。

高兴","拿了许许多多的豆腐、米粿、糖果等等东西来慰劳红军"①。据陈昌浩报告,在1931年红五月期间,动员了包括290石粮食在内的大量物资,"送到红军"②。同年12月,湘鄂西省总工会"号召群众将斗争来的大部分或全部现金与粮食集中政府","为红军储蓄起来";"号召群众自动的起来送菜、送鱼红军吃"③。1932年8月,中共、少共皖西北道委妇女部表示:"拥护红军方面要切实完成三万石粮食再加一万石新的计划,并要帮助红军家属代耕及拿各种物质拥护红军"④。湘鄂西苏区,由于"土地税并未开始征收",粮食除没收地主、富农外,"拥红"也能够解决一部分⑤。有报告认为,"红军的部分粮食和军服取自老百姓的捐献","在一些县,这种捐献的规模是很大的(尤其是在国民党反动派进攻的时期)"⑥。

江西泰和的青年在红军上前线时,"烧茶煮粥给红军吃",驻扎在附近时则"送茶送水",还为红军医院供给粮食⑦。1932年底,"当红军与敌人持久战的时候",襄北广大群众送饭到火线上去。"送饭送菜的时候,路上是成千上万的饭担子群众送饭,红军主力还吃不完,并且群众把自己的油盐瓜菜不吃都弄去送给红军吃","红军吃不完的他们自己都不吃用,晒摊起来,准备作第二次供给"。"在准备红四军一部分过京汉路而西的时候","就收到了鄂豫皖所希罕之鲜鱼数百担"。"在敌人进攻苏区时,洪湖的重要口子——沙口派警营防守,给养非常困难,群众则用抬盒(乡下做喜事用的、能装几桌菜)装菜,蒸南瓜,蒸鱼等甚至有弄肉者用担挑饭,打锣鼓吹喇叭,打起拥红旗,成群结队的送给红军"。这份给中共中央的报

---

① 黄利顺:《崇义的革命群众热烈拥护红军》,《青年实话》第十三期(1932年3月25日)。
② 陈昌浩:《CY鄂豫皖中央分局关于团的工作的综合报告(1931年6月)》,《鄂豫皖苏区革命历史文件汇集·中央分局文件(1931—1932)》,第125页。
③ 《湘鄂西省总工会关于拥护和扩大红军保证红军给养的决议(1931年12月13日)》,《湘鄂西苏区革命历史文件汇集·苏维埃、群团文件(1930—1932)》,第214页。
④ 《中共、少共皖西北道委妇女部关于妇女工作的联合通知(1932年8月1日)》,《鄂豫皖苏区革命历史文件汇集(1929—1935)》(第四册),第488—489页。
⑤ 《关于湘鄂西具体情形的报告(1932年12月19日)》,《湘鄂西苏区革命历史文件汇集·中央分局文件(1931—1934)》,第288页。
⑥ 《工农红军参谋部第四局关于中国红军状况的情报(不早于1933年10月14日于莫斯科)》,《联共(布)、共产国际与中国苏维埃运动(1931—1937)》(13),第549页。
⑦ 清洪:《三次战争中泰和青年的活动》,《青年实话》第三期(1931年12月1日)。

告称：红军的菜饭，"大部分依靠群众的拥护而解决了"①。这与徐元甫的回忆基本上相符。他说：洪湖苏区红九师的粮食来源之一就是老百姓送粮，"一家送几升几斗，也送菜蔬"②。

莲花县亦是如此。该县决定慰劳红军"干菜二十五担"，并对各区进行分配，其中"高洲、九都两区各三担"，"城市三担"，"路口、语塘、南村、清塘四区各四担（其菜干、豆季干、冬瓜、萝卜干菜等）"。莲花县拥护红军委员会还发动群众"送最好的果品送给医院伤病同志吃"，并要高洲区给医院"送米二十桶"。"各区没收反动富农、豪绅、地主家属的鸡鸭（如鸡鸭腊肉）"，也应"由乡一部送给残废战士"，"其余一挑送来县以便转送医院去"③。1933年底，红六军团第十七师在茶陵、梅花一带作战。安福县苏随之发出紧急通知，要求"各级互济会在查田运动当中，所查出豪绅、地主及反水富农所没收的鸡猪菜子等，除群众自发外，应号召会员群众自动的缴送一部发到县拥红会集中"，以供慰劳十七师之用④。

通常，部队进入苏区之后，"群众就送来咸菜豆支等吃的东西"。"有时部队到了群众不知道，就由部队的民运部门通知地方政权、互济会，发动一下群众就送来很多吃的东西。"⑤这是别祖厚所讲的红二军团的供给情况，其他部队大体上与之相去不远。

对于一般群众，苏区政府则是号召自动捐款以接济红军。1933年2月，莲花县拥护红军委员会决定："各区执行三个月计划当中举行三枚铜板运动"，以乡或村为单位召集群众大会，"将红军的意义详细对群众鼓动宣传，使群众自动拿出三个铜板（越多越好）以接济红军需要"⑥。6月，安

---

① 《＊＊＊关于湘鄂西各县具体情形给中央的报告（1932年12月19日）》，《中国人民解放军后勤史资料选编（土地革命战争时期）》（第三册），第80—83页。
② 徐元甫：《洪湖苏区红九师的供给来源和地方支前工作》，《中国人民解放军后勤史资料选编（土地革命战争时期）》（第三册），第214—215页。
③ 《莲花县拥护红军委员会拥红工作决定的通知（1933年2月11日）》，《中国人民解放军后勤史资料选编（土地革命战争时期）》（第三册），第84—86页。
④ 《安福县苏关于慰劳红军的紧急通知（1933年11月14日）》，《中国人民解放军后勤史资料选编（土地革命战争时期）》（第三册），第103—104页。
⑤ 别祖厚：《红二军团师、团的供给工作情况》，《中国人民解放军后勤史资料选编（土地革命战争时期）》（第三册），第237—239页。
⑥ 《莲花县拥护红军委员会拥红工作决定的通知（1933年2月11日）》，《中国人民解放军后勤史资料选编（土地革命战争时期）》（第三册），第84—86页。

福县红委会提出:"各区在'八一'纪念举行铜板运动,钱应很好去收集送来本会集中。"①

不过,更多的可能是要求富农为红军捐款。比如湘赣省委在1933年的红五月工作报告中讲到:永新县"向富农捐款一万八千七百元(原定一万五千元),退还第一期公债六千六百元(约占公债认购数三分之一)",吉安县"向富农借款超过三分之一,完成二千二百二十元"②。1933年10月,湘赣省苏维埃财政部又提出:"确定一家富农后,除没收其好田与剩余耕牛农具外,还要向他捐款,要坚决反对那种怜恤富农、认为富农没有钱的观点。"③

七、秋收保护

为了保证红军的粮食供应,苏区还要经常防范其庄稼收获时节遭到敌人的破坏抢劫,这是因为,"整个苏区无论前方或后方,都陷在斗争的局面"④。1932年5月,鄂豫皖第四方面军在安徽六安、霍山等地大胜之后,预计"敌人的进攻将更为严重",呼吁"大家赶快武装起来","继续冲破第四次'围剿'来保障春收"⑤。尤其是秋收时期,正如鄂豫皖中央分局所讲,"国民党统治阶级为挽救自己的生命",往往就来打、抢、破坏秋收和秋耕,"以求达到他们饿死赤区工农红军兵士的阴谋"⑥。另一方面,正如闽北军分区政治部所讲:"在秋收时期,敌人必定压迫白区工农群众交租交

---

① 《湘赣安福县红委会关于支援县后方休养所的通知(1933年6月)》,《中国人民解放军后勤史资料选编(土地革命战争时期)》(第三册),第91页。
② 《湘赣省委红五月工作报告(1933年6月4日)》,《中国人民解放军后勤史资料选编(土地革命战争时期)》(第三册),第86—90页;《湘赣省委给中央局的报告(1933年8月27日)》,《中国人民解放军后勤史资料选编(土地革命战争时期)》(第三册),第93—99页。
③ 《湘赣省苏维埃财政部筹款工作大纲(1933年10月12日)》,《中国人民解放军后勤史资料选编(土地革命战争时期)》(第三册),第168—170页。
④ 《中共湘赣省委第二次执委扩大会议政治决议案——关于组织分区指挥部问题(1932年6月23日执委扩大会通过)》,《湘赣革命根据地》(上),第316页。
⑤ 《中共湘鄂西省委临时通知——关于举行庆祝鄂豫皖红四方面军胜利的群众会议(1932年5月10日)》,《湘鄂西苏区革命历史文件汇集·省委文件(1927—1932)》,第394—396页。
⑥ 《鄂豫皖中央分局党团联字通告第二号——加紧赤区秋收秋耕运动(1931年8月1日)》,《鄂豫皖苏区革命历史文件汇集·中央分局文件(1931—1932)》,第182页。1931年8月陈诚在江西沙溪接到命令,让"各部割禾"。参见《陈诚先生日记》,第52页。

谷,来吸收工农群众的血汗。"①

1931年,湘鄂西省委会要求动员红军游击队"武装掩护抢堤和保护没有水灾的地方的收割,围困在苏区附近之敌人",使之不敢出来抢谷②。这是因为不少苏区,就像皖西北一样,周围团匪以及大刀会、红缨会、铲共队等各种封建团体组织散布赤白边界,配合各处国民党驻军向苏区骚扰,"实行种种破坏,劫夺赤区粮食,收割赤区所有的农产品,烧房子,抢耕牛,掳掠赤区妇女,屠杀赤区民众,企图破坏赤区耕种,造成赤区粮食物质大的恐慌"③。1933年8月,据赣南军区通令,"赣州粤敌收买了数千割禾刀,并将由苏区逃到白区的一切豪绅地主富农及被欺骗的群众组织割禾队,准备大举地到苏区来割禾抢谷,破坏苏区秋收",而"驻大田之粤敌一部配合团匪数百掩护割禾队渡过大田东岸来割禾"④。1934年秋收期间,"登贤三次打退白匪的抢禾队"⑤。据红二十二师报告,在小田北,敌人约有五个区联防队的中队扰乱苏区割禾⑥。在鄂豫皖苏区,一些地方秋收前后的粮食被敌人烧毁到粒米无存⑦。

所以,在一些相关区域多成立了秋收委员会,"在中央革命军事委员会及军区总的意图之下,统一指挥所属独立团营、各游击队、各游击小组、警卫连,以及所在地的军事部、赤少队来进行保护秋收的军事行动"。各

---

① 闽北军分区政治部:《武装保护秋收宣传大纲(1933年8月9日)》,《闽赣苏区文件资料选编》,第67页。
② 《湘鄂西省委会关于水灾时期党的紧急会议(1931年7月31日通过)》,《中国人民解放军后勤史资料选编(土地革命战争时期)》(第三册),第179—182页。
③ 《皖西北特委通告第四号——关于反对敌人第三次包围"会剿"的方针(1931年10月5日)》,《鄂豫皖苏区革命历史文件汇集(1929—1935)》(第四册),第467—473页。
④ 项英、李赐凡:《赣南军区关于掩护割禾队进行秋收的紧急通令(1933年2月2日)》,《中国人民解放军后勤史资料选编(土地革命战争时期)》(第二册),第76—78页。其实,春收季节的粮食,也成为苏区战争双方的重要目标,可参见《湘鄂西中央分局关于击破敌人"围剿"扩大革命战争的决议(1932年5月16日中央分局省委联席会议通过)》,《中国人民解放军后勤史资料选编(土地革命战争时期)》(第三册),第10—12页。我们这里限于篇幅,只讨论秋收问题。
⑤ 《关于武装保护秋收给各军区动员武装部、省少队部及县区军事部的指示信(1934年8月2日)》,《中国人民解放军后勤史资料选编(土地革命战争时期)》(第一册),第387—389页。登贤县苏维埃政府,位于今江西于都县祁禄山镇上岭岗村。
⑥ 《红二十二师关于消灭五区联防队及该师干部、医生、弹药补充等问题请示报告(1934年7月)》,《中国人民解放军后勤史资料选编(土地革命战争时期)》(第二册),第79页。
⑦ 《鄂豫皖苏区有关卫生和供给情况的报告(摘录)(1934年)》,《中国人民解放军后勤史资料选编(土地革命战争时期)》(第四册),第18—19页。

有关军分区的首长"为所在地域武装保护秋收委员会之一员","其下级赤卫军司令员(军委曾规定由同级军事部长兼任)也要参加保护秋收委员会",全面实行武装保护秋收。与此同时,区、乡"将赤少队及一般劳动群众适当的编成割禾队与警戒队(人数按当地情况的需要决定)","准备随时调动割禾",必要时还"从邻近的中心县调到边县去割禾"①。事实上,一些地方的秋收队员"自带七天乃至廿天伙食",还有作战的武器和工作器具②。各级土地部门则是"调查各区各乡禾熟的日期","具体拟定每个区、乡、村中收割的先后"③。鄂豫皖苏区要求各地"赶紧打造各种便利的刀矛武器","至少要使每个机关工作人员、每个党员、每个团员以及群众的武装赤卫军等都要有一支锐利的武器",这样才能"实际的保护秋收"④。

在闽北,为了"充裕苏区的粮食和帮助白区工农群众不交租,自割自收的反抗豪绅地主的斗争起见",也特别组织了红色割禾队,"来完成秋收中的工作"。其红色割禾队的组织办法有:"以区为单位组织一连,每连人数九十人,每班十人,连长指导员各一人,排长三人,事务长一人,伙夫九人";"红色割禾队的队员完全在全区提选年壮力强勇敢积极的赤少队队员充任,班长由队员内提选,排长则从区内的中队长充任,连长由区军事部长或少先队长充任,指导员则由赤卫军区政委或指定一区委员兼任,以加强红色割禾队的领导";"红色割禾队的任务是帮助白区工农群众割豪绅地主的谷子,和保护边境苏区的谷子不致被敌人抢割去一粒,以消灭敌人抢谷企图";全县的红色割禾队"应受县军事部和县赤卫军的政委领导,并绝对的受县军事部长和赤卫军政委的指挥和调遣";"红色割禾队到白区帮助群众割禾时,应发动白区工农群众的斗争,领导他们杀豪绅地主,割豪绅地主的禾,同时应提出种者有其谷"。"在豪绅地主势力较大的地

---

① 也可参见《关于武装保护秋收给各军区动员武装部、省少队部及县区军事部的指示信(1934年8月2日)》,《中国人民解放军后勤史资料选编(土地革命战争时期)》(第一册),第387—389页。
② 《关于武装保护秋收给各军区动员武装部、省少队部及县区军事部的指示信(1934年8月2日)》,《中国人民解放军后勤史资料选编(土地革命战争时期)》(第一册),第387—389页。
③ 《为武装保护秋收给各级土地部、粮食部、军事部、少队部、农业工会的信(1934年7月10日)》,《中国人民解放军后勤史资料选编(土地革命战争时期)》(第一册),第384—386页。
④ 《鄂豫皖中央分局通知第十八号——武装保护秋收问题(1931年8月4日)》,《鄂豫皖苏区革命历史文件汇集·中央分局文件(1931—1932)》,第186页。

方,应鼓动白区工农群众,将割到的谷子送到苏区中心地方藏着,以后要吃就来苏区担回,苏区负绝对保护的责任,但红色割禾队绝对不许割白区工农劳苦群众的禾";"红色割禾队在边境苏区割到谷子,应帮助当地同志挑到苏区中心地方来藏着,以免被敌人抢去一粒";"红色割禾队无论在边境和白区帮助群众割禾,均应每个队员带到一件武装(花枪、雷火枪、马腿枪、镖炮、弩箭、大小丝炮)以及箩担镰刀"。最后,闽北军分区再次重申:"红色割禾队去白区时,应绝对保持政治影响,绝不准乱抢群众一点东西,并要负领导和组织白区群众的责任。"①

中共皖西北特委则在1931年10月的执委扩大会议上表示,要"完成秋收秋耕的胜利","在敌人多方骚扰情况下面,苏区的谷子,还有烂在田里没有割完,现在必须动员起来,将所有的谷子割掉,同时收割完的空田,必须很快的翻犁过来,当种旱粮的田地,应迅速的安插下去,使敌人破坏苏区的耕种,成为理想上的事实"。与此同时,该特委提出坚决地执行储存粮食的决议。他们从以往几年粮食恐慌中得着一个深刻的教训是,由于"到了秋收时节没有很好的将收获的粮食存储起来,每到了春夏交替青黄不接的时候,即发生粮食问题,甚至一切工作均受粮食牵连"②。

不少苏区的秋收委员会还提出:要"特别有计划地分遣大小游击队以及独立团营等","去袭击伏击急袭敌人抢禾部队,直接掩护群众的收割",或者"挺入被敌占领地域,帮助并掩护退入边区的群众,从那里把自己的禾割回来"③。鄂豫皖中央分局表示:"自己的谷子虽然割在家里,还是靠不住将来就会过饱暖的日子,还要更进一步的准备到白色区割豪绅反动的谷子,破坏反动的秋收",以此使"包剿"的土匪、骚扰的民团没有饭吃,不得不动摇或是开跑一直到哗变④。鄂豫皖苏区批评割谷队、支前运输队"乱拿白区穷苦群众东西的严重错误",强调"到白色区去,主要的是

---

① 闽北军分区政治部:《红色割禾队的组织和办法(1933年8月9日)》,《闽赣苏区文件资料选编》,第64—66页。
② 《皖西北特委通告第四号——关于反对敌人第三次包围"会剿"的方针(1931年10月5日)》,《鄂豫皖苏区革命历史文件汇集(第四册)》(1929—1935),第467—473页。
③ 《为武装保护秋收给各级土地部、粮食部、军事部、少队部、农业工会的信(1934年7月10日)》,《中国人民解放军后勤史资料选编(土地革命战争时期)》(第一册),第384—386页。
④ 《鄂豫皖中央分局党团联字通告第二号——加紧赤区秋收秋耕运动(1931年8月1日)》,《鄂豫皖苏区革命历史文件汇集(中央分局文件)》(1931—1932),第184页。

领导并帮助白区的群众起来分豪绅地主的谷子和田地"①,"严防误割穷人的谷子,及运输队侵犯穷人所有的物件"②。湘鄂西苏区也强调,"没收的对象是地主、富农,必须配合当地群众,不可造成赤区群众去没收白区群众粮食的现象"③。

1933年秋收期间,赣南军区也密令所属各地武装,"深入到敌人的后方和翼侧,积极去扰乱敌人,袭击敌人"④。1934年秋收季节,赣县游击队游击到了赣江浮桥边,阻止由赣城出来的白匪割禾队⑤。红二十二师则是直接深入白区,抢割秋粮。据其报告,截止到1934年7月19日,该师各部在中桂、河墩、小田一带已总共割谷11243担,还有四百担,正在继续割。所割的谷粮中,"发还群众谷八千零四十担及红军家属七百担外,没收反动谷二千三百六十三担,红军公谷一百十担"。此外,"中村半溪两分除发还,群众谷一千七百七十四担,红属谷八百六十三担及没收反动谷三百二十九担,半反水群众谷八百三十担,红军公谷六十四担","尚有反水群众谷约八百担未割"⑥。

最后值得一提的是,苏区内的经济资源还不仅仅供给红军,有时候还向在上海的中共中央或在中心城市活动的省委机关提供支持。1930年,中共中央致信各苏区:"现在经费的来源,除向各红色区域设法外,没有别的出路",并提出:"在各红色区域的可能范围内筹下列两笔经费,即一项特别费,以一次为限,筹来保存,预备有非常事变时用(各组织兵变等);一项经常费,是每月的,用来津贴各地军运的经常费"。其中,"特别费及一

---

① 《鄂豫皖党团中央分局给各级党团部的信——关于目前军阀战争形势与我们的任务(1931年9月10日)》,《鄂豫皖苏区革命历史文件汇集·中央分局文件(1931—1932)》,第271—272页。
② 《鄂豫皖中央分局党团联字通告第五号——关于非苏区秋收斗争问题(1931年10月22日)》,《鄂豫皖苏区革命历史文件汇集·中央分局文件(1931—1932)》,第360页。
③ 《中共湘鄂西省委关于检查水灾时期党的工作的决议(省委1931年8月25日通过)》,《湘鄂西苏区革命历史文件汇集·省委文件(1927—1932)》,第110页。
④ 项英、李赐凡:《赣南军区关于掩护割禾队进行秋收的紧急通令(1933年2月2日)》,《中国人民解放军后勤史资料选编(土地革命战争时期)》(第二册),第76—78页。
⑤ 《关于武装保护秋收给各军区动员武装部、省少队部及县区军事部的指示信(1934年8月2日)》,《中国人民解放军后勤史资料选编(土地革命战争时期)》(第一册),第387—389页。
⑥ 红二十二师:《周子昆黄开湘关于给群众分谷及部队供给的计划报告(1934年7月19日)》,《中国人民解放军后勤史资料选编(土地革命战争时期)》(第二册),第481页。引文中的"两分",疑为一地名,待考。

月或二月的经常费,必须由四月来参加全国苏维埃预备会的可靠的同志带来"。在这封信函中,中共中央还具体分配了各苏区应担负的数目:一次性的特别费,"朱毛第四军"5 000元、"闽西"12 000元、"江西(三军)"10 000元、"鄂西"5 000元、"贺龙第三军"3 000元;每月的经常费,则是分别为1 000元、500元、1 000元、500元和1 000元。至于"其他各地红军","以后再酌情办理"①。据共产国际方面的一份报告显示,1931年9月底或10月初,"党从苏区收到1万或1.3万墨西哥元"②。1931年底,中共赣东北省委首次接到了中央解款六百两金子的任务。当时该地财政恐慌严重,故决定"解送赤金贰拾壹条(天秤二百壹拾两),现洋伍拾元",并向中央解释:"我们不是不愿给你们,而是在我们本身有许多困难。"③此后不久,赣东北苏区又给中央寄出纯金条十条,"计净重一百两"④。湖北省委成立后,"除中央津贴两千之外,由各县提到之款有四千五百元之谱"⑤。苏区为整个党与红军系统的运作提供了极为宝贵的财政资源。

---

① 《中央关于筹备军事费用问题给各苏区的信(1930年2月12日)》,《中国人民解放军后勤史资料选编(土地革命战争时期)》(第一册),第219—220页。
② 《莱谢给共产国际执行委员会国际联络部关于在华工作的报告(1932年1月14日于莫斯科)》,《联共(布)、共产国际与中国苏维埃运动(1931—1937)》(13),第91页。
③ 中共赣东北省委:《关于向中央解款和为解决无线电问题致中央信(1931年12月28日)》,《闽浙赣革命根据地财政经济史料选编》,第486—487页。
④ 中共赣东北省委:《关于财政问题向中央报告(1932年1月11日)》,《闽浙赣革命根据地财政经济史料选编》,第490页。
⑤ 《安志瀚给中央的报告——关于湖北省委最近工作情况(1930年3月6日)》,中央档案馆、湖北省档案馆编:《湖北革命历史文件汇集·省委文件(1930年)》,1984年印,第60—61页。

本 篇 小 结

在整个苏区时期,红军不论其粮食是取之于民或者取之于敌,都非常注意由此带来的政治影响,也非常注重赋予这些行动以政治的意义。1935 年 7 月,红一方面军总政治部就发出训令:"各部队政治部必须发动连队用一切方法,如没收、搜山、收买等等,收集粮食",但是"在收集的时候必须注意发动群众来帮助,严禁侵犯群众尤其是番人、回人的一点利益"①。

而且,红军对于筹粮政策的革命性含义有着高度理性的把握。某种意义上,或许正是强烈的革命抱负,促使红军需要更加清醒地看待其所处的复杂境况与其所追求的艰巨目标。1935 年,中共湘赣省委强调:在没收地主粮食时,"一定要分一部分给当地最贫苦的群众,以解决他们的粮食问题,否则定要脱离群众,而收集粮食运动,亦无法完成"②。即使是后勤人员,也认识到:"后勤干部不只要做好生活保障工作,对群众要宣传我们的政策,不然就筹不来粮、款,买不到东西。"③湘鄂西苏区,就是由于"无产阶级的乱没收",导致相关苏区塌台,当地民众"被地主、富农利用来

---

① 《总政关于粮食问题的训令(1935 年 7 月 3 日)》,《中国人民解放军后勤史资料选编(土地革命战争时期)》(第一册),第 393—394 页;《湘黔滇区收集资财工作》,《中国人民解放军后勤史资料选编(土地革命战争时期)》(第三册),第 173—174 页。
② 《湘赣省委为筹足战争经费、收集粮食、统一财政、反对贪污浪费给各级党部的指示(1935 年 1 月 29 日)》,《中国人民解放军后勤史资料选编(土地革命战争时期)》(第三册),第 170—173 页;也可参见《湘鄂西省委会关于水灾时期党的紧急会议(1931 年 7 月 31 日通过)》,《中国人民解放军后勤史资料选编(土地革命战争时期)》(第三册),第 179—182 页。
③ 谢象晃:《我在红军时做供给工作情况》,《中国人民解放军后勤史资料选编(土地革命战争时期)》(第二册),第 500—502 页。

反对红军"①。

  1935年7月,红一方面军进入西北地区之后,发现以往用"打土豪""打发财人"等口号来筹备给养军需与发动群众斗争的一些办法,已经变得不再适合时宜,于是规定,在少数民族地区,"不论主人是百姓或地主、军阀与头人,在家或跑了,我们都不能随便去拿粮食、取东西",而应该"向富有者交涉借贷、乐捐或购买之"。"如果那些富有者或财产的主人都跑了,应号召其回家,与之交涉。""对武装抵抗我军者,则在其投降后,提出赔偿损失的办法以取得红军的需要。"在汉人地区,"没收日本帝国主义在华的一切财产作为抗日经费","没收一切汉奸及卖国贼的土地财产,发给群众及充实红军军需",对于"赞助并参加抗日反蒋的部分地主或白军军官不没收其土地财产,而用乐捐抗日经费的办法"。富农不实行征发,"可宣传他自动乐捐"。"对大小商人的货物财产,不准没收,只能经过购买或发动乐捐等方式以取得红军的需要。"②彭德怀也指示红二方面军在筹粮时,只"没收回奸反动及汉人地主粮食、牛羊牲口",对于小地主、富农只能"募捐借粮,给以证据",对于"阿红农民",以金子、银子、鸦片烟向其购买。他在电报中一再警告"只有充分发动群众积极性,才能完成筹粮计划","谁不愿意深入群众的动员,谁就不能完成筹粮计划,谁想以命令强迫办法筹足粮食,谁就会遇到筹粮中的极大困难,和脱离群众的恶果"③。

  不过,如果农民行动的革命性不经整理、组织与引导,其进一步的发展势必受到严重的制约。江西苏区财政在一段时期内不统一,无组织、无预算决算,"各级政府在经济上各自为政","群众团体都可自由打土豪罚款",不仅"损丧工农群众对苏维埃的信仰不少","增加争取群众与苏区发展的困难",还造成惊人的浪费与贪污腐化④。

  湘赣苏区经历了相同的过程。他们一度并不把税收作为财政的主要

---

① 《＊＊＊关于湘鄂西具体情形给中央的报告附件(1932年12月19日)》,《中国人民解放军后勤史资料选编(土地革命战争时期)》(第三册),第13—14页。
② 《关于红军目前在西北地区筹取粮食资财的办法(1935年7月19日)》,《中国人民解放军后勤史资料选编(土地革命战争时期)》(第一册),第397—399页。
③ 《彭德怀关于筹粮问题致电二方面军贺任萧周陈王左邓徐程王(1935年？月9日)》,《中国人民解放军后勤史资料选编(土地革命战争时期)》(第三册),第201页。
④ 《江西省第一次工农兵苏维埃大会财政与经济问题的决议案》,江西省档案馆等编:《中央革命根据地史料选编》(下册),江西人民出版社1982年,第576—577页。

收入,"专以筹款来供给一切费用"。在遭到经济封锁之后,"各级政府感受经济上的极大困难,好多区乡政府没有钱用,到红军家里、合作社去借,引起群众不满"①。当他们诉说"苏维埃的用费与红军的给养没有办法"时,中共中央立即向他们指出有必要设立财政经济委员会,由其经常地规划如何开源节流,"把苏维埃政府的负担放到剥削阶级的肩膀上",以及由其"最坚决的去促使各县苏也成立同样的委员会"②。中共湘鄂西省委也曾通过决议案,提出:"须将纳税责任压在资产阶级的身上,免除贫农、工人及城市贫民的租税","财政必须绝对统一,各县预算须经省府批准,各县要解交省府所规定之款"③。

革命行动只有在相当的组织结构与规则的支撑之下,才会获得更高程度、更大规模的发展。中共中央曾致信鄂豫皖苏区党省委,指出:粮食问题,"只有在耕种中厉行最大的组织的努力才能克服,其他再没有出路","游击的行动,只能解决暂时的困难"④。确实,在湘鄂西苏区,由于其财政组织系统紊乱、无法维持,整个革命的局面一度岌岌可危。据其给中央的报告称:"没有直的财政系统,以至各级财政混乱",各自为政。"没有专门的财政计划",也"没有上下级的正确关系","下级对上级的隐瞒,上级对下级的用手段"。其直接后果便是面临吃饭问题,"差不多就是吃早愁晚","财政部的主要时间是应付当天吃饭的问题"。其属下的各级政府,"差不多没有一个机关不欠商人的钱"。"沔阳县苏维埃欠一百多商店的米钱,屡讨无还,该[县]百余商人将县苏主席逼在俱乐部内,全体跪下求还米钱。"⑤在荆南,财政主要"还是靠拉票的办法",无法解决苏维埃经

---

① 《湘赣苏区省苏党团给省委转中央关于苏维埃各项工作情况报告(1933年2月1日)》,《中国人民解放军后勤史资料选编(土地革命战争时期)》(第三册),第159—162页。
② 《中央给湘赣苏区省委的信(1931年11月21日)》,《中国人民解放军后勤史资料选编(土地革命战争时期)》(第三册),第142—143页。
③ 《中共湘鄂西省第四次代表大会关于土地经济及财政问题决议案(1932年1月26日原则通过,中央分局审查批准)》,《湘鄂西苏区革命历史文件汇集·省委文件(1927—1932)》,第189页。
④ 《中央给鄂豫皖苏区党省委的信(1933年3月15日)》,《中共中央文件选集》(第九册),第159页。
⑤ 《***关于湘鄂西具体情形给中央的报告中有关经济财政工作(1932年12月19日)》,《中国人民解放军后勤史资料选编(土地革命战争时期)》(第三册),第152—156页。

济困难。为此,中共湘鄂西省委要求其"实行财政统一"①。在天门,整个粮食工作毫无计划性与组织性:"军队来时,就向群众收粮食,军队不来时就不收粮食,打土豪时粮食都分给群众,到没有粮食吃时就吃南瓜叶子。"②1935年,中共湘赣省委也注意到,由于财政工作组织程度不够,导致"混入我们革命队伍中间的,特别是混入财政机关的害虫",有不少的贪污、浪费③。

然而,整场革命的组织化程度发展,必然表现为其各个构成系统相互之间的严格的任务分工。从某种角度上讲,各个组成部门心无旁骛地专司其职,有利于推进整个革命的发展。正因为如此,湘赣苏区向当时的中央一再满怀愧疚地检讨表示:"过去苏维埃政府不负责供给红军战费,使红军不能最高度的担任起斗争任务,这是完全错误的。"后来决定,"筹款工作变给地方武装负责,群众工作主要责任交给党政机关担任"④。1931年间,红十军为了筹款,"最近二、三个月来攻打城市",每月三四次,休养补充、训练,完全忽视,成为其"不能作大战、取得大胜利的原因之一"⑤。闽赣省财政部也发现:"过去各级组织都不健全,致使各级工作受到很多的损失","闽北有些县仅一个光财政部长,有些区一个光部长还要兼其他部工作","使得闽北财委工作非常糟糕"。为此,闽赣省财政部要求此后县区两级必须限时调足相应的机构人员⑥。

不过,繁复而又严格的组织分工,必须与其所处的一定范围内的农民

---

① 《中共湘鄂西省委给荆南县委信(1932年3月)》,《湘鄂西苏区革命历史文件汇集·省委文件(1927—1932)》,第298页。
② 范思祥:《湘鄂西后期错误路线对红二军团后勤工作造成的影响与危害》,《中国人民解放军后勤史资料选编(土地革命战争时期)》(第三册),第239—241页。
③ 《湘赣省委为筹足战争经费、收集粮食、统一财政、反对贪污浪费给各级党部的指示(1935年1月29日)》,《中国人民解放军后勤史资料选编(土地革命战争时期)》(第三册),第170—173页。
④ 《湘赣苏区省苏党团给省委转中央关于苏维埃各项工作情况报告(1933年2月1日)》,《中国人民解放军后勤史资料选编(土地革命战争时期)》(第三册),第159—162页;《湘赣苏区大会决议之五:扩大红军与健全地方武装决议案(1932年8月1日)》,《中国人民解放军后勤史资料选编(土地革命战争时期)》(第三册),第189—190页。
⑤ 曾洪易:《赣东北土地税和红军筹款问题(1931年8月14日)》,《闽浙赣革命根据地财政经济史料选编》,第480页。
⑥ 《闽赣省财政部七、八、九三个月工作和八、九、十、十一、十二、一、二七个月筹款计划(1933年8月8日)》,《闽赣苏区文件资料选编》,第55—56页。

社会相当发展的革命性相适应，否则，整个革命组织系统就会由于物质与精神上的资源不足而捉襟见肘，产生各种过高的组织成本，甚至于反过来侵蚀、危害着革命事业进一步的发展、壮大。在长征路上，进入少数民族聚居区域时，"积极的改善部队的给养，成了迫切的实际政治任务"。然而，一些政治工作人员拘泥于"政治工作仅是开党的会议、上政治课"，片面地认为"对保障部队的给养不是政治工作"。红二、六军团坚决反对这种"坐吃不管"、教条主义的组织倾向，要求"动员政治工作人员和指挥员积极参加办给养，在办给养时同样不忘记各种政治工作的活动"①。闽北苏区，对于各级苏维埃主席团不负责财政工作，"认为财政工作是财政部单独事"②，表示严重的关切。

在革命的物质与精神资源薄弱情况下，整个战争组织系统只能维持一种较低程度的，甚至是比较简陋的组织与分工。以红四方面军而言，"政治部很大一部分工作，是帮助供给部工作，政治部不仅要搞民运工作、宣传工作，还要调查土豪、筹粮筹款"。直至到了四川，建立了根据地之后，"部队开始走向正规"，较为专注地执行其作战的任务。"凡作战缴获或打土豪所得的布匹、粮秣、大烟、现洋等都要向后方交，后方也开始给部队供给子弹、手榴弹、粮秣、药品、子弹带等部队所需要的物资。"③

通过红军的粮食供应工作，我们可以发现：一支武装队伍，其根基往往深植于某种历史使命、政治伦理（即革命性），若无此精神内核，它就难以为继，更毋论发展起来④。它所具备的某种组织性是以其革命性为前

---

① 《二、六军团长征的政治工作总结报告》，《中国人民解放军后勤史资料选编（土地革命战争时期）》（第三册），第202—206页。
② 《闽赣省财政部七、八、九三个月工作和八、九、十、十一、十二、一、二七个月筹款计划（1933年8月8日）》，《闽赣苏区文件资料选编》，第61—62页。
③ 《关于四方面军的供给组织与工作（1930年—1936年）》，《中国人民解放军后勤史资料选编（土地革命战争时期）》（第四册），第95—97页；《关于红二十五军后勤工作状况（1933年—1935年）》，《中国人民解放军后勤史资料选编（土地革命战争时期）》（第四册），第108—110页。
④ 这为后来的历史反复证明。据东北野战军向中共中央军委报告：其第十一纵队1948年6、7月间在冀东新区作战时，由于部队没饭吃，不分阶级、不讲政策，"到处挖窖"，其实所能挖到的少者不过几十斤，多者也还不到一担，但是，"弄得纪律很坏"，影响了士气的巩固。详见《林罗谭关于采取借粮办法解决军粮问题的请示（1948年9月9日）》，《中国人民解放军后勤史资料选编（解放战争时期）》（第六册），第135—136页。

提和基础的①。不过,其革命性的孕育和发展也往往需要整个队伍的组织化程度不断提高得以实现。但是当其所处的历史场域革命性比较低落时,过度的组织化反而会销蚀掉其革命性。苏区红军从农民游击队发展为浩浩荡荡的正规化部队,事实上见证了其革命逻辑与组织逻辑的辩证发展历程。

---

① 最近的一些研究过于强调中国共产党的组织性,不知是否源于担心对中国共产党革命性的强调会被认为不够前沿和学术化。可参见姜涛:《抗战时期国民党军粮补给的军事近代化困境》,《南京大学学报(哲学·人文科学·社会科学)》2022年第3期。

中 篇

地方共同体的财政之道：
全面抗战时期陕甘宁边区征粮工作

有的研究已注意到,动员、组织与引导一定范围内的人口,往往需要打造、培育某种集体性的一致感和认同感,以种族、宗教、语言、文化或者政治主张等不同的方式对何为"我们"、何为"他者"(或者是"敌人""异己")进行定义、分类、"归化"或打倒,以构造本尼迪克特·安德森(Benedict Anderson)所讲的"想象的共同体"①。陕甘宁边区亦然,其在地域层级上,通过促使其中的军队、政府与人民之间"打成一片"的各种政策与实践,重建某种以"新民主主义"为取向、以消灭阶级分化与阶级剥削为终极目标的政治共同体②。

　　陕甘宁边区的这种政治取向与战略意图,在相当程度上起源于中国共产党诞生之初即有的、此岸取向的历史远景③。中国共产党的最早缔造者们大多相信,阶级斗争不过是"使社会上只有一个阶级(就是没有阶级)"的历史工具而已,"协和与友谊"才是人类"真历史"的开始。在他们看来,"现在的世界"已经"黑暗到了极点",必须经过"最后的阶级竞争",才能洗得出干干净净一个崭新光明的新世界④。不必说,这些朴素思想中蕴含的乌托邦倾向和政治倾向,随着中国共产党的崛起与发展,"无论如何具有改变现存历史-社会秩序的作用"⑤,不仅屡屡成为不同形式的阶级斗争(或者说阶级革命)的深层原动力之一,也成为陕甘宁抗日根据地抉择与实行某种财税政策的指导思想。

　　确实,到 1942 年前后,张闻天等在陕北神木、府谷调查时发现,那里的地主阶级作为一个阶级已经不再存在,"中农与贫农成了农村中的主要力量","在各村内,政治上的进步派均占绝大多数,中间派的数量占少数,顽固派占最少数"⑥。从某个角度看,可以说中国共产党的缔造者们当初向往的"只有一个阶级(就是没有阶级)"的社会已然雏形初见。

---

① 本尼迪克特·安德森:《想象的共同体——民族主义的起源与散布》,吴叡人译,上海人民出版社 2005 年,第 4—7 页。
② 可参见《毛泽东文集》(第二卷),人民出版社 1993 年,第 8—10、54、129—131、334—337 页等;《毛泽东文集》(第三卷),人民出版社 1996 年,第 66—67、68—75、179、303—352 页等。
③ S. N. 艾森斯塔德:《大革命与现代文明》,刘圣中译,上海人民出版社 2012 年,第 118 页。
④ 守常:《阶级竞争与互助》,《每周评论》1919 年第 29 期;《中国共产党宣言(1920 年 11 月)》,《中共中央文件选集》(第一册),中共中央党校出版社 1989 年,第 548 页。
⑤ 卡尔·曼海姆:《意识形态与乌托邦》,黎鸣等译,商务印书馆 2000 年,第 210 页。
⑥ 中央档案馆、陕西省档案馆编:《中共中央西北局文件汇集(1943 年)》(一),1994 年印,第 380—381、418 页。

中篇　地方共同体的财政之道：全面抗战时期陕甘宁边区征粮工作

既往研究由于没有认清、深入陕甘宁征粮行为的思想本源，没有发现中国共产党的历史之梦，尽管始终与现实有不同程度的距离与矛盾，其梦本身也在不断地调整变化，却一直在不同范围内引领、影响着现实社会。认识根源上的这些学术局限导致其失之于浅与碎，失去了历史的整体性、厚重感和内在之魂，以至于难以"贴近事物本身"①。不少相关论著，或者不在陕甘宁边区的政治表达与事实陈述之间作适当的区分，只讲边区的政策目标是如何使征收救国公粮从国家、政党、群众三方矛盾的焦点，变成三方利益的共同点，以实现"国家、政党和群众的有机统一"②；或者相反地，沉溺于边区从打造共同体角度下看到的征粮中各种不如其意的行为表现，以为陕甘宁边区经过一场革命（包括财税方面）之后，整个经济社会结构依然如故，没有经历任何深刻的改变，不唯如此，中国共产党的主体性似乎淹没在农民的落后性中，了无踪影③。

---

① 吕迪格尔·萨弗兰斯基（Rüdiger Safranski）曾称海德格尔"找到了一种思想方式"，"既能坚持贴近事物，又能防止堕落为陈腐"。参见其所著的《海德格尔传——来自德国的大师》（靳希平译，商务印书馆1999年）第4页。孔飞力《《中国现代国家的起源》、陈永发（*Making Revolution*, Berkeley: University of California Press, 1986）、杜赞奇（《文化、权力与国家——1900—1942年的华北农村》）、李里峰（《经纪模式的消解：土地改革与赋税征收》，《江苏社会科学》2005年第6期）和邓广（《山东解放区的农村财税征收（1946—1949）》，《近代史研究》2017年第1期）等注意到了中国共产党的征粮模式不同于与其同时并存的，以及以往的旧政权，但是均未发现中国共产党围绕着征粮而采取的行动源自其打造某种政治共同体的抱负，因此他们都未进一步明确指出阶级正义观是中国共产党征粮政策与行动的核心逻辑。Mark Selden（"Yan'an Communism Reconsidered", *Modern China*, 21, No.1, 1995, pp.8-44）、曹树基（《国家形象的塑造——以1950年代的国家话语为中心》，《上海交通大学学报（哲学社会科学版）》2008年第3期）、黄珍德、赖勋忠（《广东省全面土地改革前征粮问题初探》，《当代中国史研究》2018年第2期）、代雅洁、杨豪（《华北解放区南下干部与南方新区征粮实践研究（1948—1950年）》，《安徽史学》2020年第4期）以及刘诗古（《征粮、"春荒"与减租退租：对土地改革的再认识——以1949—1951年中南区为中心》，《学术界》2013年第6期）等则意识到了中国共产党的征粮行为与其政权构造之间存在有机的内在联系。
② 参见李蕉：《征粮、哗变与民主建政：抗战初期陕甘宁边区治理方式的变革》，《党史研究与教学》2014年第5期。罗迈在一次座谈会上就讲到："我们的进步性和农民的保守性"是有矛盾的，但是，"在很多时候，我们不了解这个事"。详见《罗迈在边府作风联席座谈会上的讲话（1945年6月19日）》，陕西省档案馆、陕西省社会科学院合编：《陕甘宁边区政府文件选编》（第九辑），档案出版社1990年，第383页。
③ 参见王建华：《群众路线是如何炼成的——基于陕甘宁边区征粮动员的观察视角》，《四川大学学报（哲学社会科学版）》2018年第1期。不过，在另外一些学者的叙述中，虽然也同样陷入征粮中那些一地鸡毛似的言行之中，却认为国家（中国共产党）与农民之间不对等的关系导致的是农民而不是中国共产党，丧失了自身的主体性与自主行为能力（董佳：《征粮中的农民与国家关系：观察现代中国构建的一个视角——以抗战时期的晋陕根据地为例》，《中共历史与理论研究》2015年第2辑）。

第一章
"取之有道"：
政治共同体战略与边区征粮

在交织着无数愿望、情感与利益的陕北小农社会里重建一个前所未有的政治共同体，不仅是中国共产党由来已久的超验信仰所致，更因其在实践中被证明是一种行之有效的革命行动策略，故而在各个领域内几乎成为陕甘宁边区政权运行的基础性原则。当我们循着中国共产党自身的信仰愿望与逻辑，就会发现为什么其在征粮时始终贯穿着某种阶级正义观，强调公粮"征"而不"派"、让粮户自报公议，以及为什么要求其各级干部征粮时讲"理"，司法上则以教育解释、群众斗争方式为主。

一、阶级革命：政治共同体的构建逻辑及其征粮表现

阶级革命是中国共产党在陕北的切入点和生长点，尽管出于维护抗日民族统一战线的策略考虑，不再像苏区时期那样大张旗鼓地深度推行，但依然是其重构地方社会的隐形原则和力量之源[1]。当1940年陕甘宁边区党委宣传部长李卓然表示要"使老百姓认识这团体是他自己的"，"边区的政权是自己的政权"时[2]，他所指的"老百姓"主要是农民，而不是地

---

[1] 可参见《中央关于抗日民主政权的阶级实质问题的指示（1940年2月1日）》，中央档案馆编：《中共中央文件选集》（第十二册），中共中央党校出版社1991年，第268—269页。林伯渠指出："边区的主要是战争与革命"，"我们要把握这个特点，把它贯彻到各方面的工作中去"，不过，"战争这个特点，目前在全世界、全中国都是存在的"，只有"革命这个特点"，"是其他地方所没有的"。详见林伯渠：《边区财政经济政策（1941年10月27—28日）》，《林伯渠文集》，华艺出版社1996年，第239—253页。

[2] 《李卓然部长关于目前形势与党的任务的报告（1940年8月8日）》，中央档案馆、陕西省档案馆编：《中共陕甘宁边区党委文件汇集（1940—1941）》，1994年印，第167页。

主。以陕北米脂地主马维新为例,其公家负担费用占其全部支出的百分比,1916 年是 1.75%、1926 年 6.67%、1936 年 5.2%,全面抗战之后的 1938 年达到14.05%,1940 年和 1941 年更是分别为 48.01% 和 56.6%①。张闻天主持的延安农村工作调查团也承认:全面抗战之后,"马维新家的家用,一天天紧缩起来",固然有其"装穷"的需要,"公款负担加重,亦不能不是重要的原因"②。然而,1934 年杨家沟"闹红军"时代,当时的地方政权曾经从绥德派了一个连的兵力,以保护马维新家的生命财产。所以,尽管全面抗战开始后,"马维新对八路军、共产党的恐怖情绪慢慢减少了",却始终心存不满。他表示:"对现在政府的事情,咱们不能讲什么,讲也不过是地主的话。"③与马维新们这种几乎从天上到地下的变化相比,大部分农民不太可能不感到"边区的政权是自己的政权"④。

同样,林伯渠称:"边区近百万的人民","已经认识了政府是他们自己的政府"⑤,此"近百万的人民"主要也是农民。张闻天在一次党内会议上则明确表示:"我们的政策对中农是扶持的",对"封建势力"是削弱,但是"不采取打倒政策",以使"各方面都向基本队伍(中农、贫农)靠近","上面地主富农下降到中农,下面雇农工人上升到贫农,商人也向中农队伍中挤"。他还指出,"只有战争,没有革命",那么,地方社会的重构就无从谈起。林伯渠所讲的"革命",即是阶级革命,而如何"负担公粮"是题中应有之义⑥。

由阶级革命而引起的地方社会重构,往往在政治领域有集中的表现。在固临县的觉德村,"在革命以前全村只有三个富有者当区长,一个在乡公所办事"。革命之后,"全村参加工作的:一个县参议员,一个在西北局工作,一个区教育科长,一个区保安副科长,一个白卫军连长,一个乡青年

---

① 《张闻天晋陕调查文集》,中共党史出版社 1994 年,第 255 页。
② 《张闻天晋陕调查文集》,第 256 页。
③ 《张闻天晋陕调查文集》,第 145—146 页。
④ 也可参见中央档案馆、陕西省档案馆编:《中共中央西北局文件汇集(1943 年)》(二),1994 年印,第 134—216 页。
⑤ 林伯渠:《陕甘宁边区政府一年来的政况(1938 年 7 月 7 日)》,《林伯渠文集》,第 62—74 页。也可参看《对于秋征的宣传意见》,《解放日报》1942 年 11 月 10 日。
⑥ 张闻天:《关于当前农村阶级变化问题(1942 年 7 月 9 日)》,《张闻天晋陕调查文集》,第 297—303 页。

主席,另外还有行政区主任、乡政府委员等共九人"。全村参加自卫军有六人,参加少先队五人,参加儿童团八人,参加妇联会二十七人,参加锄奸小组四人,参加工会六人,参加八路军七人①。在整个陕甘宁边区,如果以区、乡两级政权干部而言,百分之九十是"从当地农民革命斗争出身的积极分子","熟悉乡土情况,同民众有联系"②。不必说,在如此打造的共同体中,"地主在政治上吃不开"③。

1939年,边区政府明确指示:"其出租土地而应加倍征收的必须加倍征收","应减半征收之佃农,必须实行减半征收","其有地主、富农故意拒缴者,应予以处分,不得姑息"④。这种按照财富多寡采取不同政策的阶级革命训令,尽管其激进性在全面抗战的不同阶段有不同的表现,对于整个公粮的征收以及共同体的重构却是同时起到了双重的奠基性作用。

1940年,延川县在其征粮总结报告中就讲到:尽管"自征收五千石的数目字宣布以后,一般群众都嫌太重,对完成这一数目,很有些为难",但是在征收中,"因为一般干部正确执行合理负担原则,富有的多出,群众很满意,在大会上提出:'有粮的多出,我没有,少出也是愿意的'"。该县县长常德义强调:"如果不能执行富者多出的原则,既不能顺利完成,又招致一般群众的不满甚或群起反对。"⑤林伯渠有一次也提到志丹县一区八乡,"先完成了有75%的人出了粮,后来加重富裕者,重行征收,只有35%家出粮,数目还大",其结果是"真和群众打成了一片"⑥。

---

① 中共湘乡市委宣传部、中共湘乡市委党史办主编:《李卓然文集》(上册),湖南人民出版社2000年,第193—195页。也可参见《陕甘宁边区神府县直属乡八个自然村的调查》,《中共中央西北局文件汇集(1943年)》(一),第433—435页。
② 《陕甘宁边区简政实施纲要(边区政府第三次政府委员会通过)》,《中共中央西北局文件汇集(1943年)》(一),第52—53页。也可参见阎志遵:《盐池县三、四、五月份工作报告(1940年6月15日)》,盐池县档案局(馆)编:《陕甘宁边区时期的盐池(档案史料汇编)》(上),宁夏人民出版社2016年,第67—70页。
③ 《张闻天晋陕调查文集》,第367页。
④ 《陕甘宁边区政府关于征收五万石救国公粮的训令(1939年12月26日)》,陕西省档案馆、陕西省社会科学院合编:《陕甘宁边区政府文件选编》(第一辑),档案出版社1986年,第469页。
⑤ 《延川县征收救国公粮报告(1940年1月23日)》,陕西省档案馆、陕西省社会科学院合编:《陕甘宁边区政府文件选编》(第二辑),档案出版社1987年,第46—49页。
⑥ 《林伯渠同志在陕甘宁边区党政联席大会上的报告——关于新民主义政治的阶段问题(1940年3月12日—13日)》,《陕甘宁边区政府文件选编》(第二辑),第113—138页。

当公粮本着累进的原则征收,主要的负担不是落在一般农民身上时①,"政府与群众"的关系,如宁县报告称,"一般的说是非常亲爱,并没有什么隔阂","群众认为政府是他自己的政府"②。1937年,陕甘宁边区"休养民力",整个边区"征粮一万石","不足全部需要粮十分之一"③。于是,甘泉县一些群众表示:"征收那一点粮,如何去供给如此浩大的八路军与后方政府的需要呢?愿再交你们征收的数目二倍",还有些群众认为:"只要打胜日本,出点粮是应该的。"④中国共产党以阶级革命的逻辑重构政治共同体,抗日根据地税粮负担的阶级分布格局也由此迥然有别于中国共产党以外的政权。仅此而言,在陕北农民当中对中国共产党实行的征粮举措有一些这样的认同性表现,确实在情理之内。

实际上,彭雨新等在考察全面抗战时期四川的田赋征实就发现:"如仅从每市亩田征实额占其收益额百分比之大小上观察,则自耕农之税负,似与地主相仿佛,但如从自耕农及地主之总收益额上比较,则自耕农之税负,当远较地主为重。"他们进一步分析认为,这是由于"自耕农所有之土地并不甚多,其总收益额较为有限,且全家生计,悉赖此少数田地之生产,决非如一般地主在缴纳田赋后尚有余谷二三百市石者可比",而且,"地主尚可经营他业(如商业),其从土地上所得之收益,有时仅为其总收益额之

---

① 中国财政科学研究院主编:《抗日战争时期陕甘宁边区财政经济史料摘编》(第六编),长江文艺出版社2016年,第115—117、324—325页。佳县吴镇高家寨村,未经土地革命,生活程度也比较低。1942年该村地主的公粮占收入的24%,富农13.1%,中农7.7%,贫农1.1%。庆阳高迎区也未经土地革命,但生活程度较高一些,地主的公粮占其收入30.9%,富农27.1%,中农12.1%,贫农12.4%。安塞一区六乡,经过了土地革命,其公粮负担具有相当的代表性,各阶层公粮占收入的百分比分别是:富农21.8%,富裕中农21.8%,中农16.3%,贫农12.6%,雇农7.5%。详见边府办公厅秘书处:《征粮工作(1944年5月)》,陕西省档案馆、陕西省社会科学院合编:《陕甘宁边区政府文件选编》(第八辑),档案出版社1988年,第191—192页。也可参见《西北局调查组关于减租斗争的调查材料(1943年9月10日)》,中央档案馆、陕西省档案馆编:《中共中央西北局文件汇集(1943年)》(二),第156页;马克·赛尔登:《革命中的中国:延安道路》,魏晓明、冯崇义译,社会科学文献出版社2002年,第180—181页。
② 《宁县一九三八年工作报告(1939年2月28日)》,《陕甘宁边区政府文件选编》(第一辑),第186—194页。即使在边境的盐池县,其1938年11月的政府工作总结中讲到:"去年人们与政府不接近有隔膜","现在很密切","区乡政府与人民关系也很好"。阎志遵:《盐池县一年来工作总结报告(1938年11月20日)》,《陕甘宁边区时期的盐池(档案史料汇编)》(上),第23页。
③ 《陕甘宁边区政府文件选编》(第八辑),第187页。
④ 《陕甘宁特区党委关于征收救国公粮的紧急指示(1937年12月3日)》,中央档案馆、陕西省档案馆编:《中共陕甘宁边区党委文件汇集(1937—1939)》,1994年印,第90—94页。

一部分,而多属不劳而获之性质,故两者不能相提并论"①。显然,旧政权之下的田赋,本质上相当于累退税,不但不能触动既有的社会结构,反而起着加剧社会不平等的作用②。更有甚者,当时的一些"大官巨室","多以不纳粮为荣,显示其为特权阶级,胥吏畏其势,县长碍于情,任其不纳,或虽纳而不清"③。在某种意义上,彭雨新等所讨论的四川,至少可以看作明清以来结构性社会症候的一个缩影。

我们注意到,在政治上逐渐稳固的根据地内,随着一个时期"小生产经济发展","以中农、富裕中农为骨干的一部分村干部","有时候利用个人政治地位假公济私","看不起穷苦的人,而特别同有钱的人亲近","慢慢的听不到大多数群众,特别贫苦群众的呼声"。这引起了中共领导层的警惕,认为是一个严重的倾向,提出要"依靠全体农民"加以克服④。在1945年4月中共七大的口头政治报告中,毛泽东告诫党内一些同志:如果"忘记了农民",终将危及党的革命愿景的实现。他问道:"是要农民呢?还是要地主呢? 在这个问题上,要地主,就忘记了农民;要农民,可以不完全忘记了地主。"他进一步强调:"忘记了农民,就没有中国的民主革命;没有中国的民主革命,也就没有中国的社会主义革命,也就没有一切革命。"⑤

这种"不完全忘记了地主"⑥、同时又"为大多数人谋利益"⑦的阶级大

---

① 彭雨新等:《川省田赋征实负担研究》,商务印书馆1943年,第81页。
② 也可参见凌宗虞:《中国田赋之整理》,国立武汉大学毕业论文1944年,第59—62页。
③ 徐咪冰:《田赋积弊之检讨》,1936年印,第4页。也可参见郑康奇:《抗战时期陕西国统区军粮研究》,《经济社会史评论》2019年第3期;《陕省粮政》,《大公报(桂林)》,1944年3月26日;《陕省新粮已开征,绅耆大户应先完纳》,《益世报(西北版)》,1945年8月1日。
④ 延安农村调查团:《陕甘宁边区神府县直属乡八个自然村的调查(1942年4月12日)》,《中共中央西北局文件汇集(1943年)》(一),第419—420页。
⑤ 毛泽东:《在中国共产党第七次全国代表大会上的口头政治报告(1945年4月24日)》,《毛泽东文集》(第三卷),第304—305页。中共根据地推行的"三三制"即是"不完全忘记了地主"的一种制度安排,比如大地主马维新1941年被选为保长,次年又调为联保主任(区长)(《张闻天晋陕调查文集》,第146页)。与之形成对比的是,蒋介石在战后不久的一次国民党中央全会上也督促其干部"要注意农工,要亲往下层实作"(《徐永昌日记》第八册,"中研院"近代史研究所1991年版,第390—391页),但由于所处的阶级历史地位,终致其无法在行动上出现任何实质性的转变。
⑥ 当中共中央西北局在绥德、米脂调查中发现某些地区存在着"挤老财"问题时,他们提出需要注意加以调节。详见柴树藩等:《绥德、米脂土地问题初步研究》,人民出版社1979年,第129—130页。
⑦ 《张闻天晋陕调查文集》,第302页。

义,是全面抗战时期中国共产党在陕北创造一个崭新的政治共同体的根本性原则,从而使其与蒋介石所指出的国民党没有"与农人联系起来""吸收农人党员"的历史性局限形成根本区别①,也与国民党征粮政策"压榨百分之九十九的农村各阶层人民",致使其"增长了与当局者离心的倾向"的情形迥然有别②。

事实上,如果我们重返明初田粮政策,注意到其有诸如户等高的纳重仓口税粮、户等低的纳轻仓口税粮,或者"赋役必验民之丁粮多寡、产业厚薄"(《明太祖实录》卷一六三,洪武十七年七月乙卯条)之类的派征原则,以及此后在实践中屡屡出现大量的严重颠倒③,那么,至少会在一个几百年历史进程的反复比较中,更为清晰地发现中国共产党从1922年开始的累进税制④主张以及在征粮中较为彻底地加以实践,尽管不同时候、不同地方存在着这样那样不少的偏离、走样,但整体而言是一场相当彻底的现代意义上的社会起义,让被颠倒、被沉埋的某种阶级之"义"再重新拾起来⑤,以之作为打造和巩固其所追求的政治共同体的基础性逻辑。

二、公粮如何"征"而不"派":政治共同体战略下的难题

我们知道,在大多数社会,征粮的主体("征方")是某种具有一定合法性基础的政权及其各类征解代理人(传统中国有"包揽""册书""书吏""税

---

① 详见《徐永昌日记》(第八册),第88页。
② 延安时事资料社编:《时事参考资料》,1944年印,第28—29页。
③ 《明英宗天顺实录》卷二八一,天顺元年八月丁酉条。王业键曾指出,在清代,地方乡绅常常享有优惠的实征税率,而这种税率对农民来说,是差别而不公平的。他还谈到:许多地方的知县将纳税人分成两类:享有特权的乡绅人家或大户人家和没有特权的普通人家或小户人家。在每一类下面,又分几等。一般而言,纳税人社会地位越高,其适用的实征税率便越低。详见其《清代田赋刍论(1750—1911)》(高风等译,人民出版社2008年),第44、49—52页。也可参看 Ts'ui-jung Liu and John C. H. Fei, "An Analysis of the Land Tax Burden in China, 1650-1865", *The Journal of Economic History*, 37, no.2, 1977, pp.359-381;岩井茂树:《中国近世财政史研究》,付勇译,江苏人民出版社2020年,第397、400页。
④ 《中国共产党对于时局的主张(1922年6月15日)》,《中共中央文件选集》(第一册),第45页。也可参见 Office of Strategic Services-State Department Intelligence and Research Reports, "Economy of Communist North China, 1937-1945: finance"(Aug 26, 1946),美国国家档案馆藏,卷宗号 002799-003-0018,p.10。不过,美国国务院的这份报告显然不知道在苏区时期中国共产党已在一定程度上推行农业累进税制。
⑤ 艾森斯塔德认为,儒教文明中有一种非常强烈的革命倾向和行动的潜在力量(参见其《大革命与现代文明》,第118页)。

书"等行业),而客体("缴方")则是粮食的生产者(相当于传统中国的"花户""业户"等)。传统中国的政治观念已经多少认识到,在一定范围的社会人口之内,将粮食资源从"耕"者转移到"代耕"者,源于整个社会的分工和运行需要①。为此,大多数积极有为的治国者,一旦身膺其位,基于某种教导或者本能,会将一定地域范围内繁衍生息的居民视为其"子民"。事实上,这就是一种打造某种共同体的政治理念与策略手法。

然而,正如在后来成为陕甘宁边区的地方一样,由于其之前某种政治上的集体性认同早经瓦解,田粮关系中的主、客体②(大致相当于顾炎武话语体系中的"代耕"者与"耕"者)越来越异化表现出某种强制性,甚至是掠夺性的冷冰冰的关系③。"地粮分离","地粮不符,有地无粮(富者),有粮无地,粮少地多,粮多地少(贫者)"等成为普遍的现象。所以,中国共产党在陕北发动起义之初,就断然宣布废除以往的所有田赋,"不要粮"了④。

当然,田赋"这种封建的土地税",对于中国共产党的财政意义并不重大⑤。

---

① 这里"耕"与"代耕"的概念源自顾炎武,分别相当于征粮中的客体与主体。顾炎武曾表示:"为民而立之君,故班爵之意,天子与公、侯、伯、子、男一也,而非绝世之贵。代耕而赋之禄,故班禄之意,君、卿、大夫、士与庶人在官一也,而非无事之食。是故知天子一位之义,则不敢肆于民上以自尊;知禄以代耕之义,则不敢厚取于民以自奉"(顾炎武:《日知录集释》,黄汝成集释,上海古籍出版社2013年,第433页)。事实上,孟子早就有"君子不素餐"的论述。此后类似的观点,代不乏人。而民国年间徐永昌有一次论及国民党所以败给共产党时则称:"国家宜有人民出租税纳之政府,政府养军队以卫人民",然而军队、政府与人民三者之间相互分工与交换的关系久已紊乱,尽失其初,"国家安得不弱?"详见《徐永昌日记》(第九册),第358—359页。日本学者宫崎市定认为,汉字"赋"中的"武",是指市民原来的兵役义务,这一义务用金钱来支付,所以就产生了"赋"这个字。参见《宫崎市定论文选集》(上),中国科学院历史研究所翻译组编译,商务印书馆1963年,第21—22页。
② 侯欣一讨论了陕甘宁边区司法过程中主、客体关系的颠覆性转型。参见其《从司法为民到人民司法——陕甘宁边区大众化司法制度研究》(中国政法大学出版社2007年),第230—231页。
③ 有一些研究指出,当统治精英不受被统治者的约束,不需要获取广泛的支持时,往往会带来强制性税收。可参见黛博拉·布罗蒂加姆、奥德-黑尔格·菲尔尔斯塔德、米克·摩尔主编:《发展中国家的税收与国家构建》,卢军坪等译,上海财经大学出版社2016年,第41页;Wang Yü-ch'üan, "The Rise of Land Tax and the Fall of Dynasties in Chinese History", Pacific Affairs, 9, no.2, 1936, pp.201—220。
④ 《边区农业统一累进税试行简况(1944年4月)》,《陕甘宁边区政府文件选编》(第八辑),第146页;《边区政府庆环工作团关于环县工作的报告(1940年5月12日)》,《陕甘宁边区政府文件选编》(第二辑),第326—333页。
⑤ 张闻天率领的"延安农村工作调查团"发现兴县柳叶村,虽然"废除了'邻''甲''排年''小书'等一套旧的征收手续",但是粮银负担一直存在,只是"这种封建的土地税","于我们财政上没有太大的帮助"。"在柳叶村的田赋一般是每垧地1分4厘左右,最多的是每垧地1分7厘、1分8厘,最少的1分2厘、1分3厘。现在(今年)每两田赋比战前少征一半"。1937年全村田赋20.046两,完纳白洋46.822元;到1942年,田赋为19.64两,完纳的白洋仅为(转下页)

我们以陕北杨家沟地主马维新为例(详见表 2-1)。从 1912 年到 1936 年这二十五年里,大部分年代每垧地负担远低于 1 升米,只有 1927 年 2.7 升、1931 年 1.3 升、1932 年 3.1 升、1933 年 6.6 升和 1936 年 1.2 升。而从 1937 年开始,征收公粮多的年份甚至是数倍于以往的田亩负担。

表 2-1　杨家沟马维新历年负担情况一览表(1912—1941 年)

年　代	负担 (石米)	占有土地 (垧)	每垧地负担 (升米)	总收入 (石米)	负担占总 收入比(%)
1912 年	6.25	896	0.7	211.8	2.95
1913 年	3.68		0.4	277.03	1.32
1914 年	6.21		0.7	335.46	1.85
1915 年	8.14		0.9	194.06	4.19
1916 年	1.59		0.2	265.18	0.60
1917 年	4.63		0.5	221.02	2.09
1918 年	4.73	889	0.5	287.43	1.65
1919 年	4.71		0.5	226.30	2.08
1920 年	5.93		0.7	167.58	3.54
1921 年	6.47		0.7	283.16	2.28
1922 年	2.36		0.3	216.03	1.09
1923 年	6.21		0.7	200.62	3.10
1924 年	6.28		0.7	125.65	5.00
1925 年	2.87	960	0.3	258.11	1.11
1926 年	5.02		0.5	303.48	1.65

(接上页)29.121 元。但是,1940 年全村实征公粮合计 32.06 大石,1941 年则是 40.10 石。每石细粮折合白洋,1940 年大约为 21.3 元,1941 年 22.2 元。因此,1941 年实征公粮相当于 890.22 元,但是 1942 年全村田赋完纳白洋为 29.121 元,即使是 1937 年也仅为 46.822 元。详见岳谦厚、张玮辑注:《"延安农村调查团"兴县调查资料》,南京大学出版社 2020 年,第 624—669 页。

(续表)

年代	负担（石米）	占有土地（垧）	每垧地负担（升米）	总收入（石米）	负担占总收入比(%)
1927年	25.59	960	2.7	387.64	6.60
1928年	2.85		0.3	196.75	1.49
1929年	5.88	1 096	0.5	80.43	7.31
1930年	5.82		0.5	449.76	1.30
1931年	12.65		1.3	298.04	4.24
1932年	34.5		3.1	328.18	10.51
1933年	72.72		6.6	550.07	13.22
1934年	6.56		0.6	309.42	2.12
1935年	5.96		0.5	340.46	1.75
1936年	13.86	1 123.5	1.2	329.57	4.20
1937年	31.72	1 141	2.8	206.72	15.34
1938年	17.68	1 170	1.5	327.85	5.39
1939年	19.47	1 196	1.6	171.42	11.36
1940年	121.79	1 175.5	10.8	99.45	128.50
1941年	70.33		6.0	180.86	38.89

注：
(1) 1912年到1941年马维新历年负担数据来自延安农村工作调查团制作的"历年支出调查表"(《张闻天晋陕调查文集》，第251—252页)。同时期马维新总收入(包括粮食、利息、商号盈余、牲畜利息、租赁和杂收等)数据来自"历年收入调查表"(《张闻天晋陕调查文集》，第250—251页)。
(2) 按照《张闻天晋陕调查文集》第146—151页中的文字叙述，到1941年的时候，马维新应该有土地1 512.5垧，而不是"马维新土地占有变化表"中的1 175.5垧。但是考虑到书中另一处马维新"各村土地分布及块数表"载明其共计有1 174.5垧，我们确定马维新实有土地1 175.5垧。以此为准，其1912和1913年土地是896垧，1914—1923年间有889垧，1924—1928年间有960垧，1929—1935年间有1 096垧，1936年有1 123.5垧，1937年有1 141垧，1938年有1 170垧，1939年有1 196垧，1940年送给其二女儿20.5垧后实有1 175.5垧。

不过，应该强调的是，全面抗战初期边区政府机构简陋，需要财政供应的"公家人"不多,公粮的征收不但没有了中间环节的各种附加与盘剥,而且主要是由"地主、富农负担","中农很轻,一般贫农则完全无负担"。1938年,整个延安的公粮"平均征收率不足百分之三"①。固临县张家乡的石得胜,"1935年至1938年4年都没有出过甚么负担,只是1939年出了几次差"②。而该县的同居村,即使是富农阶层,土地革命前的负担占到了收入32%,但是到1940年时反而降为收入的18%左右③。

然而,随着脱产人员的增多以及国民政府停发八路军军饷④,大约从1940年开始,边区政府先是被动、继而有意识有计划地从两个方面扩大征粮的范围。一方面,公粮负担的人口比例大为增加。1941年公粮累进税率的起征点,降为每户每人平均收获细粮五斗者征收5%,六斗者征收6%。依此累进,农村负担公粮的人口扩大为80%—85%。中农负担提高,"贫农也开始有了负担"⑤。另一方面,农村计税的收入种类增加了。《陕甘宁边区政府三十年度征收救国公粮条例》规定的公粮征收范围有三大类:"以耕种所得之一切农产物""以出租土地或耕牛所得之租金或租粟"和"未纳其他税收之农业副产所得之纯收益"⑥。此后几年农村副业(包括小手工业、畜牧业等)都列入了公粮计征范围⑦。1943年开始局部试行的农业统一累进税,不仅涉及农业收益,更是开始明确地将土地财产也正式作为税本。起征点的降低以及计税收入类别的增加,意味着公粮负担尽可能地覆盖到了大部分农户的农、副业收入。

如前所述,传统上征粮主、客体之间的关系已经遭到共产党的批判和

---

① 李丰太:《延安征收救国公粮运动》,《新中华报》1938年12月10日。
② 边府办公厅秘书处:《征粮工作(1944年5月)》,《陕甘宁边区政府文件选编》(第八辑),第186—198页;《李卓然文集》(上册),第124页。有研究认为中国共产党为了争取社会认同,掩饰其1937年没有完成预定征粮任务的真相。此论纰漏甚多,经不起推敲。详见王建华:《群众路线是如何炼成的——基于陕甘宁边区征粮动员的观察视角》,《四川大学学报(哲学社会科学版)》2018年第1期。
③ 参见《李卓然文集》(上册),第134—135、146—147页。李卓然他们的计算有误,1934年该村富农的负担占收入比应为32%(15.2÷47.5),而不是55%。
④ 《毛泽东年谱(1893—1949)(修订本)》(中卷),中央文献出版社2013年,第235页;胡乔木:《胡乔木回忆毛泽东》,人民出版社1994年,第145—146页。
⑤ 《陕甘宁边区政府文件选编》(第八辑),第186—198页。
⑥ 陕西省档案馆、陕西省社会科学院合编:《陕甘宁边区政府文件选编》(第四辑),档案出版社1988年,第279—284页。
⑦ 中国财政科学研究院主编:《抗日战争时期陕甘宁边区财政经济史料摘编》(第六编),第140—165页。

否定,苏区时期"打土豪",或者全面抗战之初"抓大头"的筹粮方式又无以为继,这迫使党去考虑在重拾、利用与改造类似于"有田必有赋、有丁必有役"的传统田粮制度的同时①,如何能够继续维护、巩固其所追求的政治共同体事业,以挽回、争取此前免于负担公粮或者负担甚少的绝大多数农民对革命的信仰②。历史留给中国共产党的道路非常有限,而且只能是过河卒子,但确实蕴含着一场前所未有的财税革命③。对于这一点,学界至今为止极少注意到其所开启的深远的历史效应。

然而,唯有明乎此,我们方能准确把握到陕甘宁边区的公粮为什么在多方面具有与田赋不一样的性质,以及边区领导层在一再批评、反对基层征粮简单摊派时所内含的战略性焦虑。

在陕甘宁边区政府文件中,"摊派"除了一般的含义之外,更主要的是指处于以往催征系统地位上的征粮干部(或者说征粮主体),其在分派公粮前既不调查不宣传、亦不经讨论,"不向老百姓说清楚,即指派谁出多出少",相当于"强迫命令""官僚主义",被认为是"脱离群众"、旧社会和军阀时代的行为④。确实,如边府自己承认,救国公粮是"兼有摊派与农业税两重性质的"⑤,但是如果征收时像以往政权一样,变成了简单地向群众"要",那么,就会与中国共产党领导人民革命的初衷与许诺相违背,必然累及边区政权的政治基础与政策实施。吴堡县有一乡长,因为"要按累进征收,自己应出五斗",他就"反对调查,主张摊派"。边区政府将其树立为反面教材⑥。当时的一些征户,由于边区政策的带动、启发,常以"强迫摊

---

① 陕甘宁边区政府在1941年4月工作报告中表示:救国公粮"包含着改革田赋和保证军食的道理"。可参见《陕甘宁边区时期的盐池(档案史料汇编)》(上),第132—133页。
② 中共根据地以外的人士注意到,当占边区人口多数的中农亦不能逃出"此征粮之范围"时,"不能不生其对边府'愈来愈右'之感",详见统一出版社编:《中共之粮食政策及其实施》,统一出版社(无出版地点,出版时间据其内容推断不早于1942年4月),第81—87页。
③ 1943年胡公冕从延安访问回来后对此有所认识,可参见胡宗南:《胡宗南先生日记》(上),蔡盛琦、陈世局编辑校订,台北"国史馆"2015年,第208页。
④ 可参见《陕甘宁边区党委关于征收救国公粮的指示(1938年年10月)》,《中共陕甘宁边区党委文件汇集(1937—1939)》,第174—177页;《陕甘宁边区政府为征收九万石救国公粮致各专员县长指示信(1940年11月3日)》,《陕甘宁边区政府文件选编》(第二辑),第487页;《林伯渠同志在陕甘宁边区党政联席大会上的报告(1940年3月1日)》,《陕甘宁边区政府文件选编》(第二辑),第90—91页等。
⑤ 《陕甘宁边区三十年度征粮征草工作总结》,《解放日报》1942年10月23日。
⑥ 《陕甘宁边区三十年度征粮征草工作总结》,《解放日报》1942年10月25日。

派"之故，向边府提起诉讼①。

不过，边区的整个政府系统具有很大的草创性，行政治理方面基本信息档案和技术条件等方面极其落后，远不能进行黄仁宇所说的数目字管理。所以，全面抗战时期，即使一再出现诸如不同征粮区域内农户负担严重不均等弊端，由县、区到乡，或者村级②，边区政府基本上只能根据拟定的总数以及相同层级各区域经济状况的加权性比较，"自上而下的大摊派"③。

我们以1939年度为例加以说明。该年12月26日陕甘宁边区政府发出训令，对各县（分区）征粮数目作了分配：关中9 500石，庆环8 500石，延安5 500石，安定1 000石，安塞5 000石，甘泉1 800石，延川5 000石，延长4 000石，固临3 000石，保安2 000石，三边1 500石，靖边1 000石，神府200石④。到了县级，我们以延川为例。据边府巡视员刘景瑞报告，该县各区的分配数目：永远区1 050石，清延区320石，中区500石，永坪区850石，东阳区300石，永胜区800石，禹居区1 150石，城市80石⑤。总计为5 050石，略超边府所分派的5 000石。

1941年度征粮时，靖边县讲到也是自上而下地"按各区收获分配数目字"⑥。区级分配之后，往往是"将数目商讨分配到乡"⑦。

---

① 参见《清涧县政府呈文（1942年6月17日）》，陕西省档案馆、陕西省社会科学院合编：《陕甘宁边区政府文件选编》（第六辑），档案出版社1986年，第196—198页；《延安县政府呈文（1942年6月26日）》，《陕甘宁边区政府文件选编》（第六辑），第250页；《延安县政府呈文（1942年7月27日）》，《陕甘宁边区政府文件选编》（第六辑），第287—288页。
② 可参见《延安县府征粮工作报告（节录）（1941年12月19日）》，《陕甘宁边区政府文件选编》（第四辑），第430—435页；《陕甘宁边区政府命令——颁布三十一年度征收救国公粮条例（1942年7月31日）》，《陕甘宁边区政府文件选编》（第六辑），第277—282页。
③ 《陕甘宁边区政府一九四〇年征收九万石救国公粮运动的总结（1940年）》，《陕甘宁边区政府文件选编》（第二辑），第556页。
④ 《陕甘宁边区政府关于征收五万石救国公粮的训令（1939年12月26日）》，《陕甘宁边区政府文件选编》（第一辑），第468—470页。
⑤ 《刘景瑞同志关于征收救国公粮给边府的函（1940年1月7日）》，《陕甘宁边区政府文件选编》（第二辑），第5—6页。
⑥ 《靖边县府征粮征草报告（1941年11月21日）》，《陕甘宁边区政府文件选编》（第四辑），第408—411页。也可参见《华池县政府征收救国公粮布置概况报告》（1939年11月17日），《陕甘宁边区政府文件选编》（第一辑），第454页。
⑦ 《延安县征收公粮公草工作报告（1941年11月28日）》，《陕甘宁边区政府文件选编》（第四辑），第344—352页。

传统中国各地的田粮正额相对固定,即使有种种附加,也往往随粮带征①。但是在陕甘宁边区,如前所述,由于相关材料缺乏,系统深入调查、统计属区的土地、人口或收入所需成本之高,只能出之以摊派一途②。而且,若是先经过调查统计,"再按照百分之几的比例去征收",各地预定的征粮数目可能无法完成③。曾任陕甘宁边区政府代主席的高自立告诫关中专员霍维德:"农民究竟收多少,难于调查统计清楚。"④也就是说,如果在各个行政层级之间自上而下地分派,尚可确保获得所需的粮食。

　　然而,即使如此,在给各级行政区域分派公粮任务时,也非毫无依据、率意而定。1939年10月,边区政府曾经发出一道密令,要求各县以及所属各区乡将该年的丰歉情形,根据人民之实际收获,作一估计,"此项估计,不仅顾到今年比去年之歉收,同时要顾到今年比去年之丰收"。在此基础上各县再预测"今年可收公粮之数量"。这道密令强调,各县估计时,"应包括到丰歉程度和本年增加之耕地收入及人民其他收入增加在内","不得图少纳公粮,而故意作出不正确之估计"⑤。1940年底,中共西北局在固临调查时,某村中共党组织会议的主要内容是根据上级指示,"统计群众的秋收作为征收救国公粮的准备"。该指示还责令"每个党员都要做调查统计"⑥。

　　问题的关键是,到了村级(有的地方为乡级),以户为单位分担落实,

---

① 可参见石西民:《我国田赋的积弊与整理》,《中国农村》1936年第11期。
② 1942年边府总结工作时提到,1941年度征粮过程中,有许多县,"尽可能减少摊派的方式,把征收的地区单位扩大""做到在全县每一个乡的范围内进行调查征收"(《陕甘宁边区三十年度征粮征草工作总结》,《解放日报》1942年10月25日)。1944年边府提出:"应征公粮数目,根据具体情况,分配到乡上为止,乡以下须经过调查研究和民主评议的方式分配"。详见《陕甘宁边区政府关于三十三年度征粮工作的指示(1944年11月8日)》,《陕甘宁边区政府文件选编》(第八辑),第411页。
③ 可参见陕西省档案馆、陕西省社会科学院合编:《陕甘宁边区政府文件选编》(第十三辑),档案出版社1991年,第21页。
④ 《陕甘宁边区政府文件选编》(第一辑),第96页。
⑤ 《陕甘宁边区政府密令(1939年10月13日)》,《陕甘宁边区政府文件选编》(第一辑),第397—398页。
⑥ 《李卓然文集》上册,第210页。也可参见《西北局通知(第二十号)——准备征收公粮事(1941年9月15日)》,中央档案馆、陕西省档案馆编:《中共中央西北局文件汇集(1941年)》,1994年印,第171页;三边地委:《盐池县城区二乡支部调查材料(1944年11月2日)》,《陕甘宁边区时期的盐池(档案史料汇编)》(中),第305—306页。

其情形与此前以各县、区、乡为单位进行的"大摊派"有着根本的不同。在大多数地方,村的户数有限,是最基础的公粮共担集体(一部分地方为乡)。而且,"最下层的行政组织和群众关系很密切","直接和群众发生关系"。村级层面公粮的多少以及其内部分担的不公极易被感知和引发各种纠纷,并直接影响到广大农户对于中国共产党的政治认知以及公粮任务的完成①。显然,这是边区政府领导人最为担心的,故而有必要时时为之防患于未然。在1940年的时候,神府县给边区政府的报告中就注意到:有些地方"平均摊派、强迫命令、敷衍了事、应付式的做事",群众便表示,"政府和过去不同了,凡事皆用命令做事"②。

林伯渠曾在边区党政军联席会上批评说:"把数目一分摊,这样的完成任务是不合乎群众心理的",不能"和群众打成一片"③。李卓然则提出:"征粮要看与检查他是用什么方法征来的,不只看完成的数目多。"④时任中共西北局常委的陈正人也强调:决不能由乡村党的少数干部会决定了动员数目字以后,直接向群众宣传就完事,"向群众直接命令摊派的方式,已在不少地方引起群众向党对立"⑤。边区政府还发现:如若"干部包办不信赖群众","即令数目完成,亦必怨声载道"⑥。所以,边区中央局组织部提出,检查公粮工作,"不只是看数目字是否完成,而还要看工作方式是否民主,公粮征收是否合乎党的统一战线的政策"⑦。谢觉哉认为,征粮不只是完成或超过任务,而应"把征粮运动作为提高群众对政治认识

---

① 比如1942年夏征时,延川七乡赵家河村的任进宝,其"婆姨是女参议员","种十一垧半夏田,虚报为八垧,打麦六斗","群众对她都表示了不信任"(浦金:《永坪区的夏征》,《解放日报》1942年9月11日)。
② 《神府县政府关于五月二十七日至七月五日的工作报告(1940年7月15日)》,《陕甘宁边区政府文件选编》(第二辑),第379—396页。
③ 《林伯渠同志在陕甘宁边区党政联席大会上的报告——关于新民主主义政治的阶段问题(1940年3月12日—13日)》,《陕甘宁边区政府文件选编》(第二辑),第113—138页。
④ 《李卓然部长关于目前形势与党的任务的报告(1940年8月8日)》,《中共陕甘宁边区党委文件汇集(1940—1941)》,第171页。
⑤ 陈正人:《党对今年征粮征草工作的领导问题(1941年11月25日)》,中国机械工业联合会编:《陈正人文集》,中共中央党校出版社2009年,第13—16页。
⑥ 陕西省档案馆、陕西省社会科学院合编:《陕甘宁边区政府文件选编》(第五辑),档案出版社1988年,第71—72页。
⑦ 《边区中央局组织部关于边区党的组织工作及今后任务报告提纲(1941年1月13日)》,《中共陕甘宁边区党委文件汇集(1940—1941)》,第292—293页。

和对军队爱护的运动"①。

然而,如何在政治共同体战略之下,以更为合理、更能站在道义制高点上将粮食从"耕者"转移到"代耕者",而不再像以往征收田粮那样只是反映与加剧了整个社会原已涣散分裂与江河日下的局面,对边区政府而言,乃是一个不得不面对的政治与技术的双重难题,尤其在越来越多的农户成为公粮的主要负担者之后更是如此。

三、村落共担与集体议粮:政治共同体的微观形成机制

我们知道,每家农户的公粮既要避免简单摊派,其相对简单可靠的征缴依据便是明清以来的田粮账册。然而,这些粮册或者不存在,或者因地权屡经变化而混乱不堪②,边府方面又无暇从事大规模的系统的土地清查③。当然,边区的救国公粮并不仅仅是按丁论亩,更主要的是根据每户全年耕种土地所得、部分副业产出等人均收入大致上累进征收④。不过,由此而来的问题是,农户全年农副业收入究竟有多少,征、缴双方相互之间攻防博弈⑤,往往很难达到均衡点。在此种种情形下,当整个村庄所认领的公粮总数大大超过以往,需要负担的农户也大为增加时,如何在各户之间分配而又可以避免纷争失控以至于危及整个边区的生存呢?

我们还是以较有代表性的 1942 年度征粮条例为例。其中第二十条规定:"凡居户之家长,须遵照工作组规定之办法进行登记,如有登记不实者,工作组有采用清丈土地、盘量粮食、查阅帐目等办法进行调查之权,人

---

① 觉哉:《谈谈征粮问题》,《新中华报》1940 年 11 月 7 日。
② 可参见《农累税试行总结(1944 年 4 月)》,《陕甘宁边区政府文件选编》(第八辑),第 164—166 页。
③ 《陕甘宁边区三十年度征粮征草工作总结》中讲到:"至今我们还没有足够的材料作根据,来公平合理分配各县的公粮负担。还没有关于各县农村副业的比较具体的材料。也还没有充分的材料,足以周密的检查累进率和布置数之间、累进率与群众负担之间的关系。"详见《解放日报》1942 年 10 月 24 日。
④ 可参见《陕甘宁边区政府文件选编》(第六辑),第 278—279 页。
⑤ 锡章:《关于征收公粮》,《解放日报》1942 年 8 月 18 日。边区政府曾经谈到:"一般人是逐步实报,而不肯一下就老实的说出来",又提到甘泉二区一乡买委塔,"全村包庇","经过三、四次调查",都没结果。直到最后由区长亲自去"步地"(测量地亩)、"看草堆","才将全村调查确实了",详见《陕甘宁边区三十年度征粮征草工作总结》,《解放日报》1942 年 10 月 25 日。也可参看中央档案馆、陕西省档案馆编:《中共中央西北局文件汇集(1943 年)》(一),第 377—378 页。

民不得拒绝。"①也就是说,按照边区政府的政策,由征户如实自报,或者协助征粮人员调查其土地财产、农业副业收入、家庭人口、生活情况等,据此形成该户的应出粮数。在此过程中,通过正面登记,"群众自己承认的材料",始有"作为征收根据的效用"。如果不经农户,通过侧面调查,"即使百分之百的确实,对于群众的实际效用很少,因为群众对它是可以不承认的"②。

中共至少从1925年"四大"开始,即主张"经乡民会议(农民会)的同意"始能订定税额,以从根本上重构传统征粮主、客体之间的相互关系③。不意当初这种政治宏愿,历经十几年的革命斗争,竟在这里不期然而然地找到了一个微观层面的切入点④。

我们且看一下1941年度清涧县白家岔薛家东村是如何分配各户粮额的⑤:

> 该村征粮时首先负责指导的是连长马升云(马家岔人),他不按各户的实际收入及家庭生活状况做标准,竟用恐吓手段对民众说:要尽量的报,报的多有我保证,报的少了要判三年徒刑。民众怕犯罪,报粮都超过实数,照此征粮,被征的人,将要饿死,所以全村民众

---

① 《陕甘宁边区政府文件选编》(第六辑),第277—282页。
② 《陕甘宁边区三十年度征粮征草工作总结》,《解放日报》1942年10月24日;程棻:《调查的方法方式》,《解放日报》1942年12月1日。1945年绥德吉镇二乡马家渠马守明公粮案颇有代表性。马守明以其1944年公粮等负担不公,向边府控告。经查,其征粮时所登记之土地农产收入,均属确实,副业收入,该村居民一致认为正确,而马守明坚不承认。为了求得解决,给他减粮一石,马守明仍是不出。后来县府的调查人员当面对证材料,对于土地、农产,马守明自称均确实,唯副业一项,终不承认。为迁就他,征粮人员同意将副业完全免除,"按伊自己的承认之土地和农产计算",结果仍然顽抗,拖延不交,不得已将其"管押数日"。详见《绥德分区专员公署为吉镇马守明公粮事的呈文(1945年9月23日)》,陕西省档案馆、陕西省社会科学院合编:《陕甘宁边区政府文件选编》(第九辑),档案出版社1990年,第265—266页。
③ 《中共中央文件选集》(第一册),第359页。
④ 在兴县柳叶村,以往赋额的不可更易与救国公粮的随时议定,形成了鲜明的对照。由于中国共产党没有废除该村的田赋,征收时沿袭长期以来的册籍,不仅总额变化不大,每个花户负担赋额也几乎没有变化,只是每两田赋缴纳的货币不时有调整。但是在征收公粮时,每户负担数额在不同范围内有一定的讨论、比较与增减。详见《"延安农村调查团"兴县调查资料》,第663—669页。
⑤ 《清涧县政府呈文(1942年6月17日)》,《陕甘宁边区政府文件选编》(第六辑),第196—198页。

嚎啕痛哭。张有生在该区征粮工作负有重责,认为这种办法完全违背法令,即将马升云撤销,重行彻底调查,叫民众自报,又叫征粮小组评判,才行公布。

各地基本的报粮方式、步骤,与此相去不远,大多需要往返多次进行调整、修正①。我们发现,在确定户征数目的过程中,尽管存在着"大户欺小户""老户欺负新户"等现象②,大部分农户还是有不同程度的亲身参与。换言之,他们对于自己农副业收益以及应出之粮,一般而言都有或多或少的讨价还价的制度性空间③。

更重要的是,由于公粮分担大多以村为单位④,村落之间以及一村之内农户之间不仅易于形成相互比较,他们无形之中还存在着一场类似于零和的分担关系⑤。确实,"在民主评议底下,谁也隐藏不得,因为你如多打不报,就是我和他们要替你的负担"⑥。这往往又触发他们关注或者暗地计算(俗称"捏码子"⑦)同村之内其他农户的土地财产、农业副业收入以及应征之粮,不少时候还涉及整个村庄的公粮负担⑧。固临县的张补阙,身为乡政府仲裁委员,却因自己的公粮负担,竟与同村的支书孟好贤争长较短:"他的牲口和我的一样,可是我根底没他硬,劳动力没有他好,他两兄弟还雇一短工,还有一位老人帮助,我的地也赶不上他的",但是,

---

① 海稜:《延安市征粮工作是怎样进行的》,《解放日报》1941年12月9日。
② 赵艺文:《介绍去年征收公粮的几种方式》,《解放日报》1942年9月12日;《开展秋征运动》,《解放日报》1942年11月8日。也可参见《李卓然文集》(上册),第122—125页。
③ 可参见《陕甘宁边区三十年度征粮征草工作总结》,《解放日报》1942年10月23日;陈如龙:《鄜县夏征》,《解放日报》1944年9月19日;《陕甘宁边区政府关于三十三年度征粮工作的指示(1944年11月8日)》,《陕甘宁边区政府文件选编》(第八辑),第409—413页。
④ 岩井茂树深入分析了明代里甲作为当时国家制度的一个重要环节,如何成为一种介于官府和纳税编户之间的赋役负担共同体。详见森正夫等编:《明清时代史的基本问题》,周绍泉、栾成显等译,商务印书馆2013年,第166—184页。从结构层级和赋役功能来看,全面抗战时期陕甘宁边区的(行政、自然)村或乡在不少方面相当于明代的里甲。
⑤ 边府曾经谈到,以乡还是以村为征收单位,"在老百姓中间,有两种意见:大户主张把数字分给行政村,企图在村内要负担转加给小户;而小户则主张以乡为单位来分配数字,这对大家都好。"参见《陕甘宁边区三十年度征粮征草工作总结》,《解放日报》1942年10月24日。这两种意见其实都源于征户之间存在着一种零和的分担关系。
⑥ 莫艾:《常乡长夏征记》,《解放日报》1942年8月28日。
⑦ 《陕甘宁边区三十年度征粮征草工作总结》,《解放日报》1942年10月23日。
⑧ 可参见《延安县府征粮工作报告(节录)(1941年12月19日)》,《陕甘宁边区政府文件选编》(第四辑),第430—435页;《李卓然文集》(上册),第161页。

"出东西时,我们总是一样,前年(1939 年——引者注)公粮他两石,我也两石,去年他 3 石 4 斗,我起先才 2 石 8 斗,后来一定要 3 石 4 斗。可是他还有果木,我却没有!"①

以往政权实征赋额的确定,以及准此而加的各种摊派,基本上由官府册书包办操弄,而一般粮户只能照册完纳,像上述诸如此类的活跃表现,尤其是对村内村外其他农户的应出粮数额相互之间的审查、评议,是几乎不可能出现的②。

有些地方,比如延安县川口区,其村庄征粮时虽是"分配数目字",但是经过了全村家长会议的讨论,而且将"分配给各征户的粮数公开公布","让各征户自由讨论谁应增加或减少",给他们"以较长时间的考虑、对比、征求意见的机会",所以往往有"出粮户的热烈斗争及讨论"的场面③。1941 年 12 月,延安县高家沟村,"侯应兵斗争侯金耀说他的很重,金耀的轻,经过大家认为的确是重了点,就给他减了二石,十一石成了九石,给侯金耀增加。大家认为拓玉章的粮是轻,给增加了一石,他自己也承认了"④。1942 年,延川永坪区夏征时,有一村长"以多报少","村民大会给他议定负担四斗,他拒绝不出"。"经过群众民主斗争,多出了五升"。还有一位村公粮评议员,"拒绝二斗五升的负担,只承认一斗五升"。"经过大家的意见,仍议定二斗负担。"⑤

村庄层级这种民主分担机制中,有一个关键之处对于我们更深入地把握边区政治共同体的重构原则十分重要。陕甘宁边区政府希望看到征粮中主、客体之间形成辩证统一的关系,避免相互之间走向某种极端的割

---

① 《固临调查》,《李卓然文集》(上册),第 127 页。
② 岩井茂树认为明代的里甲与日本村承包制下的近世村落,在性质与机能上有着非常大的相似性,但是,"围绕着内部如何处理来自上层的各种负担,两者显示出不同的反应"。他提到了洪熙元年(1425 年)广西右布政使周干,在巡视了江南一些地方后指出,粮长在漕米的征收、输纳过程中"专揽克小民,以肥私己","连年逋负,倘遇恩免,利归粮长,小民全不沾恩"。岩井茂树还提到了宣德五年(1430 年)苏州知府况钟痛斥"豪横粮里及革役粮长、圩长、老人","以催征税粮,买办军需颜料等项为由,科敛小民财物,以一科十"(森正夫等编:《明清时代史的基本问题》,第 174—178 页)。
③ 《延安县府征粮工作报告(节录)(1941 年 12 月 19 日)》,《陕甘宁边区政府文件选编》(第四辑),第 430—435 页。
④ 《延安县府征粮工作报告(节录)(1941 年 12 月 19 日)》,《陕甘宁边区政府文件选编》(第四辑),第 434—435 页。
⑤ 浦金:《永坪区的夏征》,《解放日报》1942 年 9 月 11 日。

裂与对立。然而,1940年富县的"民主征粮"却意外地出现主、客体关系分裂,造成"人民对干部之间的斗争",这大大地背离了党重构政治共同体的初衷与指向,因而受到了边区政府的批评①。据《解放日报》报道:"某村有一党员,工作积极,对党负责,在村民大会上,当许多群众报粮不实的时候,他就一五一十的把各家的粮依实报出。"这引起全村公愤,骂他"溜沟子"②。边区政府并不以为这样的干部行为具有值得赞扬与推广的模范意义。

不仅如此,这些现象还极易使边区政府着意重构的征粮关系荒腔走板,不但完成不了征粮任务,甚至可能冲击、动摇整个边区政权,所以引起了严重的关切。《解放日报》推崇的另一种典型是安塞县的高老汉。他"在收庄稼时,就暗中注意各家的收获","到征粮调查时,他自己首先实报,而且将各家的收获都据实报告了政府"③。高老汉的方式高度符合边区政府的初衷,以高老汉的方式所实现的征粮主、客体之间辩证统一关系,有利于中国共产党实现其重构政治共同体的战略目标。

从某种角度上可以讲,恰恰因为抛弃了以往那些"钦定"或"官颁"的田赋册籍④,而以全年实际的农业收益为主计口征收,陕甘宁边区农户的地位由此得以发生历史性的变化:他们既是征粮的客体,又同时成为某种意义上的征粮主体(用农民的话说"咱们自己议"⑤),亲身参与了以往大部分时候只能被动接受不明不白的"田赋造册"。尤其是全面抗战后期,随着征粮经验的积累和方法的不断完善,粮户可以参加各种形式的群

---

① 《陕甘宁边区政府一九四〇年征收九万石救国公粮运动的总结(1940年)》,《陕甘宁边区政府文件选编》(第二辑),第559页。高岗也批评过绥德的一个干部,"不大懂得想办法","想的很高的理论",但是却与群众不对头。高岗说他不是生长在群众之中的。比如该干部认为三三制把豪绅地主都搞进去,"群众团体就要监督政府,掌握政府"。其实,这位干部也与中国共产党高层的意图"不对头"(中央档案馆、陕西省档案馆编:《中共中央西北局文件汇集》(乙种本),1994年印,第138—139页)。马克·赛尔登由于学术的和时代的缘故没有注意到这点,令其在修订《革命中的中国:延安道路》时颇感后悔,甚至对已经形成的比较正确的认识也发生了动摇。可参见其《革命中的中国:延安道路》,第299—300页。
② 袁渤:《征粮中党员模范作用》,《解放日报》1942年12月25日。
③ 《陕甘宁边区三十年度征粮征草工作总结》,《解放日报》1942年10月23日。
④ 可参看莫艾:《月夜谈征粮》,《解放日报》1942年7月26日。谢觉哉也强调指出旧政府按粮册征收,而救国公粮却是"由人民自报收获量"。谢觉哉:《救国公粮研究(1940年)》,《抗日战争时期陕甘宁边区财政经济史料摘编》(第六编),第87页。
⑤ 《陕甘宁边区三十年度征粮征草工作总结》,《解放日报》1942年10月23日。

众会议，讨论、决定各户应出的粮数①，有的还在某种形式的征粮机构（比如征粮委员会、评议委员会、征粮小组等）里居有一席之地，其主体性不断获得了实现与提升②。在大多数地方，至少从1942年开始，某种形式的村民会议甚至成为分配农户负担的权力机关③。

村落共担与集体议粮，其初是为了解决农户土地、收入、副业、家庭人口等方面信息统计缺失、不实等技术性难题，而其实践的结果竟亦使村庄征粮权力的外在性或者说强制性问题也得到一定程度的消解。可以说，村落共担与集体议粮在微观层面上促进了中国共产党所追求的政治共同体的形成与发展。

四、从讲"分"到讲"理"："敌人"与政治共同体的宏观形成机制

《毛泽东选集》在开篇之处即讲："谁是我们的敌人？谁是我们的朋友？这个问题是革命的首要问题。"④在重构政治共同体内部"耕"与"代耕"相互关系的同时，"敌人"的发现、识别与树立，从宏观上、从"边界"上规定、构造着中国共产党所追求的政治共同体。政治共同体与其"敌人"之间存在着一种相反的、但是互为根据的生成机制。

由于一定范围内个体之间的切身利益、日常情感各不相同，如何在千差万别的各种诉求之中启发、推动、树立对共同的"敌人"（或者说共同的利益）形成一致认识，关系到中国共产党领导人民革命愿景的实现，也关系到能否更有效地运用社会资源以从事各种集体行动的能力。为此，林伯渠提出了社会政治化的解决之道。他认为："有的人家，打了几十石粮，他出了几石，还要哭几天，这是他只顾了自己私生活，没和政治生活打成一片，我们还要说服教育他们。如果民众生活和政治生活能打成一片，行

---

① 《延安县征收公粮公草工作报告（1941年11月28日）》，《陕甘宁边区政府文件选编》（第四辑），第344—352页。
② 可参见《苗尚海评议公平》，《解放日报》1942年12月7日。
③ 边府办公厅秘书处：《征粮工作（1944年5月）》，《陕甘宁边区政府文件选编》（第八辑），第187页。由于征粮时各村评议会"对于调查材料的评判和各花户负担的公平不公平"，"是起决定作用的"，1942年征粮时边府财政厅要求没有评议会的各村迅速成立（《边府财政厅指示秋征组织工作》，《解放日报》1942年10月29日）。
④ 《毛泽东选集》（第一卷），人民出版社1991年，第3页。

政上更容易办事,强迫命令亦就没有了。"①

因此,以往天经地义的完粮纳税,被认为是农民与生俱来的"分"②,在根据地里,各级征粮干部还要为公粮的合理、合法性进行论证、劝说与引导。在给安塞县的一份工作指令中,边区政府谆谆叮嘱,在征粮征草时,"对于群众尤要深入宣传,切实劝导","只有这样,人民才可以诚心悦服,也才可以免除逃跑现象"③。1941年9月,在固临张家乡的一次政府会议上,当借粮遇到抵制时,该乡的中共支书对此只是一再强调"多说说",始终未同意"绑人"或者"拉牲口"。还有一位乡干部则颇有感触地表示:"现在的社会不同了,要在过去国民党下面,要什么老百姓还敢说个'不'字? 现在就不行,下农村说得不对,老百姓还敢骂人。"④西北局甚至要求:"在非危险地区,下乡做征粮征草工作的干部不骑马、不带特务。"⑤

卡尔·曼海姆曾经讲到,所谓现代意义上的政治,是"或多或少自觉地参与具有某种世俗目的成就,而不是宿命地接受事件本身或来自'天上'的控制"⑥。若以此而论,中国共产党的这些表现即已显示了传统征

---

① 《林伯渠同志在陕甘宁边区党政联席大会上的报告(1940年3月12日—13日)》,《陕甘宁边区政府文件选编》(第二辑),第113—138页。有关中国共产党如何将群众从社会人变成政治人、以建立一个全新社会形态的研究,可参见黄道炫:《抗战时期中共的权力下探与社会形塑》,《抗日战争研究》2018年第4期。
② 在朱元璋看来,"为吾民者当知其分,田赋力役出以供上者,乃其分也。"(《明太祖实录》卷150,洪武十五年十一月丁卯)。万历举人洪懋德则以为"以一代之民人,养一代之君上,古今之通义也"(《中国历代食货典》卷一五二《赋役部艺文五·丁粮问》)。直至抗战时期,国民政府的一份田赋征收手册讲到催征方法时虽然也提出"将关系完粮之简单标语",如"完粮就是出钱救国"等,"用有色纸张书成大字,张挂县城通衢及各重要集镇",但仍更倾向于认为"完粮为国民天职"。张泰会编:《田赋征收》,1940年印,第67—70页。刘建锋1942年在福建征粮募债宣传大会上也声称人民本来对于国家就有纳税的义务(福建省政府秘书处:《新福建》,1942年印,第51—52页)。同年,国民政府财政部否决了湖南省早完给奖的办法,其理由是"纳赋完粮为粮户的法定义务",参见郝银侠《抗战时期国民政府田赋征实制度之研究》(华中师范大学博士学位论文,2008年),第131—132页。
③ 《陕甘宁边区政府对安塞县工作报告的指令(1941年12月12日)》,《陕甘宁边区政府档选编》(第四辑),第359页。也可参看《固临布置秋征》,《解放日报》1942年11月6日。
④ 《李卓然文集》(上册),第149—151页。
⑤ 《西北局对一九四一年征粮征草工作的指示信(1941年10月20日)》,中央档案馆、陕西省档案馆编:《中共中央西北局文件汇集(1941年)》,第199页。这里的"特务"是指干部随身的勤务员。
⑥ 卡尔·曼海姆:《意识形态与乌托邦》,第216—217页。

粮的主、客体关系,在陕甘宁边区出现了某种现代性的萌芽和转型①。

陕甘宁边府认识到"一般人民的特点是'懂得出得起劲'"②,"出要出得明白"③,要求各级征粮主体切实"进行充分的宣传解释工作",以"使人民懂得缴纳公粮保证军队给养,便是直接为的保卫边区,保障人民自己的利益","只有人民自觉的牺牲暂时的局部的利益,才能保障永远的整个的利益"④。

在外敌的大举入侵之际,民族主义自然而然地成为中国共产党打造政治共同体、进行征粮动员的最易上手的方式⑤。边区财政厅将"公粮"定性为一种临时性的"救国捐"⑥。在1940年拟征九万石公粮时,边区政府旁敲侧击地提请边区的民众"应该想一想","我们为什么能在此安居乐业,生活一天比一天好呢?"⑦1941年11月的一个晚上,固临县一村庄召开全村公粮动员会议。派往该村的乡征粮工作组长在会上讲到:"老百姓为啥要出公粮呢? 要保卫边区,保卫家庭,就要八路军,要军队,就要有粮吃,老百姓就要交公粮。不出公粮,军队没有饭吃,日本来了,顽固分子来了,哪个家庭保得住?"而一位延安来的"李部长"则强调:"大家也可想一想,我们的军队多吃口,多交一点粮算什么! 他们又要打仗,又要种地,这样大雪天还穿着麻鞋,他们家中也是有婆姨娃娃,肯出来保护咱们,为了

---

① 王国斌研究了明清至民国时期三种类型的抗税,他指出,"每一种形式的抗争,起由都是民众相信官吏没有遵循正当的手续和原则"。也就是说,对征粮主、客体关系本身是否正当,并未引起当时人们的质问。值得指出的是,王国斌在书中只注意到了近代以来西欧诸国为税权创造了一种在意识形态上可以接受的理论基础,对于20世纪的中国共产党在这方面所作出的显著努力,却未能引起他深入的思考和论述。详见王国斌:《转变的中国——历史变迁与欧洲经验的局限》,第八章"抗税运动"。不过,1942年初在与胡宗南谈话时,阎锡山倒是注意到了共产党对于传统征粮主、客体关系进行的改造所具有的革命性与现代性的双重性质,并极为担忧可能由此造成的历史作用。参见《胡宗南先生日记》(上),第86页;也可参见《徐永昌日记》(第八册),第182—183,187页。
② 《陕甘宁边区政府文件选编》(第二辑),第556页。
③ 《陕甘宁边区三十年度征粮征草工作总结》,《解放日报》1942年10月24日。
④ 《陕甘宁边区政府关于征收五万石救国公粮的训令(1939年12月26日)》,《陕甘宁边区政府文件选编》(第一辑),第469页。在政策执行遇到困难时,多向群众解释似乎成为边区颇具政治正确性的处理之道。详见《李卓然文集》(上册),第161—162、209—211页。
⑤ 美国学者约翰逊曾试图将"二战"后苏联与社会主义国家之间两种类型的外交与政治关系,追溯到"二战"期间各国共产党的不同表现。不过从我们这里的角度来看,约翰逊的"农民民族主义"不仅是南斯拉夫,也确实是1949年中国革命制胜的重要因素。可参见 Chalmers Johnson, *Peasant Nationalism and Communist Power: The Emergence of Revolutionary China 1937-1945*, Stanford: Stanford University Press, 1962.
⑥ 《抗日战争时期陕甘宁边区财政经济史料摘编》(第六编),第116页。
⑦ 《征收九万石救国公粮的意义》,《新中华报》1940年10月27日。

老百姓,我们多出几颗粮食,也是应该的。"①

对于"敌""我"之间的灰色地带,西北局则会不时地强调、比较其征粮行为与"友区"、与"国民党统治区域"存在的差别②。在上述1941年11月固临县的一个村庄征粮动员会议上,当时的征粮工作组组长就讲到:"有人提出要往外面走,走到哪儿去? 哪里不是一样,到了友区,怕还比边区重。"③边区政府注意到1941年征粮时,米脂和吴堡由于"能够搜集附近友区的负担情形和边区比较",动员的效果尤为明显④。

为了维护、促进政治共同体意识不断深入地方社会,边府方面也倾向于发掘、赞扬农民缴纳公粮的自觉自愿性与积极性⑤,尽量不讲、少讲征粮过程中出现的各种抱怨、抵制的事情。偶尔言及,又多从自己身上反省⑥。所有这些,目的是表明:边区征粮之"理"源自人民,而非外在于人民。在中国共产党手握政权的前提之下,对于人民热烈备至的推崇与致谢,尤其有利于边区的征粮工作以及政治共同体的构建,其效果亦非简单地以政府法令的方式、居高临下地要求所能比拟的。1940年度征粮时,盐池县由于"做了深入的动员","民众热情很高",其中一个回族村长就表示:"我们自住在边区有了民主自由,大家尊重我们的生活习惯,政府对我们平等相待,是过去在别的地方所找不到的。所以,我们回民很愿意出粮帮助军队。"⑦1941年4月,陕甘宁边区在政府工作报告中就讲到:

> 军队和人民象血和肉一样分不开,这在内战时大家经历了的。虽然长期间的内战,民生已疲惫不堪。但一提到军队需要,没有不把它当做头一等事的。二十六年开始征收救国公粮,收到一万三千八

---

① 《李卓然文集》(上册),第219—225页。
② 《西北局对一九四一年征粮征草工作的指示信(1941年10月20日)》,《中共中央西北局文件汇集(1941年)》,第197—200页。
③ 《李卓然文集》(上册),第219—225页。
④ 《陕甘宁边区三十年度征粮征草工作总结》,《解放日报》1942年10月24日。
⑤ 比如《安塞群众踊跃送公粮》《甘泉民众缴粮热情空前高涨》等(分别载于《解放日报》1943年12月10日、24日)。
⑥ 可参看文远:《从志丹县征粮工作说起》,《新中华报》1940年11月24日。
⑦ 《盐池(征粮)大部完成(1941年1月12日)》,《陕甘宁边区时期的盐池(档案史料汇编)》(下),第769页。

百石,二十七年收到一万七千石,二十八年收到五万二千石,二十九年收到九万七千石,都超过了预定数目。去年收获,一般比前年差,然而农民却说:"九万担〔石〕公粮不算少,但八路军要吃,不吃饱怎好打仗?就更多些,我们也要办到。"①

报告中也抱怨一些农民"发财了",反而"因发财的缘故,不如穷时那样肯帮助军队"。虽是怨言,仍透着亲密之意。边府政府甚至认为,"这些缺点的产生,是由于政府一部分人员对抗战工作认识不够,没有时刻到群众中去激起热潮,或只顾到物质方面而忘记了精神方面的鼓动"②。林伯渠在一次报告政府工作时也讲到:"在今天,有些政策还不完全为人民所了解,政府、军队和人民还不够密切,其问题,除了部队中个别分子不顾人民利益者外,重要的是我们政府的工作还不深入。"③志丹县的一些征粮干部因为"去年已征收过一次",认为"今年用不着再做宣传工作",竟受到了上级的批评④。所以,与陕甘宁边区紧邻的阎锡山,一再盛称共产党争取民众,"努力到极点","可谓无微不至"⑤。

据学者考察,在边区以外的神木、洛川两县,仅1943年就发生多起军粮不公的案件,其征粮主体"将富有资产及伊等有特殊关系之富豪大商极端包庇,不令负担军粮义务,反将一般贫苦人氏各色工匠及仅能维持生活之中下户共计九十余家,一律按以等次派担军粮"⑥。有诸如此类的鲜明对比,共产党"讲理"工作不可能不"抵事"⑦。

---

① 《陕甘宁边区政府工作报告(1941年4月)》,陕西省档案馆、陕西省社会科学院合编:《陕甘宁边区政府文件选编》(第三辑),档案出版社1987年,第186页;也可参见边区财政厅:《财政工作报告(1941年10月26日)》,《抗日战争时期陕甘宁边区财政经济史料摘编》(第六编),第30页。
② 《陕甘宁边区政府文件选编》(第三辑),第187页。
③ 林伯渠:《陕甘宁边区政府五个月工作报告(1941年12月到1942年4月)》,《陕甘宁边区政府文件选编》(第六辑),第1—10页;党哉:《县长联席会议闭幕讲话》,《新中华报》1941年3月9日。
④ 《志丹县超过六十一石》,《新中华报》1938年12月20日。
⑤ 《徐永昌日记》(第八册),第183页。
⑥ 参见郑康奇:《抗战时期陕西国统区军粮研究》,《经济社会史评论》2019年第3期。也可参见谢庐明、李红梅:《保甲与抗战时期浙江的粮食生产与征收——以龙泉县为例》,《民国档案》2018年第1期。
⑦ 《陕甘宁边区三十年度征粮征草工作总结》,《解放日报》1942年10月24日;《西北局关于征粮征草中的宣传工作给各级党委的指示信(1941年11月10日)》,《解放日报》1941年11月16日。还可看看张秀山:《我的八十五年——从西北到东北》(中共党史出版社2007年),第124—125页;阎志遵、贾生财:《陕甘宁边区盐池政府九、十、十一、十二月民政工作(1940年12月23日)》,《陕甘宁边区时期的盐池(档案史料汇编)》(上),第82—83页。

固临县的一个村庄,"出救国公粮时有人说自己没吃的,出不起",但是,经过解释,"说抗战要大家抗,一家抗不顶事,军队要吃要用的",结果是"该出的还是出了"①。1941年度征粮时,延安县解家沟的王福堂,"收获量四五石,按六成折合米二七石,收获麦子一〇·五石,折合小米七石五","秋夏田收获量三四石五斗","家有六口人,平均每人有米五石七斗五","按条例共征收一〇石三斗五"。但是"由于政治动员激动了纳粮的热忱",王福堂"自动出粮十四石","征收量占收获量的比例是百分之四十强"②。该县石窑村的张树才,家有八口人,劳动力二人。他在1941年"收获秋粮三六石,折合细米二一石六斗,麦子一石二斗,折合小米八斗五升,秋夏田收获共计二二石四斗五","按条例应征收六石二斗七升二",但是"经过宣传解释后","自动又多交公粮五斗二升八","征收量占收获量之百分之三〇强"③。在认识到大敌当前、自己的生活家园危在旦夕之后,人们多多少少会打破一些日常利益的束缚④。

不过,党的"讲理"工作也会出现一些始料未及的后果。据甘泉县反映,一些农户因感觉公粮、公债负担过重,打算从陕甘宁边区退出,迁居他乡。他们表示:"旧社会的负担重,又出租子,有时还可以抵抗租子,杂粮、款、牲畜都可准给的。现在不论公粮、买粮都要细粮米、麦子,还少折合,杂粮又不要,并且折合太吃亏,比交细粮都吃亏,要调换也无法。现在呢?出粗杂粮出牲畜公家也不要,要拿出粮来没有的,又不能求恳,也不能抵抗,只好善走。"⑤边区征粮时"情""理"并用,改变了传统征粮关系的同时,

---

① 《李卓然文集》(上册),第253页;《固临边境发现破坏份子》,《解放日报》1941年11月29日。
② 《陕甘宁边区政府文件选编》(第八辑),第189页。按照1941年度征粮条例的累进税率,每口平均所得细粮30斗以上的,征率为最高等级的30%。
③ 边府办公厅秘书处:《征粮工作(1944年5月)》,《陕甘宁边区政府文件选编》(第八辑),第186—198页。
④ 皮凯蒂强调,正是战争,才推动一些国家被迫实行累进税制(Thomas Piketty, *Capital in the Twenty-first Century*, Cambridge: The Belknap Press of Harvard University Press, 2014, p.514)。
⑤ 《甘泉县府的呈文(1941年5月21日)》,《陕甘宁边区政府文件选编》(第三辑),第295—296页。这与国民党方面征粮者给人的印象形成鲜明的对比。可参看"Mike Mansfield to the President (January 3, 1945)", FDR-FDRPSF, Diplomatic Correspondence, China 1945,美国国家档案馆藏,编号16618386, pp.7-9。这是蒙大拿州众议员曼斯菲尔德应罗斯福总统之请所作的有关其中国之行的报告。蒋介石在其日记中称该议员为"孟使非尔",1944年12月11日曾与之会谈。《蒋介石日记》(手稿本),美国斯坦福大学胡佛研究所图书馆藏,1944年12月11日。

竟始料未及地亦使征、缴双方陷入其中而难以毅然决然地破开脸来,像以往那样直接地进行催逼或反抗。边府对此的指示仍然反求诸己,认为是"我们的教育解释工作不够",如果事先有正确之宣传,事后更详加解释,则"人民自会了解政府之深意,自愿输将以利抗战,庶不致引起移居之举"①。

从外部、从宏观层面上打造政治共同体,让广大农民始终同仇敌忾,需要各级征粮干部持久不懈的意志和投入②,需要他们作为征粮的主体在各种摊派问题上多做"讲理"的工作,尽可能地"公平""合理"。在斟酌、比较"公粮出在有粮的人身上",还是"按家当、以家业好坏情况来估计"时,党的表现堪称非常"讲理",认为这两种办法都有"合理"之处,但也担心可能出现加重大户负担的"不合理"偏向③。"延安农村调查团"在神府考察时发现:"'公平'对于这里的农民们是政治道德的尺度",他们注意到,"一般干部今天在各种摊派问题上,还比较能够公平,他们还能代表多数农民的利益"④。

事实上,一个大规模的政治共同体的构造和夯实,若不是以某种客观的历史位势为倚靠,极易出现动力不足,或者半途而废的结局。陕甘宁边区一定程度上能够得以避免,在阎锡山看来,是由于"共、我比较","共得势","政治上我不如共"⑤。徐永昌则进一步指出:在中国,"不左倾或非共产党员,其人工作即不能充分积极与充分努力",纵然有之,亦终不能"持久有生气"⑥。1944年1月,他还曾在日记中写道:"感觉二军若干朋友,其气概实不类常人,如为编入旧戏剧,出场时必先放一股火焰",今日对共产党人,"亦有此感觉"⑦。中国共产党以阶级革命为宗旨与方法,由

---

① 《陕甘宁边区政府指令:复甘泉县民众对抗战动员与担负的呼声(1941年5月28日)》,《陕甘宁边区政府文件选编》(第三辑),第293页。
② 即使到了1942年,边区农户已形成了一定的缴纳习惯:"给公家的,我们早已经预备好了",共产党仍然禁止"简单明了"地伸手向群众讨要,或者"进行老一套的宣传",认为会引起"群众不耐烦"(王丕年:《今年秋征中党的工作》,《解放日报》1942年10月26日)。也可参看《安塞四区四乡的征粮调查》,《解放日报》1943年12月24日;《边府指示各分区公平合理征收公粮》,《解放日报》1944年11月26日。
③ 《抗日战争时期陕甘宁边区财政经济史料摘编》(第六编),第101—104页。
④ 《张闻天晋陕调查文集》,第63页。
⑤ 《徐永昌日记》(第八册),第340—341页。
⑥ 《徐永昌日记》(第九册),第115页。
⑦ 《徐永昌日记》(第七册),第236页。"二军"是指民军第二军。

此去追逐所向往的远大愿景,在相当的程度上为其征粮干部队伍提供了行动上的持久性动力与道义上的结构性支撑。

五、征粮中的"罪"与"罚":政治共同体战略的司法表达

我们发现,正因为中国共产党试图在陕甘宁地方重建一个政治上区别于其他政治势力的共同体,对于不按规定缴纳,甚至有破坏形迹之粮户,边区政府不少时候往往是征粮条例上"声色俱厉",适用时却"从轻发落",且倾向于以群众斗争、思想上的开导教育为主①。

1937年10月,边区政府发布的征粮布告中严词声称:"凡我边区人民,务须自动如期缴纳,不得隐瞒拖延,以多报少,如有造谣破坏,或鼓动人民抗拒不缴,以及故意贪污盗窃公粮等帮助日本帝国主义之汉奸行为者,〈坚〉决予以严厉处分,毫不宽贷。"②在该年度的征粮条例中又列举了将给以处罚的数种情形③:

一、隐瞒不报者,加倍征收。

二、呈报不实,以多报少者,其少报部分,加倍补征。

三、不按照规定期限缴纳者,除迫令照缴外,另照应缴数量加征百分之三十。

这些有关惩处的条例规定年度之间有所调整、变化,但是一般而言,在落实时,边府往往从构建政治共同体这一战略大局的角度加以斟酌考量。

如众所知,1941年,边区拟定公粮20万石,为全面抗战时期最重。其征收条例规定④:

---

① 盐池一县长称:"凡是一件大的动员工作","要求得公平合理负担,运用民主及发动斗争是唯一的武器"。详见阎志遵:《盐池县府呈文(1940年12月27日)》,《陕甘宁边区时期的盐池(档案史料汇编)》(上),第97页。事实上,边区的整个司法性实践某种意义上体现了中国共产党对建立新型政治共同体的追求。有学者指出:"在边区,司法权不再是专制统治的工具,司法人员不再是高高在上的官僚","边区的老百姓真切地感受到政府是自己的政府"(胡永恒:《陕甘宁边区的民事法源》,社会科学文献出版社2012年,第178—183页)。
② 《陕甘宁边区政府文件选编》(第一辑),第18—19页。
③ 《陕甘宁边区政府文件选编》(第一辑),第19—21页。
④ 《陕甘宁边区政府三十年度征收救国公粮条例(1941年11月25日公布)》,《陕甘宁边区政府文件选编》(第四辑),第282页。

应征公粮人民,如有违犯下列情事者,得分别予以处罚:

（一）报告不实,企图不缴或少缴者,其隐瞒部分加一倍征收之。

（二）无正当理由逾期不缴者,加倍征收之。

（三）教唆他人抗缴者,处六月以上一年以下之徒刑,或一百元以上一千元以下之罚金。

（四）聚众持械拒缴者,首谋处死刑,从犯处一年以上五年以下之徒刑。

那么,这些条例在具体实施时情形如何呢?

该年度征粮时延安县陈家庄的罗文和,"打粮十石报六石","还骂工作人员"。根据条例规定,至少应将"其隐瞒部分加一倍征收之",但是只给他"绑了一绳"。由于罗文和"承认他的不对",此事也就过去了①。盐池县三区有群众张殿送者,"对任何动员及款项均拖延顽抗,此次因米麦折合一事,在大会上煽动群众反抗此种折合办法"②。比照上述条例,其行为属于"教唆他人抗缴",应处六月以上、一年以下的徒刑。但是盐池县仅将他"送县一月生产"③。绥德吴堡的白升丈情形亦是如此。据云:

〔白升丈〕素日为人不善,逞威行凶,称己为三爷爷,老婆为三娘娘,村人皆恶之。其大哥白秀才系大清时代的年高老者,为人和蔼良善,村中威信极高,但对白升丈皆深恶而痛绝之,可见其好〔为〕人处事之一般。在征收救国公粮时,其隐瞒不报,且多方阻挠征收工作。分配他公粮四斗五升,不但不从,而挠动邻户不服,结果向县府呈报他的冤枉。后经县长、征粮工作团长亲经调查,根据区上所存材料,

---

① 《延安县征收公粮公草工作报告(1941年11月28日)》,《陕甘宁边区政府文件选编》(第四辑),第344—352页。
② 该年度征粮条例规定,"麦子一斗四升折合小米一斗",参见《陕甘宁边区政府三十年度征收救国公粮条例(1941年11月25日公布)》,《陕甘宁边区政府文件选编》(第四辑),第280页。但是,该年"麦子价要比米还要大","河庄区的群众在大会上提出要公家将借去的麦子还回,我们群众再缴细米"。参见《延安县征收公粮公草工作报告(1941年11月28日)》,《陕甘宁边区政府文件选编》(第四辑),第344—352页。
③ 《盐池县府征粮工作报告(1942年1月8日)》,《陕甘宁边区政府文件选编》(第五辑),第178—181页。

并找其本人亲谈,与材料多寡悬殊不符,奸滑强辩,坚称打粮六石。后找其儿谈话,直言不讳,承认打粮十一石六斗,超过区上调查数字。

但是,吴堡有关方面仅按累进率起征点计算,令其出公粮6斗7升,并根据征粮条例,"从轻处罚,关了半月禁闭"。后以白升丈"自供已错,今后愿改",又将其保释①。边府有关方面就曾讲到:"处罚条例为防止群众假报,是不得已的办法","不能机械执行",如有"隐瞒部分","加倍征收","不能一般的瞒粮即罚"。而且,"处罚之后,对其本人或群众应进行解释工作"②。

米脂县的高兴周,"有粮不交,又行诬告",其行为"殊属不当",米脂县请求上级对其"依法惩办"。边区政府在查清事实之后,并未如其所请,而是在批答中亲自对高兴周循循开导:"要知道现在是打日本最困难的时候,人民如不交公粮,战士就没有饭吃,不吃饭就不能保卫边区,日本鬼子就会打进来,你的财产再多些也要被敌人抢去,那时就后悔不及了","望你以后好好做一个公民,把政府看做你自己的政府,交公粮、交公盐代金看做你自己应尽的责任,那就很好了"③。

与保障地权佃权,促使边区内地主与农民"团结抗战"、打造政治共同体的政策目标类似④,1943年开始,征粮条例中不再有徒刑的规定,仅对于隐瞒土地、收入,虚报人口,或者不按期限缴纳者,给以不同程度的加征处理⑤。即使遇有因征粮而引起的严重不当行为,边区政府亦从政治共同体的角度慎重处理。1944年佳县响石区进柏村的李贞富,"全年副业多,农业作得也好,农业收入也高",征了2石3斗,心有不满,借故"打击干部","不满意政府",一再上告。1945年6月佳县政府拟以"妨害公务

---

① 《绥德专署呈文(1942年4月25日)》,《陕甘宁边区政府文件选编》(第六辑),第163—164页。
② 史唯:《去年征粮工作的几点经验》,《解放日报》1941年10月29日。
③ 《陕甘宁边区政府关于控告刘九功柱法虐民不实给高兴周的批答(1942年10月7日)》,《陕甘宁边区政府文件选编》(第六辑),第368—369页。
④ 可参见《陕甘宁边区政府文件选编》(第六辑),第428—433页;陕西省档案馆、陕西省社会科学院:《陕甘宁边区政府文件选编》(第七辑),档案出版社1988年,第416—418页等。
⑤ 《陕甘宁边区三十二年度征收救国公粮、公草暂行条例(1943年10月公布)》,《陕甘宁边区政府文件选编》(第七辑),第369页,《陕甘宁边区三十三年度救国公粮公草征收条例》,《陕甘宁边区政府文件选编》(第八辑),第408页。

及诬告行为",判处其六个月徒刑,并拟"在该村召开群众大会,作详细解释,使群众明了真情如何"①。边府却不以为然,指出:"如以诬告论罪,在边区发扬民主精神及被告人尚未受到危害的情况下,实有不妥","只要研究查清是非,予以批评教育即可"②。

我们还有必要进一层考虑的是:在缴纳公粮较少发生隐瞒、违抗事件的时候,边区政府是如何处理的。这种情形之下,陕甘宁边区的司法取向由于较少受到外部性利害考虑的干扰、限制,因而更能够充分表明其所追求的深远战略以及政治本质。

据报告,1939年,延安县中区六天之内就完成了征粮任务,"原计划征收数三百五十石,结果完成了三百五十七点五石"。报告讲到了"不好例子":"四乡刘聚旺是党员,不肯出,经过克〔说〕服出了二斗五升","三乡川的王小瑞,斗争着不出,结果终未出,强迎保也不愿出,经过斗争只出了五升。"除此之外,"其余再未发生问题"③。对此,边府指示:"对不愿交纳者,应发动群众给以斗争,以作教育此种落后分子",但"仍须注意斗争方式"④。如前所述,1939年,陕甘宁边区拟征公粮为五万石,此后历年都要重许多。

应该说,着眼于构造、维持与加强政治共同体的整个战略,是中国共产党因应征粮各种问题时主要的"道"与"术"。即使是"法办"⑤,边区政府更倾向于"人民司法"⑥,"不是单纯的用政府权力",而是"用群众力量"、采取群众斗争的方式⑦。更何况,这种群众斗争方式往往十分奏效,

---

① 《佳县政府司法处关于李贞富等控诉李思明等七人情况的报告(1945年6月21日)》,《陕甘宁边区政府文件选编》(第九辑),第152—157页。
② 《陕甘宁边区政府批答——李贞富控告李思明等违法行为不是事实(1945年7月6日)》,《陕甘宁边区政府文件选编》(第九辑),第150页。
③ 《延安县政府报告(1939年11月4日)》,《陕甘宁边区政府文件选编》(第一辑),第428—429页。
④ 《陕甘宁边区政府文件选编》(第一辑),第427页。
⑤ 《陕甘宁边区政府为征收九万石救国公粮致各专员县长指示信(1940年11月3日)》,《陕甘宁边区政府文件选编》(第二辑),第487页。
⑥ 相关论述可参见侯欣一:《从司法为民到人民司法——陕甘宁边区大众化司法制度研究》,第四章。
⑦ 觉哉:《谈谈征粮问题》,《新中华报》1940年11月7日;《赤水等县按条例征粮》,《解放日报》1942年11月2日。

陕北地方的土话称之为"猪尿泡打脸","虽然不疼臭气难闻"①。

1937年底,陕甘宁特区党委屡次提出:为加紧完成救国公粮,"要依靠群众的力量","发动群众对以多报少的分子作斗争"②。盐池县1939年度公粮征收时,"由群众自己提出应征的数目,如群众认为不合理即提出斗争"。该县征粮工作报告中讲到:"一区一乡王孝较为富裕,有一百只羊九只驴,还开一个客栈,在大会上报名只缴二升","经群众斗争后缴一石";"一区二乡李举为一富农,家有一千多只羊、四五十头骆驼","自己只提出十二石","经斗争后自己又提出增加四石"③。1941年9月,安定县报告其区域内有老绅杨汉卿,"财产通称殷实之家",顽抗公粮,"更在下面表示不好态度",以至于"影响瓦市全城人民"的借粮、购买公债。报告表示:"属县意见应予以依法制裁,以利工作"。边区政府获悉之后指示该县县长黄聚俊:先请其到县政府谈话,然后再根据实情办理,如果杨汉卿"确实查有有意破坏的真凭实据时,可以依法惩处之",否则,"只凭一些传说没有确凿证据切不可轻动"。"如只是为了个人利益而顽抗公债、公粮者,则应发动群众与之斗争,用群众力量强迫他出。"边区政府郑重警告道:"不可轻动惩处。"④

在一次征粮经验总结中,边区政府指示:对于一些"顽皮落后分子","如果真是顽固不化,敢于以身试法,就应依法给予处罚",但是"同时也给予教育,促其醒悟"⑤。事实上,即使对于司法领域本身,边区政府仍然强调司法方针要和政治任务配合。时任中共绥德地委书记的习仲勋表示:"司法工作,如果不从团结老百姓教育老百姓方面着眼","即使官司断的清楚,判决书写得漂亮(实际上不可能办到)",

---

① 觉哉:《再谈谈救国公粮》,《新中华报》1940年12月20日;魏伯:《征粮中的乡村》,《新中华报》1941年1月20日。
② 比如《陕甘宁特区党委关于直属各县抗战动员工作的第二次检查(1937年11月21日)》,《中共陕甘宁边区党委文件汇集(1937—1939)》,第74页;《陕甘宁特区党委关于征收救国公粮的紧急指示(1937年12月3日)》,《中共陕甘宁边区党委文件汇集(1937—1939)》,第90—94页等。
③ 阎志遵:《陕甘宁边区盐池县扩征工作总结报告(1940年2月13日)》,《陕甘宁边区时期的盐池(档案史料汇编)》(下),第744页。
④ 《陕甘宁边区政府文件选编》(第四辑),第188—189页。
⑤ 《陕甘宁边区三十年度征粮征草工作总结》,《解放日报》1942年10月25日。

"仍将是失败的"①。

如众所知,中国共产党的抗日根据地大多在各种异己的甚至敌对的政治势力之间中寻求立足与发展②,所以,若其不以构造新型政治共同体的战略制高点,对征粮中既往的,当时的各种主、客体关系进行革命性的重构,至少就无法很好地维持、争取到根据地内外大多数人用脚所投出的票③。我们上述的研究发现,中国共产党所重构的征粮主、客体关系,归纳起来,至少在以下四个方面,使其与众不同,得以某种"延安道路"的方式打开一个崭新的政治社会空间:

(1) 农户缴纳的粮额一般是经过自报公议之后确定的,不仅有不同程度的讨价还价的制度性空间,还在相当程度上也承担了征粮主体的角色。每家农户所分担的粮食往往在比较与博弈中相互议定。整个过程虽然纷繁曲折,却极大地消解了传统征粮中对于一般农民而言所具有的外在性和强制性,在微观层面上成为政治共同体的内部生成机制。

(2) 尽管多数时候征粮条例所规定的缴纳比率并未照章执行,但是累进的精神仍然广泛贯穿在各地的征收实践中。事实上,累进税制是中国共产党领导的革命的一种妥协性的财政表现。与国民党方面顾虑重重、无法彻底推行不同,共产党在实行累进制方面的担忧与问题倒是些征粮干部在行动上的"过火",致使公粮负担畸重畸轻,出现"挤老财""揪大头"的偏向,无法拉拢住地主、富户一起参与共同体的建设。

---

① 习仲勋:《贯彻司法工作正确方向(1944年11月5日)》,西北五省区编纂领导小组、中央档案馆编:《陕甘宁边区抗日民主根据地(文献卷)》(下),中共党史资料出版社1990年,第180—182页。然而,国民党政权却大讲依法惩治。比如,其规定"戡乱所需之军粮、被服、药品、油、煤、钢铁、运输、通讯器材及其他军用物资,均应积极动员,凡规避征购、征用、妨碍征购、征用,及囤积居奇等行为,均应依法惩处。"可参见周美华编辑:《蒋中正"总统"档案:事略稿本》(70),第385页。
② 可参见黄道炫:《革命、裂缝、根据地》,《苏区研究》2017年第4期;马克·赛尔登:《革命中的中国:延安道路》,第305页。
③ 可参见《西北局对一九四一年征粮征草工作的指示信(1941年10月20日)》,《中共中央西北局文件汇集(1941年)》,第197—200页;《西北局给习仲勋并转关中分委的信(1942年4月12日)》,《中共中央西北局文件汇集(1942年)》,第116—118页等。据盐池县统计,其境内人口1941年时有19 178人,到1945年增加到27 267人。期间,该县还划出了部分区域。详见《孙县长关于四年来的政府工作报告(1946年2月13日)》,《陕甘宁边区时期的盐池(档案史料汇编)》(中),第390页。所以,毕仰高认为,在民族革命的核心之处存在着一个社会革命的问题,民族革命是通过社会革命获得胜利的。详见 Lucien Bianco, *Origins of the Chinese Revolution*, *1915-1949*, Stanford: Stanford University Press, 1971, pp.140-166。

(3) 中国共产党否定、动摇了田赋的正当性之后,不断地从多方面为其自身征粮行为重新进行合理性构筑与论证。确实,不走长期以来"天经地义"的田粮旧路,势必要求各级干部为此付出更多的努力与热情①,但是其征粮行为也由此显得更具现代性与革命性的特征。相对于国民党而言,中国共产党大体上处于被压迫的在野地位以及其构造一个崭新的政治共同体的强烈抱负,从结构上有力地塑造与限制着其各级干部的征粮行为表现。

(4) 与传统田赋制度下每户粮额具有形式上的客观法定性不同,陕甘宁边区每户的粮数是通过某种集体的方式议定的,或多或少,存在着一定的主观弹性。征粮主、客体之间的矛盾主要不是某个粮户顽抗或逃避,而是其不接受集体(共同体)之内所议定的分担数额。从群体之内同伴的角度看,如此行为在集体道义上是亏欠的,因此更适合、也更经常地以"群众斗争"和解释教育方式对其进行启发、挽回与改造,不主张、更不推崇"机械地"运用法令处罚了事。

总之,中国共产党以阶级革命的方式重构政治共同体,使陕甘宁边区的征粮工作不仅"保证了抗日军政的粮食",还"在征粮过程中教育了农民"②,"提高了人民的认识,增强了民主政权"③,也在一定程度上解决了一些党员(征粮主体)"硬化不进步"的问题④。从某种角度来看,中国共

---

① 中国共产党之所以废除田粮制度,而改征救国公粮,其初衷之一就是从政治上保持对国民党的区别。事实上,田粮制度自明清沿袭而来,在民间已具有高度的合法性,共产党凭借它也可以在一定程度上汲取粮食资源,其成绩或可超过国民党政权。1941年起至1944年,国统区田赋征实大部分时候都是超额完成,其与各年度配额的百分比是106%、106%、102%和89%。详见《粮食部1941至1942年度田赋征购配拨数额等表(1941—1948)》,"粮食部田赋署档案",中国第二历史档案馆藏,卷宗号84-356。不过,需要注意的是该表数据与实际情况的符合程度。据国民党粮食部报告:各地征收征购,其"账面存粮实际不能作用者","所在多有"。详见夏军选编:《国民参政会历届大会之粮食部工作报告选编(下)》,《民国档案》2021年第4期。
② 《陕甘宁边区政府文件选编》(第八辑),第186—198页。奥特弗利德·赫费(Otfried Höffe)对于人类如何使自己的城邦本性得以实现的论述,对于我们理解中国共产党在陕甘宁边区重构地域政治共同体,有一定的参考价值。详见奥特弗利德·赫费:《政治的正义性——法和国家的批判哲学之基础》,庞学铨等译,上海译文出版社1998年,第232—233页。
③ 《陕甘宁边区政府一九四〇年征收九万石救国公粮运动的总结(1940年)》,《陕甘宁边区政府文件选编》(第二辑),第558页;《陕甘宁边区政府征收救国公粮的第二次指示信》,《新中华报》1941年1月19日。
④ 陈正人:《在实行三三制的政权政策中延安中区五乡征粮委员会的创造及其意义(1941年3月14日)》,《共产党人》第十七期(1941年4月)。

产党的征粮政策在意识形态、行政治理与财政收入等获得了其所预期的多方面结果。当时一些有识之士希望国民政府的粮政,"不仅可以达成财政政策的任务,而且可以达成社会政策的任务"①。国民政府的决心与能力究竟难堪众望,只作了非常有限的尝试②,而中国共产党则在更深刻的程度进行了大量的创造性实践③。

不过,既然整个共同体的主要动力来源之一是阶级革命,那么,当其内部的阶级分化基本上被消除之后,它的维系与运行就必须寻找新的动力来源和社会激励。到了抗战末期,陕甘宁边区试图推行农业统一累进税,以刺激农户生产致富的情绪与积极性④。虽然这一财税探索并未因国共大规模内战的重燃而停止⑤,但是其可能造成新的社会不平等以及对实现国家愿景的难以控制的可能影响⑥,在新中国成立前后就为中国共产党领导人所放弃,转而逐渐走上了以"抓革命、促生产"的方式激发社会动力、追求大同世界的道路。

---

① 朱剑农:《征粮要公平,纳粮要踊跃》,《中央日报扫荡报联合版》1942 年 8 月 20 日。
② 1944 年度各省纷纷认为,"对于大户累进征借","办理困难",请求缓办或者变通,国民党粮食部被迫"酌情容纳"。详见夏军选辑:《国民参政会历届大会之粮食部工作报告选编(下)》,《民国档案》2021 年第 4 期。吴敏超对此有一个比较典型的个案研究,可参见其《战时军粮谁承担?——以国统区叶集军粮为中心的探讨》,《抗日战争研究》2017 年第 1 期。
③ 美国国务院的报告也认为,陕甘宁边区的累进农业税具有多重意义,包括"获得人民对共产党远景规划的支持"。Office of Strategic Services-State Department Intelligence and Research Reports,"Economy of Communist North China,1937-1945:finance"(Aug 26, 1946),美国国家档案馆藏,卷宗号 002799-003-0018,p.v. 遗憾的是,其不了解在大多数抗日根据地,救国公粮就是相当于农业税。
④《边区农业统一累进税试行简况(1944 年 4 月)》,《陕甘宁边区政府文件选编》(第八辑),第 146—156 页。
⑤ 陕西省档案馆、陕西省社会科学院合编:《陕甘宁边区政府文件选编》(第十二辑),档案出版社 1990 年,第 142—147、245—248、301—305、336—339 页;《陕甘宁边区政府文件选编》(第十三辑),第 426—430、450—453 页。
⑥ 有研究指出,中世纪晚期英国资本主义之所以能够发展起来,其秘密在于"佃农的负担在法律上规定下来,成为一个不变量,而随着劳动条件的改善佃农为自己的劳动成果却不断增长,成为可变量",个人的财富就这样逐渐积累起来(侯建新:《资本主义起源新论》,生活·读书·新知三联书店 2014 年,第 198—212 页);Mark Bailey, *The Decline of Serfdom in Late Medieval England*, Woodbridge: The Boydell Press, 2014, p.197。也可参见李里峰:《土改结束后的乡村社会变动——兼论从土地改革到集体化的转化机制》,《江海学刊》2009 年第 2 期。

第二章
自上而下的革命：
边区征粮干部体系及其表现

陕甘宁边区的征粮，很大程度上是通过其多层级的、金字塔式的干部体系才得以实现。边区政府在一次工作报告中明确表示："为要团结全边区的人民，动员一切人力、物力、财力和智力，进行长期抗战，为要保证边区政府各项政策的彻底实施，为要完成保卫边区，保卫西北的任务以及创造边区为三民主义共和国的一个组成部分，需要有大批坚强的、不怕牺牲、不怕艰苦和困难、不怕负责、并且在政治上健全、在工作上有能力的铁的干部"①。林伯渠则讲到："8 万人的费用是 150 万人民应有的负担"，"这是老百姓对抗战建国应负的责任，而抗战建国是为了老百姓自己的事情"。"只要干部对于这一点有信心，老百姓便不会有什么问题。"②如众所知，中国共产党一改从前让有点声望的士绅把持地方行政的做法，而是依靠、运用与选拔了一大批干部，来承担和领导征粮③。

一、边区征粮组织体系

边区征粮干部往往是有组织、成系统的。边府的一次工作总结认为："征粮征草是一件艰巨复杂的工作，必须要有坚强的组织去领导进行。"④

---

① 《陕甘宁边区政府对边区第一届参议会的工作报告（1939 年 1 月）》，《陕甘宁边区政府文件选编》（第一辑），第 151 页。
② 林伯渠：《边区财政经济政策（1941 年 10 月 27—28 日）》，《林伯渠文集》，第 239—253 页。
③ 周锡瑞：《意外的圣地：陕甘革命的起源》，石岩译，香港中文大学出版社 2021 年，第 363—364 页。
④ 《陕甘宁边区三十年度征粮征草工作总结》，《解放日报》1942 年 10 月 23 日。

1940年,曹力如在回顾全面抗战以来的征粮工作时谈到:"二十六年度计划征收一万一千九百石,实收一万三千八百五十九石,超过一千九百五十九石;二十七年度计划征收一万零七百五十石,实收一万五千九百五十五石,超过五千二百零五石;二十八年度计划征收四万八千八百石,实收五万二千二百五十一石,超过三千四百五十一石,三年共超过计划一万零六百一十五石。"在输送公粮时,为了保证不至间断,据不完全统计,"二十八年七、八、九、十四个月当中,在延安、甘泉、靖边、安塞、志丹、延安市等六个县市中,动员了牲口四千五百二十头","二十九年一月至八月的八个月当中,在延长、安定、延川、固临、志丹、延安、甘泉、安塞、关中、富县、延安市等十一个县区,动员了牲口一万五千二百头"。"上面共计十二个月中,只运输粮食,动员了牲口一万九千七百二十头。运输的天数,共计在十一万三千四百六十天以上。"曹力如指出,完成这些任务,"不只是人民对于抗战的一项义务动员","也是党政的一宗巨大组织工作"①。尤其是1941年度征粮,其数量达到 20 万石。1941 年 10 月,西北局致信各级党委和征粮工作团:征收救国公粮公草,成为"边区党最近一时期(约到明年一月半止)的中心工作"②。

在边区的整个征粮过程中,中共中央西北局起着具体的决策领导作用,当然,最高决定权仍在中共中央政治局会议③。1941 年度公粮是整个全面抗战时期负担最重的,该年度征收条例由边区政府在 11 月 25 日公布④。其实,9 月 15 日的时候,西北局即已要求各分区、县委,"须准备征收公粮",希望查明各地收成,"估计最高限度能收多少细粮","限十天内报告西北局"⑤。由此可见,整个边区征粮干部体系的组织与运行是处在西北局的具体领导与指挥之下的。不过,边区为了维护、深化整个政权的民主

---

① 《曹力如关于陕甘宁边区三年来粮食工作的检讨(1940 年 9 月 18 日)》,《陕甘宁边区政府文件选编》(第二辑),第 430—437 页。
② 《西北局对一九四一年征粮征草工作的指示信(1941 年 10 月 20 日)》,《中共中央西北局文件汇集(1941 年)》,第 197—200 页。
③ 可参见《毛泽东年谱(1893—1949)(修订本)》(中卷),第 148、209—210 页等。
④ 《陕甘宁边区政府三十年度征收救国公粮条例(1941 年 11 月 25 日公布)》,《陕甘宁边区政府文件选编》(第四辑),第 279—284 页。
⑤ 《西北局通知——准备征收公粮事(1941 年 9 月 15 日)》,《中共中央西北局文件汇集(1941 年)》,第 171 页。

性,强调党的领导不应通过制度规定予以实施和保证,而应以其在政府党团的先锋模范作用来实现。西北局还指示各分委、县委,其对于征粮工作,"应着重于调查研究工作",若有相关决定和意见,"只能经过政府党团传达"①。

据1941年5月边区政府公布的各级粮食管理机构章程,陕甘宁边区粮食局为粮食行政最高执行机关,直接由边区财政厅领导。各分区专署设粮食处,县政府设粮食科(第五科)。分区、县、区均得设直属仓库、普通仓库或中心仓库②。1941年6月,为了保证粮食财政任务的完成,西北局提出加强财政厅与粮食局。其中,粮食局改隶边府主席团,"提高其职权与能力"③。县级政权机关里大多有财政和粮食部门。乡政府则有征粮委员(会),但是"不会单独工作"④。

围绕着征粮任务,边区各县多以各层级政权组织为平台,搭建起多层级的征收机构。这些征粮组织机构,因其具体环境不同,"无论在形式上,成分上或产生的方法上,均各不相同,各有特点"⑤。所谓征粮干部体系,就是指执行征粮任务的边区各级干部,或者说征粮视角下的边区干部体系。如众所知,边区干部体系的职能不仅仅征粮,还有征兵、"锄奸"、禁烟、教育、生产、"抗属"优待、司法、婚姻、合作社等。征粮是其中最重要的一项工作,即使在1941年边区财政空前困难之前亦如是此⑥。

1939年,华池县就组织了县、区、乡三级征收公粮委员会,县、区两级五至七人,乡级三至五人,由各级党、政、军、群众团体组成,并相应召开各级政务扩大会议,或者活动分子会议、支干会和村民大会进行传达、布置⑦。

---

① 《西北局通知——征粮工作团均由当地政府统一领导(1941年12月3日)》,《中共中央西北局文件汇集(1941年)》,第220页。
② 《陕甘宁边区政府令——公布〈陕甘宁边区粮食局组织规程〉(1941年5月16日)》,《陕甘宁边区政府文件选编》(第三辑),第268—272页。
③ 《西北局关于边区财政经济问题的意见(1941年6月25日)》,《中共中央西北局文件汇集(1941年)》,第92—108页。
④ 《环县政府一年来及10月份工作报告(1938年11月5日)》,中共庆阳地委党史办公室编:《陕甘宁边区时期陇东民主政权建设》,甘肃人民出版社1990年,第182—184页。
⑤ 《陕甘宁边区三十年度征粮征草工作总结》,《解放日报》1942年10月23日。
⑥ 可参见《陕甘宁边区民主政权与"三三制"(报告提纲)(1944年)》,《中共中央西北局文件汇集(1944年)》,第444—456页。
⑦ 《华池县政府征收救国公粮布置概况报告(1939年11月17日)》,《陕甘宁边区政府文件选编》(第一辑),第454—456页。1941年度征粮时,华池县征委会由县长、县委、书记、工作团长、保安科长,二、五科长七人组成,县长、县委书记任正副主任,参见《陕甘宁边区三十年度征粮征草工作总结》,《解放日报》1942年10月23日。

1940年,延长县则是"由县委召集了各区乡党与行政干部大会","下至乡长、支书,区一级全部参加"。会议的内容是先由县委书记传达边区代表会议政治情形与各种决议,然后由该县政府一科科长报告征收救国公粮重要意义与办法,最后大会集体讨论一天。区上不开会,县上会议开罢直接深入到乡。"县党政军各部门,除主要首长而外,全部下乡进行这次的战斗任务。"①

1941年,固临县征粮前在县府召集干部扩大会议,除了县级全体干部出席外,还有冬训班全体学员等。在会议举行过程中,组织了九人征粮委员会。各区多半没有征粮组织,但召开了征粮征草动员大会,"除区的干部全体参加外,召集有各乡乡长及指导员"。各乡组织的征粮委员会,人数多少不定(五人至七人),有的大自然村也组织征粮委员会;"同时每乡编了征粮工作组,一个组人数三人,组长由区的干部负责,县的及工作团同志也参加在内。"各乡会议的出席人员是乡的全体干部及行政村主任以上的干部,"内容则是依当地的情形与征粮方式配合为主"。每个乡都派遣征粮小组到各行政村,组长由乡的干部负责,"到农村则在各组织中动员,首先在党内进行动员"②。

延安县级征粮组织与固临相一致,所不同的是,延安县的丰富区、姚店区、川口区、金盆区、青化区等均成立了征粮委员会,特别是川口区,参照"三三制"的组织形式,成分方面有工人、贫农、中农、富农、地主、商人等。各区征粮委员会人数至多二十五人,至少十五人。但是大多数区征委会"有名无实",而"乡的征粮委员会于征粮期间与参议会临时合并,以利工作进行"③。安塞县各区,除了征粮委员会外,还组织了征粮工作团,其成员中有"由县上派强硬干部及延安派来之同志",团长由县各科长担任。另外还要求"县委与政府从科长起,书记、县长每人负担一个区的工

---

① 《刘景瑞同志关于征收救国公粮给边府的函(1940年1月7日)》,《陕甘宁边区政府文件选编》(第二辑),第5—6页。
② 《固临县征粮征草报告(1941年11月30日)》,《陕甘宁边区政府文件选编》(第四辑),第338—343页。
③ 《延安县征收公粮公草工作报告(1941年11月28日)》,《陕甘宁边区政府文件选编》(第四辑),第344—352页。1941年征粮时,延安的乡征委会由乡参议会选九至十一人组成。华池的乡征委会也是由九人至十一人组成,但多系乡政府聘请的群众中的公正人士。《陕甘宁边区三十年度征粮征草工作总结》,《解放日报》1942年10月23日。

作,皆在区上领导指示工作"①。

1941年,征粮时绥德分区则是由各级行政组织领导各级干部,组成各级工作团,又和地方人士合组分区、县征委会,及乡评议会、村评议组。各级征粮组织都有地方人士参加,并有单独的系统(都是按三三制组成)②。

尽管每年各地的征粮组织体系千差万别,但一般而言,边区县、区、乡三级征粮工作大致由三套组织体系来运行与推进:首先是各级党、政、军、群既有的常设组织,这是主体;其次,以各级党、政、军、群机构为基础,成立各级征粮委员会,有的乡不设征粮委员会,但组织了评议会;另外还有一套近似顾问、指导性质的组织体系,即各级征粮工作团(1941年征粮时吴堡县各区成立了工作大队),有的乡设立了征粮工作队。在延安,各地征粮委员会实行"三三制"③。1941年12月,西北局规定:"凡由边区政府派赴各县之征粮工作团,均须统一归当地政府领导。"④不过,到1942年的时候,西北局就决定不再向各地派遣征粮工作团⑤。最基层的各村除了有征粮小组外,普遍召集了村民大会,作为执行上级决议、领导本村征粮工作的临时性机构。

值得强调的是,根据《陕甘宁边区粮食局组织规程》,边区、分区、县、区均得设立粮食委员会,边区一级"由中、边、军、经济部门负责同志及粮食局长五人组成",分区、县由"党、政、群众团体、驻军供给部(处)长与粮食处长(县粮食科长)等五人组成",各区"由党、政、军、群众团体与仓库主任三人至五人组成"⑥。各级粮食委员会是常设的有关粮食决策与管理

---

① 《安塞县十一月份工作报告(1941年12月3日)》,《陕甘宁边区政府文件选编》(第四辑),第360—363页。当时延安各大单位都有参与边区各地征粮工作的。王恩茂就讲到女大征粮工作团的沙萍,1941年初下去从事征粮工作时,与苏进认识,并结婚。王恩茂:《王恩茂日记——抗日战争》(下),中央文献出版社1995年,第236—237页。
② 《陕甘宁边区三十年度征粮征草工作总结》,《解放日报》1942年10月23日。
③ 《陕甘宁边区政府为改进及选举各级参议会的指示信(1941年1月30日)》,《陕甘宁边区时期陇东民主政权建设》,第161、201—202页。
④ 《西北局通知——征粮工作团均由当地政府统一领导(1941年12月3日)》,《中共中央西北局文件汇集(1941年)》,第220页。
⑤ 《西北局关于粮食工作的决定(1942年7月24日)》,《中共中央西北局文件汇集(1942年)》,第163—165页。
⑥ 《陕甘宁边区政府令——公布〈陕甘宁边区粮食局组织规程〉(1941年5月16日)》,《陕甘宁边区政府文件选编》(第三辑),第268—272页。

机构,不是征粮的专门机构。而征粮委员会则是为征粮而成立的专门组织,虽然其主要组成人员、主要工作方案来自各级粮食委员会,但两者并不完全等同。在边区政府的制度安排中,征粮委员会是发扬民主的一种组织方法,"吸收当地有威信公正人士参加工作",以利于完成任务,更是为了"扩大政治影响"①。

征粮期间,各级征粮委员会和工作团(组织),大多从同级或者上级党、政、军、群等组织中抽调人员组成②。在关中专署,1938年征粮时,"分区以至县,机关中只留一、二人,还要借便去附近乡检查工作",无形之中"成为大动员的现象"③。环县政府向边区报告说:征收救国公粮时,"大多数人出发,亲身来做","各级政府忙乱一次,只要工作能到"④。陇东专署曾派出一些科员赴各地帮助征粮、催征漏欠等工作⑤。在盐池,征粮工作团对如何计算家庭收获、应征百分率等,"给大家加以解释";在检查出各区公粮过轻的干部及民众后,由征粮工作团重新调查斟酌增加⑥。

边区的征粮工作对于各种组织资源的占用程度非常之高,几乎动员了整个政权的力量下沉到第一线。1941年度征粮工作开始后,合水县司法裁判处只有二人,其中书记员由于参加选举工作,不得已抽调犯人,"帮助书写事宜"。当时该县委扩大会议决议:"裁判员亦参加征粮,赴乡帮助工作。"故而裁判员职务只好暂由该县保安科长兼代办理。合水县表示:征粮此系全盘工作,"自当帮助完成",但去年征粮,由于裁判员四月余未能视事,"致案件积压,群众诸多不满"。不仅仅是合水县,"各县裁判员因

---

① 《民政工作三年总结(1941年10月27日)》,《陕甘宁边区时期的盐池(档案史料汇编)》(上),第199页。
② 1940年度征粮时,盐池县政府组成了五个工作团,分配各区领导征粮。详见《盐池(征粮)大部完成(1941年1月12日)》,《陕甘宁边区时期的盐池(档案史料汇编)》(下),第769页。
③ 《关中专署霍专员维德的报告(1938年12月6日)》,《陕甘宁边区政府文件选编》(第一辑),第106—111页。
④ 《环县政府一年来及10月份工作报告》,《陕甘宁边区时期陇东民主政权建设》,第181—182页。
⑤ 《陇东专员公署1942年1月至6月半年工作总结报告》,《陕甘宁边区时期陇东民主政权建设》,第356—357页。
⑥ 《盐池县府征粮工作报告(1942年1月8日)》,《陕甘宁边区时期的盐池(档案史料汇编)》(下),第801—803页。

参加行政动员工作,致妨害了审判事宜,几成普遍现象"。为此边府强调:"各该县凡担任司法工作之干部,如非万不得已时,不应随便调做其他行政工作,致使诉讼事件无人专门负责。"①

一些地方的乡参议员,在征粮时协同乡级干部,"作了深刻的宣传鼓动工作与调查统计工作","起了很大的模范作用"②。但是,也有一些地方的参议会责难乡政府:一切动员负担工作,由乡支部书记召集会议决定后,就"命令群众执行",没有经过乡参议会讨论③。西北局决定以后乡村一切动员负担不能再由支部代替包办,"支部只能通过自己党员模范作用去保证任务完成"④。西北局注意到:一些地方的非党人士,"参加了我党领导的民意机关和行政机关",尤其是各地的征粮委员会,其"能积极地为抗日工作",在征粮时"起了很大作用"⑤。在华池县,征粮、运盐、公债等动员工作,"均在乡议会上进行过讨论"⑥。曲子县参议会帮助和领导了1941年、1942年的征粮工作,"动员参议员热烈参加征粮工作",包括参加县的征粮委员会⑦。一些地方的乡参议会,由于"有权分配负担和决定动员问题",日趋活跃,"开会时参议员、政府委员、村主任、村长都到"。

---

① 《陕甘宁边区政府命令——不应随便抽调司法干部(1942年11月18日)》,《陕甘宁边区政府文件选编》(第六辑),第393—395页。在曲子县,各级领导(县乡)都忙于收集救国公粮,放弃了一般工作的推行,如教育、社教工作没有行踪,学校学生不到校等。详见《曲子县府十月份工作报告(1941年11月28日)》,《陕甘宁边区政府文件选编》(第四辑),第403页。
② 《陕甘宁边区盐池政府九、十、十一、十二月民政工作(1940年12月23日)》,《陕甘宁边区时期的盐池(档案史料汇编)》(上),第83页。
③ 在神府,乡参议会由各村选举产生,大致是"每五十个选民选举一个乡参议员"。乡参议会选举产生七个乡政府委员,其分工为:乡长、文化教育委员、武装动员委员、优抗救济委员、人民仲裁委员、锄奸保卫委员、经济建设委员。不过,"乡政府委员的分工,实际上完全是一种形式",乡里的一切工作,"均由乡长一手包办"。"乡长是脱离生产的'公家人',他住在乡政府内"。详见《陕甘宁边区神府县直属乡八个自然村的调查》,《中共中央西北局文件汇集(1943年)》(一),第339—442页。在庆阳,1940年时规定:"乡级每居民30人得选举议员1人","县级每居民700人得选举议员1人"。《庆阳县政府布告(1940年6月9日)》,《陕甘宁边区时期陇东民主政权建设》,第261页。
④ 《西北局对陕甘宁边区第二届参议会工作总结(1941年12月4日)》,《中共中央西北局文件汇集(1941年)》,第221—228页。
⑤ 《西北局关于"三三制"政权工作初步经验的总结(1942年6月20日)》,《中共中央西北局文件汇集(1942年)》,第139—144页。
⑥ 《华池县1941年度全年民政工作总结报告书(1942年1月)》,《陕甘宁边区时期陇东民主政权建设》,第289页。
⑦ 《曲子县政府第一科1942年全年民政工作报告》,《陕甘宁边区时期陇东民主政权建设》,第335页。

当然,由此也导致"一些老好人或能'抗上'的人"被选为参议员①。还有一些乡,参议会与征粮评议会合开。但是,整体而言,"乡上工作主要有乡长、支书、组织干事、村长等做着"②。

二、打造征粮干部队伍:鼓舞信心

有研究发现,自宋代身份制发生崩溃以后,中国已成为一个纯粹的官僚社会③。在这样的社会里,"官"与"民"的之间分别甚深,官员对于广大民众而言,具有威重势崇之感④。他们的言行举动往往引起整个社会的密切关注。这种集体性心理构造并没有因为中国共产党领导的革命而彻底地根除,而是在某种程度上以改变了的形态延续了下来。在陕甘宁边区,一些地方的民众甚至"对干部尚有点害怕"⑤。吴堡县在总结1941年度征粮经验教训时称:"干部的好坏是决定工作成败的关键。"⑥边府则注意到1941年度征粮过程出现一些干部利用自己的权力地位,压制群众的意见,"打击敢于斗争的群众"⑦。这些都只不过又一次表明了中国历史的这种深层结构对于人们的行为具有无形的支配性作用。

一般而言,当征粮的组织体系构建完成之后,其中的干部往往成为决定该体系活力与政治方向的关键因素⑧。在回顾1939年度征粮时,延长县发现:"工作艰苦,愈可以测验干部的能力和坚定性,这次的战斗工作

---

① 《西北局办公厅关于边区"三三制"经验的初步研究(初稿)(1944年3月23日)》,《中共中央西北局文件汇集(1944年)》,第216—260页。
② 三边地委:《盐池县城区二乡支区调查材料(1944年11月2日)》,《陕甘宁边区时期的盐池(档案史料汇编)》(中),第300—301页。
③ 森正夫等编:《明清时代史的基本问题》,第326—327页。
④ 一个生动而真实的例子是:1947年10月在哈尔滨,萧军在市场上因为商人态度很坏,"几乎和他吵起来",但是,由于"他看我像一个'官人'的样子","又老实了"。萧军:《东北日记(1946—1950)》,Hong Kong:Oxford University Press,2014年,第291页。
⑤ 《盐池县府征粮工作报告(1942年1月8日)》,《陕甘宁边区政府文件选编》(第五辑),第178—181页。
⑥ 《吴堡县征粮委员会的报告(1941年12月10日)》,《陕甘宁边区政府文件选编》(第四辑),第414页。
⑦ 《陕甘宁边区三十年度征粮征草工作总结》,《解放日报》1942年10月23日。
⑧ 中国共产党领导下的冀南政府,在战争中表现出应有的效能,主要原因之一即是,"各级政府的公务人员"英勇模范的作用,"亲身去接近民众,解决民间问题",他们是"抗日最坚决的分子"。邓小平:《艰苦奋斗中的冀南(1939年3月25日)》,《邓小平军事文集》(第一卷),军事科学出版社、中央文献出版社2004年,第58—77页。

是延川干部的试金石。'干部决定一切',决定好,也决定坏。"①绥德专署在1941年度第二阶段征粮工作布置中表示,有必要"强调干部模范作用"②。边区在总结1941年度征粮工作时也发现:"干部责任心强,对入仓工作热心,积极苦干,努力督促检查贯彻到最后,是入仓工作胜利完成的重要保证。"③

确实,延安县曾要求各级征粮干部"首先动员给自己家庭写信或回去亲自解劝多出粮,以影响群众",认为"完成这重大任务必须干部起模范作用,报粮确实,不要私情"。然而,公粮开征没有多久,他们却陆续发现"对干部教育不够","各区有好多干部报粮不确,影响群众不报"④。靖边县也提出了征粮需要"严防干部私情、私仇观念"的问题⑤。边区政府一份有关汲取社会资源的文件则强调,"要教育各级行政干部与提高干部的质量","克服只有命令,没有解释;只进行生硬的摊派,不注意合理的调节;要私情、不公平的现象"⑥。

在征粮干部队伍的整体性构成要素中,对于完成任务的信心具有重要的意义。延长县在总结1939年度征粮工作时就已经明确地讲到:"'干部决定一切'的正确性由事实来证明了。最初,干部和一般群众都惊奇延川会有这样庞大的数目字,但经过联席会以后,干部明白了方式,有了信

---

① 《延川县征收救国公粮报告(1940年1月23日)》,《陕甘宁边区政府文件选编》(第二辑),第46—49页。安定县在总结驮盐工作时强调:"一区只要有区书记或区长、一乡只要有支书或乡长能负起责任,是坚强的干部,就能推动全面工作。假如主要干部无能、软弱,工作一定没有生气。"《陕甘宁边区政府文件选编》(第四辑),第79页。
② 《绥德专署征粮工作报告(1941年12月12日)》,《陕甘宁边区政府文件选编》(第四辑),第444—449页。
③ 《陕甘宁边区三十年度征粮征草工作总结》,《解放日报》1942年10月23日。国民党方面,田赋开征后,也会发动保甲长、县党部或县政指导员等分赴各乡进行宣传、说明,但也是仅仅如此而已,其所付出的努力与热情,与共产党基层干部有着深刻的差别。可参见《田赋管理处田赋征实业务检讨会议记录(1942年)》,"陕西省粮政局档案",陕西省档案馆藏,卷宗号17-6-509。
④ 《延安县征收公粮公草工作报告(1941年11月28日)》,《陕甘宁边区政府文件选编》(第四辑),第344—352页。
⑤ 《靖边县府征粮征草报告(1941年11月21日)》,《陕甘宁边区政府文件选编》(第四辑),第408—411页。
⑥ 《陕甘宁边区人力畜力物力动员第一次调查草案(1941年8月制)》,《陕甘宁边区政府文件选编》(第四辑),第159—160页。

心,这一战斗任务终于胜利完成了。"①1939年度安塞县"原计划应征收一千八百石,完成一千八百零七石九斗一升,超过七石九斗一升"。该县分析认为,尽管"有些干部对今年征收公粮之数目的分配有些言论",但是也有一些干部对于"征收救国公粮信心与认识非常高涨",这"推动与影响一般群众的争先恐后缴纳"②。盐池县也讲到其1940年度征粮时,"区乡一般干部对这次征粮工作的信心很高"③。

关中分区1941年度的征粮任务完成得相当不错,这很大程度上因为干部"情绪高",有"完成工作的信心"④。不仅仅关中分区如此,实际上可以说是为整个陕甘宁边区征粮实践所反复证明了的普遍性经验。由于1940年救国公粮拟征9万石,这个数目比起1937年的1万石、1938年的1.5万石以及1939年的5万石,无论任何是个大数字,但最后还是超额完成了。边府认为:"提高干部的信心是完成任务的必要的先决条件。"在征粮工作总结中,它提到志丹、定边、盐池、富县等县,"开始对征粮工作干部信心都差,但结果干部信心提高了,工作便较顺利的开展了"⑤。所以,中共西北局强调党内干部对征粮工作,"应有充分的认识和信心"⑥。

边府还讲述了如何提高干部征粮信心的具体要领⑦:

一、要认识深刻,懂得这是战争拼生死的时期(没有军队就没有边区;没有军粮就没有军队)。

---

① 《延川县征收救国公粮报告(1940年1月23日)》,《陕甘宁边区政府文件选编》(第二辑),第46—49页。
② 《安塞县府征收救国公粮的报告(1939年11月11日)》,《陕甘宁边区政府文件选编》(第一辑),第432—433页;《安塞县为征收救国公粮的报告(1939年11月4日)》,《陕甘宁边区政府文件选编》(第一辑),第430—431页。
③ 《陕甘宁边区盐池政府九、十、十一、十二月民政工作(1940年12月23日)》,《陕甘宁边区时期的盐池(档案史料汇编)》(上),第82页。
④ 《关中分区征粮征草工作报告(1941年12月25日)》,《陕甘宁边区政府文件选编》(第五辑),第72—76页。
⑤ 《陕甘宁边区政府一九四〇年征收九万石救国公粮运动的总结(1940年)》,《陕甘宁边区政府文件选编》(第二辑),第553—562页。
⑥ 《西北局对一九四一年征粮征草工作的指示信(1941年10月20日)》,《中共中央西北局文件汇集(1941年)》,第197—200页。
⑦ 《陕甘宁边区政府为完成征收九万石公粮致各专员县长第二次指示信(1940年12月16日)》,《陕甘宁边区政府文件选编》(第二辑),第530—533页。

二、要估计正确,老百姓有没有能力负担和愿意负担。据延安固临的报告,老百姓的收获量和热忱,都出乎工作人员的意料之外。

三、要认识困难,粮数比去年多,收成又不大好,个别老百姓仍是落后。

中国共产党征粮组织体系得以有效运行,在很大程度上源于其干部队伍"心"的激发、重构与充盈。1940年边区政府忧心忡忡地讲到各县都还有一些干部并不真正懂得征粮的意义,"以致干部不敢向老百姓讲征粮",或者"只讲军队要粮,应该出",却"没讲为什么"①。1941年度征粮时,绥德专署发现佳县干部"信心不够",以至于"强调非一斗起征不能完成任务"。而米脂县各区工作的干部,则是"对调查工作没有信心",结果"作了群众的尾巴"②。

为此,不少地方纷纷采取了各种不同的相应措施,来调动、提高征粮干部的认识与情绪。1940年延川县各区、1941年安塞县各级,都订立了相互竞赛条例③。延安县在1941年征粮时则向干部提出"反对主观主义"的思想倾向,即"只看见老百姓苦,看不见军队、机关工作人员苦"④。

我们知道,1941年度陕甘宁边区拟征公粮数额远超以前,大部分地方的干部都像延安县那样,"对这次征粮征草工作信心不够",认为任务太重⑤。边府对人民负担详尽地进行科学测算的举措,可以说在相当程度上就是为了鼓舞征粮干部的信心。这次测算首先统计了边区人民的负担量:"公粮九万六千七百八十五石,买粮六万石,共计十五万六千七百八十五石,每人平均一斗二升不足。其他物资负担一千六百六十万元,每人平

---

① 《陕甘宁边区政府为完成征收九万石公粮致各专员县长第二次指示信(1940年12月16日)》,《陕甘宁边区政府文件选编》(第二辑),第530—533页。
② 《绥德专署征粮工作报告(1941年12月12日)》,《陕甘宁边区政府文件选编》(第四辑),第444—449页。
③ 《刘景瑞同志关于征收救国公粮给边府的函(1940年1月7日)》,《陕甘宁边区政府文件选编》(第二辑),第5—6页;《安塞县十一月份工作报告(1941年12月3日)》,《陕甘宁边区政府文件选编》(第四辑),第360—363页。
④ 《延安县征收公粮公草工作报告(1941年11月28日)》,《陕甘宁边区政府文件选编》(第四辑),第344—352页。
⑤ 《延安县征收公粮公草工作报告(1941年11月28日)》,《陕甘宁边区政府文件选编》(第四辑),第344—352页。

均十二元,合粮五升。"消费量有两个部分:"(1) 每人食粮 1.2 石(大小每月一斗)","(2) 衣、食、盐、人情门户平均每人八十元(棉一斤,布三丈,食盐二升,人情——),折粮三斗"。"按以上收获量(每人平均 1.3—1.4 石)减去'平均负担量加消费量',每月每人仅有八、九升之谱。"因此,"按每月大口小口一月一斗计算,已不足用"。

接着,再测算边区负担的义务劳动。"每个劳动力每年得负担义务劳动一百一十天,自己耕地十八垧,需时一百八十天,其他需九十天,共需三百八十天,已超过一年的二十天了","畜力动员每年平均六次要六十五天到七十五天"。

虽然如此,边府的这项测算并不认为"人民再不能继续负担",其理由是:"(1) 几年来边区人民生活改善了,负担能力也逐渐加强了。(2) 在这几年中,边区人民已有相当的储蓄,负担钱数虽多,但农产品售价很高了。(3) 由于政府提倡生产开荒,粮食及其他副产品均较以前增多了。(4) 就生产每年每人一石四斗,而除去各项负担日常用品外,每月每人食粮仅有八、九升似乎不够。但实际情形人民一般的消费还可量入为出,并利用副业及杂粮等。"因此,"边区人民目前的负担可说已达到了顶点,但还可勉维生计"①。

人们的主观认识往往是在比较中形成的。所以,1941 年 11 月西北局给各级党委的指示信从各个角度进行比较,以提高干部征粮的信心和对民众的说服力。西北局提出:"要把现在的负担跟革命前比较","革命前最重的负担要占全年收入的百分之六十七,而今年征收公粮算是最多的一年,但最高额不至超过收获物的百分之十及剩余粮的百分之三十";"跟大后方比较","四川一省要征粮四千八百万石,按四川七千万人口计算,平均每人负担将近七市斗,以边区人口计算,今年的负担平均每人不过一斗多粮和几十斤草";跟去年征粮起征点比较,去年四百斤起码,"使得出粮的人较少,少数的人负担较重","今年的起征点改为一百五十斤","可以使百分之八十以上的人民均能负担公粮";跟前方将士的艰苦牺牲

---

① 《陕甘宁边区人力畜力物力动员第一次调查草案(1941 年 8 月制)》,《陕甘宁边区政府文件选编》(第四辑),第 159—160 页。

比,那么,边区民众出粮出早,"更是义不容辞了"①。

如众所知,1941年度征粮数量尽管前所未有,但最终还是超额完成。正如边府所说:二十万石公粮的征收任务与1940年比较起来,是要巨大得多,困难得多,"假若各级干部没有很好的认识,便会对工作没有信心,也不会向群众进行动员,采取各种办法积极地去完成任务"②。

因此,林伯渠强调,征粮前应该"预先说服干部","先要让干部了解清楚","否则他只知为完成任务,就去强迫分摊一下"。他警告说:"过去我们给了人民东西,他们今天拥护我们,但以后就不行了。"征粮时"把数目一分摊","这样的完成任务是不合乎群众心理的"。一个任务的完成,必须要有使人心悦诚服的更为宏大、更为重要的叙事,为此,征粮干部必须首先打通自己的思想,不能有机械观点,"只知其一,不知其二"。林伯渠赞扬了志丹一区八乡的干部在1939年度征粮时所采取的创造性措施:"先完成了有75%的人出了粮,后来加重富裕者,重行征收,只有35%家出粮,数目还大。"在他看来,该乡的干部征粮时采取的阶级革命的叙事方式,不仅使中共基层政权"和群众打成了一片",避免了工作上的"强迫命令"和"呆板机械",为以后的征粮以及完成其他负担任务创造了地方社会准自愿服从的基础,而且也在政治上将边区政府及其自身作为边区政府在地方的代表,与国民党政权截然区别开来③。

1941年12月,延安县向边区的报告中积极评价了该县川口区的征粮工作,认为在所属的十个区中它担负数目最多,"计粮三千七百石,草三十八万斤,粮占全县担负总数百分之四十点二,草占百分之十一点二"。

---

① 《西北局关于征粮征草中的宣传工作给各级党委的指示信(1941年11月10日)》,《中共中央西北局文件汇集(1941年)》,第215—218页。
② 《陕甘宁边区三十年度征粮征草工作总结》,《解放日报》1942年10月23日。
③ 《林伯渠同志在陕甘宁边区党政联席大会上的报告——关于新民主主义政治的阶段问题(1940年3月12日—13日)》,《陕甘宁边区政府文件选编》(第二辑),第133—138页。林伯渠所说的"过去给了人民东西",一个典型的例子是固临县的石得胜。土地革命前一年(1934年),"他的家况是很穷苦的","自从1924年典出去30垧地以后剩下来的就只有15堆坡地了",欠债有60元左右。土地革命后(1935年),"债务取消了,还分进100堆地(平地30堆,坡地70堆,连他自己原有的15堆共115堆)和一头牛",从此,"每年粮食都可剩下三四石"。然而,第一次借粮时,给他分配6升,他却表示"我真的没办法"。当时乡仲裁委员就骂他:"那时(土地革命)你牛也分了,地也分了,划分时你知道占便宜,叫你出6升粮,你就不出"。详见《李卓然文集》(上册),第122—279页。

但是,该区不仅率先完成了任务,"而且粮还超过应认总数二十一石四斗一升,草亦超过一千五百一十斤"。延安县认为,其中一个重要原因是:"多开会教育了干部,使干部能真正了解和掌握条例的基本精神,而且能灵活的运用","对干部的帮助和推动抓得很紧"①。川口区的实践表明,一旦干部领会和把握了征粮条例的实质,整个工作就会得到极大的推进。其实,即使在大部分实行民主摊派的县、区里,只要征粮干部认真执行,"条例和累进率都是行得通的"②。

边府相信,只要干部"肃清太平观念、使一切工作环绕着战争的斗争",那么,"群众是容易动员的"。而一旦大家认识了战争的威胁,那么一切动员就不致流为形式,军民关系能够更加密切起来③,关键是要"提高干部的作用和能力"④。可见干部在中国共产党思想与政策的贯彻落实过程中起着承上启下的关键作用。

当然,事情的另一方面是,一旦边府征粮体系中干部的信心与观念出现问题,所造成的消极影响同样是很大的。宁县谈到1938年度的征粮工作时认为:尽管"政府每次工作群众都能执行,并且很热烈",但是还是出现了公粮不能交齐的情况,其原因除了"富有者有意顽抗""确实是没办法"等,与一些干部对征粮没信心也有一定的关系⑤。

边区政府还特别注意到一些征粮干部的阶级信心不够坚定,甚至是与之相背离的。1939年12月,陕甘宁边区政府就要求新正县对于征粮过程偏袒富农的乡级干部,"应加强教育",认为这种偏袒倾向的出现是一个严重问题⑥。神府县注意到:"每一动员工作干部捉群众,群众中富有

---

① 《延安县府征粮工作报告(节录)(1941年12月19日)》,《陕甘宁边区政府文件选编》(第四辑),第430—435页。
② 《陕甘宁边区三十年度征粮征草工作总结》,《解放日报》1942年10月23日。
③ 《陕甘宁边区政府对于边区参议会扩大常委会建议的决议(1942年6月19日边政府第24次政务会议修正通过)》,《陕甘宁边区政府文件选编》(第六辑),第220—222页。
④ 《陕甘宁边区政府对于边区参议会扩大常委会建议的决议(1942年6月19日边政府第24次政务会议修正通过)》,《陕甘宁边区政府文件选编》(第六辑),第220—222页。
⑤ 《宁县一九三八年工作报告(1939年2月28日)》,《陕甘宁边区政府文件选编》(第一辑),第186—194页。
⑥ 《陕甘宁边区政府便函——令新正县在征粮中对地、富活动应严加注意(1939年12月10日)》,《陕甘宁边区政府文件选编》(第一辑),第450—451页。

者捉贫苦人民,过来过去乡村负责人少出,完全加重贫苦人民的肩上。"①之所以出现这些现象,有时候正是由于一些基层干部在富有者面前缺乏阶级的自信与政治的勇气。正如罗迈指出的,中国共产党基层的大多数干部是"农民出身"②。为此,边区领导人特地举办了干部训练班,反复"说明合理负担的意义,使下层干部有了一个正确的了解,克服了下级干部害怕富有者的不良倾向"。后来表明,经过这种思想上的打气与重塑,"干部对这一问题不仅了解,而且执行了"③。

三、打造征粮干部队伍:重塑认知

不仅如此,中共基层干部由于其长期所处的生活场域以及在整个组织结构中的地位局限,在政治觉悟与政策落实方面,不少时候难以符合党的宏观战略目标。林伯渠在一次工作报告中讲到:"有些工作人员从农村中来,说上面的政策都很好,但到了下面,就有些走样。这种情形是有的,下面为什么走了样呢?除开极少数不良分子故意走样以外,大多数情况是由于下级人员对政策了解不够,或不熟悉,所以在执行时就走了样。"④

林伯渠还指出整个组织本身亦给基层干部的工作带来某种结构性的局限:"愈是上级,愈是分工办事,但愈是下级,就愈是一揽子形式,如果工作没有中心,没有步骤,一件未了,一件又来,吃下的东西太多,就消化不了,就会简单处理。"其结果是基层干部"跑腿、误工、惹人",还是不顶事,"工作还是做不好"⑤。另一位边区领导人也谈到了基层干部为其组织眼界与日常生活所困。他说:"区乡干部一般的说都很努力,很负责任,但还有不少叫苦的。叫苦有两种:一种是没办法,'解不下';一种是事情多忙

---

① 《神府县关于五月二十七日至七月五日的工作报告(1940年7月15日)》,《陕甘宁边区政府文件选编》(第二辑),第379—396页。
② 《罗迈在边府作风联席座谈会上的讲话(1945年6月19日)》,《陕甘宁边区政府文件选编》(第九辑),第378—385页。
③ 《高朗亭关于五、六月工作总结及七、八月工作计划的报告(1940年7月12日)》,《陕甘宁边区政府文件选编》(第二辑),第371—374页。
④ 《边区民主政治的新阶段——林伯渠在陕甘宁边区政府对边区第二届参议会第二次大会的工作报告(1944年12月5日)》,《陕甘宁边区政府文件选编》(第八辑),第446—457页。
⑤ 《边区民主政治的新阶段——林伯渠在陕甘宁边区政府对边区第二届参议会第二次大会的工作报告(1944年12月5日)》,《陕甘宁边区政府文件选编》(第八辑),第446—457页。

得很,一件事未完,另一件又来了。""任务多,使区乡干部对整个工作抓不住中心。例如上面头脑多,部门多,一下子发下去许多指示表格,就使下面无从做起。要知道下边的干部和老百姓,识字的很少,白天忙于生产,晚上还要睡觉,如果任务多了,他们除了随便敷衍应付外,还有什么办法呢?"①这位边区领导人进一步强调:"我们的区乡干部绝大部分是好的,他们中间许多人参加过长期的革命斗争和边区建设,他们为了革命,离开自己家庭,生活很艰苦,工作很多,又有许多困难,如果还骂他们,他们肚子里自然有气。所以我们对区乡干部应该寄予无限同情,应该帮助他们,提高他们,多给他们以政策教育和工作方法上的指导。"②

确实,且不论边区一级的干部,仅以县级干部的文化程度和政治认识而言,就与区乡干部大为不同。1945年上半年盐池县级干部66名,能看《解放日报》的49名,其他17名均能看《群众报》和《三边报》。他们中没有文盲,师范程度的9人,高中程度的3人,初中程度的13人,高小程度的24人,初小程度的13人,半文盲4人。能看懂《解放日报》的干部,"工作再忙每天总要挤出时间看报纸"。这些干部在讨论时事时,热烈发言,每次三个小时,还是"时间太短"。在讨论诸如中共代表出席旧金山会议等重大事件时,有些人发言高屋建瓴,颇见政治水平③。但是,区乡干部1945年上半年,虽然有动员,大部分干部还是没有学习,一些干部表示"年纪大了学不了""工作忙,没时间"或者"学几个字没啥用,不学也做了纪念工作"等,几乎是"谈不到业务学习和研究"④。

为了克服区乡级干部的局限,边区政府往往自上而下给征粮的基层干部在思想、政治以及方法等方面以各种启发与帮助。1940年,安定县征收公粮时,"由于过去平均摊派办法用惯了",在分配数目字的时候,各级习惯于用过去平均的办法"争论数目","甚至于区的部分同志也有这种

---

① 《高岗关于工作作风问题的讲话(1945年2月5日)》,《陕甘宁边区政府文件选编》(第九辑),第343—353页。
② 《高岗关于工作作风问题的讲话(1945年2月5日)》,《陕甘宁边区政府文件选编》(第九辑),第343—353页。
③ 《盐池四五上半年县级在职干部学习报告(1945年8月24日)》,《陕甘宁边区时期的盐池(档案史料汇编)》(中),第360—363页。
④ 《盐池四五年区乡级干部学习报告(1946年2月13日)》,《陕甘宁边区时期的盐池(档案史料汇编)》(中),第382—385页。

现象"。经过县里来的干部"很大的斗争与说服工作",各区、乡最终制订出较为符合党的宏观战略的征收方案①。

在华池县,"一般干部能吃苦,不怕干,能依照指示去做",但是"自动性与独立工作能力不够,形成依赖现象",如果"主要负责人抓得不紧,工作即行散缓甚至垮台"。与此同时,该县的大部分干部"对工作研究性差""不能了解工作的重要性与抓住中心而创造新的方法去完成任务"。华池县认为有必要"抓紧干部对于工作的研究和认识,以便把握工作原则","鼓励干部大胆去做工作",锻炼他们独立工作能力②。

1941年,关中分区征粮征草时,"边境区及一般中心区都完成了数目,有的地方且超过了计划"。据分析,其所以能得到这样的成绩,原因之一是"边区来工作团十四人,省委来工作团十四人,分区动员二十九人,共五十七人到各县帮助工作"③。这些来自上级的干部,无论从认识上还是方法上,对于基层的征粮工作都起到了很大的推动作用。

然而,边区地广人稀,交通相当不便,在政权工作上,"上下级联系困难,上情难于下达,下情难于上达"④。为了提高下级干部对于完成政府任务的"积极性与研究性",夯实、提高基层组织水平,1942年4月,陕甘宁边区政府委员会决定"加强下层",将边区一级的干部,进行大量的下沉式分配。即使是"负责同志","也应经常出巡,帮助下级",以改变干部资源的头重脚轻的局面。与此同时,边府提出"要建立各种正规制度,健全在职干部教育,以提高干部"⑤。中共领导人认识到,在构造新型政治共

---

① 《陕甘宁边区政府便函——复安定县征粮扩军事(1940年1月27日)》,《陕甘宁边区政府文件选编》(第二辑),第30—31页;《一月十九日函两件》,《陕甘宁边区政府文件选编》(第二辑),第31—35页。
② 《华池县上半年工作总结(1940年7月25日)》,《陕甘宁边区政府文件选编》(第二辑),第408—414页。
③ 《关中分区征粮征草工作报告(1941年12月25日)》,《陕甘宁边区政府文件选编》(第四辑),第72—76页。
④ 《陕甘宁边区政府第二次精兵简政实施方案纲要(1942年6月11日)》,《陕甘宁边区政府文件选编》(第六辑),第204—211页;《陕甘宁边区第二届参议会第二次大会关于政府工作报告的决议(1944年12月19日)》,《陕甘宁边区政府文件选编》(第八辑),第468—471页。还有一份边府文件谈到:由于边区交通不方便,对一些县府的请示批复,往返经月,造成迟缓延误。参见《第二次"精兵简政"与增加县政府权限(1942年7月9日)》,《陕甘宁边区政府文件选编》(第六辑),第441—444页。
⑤ 《陕甘宁边区政府委员会第二次会议关于政府工作的决议(1942年4月9日)》,《陕甘宁边区政府文件选编》(第六辑),第69—70页。

同体的过程中,为了"使正确的理想变成实际,使正确的政策变成人民的实践",需要其各级干部大量的艰苦耐心的实际工作,能够循循善诱地引导、改变人们的思想认识①。

我们注意到,边区基层政权的薄弱,与其干部文化程度的落后不无关系,"领导上单赖文字收效不大",很多情况下需要依靠其自身的"摸索与创造"②。而一些过去的地主士绅,"拉拢上面派来的干部",却"打击乡级干部","欺负他们不识字,不了解法令",或者说他们"短布衫,毛头小子"③。林伯渠也谈到:有一些地主嘲笑基层干部"不识字","老粗也要上台","得了嘛"④。一些农民"望见财东向自己走来,手里东西不自主地往下落",对于当乡长更是缺乏信心,认为"没知识","吃不倒财主,怕负担派不出去"⑤。

1941年,西北局组织部曾对各级党委干部文化程度进行调查统计,其结果如表2-2。

从表中各项数据分析,在中共西北局各级干部中,文盲都在县、区一级,其中,区委文盲数量是县委的六七倍之多;相反,具有高中与大学学历的,区委只有1人,而西北局里有46人之多。区委里,大多数干部只是稍识字,或者初小文化程度,西北局里大多数干部则是初中、高中文化程度⑥。

---

① 《边区民主政治的新阶段——林伯渠在陕甘宁边区政府对边区第二届参议会第二次大会的工作报告(1944年12月5日)》,《陕甘宁边区政府文件选编》(第八辑),第446—457页。
② 《陕甘宁边区政府第二次精兵简政实施方案纲要(1942年6月11日)》,《陕甘宁边区政府文件选编》(第六辑),第204—211页。直到1944年12月,边区参议会的决议仍然表示:"开展文教工作,首先争取大部分消灭区乡干部中的文盲"。详见《陕甘宁边区第二届参议会第二次大会关于政府工作报告的决议(1944年12月19日)》,《陕甘宁边区政府文件选编》(第八辑),第469页。
③ 详见《西北局调查组关于减租斗争的调查材料(1943年9月10日)》,《中共中央西北局文件汇集(1943年)》(二),第134—216页。有趣的是,这些蒋介石视之为地方"土劣"者,竟亦在国民党统治区域"横霸","依势凌官"。《蒋介石日记》(手稿本),1940年2月28日。
④ 《陕甘宁边区三三制的经验及其应纠正的倾向(林伯渠同志一九四四年三月二十五日在边区高干会上的报告)》,东北师范大学政治系编:《中共党史教学参考资料(抗日战争时期)》(4),1981年印,第193页。
⑤ 《陕甘宁边区三三制的经验及其应纠正的倾向(林伯渠同志一九四四年三月二十五日在边区高干会上的报告)》,东北师范大学政治系编:《中共党史教学参考资料(抗日战争时期)》(4),第194页;《西北局调查组关于减租斗争的调查材料(1943年9月10日)》,《中共中央西北局文件汇集(1943年)》(二),第134—216页。
⑥ 1944年山东政权干部文化程度层级差异与陕甘宁边区大体一致,其中,全省县科长以上干部大学程度的有6.6%,分区助理员以上的则是1.52%,而区级干部一个都没有;另一方面,没有一个县科长以上干部不识字,分区助理员以上的有0.97%,区级干部则占到10.75%。详见石文安:《困境与路径:山东抗日根据地财粮干部队伍建设》,《苏区研究》2024年第3期。

表 2-2　陕甘宁边区各级党委干部文化调查统计表

单位：人

	文化程度							
	文盲	稍识字	初小	高小	初中	高中	大学	其他	合计
西北局及边区、党校	—	—	34	33	43	25	21	—	156
分区党委	—	2	10	29	23	3	5	—	72
县委	6	23	18	73	28	2	2	7	159
区委	39	207	114	54	6	—	1	20	441
总计	45	232	176	189	100	30	29	27	828

资料来源：《西北局组织部关于边区一级的干部统计表(1941年10月)》,《中共中央西北局文件汇集(1941年)》,第214页。

1941年,陕甘宁边区对曲子县三级干部(县、区、乡)情况也有过一项调查统计。其文化程度分为大学、高中、初中、高小、初小、识字和文盲七个等级。其中,县级干部(科长以上者和科员)一共25人,没有文盲,也没有高中以上文化程度者,大部分为高小、初小程度;区级干部(区长和区员)一共21人,文盲2人,没有初中及以上文化程度者,大部分为初小或识字水平;乡长一共38人,文盲就有21人,而且没有高小以上程度者。陇东分区干部一共213人,大学1人,中学10人,师范2人,高小42人,初小没有,识字146人,文盲12人[①]。整体而言,组织层级高低与文化程度高低表现出相当大的重叠[②]。

---

① 《陕甘宁边区时期陇东民主政权建设》,第574、576页。1941年6月新宁县从各区乡调来19名干部接受选举训练,发现"所调的干部都不识字"。新宁县的报告还称：各级干部"大部分不识字、能力差","再加地广人稀",有关选举的宣传登记工作"发生了困难"。《新宁县乡的选举情况(1941年6月16日)》,《陕甘宁边区时期陇东民主政权建设》,第268—269页。
② 据边区政府报告：在整个陕甘宁边区,"一般的县份,一百个人中,难找到两个识字的人,有些县份(如华池、盐池等)二百人中只能找到一个识字的",而且,"不识字是几代不识字,脑筋也许要钝了些"。详见《陕甘宁边区政府工作报告(1941年4月)》,《陕甘宁边区政府文件选编》(第三辑),第205页。毛泽东在一次讲话中称,文盲是封建制度给边区留下的三大遗产之一。《毛泽东同志在边区党代表大会的政治报告》,东北师范大学政治系编：《中共党史教学参考资料(抗日战争时期)》(4),第151页。

1942年6月,边区政府政务会议通过的一份文件讲述了干部文化低所造成的工作苦恼:"边区不是缺乏干部,而是干部一般的能力和文化程度不够","因为文化程度低,书面指示少有效力,要了解下面情况,也少有可能倚靠书面报告"。"为了作一件大的工作","就得召集会议";而要了解下面的情况,"就得派人去调查",从而耽误许多工作①。曲子县干部,"文化程度很低,高小学生仅占14%",所以,虽然"政治进步",但是"管理政权经验缺乏","工作作风是游击习气"②。1944年,中共中央西北局也表示:"目前大多数区乡干部的主要缺点是在于对政策的了解太差与工作方式的过于简单化。"③我们从陕甘宁边区的另一份政府文件中还看到,即使是县级干部,仍然"文化程度较为低弱","对于统一战线下许多比较复杂的问题往往缺少机动处理的把握,以致上级政府不得不以更多的力量去帮助县上干部解决问题",尤其是"每逢一件大的动员或工作开始,边府便要派遣许多干部下乡(如选举、征粮等)协助工作"④。

但是,乡政府是边区政权建设中的最基本力量,是"团结群众最基本的堡垒",也是"完成抗战动员"的基本力量⑤。当时边区的乡级政权,其核心是党在各乡设立的支部干事会,一般由"支书、党员乡长及乡连长或乡文书或锄奸主任中择其一个最强者"参加⑥。考虑到"乡长文化过低,对上级政策和法令有解不开的困难",边区政府和参议会决定,乡政权"添

---

① 《陕甘宁边区政府系统第二次精兵简政方案(1942年6月30日边区政府第26次政务会议通过)》,《陕甘宁边区政府文件选编》(第六辑),第235—240页。
② 《曲子县政府第一科1942年全年民政工作报告》,《陕甘宁边区时期陇东民主政权建设》,第339页。
③ 《西北局关于冬季区乡干部训练问题的指示(1944年10月6日)》,《中共中央西北局文件汇集(1944年)》,第120—123页。
④ 《第二次"精兵简政"与增加县政府权限(1942年7月9日)》,《陕甘宁边区政府文件选编》(第六辑),第441—444页。事实上,19世纪末20世纪初欧洲的一些工会组织书记候选人,往往要求"掌握相应的法律知识,并具有一定的写作能力"。因此,当时各类党校随处可见,"专门负责为政党组织及时输送掌握丰富'科学文化知识'的领导者"。参见罗伯特·米歇尔斯:《寡头统治铁律——现代民主制度中的政党社会学》,任军锋等译,天津人民出版社2003年,第25—26页。
⑤ 逯月喜:《加强乡政府工作(的)讲话(于1942年6月15日乡长训练班)》,《陕甘宁边区时期陇东民主政权建设》,第341—348页。
⑥ 《西北局办公厅关于组织问题座谈会材料(1944年4月14日)》,《中共中央西北局文件汇集》(乙种本),第134—135页。

设一个有相当文化程度的文书"①。而且，各地的乡文书大概就像陇东专区一样，是"脱离生产"的②。不过，乡文书配备情况难如人意。陇东各县虽然"已有多数乡建立了乡文书"，但是"文化程度一般都低"③，"有的是阴阳先生，根本不做工作"④。及至精兵简政实行后，"大批知识分子及一些强干部派到区乡"，情况始有相当改变⑤。

边区领导人谢觉哉明确表示："对于敌人是一个态度，对付自己同伴者应是另外一个态度，这是我们与旧政权的社会基础的不同。因此我们对于干部鼓励应多于责备，教育应多于处罚。"⑥边区政府认识到："边区干部绝大多数是农民出身，经过土地革命斗争锻炼，有苏维埃以来的光荣传统"，"刻苦耐劳"，"易于接近人民"，但是由于"文化落后，进步性不够"，甚至少数干部有"腐化消极"等现象，因此，决定"加强文化政治的教育"，在边区政府委员会里成立干部科与民政厅⑦。

不少干部经过受训，"能认识三百字以上"，并且"克服了一些保守、狭隘、调不动、不愿学习的现象"⑧。在盐池县，考虑到"区、乡两级干部政治素质较为薄弱"，要求其受训时学习《西北局冬季干训的指示》两天、《论共产党员的修养》五天、《刘子久给淮北区党委的信》两天。在学习的过程，"以三分之二时间和精力进行讨论、反省"，由县级负责干部，"经过事先的

---

① 《陕甘宁边区简政实施纲要（边区政府第三次政府委员会通过）》，《中共中央西北局文件汇集（1943年）》（一），第39—59页。与此同时，边区各种措施，让区乡干部学习，"读报识字"。比如，盐池的一些乡长，"原先他们不识字"，经过组织领导，已经"能看懂边区群众报及来往的简单信"。参见《陕甘宁边区盐池政府九、十、十一、十二月民政工作（1940年12月23日）》，《陕甘宁边区时期的盐池（档案史料汇编）》（上），第82页。
② 《陇东分区专员公署对分区政权工作意见书（1942年9月25日）》，《陕甘宁边区时期陇东民主政权建设》，第375页。
③ 《陇东分区专员公署对分区政权工作意见书（1942年9月25日）》，《陕甘宁边区时期陇东民主政权建设》，第385—386页。
④ 《陇东地委关于整风训练班十大政策讨论整理（1944年2月）》，《陕甘宁边区时期陇东民主政权建设》，第390页。
⑤ 《陇东地委关于整风训练班十大政策讨论整理（1944年2月）》，《陕甘宁边区时期陇东民主政权建设》，第389页。
⑥ 《谢觉哉关于工作作风问题的讲话提纲（1945年7月25日）》，《陕甘宁边区政府文件选编》（第九辑），第366—377页。
⑦ 《民政工作三年总结（1941年10月27日）》，《陕甘宁边区时期的盐池（档案史料汇编）》（上），第213页。
⑧ 《民政工作三年总结（1941年10月27日）》，《陕甘宁边区时期的盐池（档案史料汇编）》（上），第214页。

调查研究、综合实际存在的问题,密切联系文件的精神予以必要的讲解和指正"。另外,还要求他们"每人学会五个小词","文盲每天识字五个"①。

四、打造征粮干部队伍:对"新贪官污吏"的清洗

边区政府曾对各级政权干部有一个整体性的分析:区乡级干部,百分之九十是从当地农民革命斗争出身的积极分子;县级干部,同样是农民出身的占绝大多数,但是"百分之八十经过长期革命斗争的考验","有艰苦奋斗的革命传统和丰富的实际经验",是边区政权干部的中坚;边区一级的干部,"百分之七十以上是抗战后陆续参加进来的青年知识分子","热情很高,工作积极"。这里所说的边区一级的干部,显然不是指某个干部的级别,而是其工作单位的层级。区乡级和县级的干部,其个人级别与工作单位级别,更趋于一致。不管如何,边区政府批评许多边区一级的干部"犯着相当严重的自由主义",县、区、乡级的干部中则"发生了贪污腐化分子"②。

然而,相对于国民党以及其之前的政权机器而言,中共边区政权组织体系的严密性与活动性方面之所以薄弱,有时甚至有比较严重的问题,更多的不在于高层(主要为边区一级),而在于基层的干部(主要为区乡一级)。

1938年,环县政府向林伯渠报告:有几个乡长无法教育,但是"县政府干部无什么问题",个别的"去边区受训逃跑",但是"给了思想斗争""多加教育"之后,"已有改进"③。陕甘宁边区参议会的一份决议案直言:"必须改进干部,尤其区乡干部的作风","以更加密切政府同人民的联系"④。中共西北局也讲到:在征粮工作中发现一些区乡干部要私情、隐粮不报

---

① 《盐池县冬季第一批区乡干部训练班教育计划(1944年12月8日)》,《陕甘宁边区时期的盐池(档案史料汇编)》(中),第333—335页。
② 《陕甘宁边区简政实施纲要(边区政府第三次政府委员会通过)》,《中共中央西北局文件汇集(1943年)》(一),第39—59页。
③ 《环县政府一年来及10月份工作报告(1938年11月5日)》,《陕甘宁边区时期陇东民主政权建设》,第189页。
④ 《陕甘宁边区第二届参议会第二次大会关于政府工作报告的决议(1944年12月19日)》,《陕甘宁边区政府文件选编》(第八辑),第470页。

等,群众里面有一种呼声"阎王易见,小鬼难见"①。边区政府多次表示:"下级人员作威作福",以致老百姓说:不怕阎王怕小鬼②;人民来告状的,"大多数是告区乡干部办事不公,或者贪污自私,再或者随便的捆绑拷打人民等"③。神府县在给边府的报告中则讲到:"三十八个乡长内有八个乡长前由属县党委召集开三个月短期训练班受训一次,比较有了一点理论基础,其他一般的均属幼稚薄弱,甚至成为自流状态","乡委员有不公正的,在群众面前耍花子的",甚至"贪污者有之,欺压抗工属者亦有之,'打游击'④不要脸者更有之"⑤。

我们在1941年12月靖边县征粮工作团向边府的报告中也发现,有问题的干部尤以乡级为甚。靖边县凤凰一乡的李天朋,"原在土地革命时,任过赤安县主席",以后落伍不愿前进回家,到地方之后,马马虎虎地把他提拔为三乡指导员。不料该年征粮时,"给他分配负担公粮二斗,但在群众中大声高骂说,区的工作人员太坏蛋",并叫嚣道:"三年公粮我都没出一粒,那一个瞎眼睛给我派下二斗公粮,老子绝对不出。"⑥事实上,1941年度该县的公粮征收工作,大体上还是"算公平合理"的,其原因是"边区和县上的人来"⑦。

边府政府分析了何以区乡级干部更难以执行整个政权的革命使命,认为有"两种原因":一是"下级干部的工作多少总有些缺点",二是"人民的知识一天天发达,他们有什么意见,敢于向政府提出,他们知道要求上

---

① 《西北局给延安县委的一封信——关于检查区乡级干部工作问题(1941年5月)》,《中共中央西北局文件汇集(1941年)》,第13—19页。
② 《陕甘宁边区政府工作报告(1941年4月)》,《陕甘宁边区政府文件选编》(第三辑),第237页。
③ 《陕甘宁边区政府关于派公正干部切实调查群众控告案件的命令(1942年6月25日)》,《陕甘宁边区政府文件选编》(第六辑),第232—233页。
④ 指男女之间发生不正当性关系。
⑤ 《神府县政府关于五月二十七日至七月五日的工作报告(1940年7月15日)》,《陕甘宁边区政府文件选编》(第二辑),第379—396页。
⑥ 《靖边县府及征粮工作团呈文(1941年12月24日)》,《陕甘宁边区政府文件选编》(第四辑),第24—28页。
⑦ 《靖边县府及征粮工作团呈文(1941年12月24日)》,《陕甘宁边区政府文件选编》(第四辑),第24—28页。

级政府来保护自己利益"①。罗迈则明确指出了干部的不足之处在于存在着较为深刻的层级性差异:"上级干部大部分脱离生产,离开群众很久",而下级干部"身上有他农民的落后性"。他表示:"农民落后性方面在我们下级干部身上确实可以找到的。如果找不到那是很奇怪的,昨天还是老百姓,现在当选为一个乡长,农民的落后性统通没有了?那是解释不通的。"②西北局也认为:那些区乡干部大都是农民出身,"忘记旧的压迫剥削的不合理","代以自己对别人的新的压迫和剥削"③。习仲勋在一次座谈会上指出:有些乡的支部书记和乡长"完全跟群众是对立的","不仅向群众要东西,而且还有过去那种联保的残余"。他建议:对于这些乡级干部,"经过民主改选一下"④。

实际上,在陕甘宁边区每年征粮过程中,干部群体的这种层级分化,反复出现。1940年,延长县提到其所属的有些干部,"发生观念问题",出现"包庇他的亲族友谊等情"⑤。志丹县五区仓库主任和区级干部"共同舞弊伙分贪污粮款","有组织的偷卖了二石五斗"⑥。镇原县五区十乡、五乡、二十一乡的乡长,当村里征粮超过任务时,"隐瞒超过的部分不报告上级,自己暗中私行修改花户册","减轻自己的及亲戚朋友的负担"⑦。盐池县五区三乡乡长胡生武,"在征粮过程中爱群众的小便宜","如果那个群众给他送一点东西,他便给那个减少公粮,甚至于完全不让交纳"⑧。该县三区五乡的自卫军指导员官思,"在会议上决定他应出的公盐公粮,

---

① 《陕甘宁边区政府命令——令各县政府对人民控告干部的案件应及时认真负责处理(1945年9月23日)》,《陕甘宁边区政府文件选编》(第九辑),第257—258页。
② 《罗迈在边府作风联席座谈会上的讲话(1945年6月19日)》,《陕甘宁边区政府文件选编》(第九辑),第378—385页。
③ 《西北局给延安县委的一封信——关于检查区乡级干部工作问题(1941年5月)》,《中共中央西北局文件汇集(1941年)》,第13—19页。
④ 《西北局办公厅关于组织问题座谈会材料(1944年4月14日)》,《中共中央西北局文件汇集》(乙种本),第152页。
⑤ 《刘景瑞同志关于征收救国公粮给边府的函(1940年1月7日)》,《陕甘宁边区政府文件选编》(第二辑),第5—6页。
⑥ 《曹力如关于陕甘宁边区三年来粮食工作的检讨(1940年9月18日)》,《陕甘宁边区政府文件选编》(第二辑),第430—437页。
⑦ 《陕甘宁边区三十年度征粮征草工作总结》,《解放日报》1942年10月23日。
⑧ 《陕甘宁边区盐池政府九、十、十一、十二月民政工作(1940年12月23日)》,《陕甘宁边区时期的盐池档案史料汇编》(上),第82页。

会后他却叫其他群众给他暗出些",其中,"该乡群众胡生勤替他出了一驮盐,官四寡妇给他出了八升公粮,朱彦在给他出了一斗二升公粮"①。1941年度征粮时曲子县土桥区二乡干部"私自给干部家减了3石3斗公粮","天长区区长与区的干部集体贪污公粮","马岭区第三乡自卫军连长在征粮时,在一个村隐瞒了30户群众没登记"②。

1942年6月,边府责令安定县长黄聚俊查办该县去年征粮时南区六乡的一些干部。这些乡级干部,或者"把救国公粮换大烟吃",或者给人私派公粮,或者是对于战士开小差,包藏不报,"要这个战士少出公粮干部吃了"③。在清涧县白家岔薛家东村,一名乡自卫军的连长负责征粮。他"不按各户的实际收入及家庭生活状况做标准,竟用恐吓手段对民众说:要尽量的报,报的多有我保证,报的少了要判三年徒刑。民众怕犯罪,报粮都超过实数"。但是,如照此征粮,被征的人,将要饿死,引得全村民众几为之嚎啕痛哭④。吴堡一区五乡的乡长,"因为要按累进征收,自己应出五斗,他就反对调查,主张摊派,只给自己摊派了三斗"⑤。

1944年度征粮时,绥德吉镇区二乡马家渠的住户马守明,"共五口人,内有全劳动力二人,有土地五十三垧,出租三垧,出伙十二垧,自种三十八垧,抽空赶牲口做流动生意,当计副业纯益银洋三百元,依此去年累征公粮三石五斗,另外给分配下优抗运盐粮一石三斗二升五合,公草一千一百三十斤"。他"当时交了公粮二石五斗,公草五百六十斤,下欠之数提出负担不公,抗不交付"。然而,该乡干部在处理马守明公粮问题过程中,却"随便打人"⑥。

朱元璋曾讲:"掌钱谷者盗钱谷,掌刑名者出入刑名。"上述公粮的征

---

① 《盐池县政府第一科一年来民政工作总结报告(1942年9月24日)》,盐池县档案馆编:《陕甘宁边区时期的盐池档案史料汇编》上,第258页。
② 逯月喜:《加强乡政府工作(的)讲话(于1942年6月15日乡长训练班)》,《陕甘宁边区时期陇东民主政权建设》,第344—345页。
③ 《陕甘宁边区政府命令——查办安定南区六乡征粮草中干部舞弊事(1942年4月13日)》,《陕甘宁边区政府文件选编》(第六辑),第71—72页。
④ 《清涧县政府呈文(1942年6月17日)》,《陕甘宁边区政府文件选编》(第六辑),第196—198页。
⑤ 《陕甘宁边区三十年度征粮征草工作总结》,《解放日报》1942年10月23日。
⑥ 《绥德分区专员公署为吉镇马守明公粮事的呈文(1945年9月23日)》,《陕甘宁边区政府文件选编》(第九辑),第265—266页;《陕甘宁边区政府批答——关于马守明之公粮问题及被打处理意见(1945年10月9日)》,《陕甘宁边区政府文件选编》(第九辑),第265页。

收环节,基层干部频现各种问题,在收储环节上,诸如工作失职、账目不清、挪借贪污之事,亦是广泛存在。

我们以延安县为例。该县宋川的仓库主任冯义仁,"四二、四三两年,以私人名义给群众空写公粮收据二十八石,县区合作社七十多石(为做公粮生意,包交延川送交该仓库之公粮),共计一百十三石,除收回者外,尚差六石",此外,"该主任又私自借出三十六石,总计为四十二石"①。姚店仓库主任白进玉,1942年秋一次打空条二百石(小米),"由区署卖给姚店粮局调剂站,卖价每斗一百五十元,后向群众零星收买交还仓库,买价每斗一百四十五元,赚钱归自己"。又一次白进玉打了十石蔓豆的空条,这些蔓豆由区署卖给甘谷的一个粮食调剂站,"后因豆价高涨,以米六石六斗六升抵还。这位粮库主任还"随意挪借公粮",计有"合作社五石,纺织工厂十一石,王万成麦子一石三斗",均"无一定手续,亦不留帐"。至1944年3月,该处仓库"尚有十二石二斗三升未交清"②。

至于其他为顶交公粮,未经正当手续滥借公粮的,更是不在少数。边府曾以高峁和青化砭两仓库的借粮为例,进行了一次较为彻底的盘查,所发现的一些异常借粮情况见表2-3③。

表2-3 高峁与青化砭仓库借粮情况表

序号	借粮人	身份(单位)	借 粮 事 由	所借粮食及数量
1	刘子英	乌阳区区长	顶交公粮	米2石
2	常光明	青化区合作社干部	顶交公粮及欠粮	麦1.17石
3	孙光兰	乡文书	顶交公粮	米0.53石
4	(不详)	桥儿沟合作社主任	顶公粮	麦2.2石

---

① 《边区仓库主任二科长会议对延安县仓库工作的反映》,《陕甘宁边区政府文件选编》(第八辑),第396—398页。
② 《边区仓库主任二科长会议对延安县仓库工作的反映》,《陕甘宁边区政府文件选编》(第八辑),第396—398页。
③ 《边区仓库主任二科长会议对延安县仓库工作的反映》,《陕甘宁边区政府文件选编》(第八辑),第397页。

(续表)

序号	借粮人	身份(单位)	借粮事由	所借粮食及数量
5	王子厚	川口区乡长	顶公粮	麦 0.2 石
6	马尚仁	运输合作社队长	顶公粮	米 3.5 石
7	孙翼文	县剧团团长	顶交公粮	米 1 石
8	(不详)	李渠合作社主任	顶交公粮	米 2.3 石
9	王万成	纺织工厂	(不详)	米 20.45 石
10	(不详)	丰富区合作社	(不详)	麦 2.05 石
11	公益兴	李渠商人	(不详)	麦 3.985 石
12	景荣小	修械厂	保交公粮	米 2.46 石
13	青化区		代交胡光强的公粮代金	玉米 0.3 石

1944年,各县二科长仓库主任的联席会议还指出延安县政府二科的一些干部随意挪借公粮、工作不负责任。二科长胡起林,向高茆仓库借粮二石,一直未能收回。"副科长李生彪借十三石","二科科员梁生玉借十一石未收回"。此外,该县二科"借给女校十九石八斗二升一合",在1944年夏征时又"自行动用公粮一百多石"。该县整个二科机关,"无专门负责粮食工作的人","对仓库工作了解与检查不够","收支混乱",致使"今春延属地委及联司,前去支粮均空手而回"①。

在1940年陕甘宁边区党政联席大会上,林伯渠即已谈到了边府基层组织体系"不健全"的问题。他在报告中提到:在一次工作检查时发现"一七七个坏干部"中,"有一百四、五十个是乡级的"。据这份报告反映:"群众说县级、边区一级的干部都好,但乡级干部太其害怕了。"②

---

① 《边区仓库主任二科长会议对延安县仓库工作的反映》,《陕甘宁边区政府文件选编》(第八辑),第398页。
② 《林伯渠同志在陕甘宁边区党政联席会议上的报告——关于新民主主义政治的阶段问题(1940年3月12日—13日)》,《陕甘宁边区政府文件选编》(第二辑),第398页。

客观地讲,边区政权体系相对于地方社会而言处于优势的地位。由于这种优势地位,一些区乡级干部"对上级负责,遵守纪律,服从领导",从根本上避免了中外税收史上的各种包税弊端,但也易于助长他们"太硬"、"耍态度"、命令主义("瞪眼睛"),又或者"太拖""不顶事"等①。在靖边,一些征粮干部"作威作福,徇情作弊"②。盐池三区某乡长,"平时吸食大烟,对群众摆官僚架子,对工作态度消极"③。对于群众将干部"视为'公家人'",中共中央西北局深以为戒④。

林伯渠不无担忧地表示:干群关系若果如此,即使能完成征粮等政府派发的任务,"工作不一定做的好"⑤。1944年,边区参议会则以某种经过政治上斟酌之后的方式强调指出:"必须改进行政干部,尤其区乡干部的作风",使他们"从带有若干不民主的作风","改进成为完全民主的作风"⑥。罗迈在一次报告中则直指"问题根子错在乡上","要挖根子,只有到乡上去挖"⑦。

在分析1940年环县事变的起因时边府工作团指出:这次事变的发生主要是主观上的问题。"为什么要说主观,固然环县客观是不好的,但是光说客观造成,那群众要求迁移,赌身家性命,离故土,是在群众说起不是容易的一回事。"在涉及干部问题时,他们提到田丰年的例子:"在征粮扩兵中工作方式不好,如他在耿湾区主持工作,开群众会(是在该区一乡),他说今天这个会议和过去不同,顶杀人占场,你们都来,我便宰割你

---

① 《罗迈关于作风问题在学习大会上的报告(1945年11月25日)》,《陕甘宁边区政府文件选编》(第九辑),第385—392页。谢觉哉讲到庆环一些地方征粮方式是"硬要","征粮给你摊四斗,你如推诿,就变八斗,不出不行"。《谢觉哉对庆环工作的意见(1940年5月18日)》,《中共陕甘宁边区党委文件汇集(1940—1941)》,第440页。
② 《陕甘宁边区统战工作材料(1940年8月)》,《中共陕甘宁边区党委文件汇集(1940—1941)》,第453页。
③ 《盐池县政府一九四〇年度八、九两月份工作(1940年10月5日)》,《陕甘宁边区时期的盐池(档案史料汇编)》(下),第758页。
④ 《西北局对边区群众工作的指示(草案)(1943年5月5日)》,《中共中央西北局文件汇集(1943年)》(一),第218—223页。
⑤ 《林伯渠同志在陕甘宁边区党政联席大会上的报告——关于新民主主义政治的阶段问题(1940年3月12日—13日)》,《陕甘宁边区政府文件选编》(第二辑),第113—138页。
⑥ 《陕甘宁边区第二届参议会第二次大会关于政府工作报告的决议(1944年12月19日)》,《陕甘宁边区政府文件选编》(第九辑),第468—471页。
⑦ 《罗迈关于作风问题在学习大会上的报告(1945年11月25日)》,《陕甘宁边区政府文件选编》(第九辑),第391页。

们,今天我给谁估计一石,就要出一石,如果谁不出,我就要加倍征收,再不出,二鬼抽筋(就是拷吊)。"边府工作团认为,环县事变从根本上讲是一些基层干部三番五次地摊派,官僚主义,"打骂现象、不顾及群众生活问题",致使人们怀疑共产党领导构造的整个地域共同体已经变质,"群众认为革命变化了"①。1942 年,边府委员会通过的决议特别强调了下级干部中"耍私情"的现象对于整个政权的破坏性影响②。

确实,"乡村是直接与群众发生关系的地方"③,其本身犹如一面镜子,生活在其中的干部任何一次细微的言与行,都毫无遮拦地暴露无遗,直接引起地方社会种种复杂的感受与反应。

1942 年吴堡县征粮时,该县第六区区长霍相乐和县府第二科科长李丕仁,认定贾应利"瞒地半垧(四垴)不报",要他缴纳二斗五升公粮,但是贾应利不予理会,只纳了二斗。据他讲述,该区长就领人带马,"将门户窗户全行打破,冲入室内",又将其弟贾应德打得头破血流。不管贾的陈词是否属实,这位区长和科长之所以成为被告,显然是他们都生活在一个共同的地方社会之中。从贾应利的控词中,我们还发现,他对该区长的家庭底细摸得十分清楚。显然,在日常生活、人际交往等场域空间,他们相互之间有相当程度上的交叉重叠。比如,贾应利揭发该区长的亲戚贾云田、贾世俊等"藏地",因为兼亲带故,"他就替他们隐瞒";"他自己吃公家用公家,今年他还偷用棉花十四斤";"只顾自己生产、和朋伙开染房做生意,毫不顾公,只是自私自利",如此等等④。

佳县响石区进柏村的李贞富,其所以控诉乡长李思明等违法行为,是 1944 年征收公粮时,"李贞富弟兄二人,乡上以累进征四石多,评定应征二石八斗,村里由评议员五人议减至二石三斗",但李贞富不以此满足,反而"乘机起斗争,以李贞祥、张成保为对象",认为他们自己收入不实报,于

---

① 《边区政府庆环工作团关于环县工作的报告(1940 年 7 月 7 日)》,《陕甘宁边区政府文件选编》(第二辑),第 333—338 页。
② 《陕甘宁边区政府委员会第二次会议关于政府工作的决议(1942 年 4 月 9 日)》,《陕甘宁边区政府文件选编》(第六辑),第 69—70 页。
③ 《罗迈关于作风问题在学习大会上的报告(1945 年 11 月 25 日)》,《陕甘宁边区政府文件选编》(第九辑),第 385—392 页。
④ 《吴堡贾应利向边府的呈文(1943 年 3 月 9 日)》,《陕甘宁边区政府文件选编》(第七辑),第 230 页。

是"与村干部互相吵骂"。当时李贞祥等人对李贞富态度不好,"致起纠纷"。初经佳县有关方面调查,李贞富的公粮"轻重不差上下"。但是,"干部调查工作不够,方式有些不好",而"区上未能很好执行县上意见",结果引起李贞富等不满,"遂酝酿成上诉"①。

李贞富等控告区书记曹鉴成"办事不公,向群众挑是非,动气骂人";还控告其他几名基层干部"骂他特务",或者"压迫人民,骂人民"。其控告村主任李贞高的事由,更是细碎不堪。据李贞富称,李贞高:"(1)征公粮不公,长征公粮;(2)四三年敬神,全村有六百四十九垧地,每垧收米一合,除费用外,余钱做甚;(3)四四年全乡唱戏,长银洋六元;(4)四四年夏,群众自动凑麦子,全乡二石七八斗,不知给谁吃;(5)打醮收麦子五斗二升,献供用一斗二升,吃白面六十五斤,长下做甚;(6)当村主任时,人民帮助米二斗九升。"②

他对乡长李思明的控告,同样是犹如陈年烂谷:"(1)三八年私摊法洋二百元;(2)三九年过兵,支应罢,长米二斗五升、黑豆三斗、高粱六斗四升、炭六百斤、干草七百四十斤;(3)四〇年驻军种他地三垧,全乡收米一石二斗,不征不减;(4)四二年罚白尚元、白双儿谷子四斗;(5)四三年修过关楼及会窑未算账,不知长短;(6)四三年十月十二日开征粮会,不顺眼人报成特务;(7)罚张占奎、张成生谷子八斗、高粱二斗;(8)写假约并打抗属老人;(9)四四年和李贞全伙中蒸酒;(10)卖洋烟五两;(11)卖给李树公酒一驮;(12)私改公粮条子;(13)参加征粮不公;(14)四四年订农户计划,每张纸收法洋三元;(15)本年唱秧歌摊米二斗四升,吃了一斗二升,给李思明帮助一斗二升,顶乡上办公费。"③

经被诉人答辩,佳县司法处去该村及附近村庄调查数十天,发现李贞富的控告"并不关重大","具属过去数年前之事,实令人难以了解情况"。其中,原乡长李思明的答辩中提到,他与李贞富的过节,源于1944年征粮

---

① 《佳县政府司法处关于李贞富等控诉李思明等七人情况的报告(1945年6月21日)》,《陕甘宁边区政府文件选编》(第九辑),第152—157页。
② 《佳县政府司法处关于李贞富等控诉李思明等七人情况的报告(1945年6月21日)》,《陕甘宁边区政府文件选编》(第九辑),第152—157页。
③ 《佳县政府司法处关于李贞富等控诉李思明等七人情况的报告(1945年6月21日)》,《陕甘宁边区政府文件选编》(第九辑),第152—157页。

统计时,"人民都不实报,干部对干部吵,我起火不算,我说李贞富的不实,他就和我有了意见"。由此可见整个纠纷是征粮干部们没有满足李贞富的利益诉求,导致他多年积累的怨恨、不满从心底泛滥。而这些被控告的干部也确实存在着诸如偷谷子、违禁蒸酒、卖烟(即鸦片)等草根社会里习以为常的藏污纳垢事情①。

所以,一些基层的区乡干部感到委屈,"他们一年一月做上一百件事,几十件是好的,几件是不好的",结果就被"群众告下"。南泥湾垦区政府区长杨正齐,是个"很好的干部","和群众关系好,老百姓到上面告状去,他在半路里碰上挡着不叫去,结果和老百姓顶起来,打了老百姓"。直到这位区长"跑到专署、边府承认错误,又到老百姓那儿承认错误,事情才算完了"②。

垦区政府的另一个区长李忠,相比之下,其情况稍为严重些,但在底层社会中亦并不过甚。1944年征粮时他没有严格执行边府的有关政策与条例,造成了新老户负担不公平、老户挤新户的问题。比如老户陈桐章,1943年出公粮1.5石,但是1944年仅出了1石。当时李忠又提出来该户系残废,"又减轻了二斗"。但是"陈的实在情形是豹子咬了,已经多年了并不妨碍生产,劳动力很强,其生活近来稍差是嫖女人所致,就按六斗起征点他是应出九斗不该减少"。后进一步调查发现,该区的老户公粮负担普遍比新户轻。又如老户陈登良,是红土沟村长兼评议员,"家中使用两条牛、雇一个调份子的,种川地二十垧,山地二十垧,打粗粮七十五小石,并有半个骡子朋伙出去做流动生意,全家不过三口人"。1943年"征收公粮二石",1944年却减为一石八斗、代耕粮仍为二斗,只占收入的百分之五点五,流动生意还未计算。延属分署认为"确是太轻"。还有新窑子村长兼评议员杨仲新,"一家三口,有六条牛、一个驴子、一个拉伙子、一

---

① 《佳县政府司法处关于李贞富等控诉李思明等七人情况的报告(1945年6月21日)》,《陕甘宁边区政府文件选编》(第九辑),第152—157页;《佳县响石区进柏村李贞富控诉李思明等违法行为的呈文(1945年5月31日)》,《陕甘宁边区政府文件选编》(第九辑),第151页;《陕甘宁边区政府批答——李贞富控告李思明等违法行为不是事实(1945年7月6日)》,《陕甘宁边区政府文件选编》(第九辑),第150页。
② 《李景林在边区作风座谈会上的发言(1945年6月19日)》,《陕甘宁边区政府文件选编》(第九辑),第392—395页。

个调份子,种川地十二垧、山地十七垧、稻地十亩,共收粗粮三十七石五斗"。1943年"也是负担二石的",1944年"减为一石八斗,代耕粮仍然是二斗,只占收入的百分之十点五"。老户段世增,"使用两个牛、三个长工,种川地三十垧、山地三十垧,收粗粮七十五小石,还有两匹马去做流动生意,一家七口"。1943年"共出三石",1944年"共出二石、代耕粮仍然是六斗,负担占收入百分之六点九,流动生意不在内"①。

但是对于那些刚来的移难民,李忠并没有按照政策予以减免,这使得他们的公粮负担普遍较重。比如边府农场的伙子白应丰,原籍延川,"一九四四年方来农场种庄稼,一家六口共打粗粮二十四石包种,交公粗粮九石六斗,还借粮十石,只余粗粮四石四斗,都给他派了公粮细米二斗,代耕粮细米二斗共折粗粮八斗,实余三石六斗。当时乡评议员提出来说,这样怎能维持六口之家的生活。李忠代区长仍然是要摊派这样多"。另一位农场伙子马福清,收入粗粮14石,"一家七口难足一年吃用,而李忠却摊了他一石公粮、五斗代耕粮,共折粗粮三石(占收入百分之十二点五)"。延属分署调查后认为:"马福清公粮已够起征点,可以征收每人平均七斗细粮。"②

透过上述调查材料,我们可以发现李忠这位区长并没有让政策的理性克服、消融其某种根深蒂固的地方情感,而是表现出一个邻里社会经常会有的对异乡人怀有敌意与排斥的倾向。如果说挤兑老户的做法尚在日常情理之内,那么这位区长动用权力为自己的家庭提供无偿服务,则应另当别论了。他"抽了六个劳动力去延安抬担架接他老婆和小孩子",共费了五天时间,"在他老婆去延安生娃娃时,还动员了一个老百姓送,共三天","总共为婆姨费去群众三十三个工"。李忠这些滥用权力的行为不仅有碍于党的政策与纪律,还引起了地方社会的物议和"群众不满"③。

---

① 《关于垦区代理区长李忠在代理时期工作情形调查材料及处理意见》,《陕甘宁边区政府文件选编》(第九辑),第87—89页。
② 《关于垦区代理区长李忠在代理时期工作情形调查材料及处理意见》,《陕甘宁边区政府文件选编》(第九辑),第87页。
③ 《陕甘宁边区政府批答——准照来呈所拟意见处理李忠代区长(1945年4月7日)》,《陕甘宁边区政府文件选编》(第九辑),第85—86页;《延属分区行政督察专员公署为李忠代理区长工作事的呈文(1945年3月30日)》,《陕甘宁边区政府文件选编》(第九辑),第86页;《关于垦区代理区长李忠在代理时期工作情形调查材料及处理意见》,《陕甘宁边区政府文件选编》(第九辑),第87—89页。

边区的基层干部,"散居民间"①,很多时候"和群众关系很密切,甚至是一致的"②。他们与地方社会之间有着千丝万缕的关系,同时也几乎每天与地方居民之间发生着各种各样的纠葛、矛盾与交往③。这些日常生活中零零碎碎的情感关系往往令基层干部深陷其中,无论在主观上、还是在客观上都难以摆脱、超越④。

中共领导人不时地注意到干部对于公粮的认识与行为并不必然地高于群众,甚或相反,部分的干部还落后于群众⑤。在盐池县征收1941年度公粮时,适值何文鼎正准备向三边地区进攻,所以一经过宣传,大多民众都踊跃送粮,"公粮原是六百石,经县参议会的讨论又增加教育粮与救济粮一百石,共为七百石"。但是该县发现"大多干部是比民众出得少",而且"这种现象在各区都有"。在盐池县所属的三区,"过去一些中富农的干部家庭,无论什么负担都比一般中富农的民众少出百分之五十或七十以上"⑥。靖边县1941年12月向边府的报告也谈到:"群众之反映一般的说来甚好,我们检查起来,群众起模范作用的例子很多而干部很少。"该报

---

① 《西北局办公厅关于边区"三三制"经验的初步研究(初稿)(1944年3月23日)》,《中共中央西北局文件汇集(1944年)》,第244—245页。
② 《林伯渠同志在陕甘宁边区党政联席大会上的报告——关于新民主主义政治的阶段问题(1940年3月12日—13日)》,《陕甘宁边区政府文件选编》(第二辑),第113—138页。自苏区时期开始,中国共产党领导层即关注基层干部的地方观念浓厚问题(可参见《汪辰关于赣东北的报告》,江西省档案馆藏,编号G001-4-199》)。
③ 比如1942年延安县一区四乡(原为清化区一乡)武家沟的任占花上诉案中,三个被上诉人分别是李海满(延安县一区四乡石家圪塔人,该乡指导员)、韩应斗(延安县一区一乡临坪人,四乡锄奸主任)和马继金(延安县一区四乡临坪人,该乡自卫军连长),上诉人任占花原为佳县人,"民国二十八年八月到延安一区四乡武家沟种地"。起因是该县驻军八路军警备三团生产队副官任元江,"以被张廷喜匿名诬控该队盗卖公粮、强奸妇女",即将张廷喜逮捕拷打,张廷喜受刑不过,即妄称系与上诉人共同所为。任元江遂向四乡指导员李海满、锄奸主任韩应斗索取上诉人,伊等即派自卫军连长马继金于1940年农历腊月二十二日将上诉人逮捕,将其左腿打残。详见《陕甘宁边区政府审判委员会关于任占花为李海满等妨害自由致重伤提起上诉一案的刑事判决书(1942年7月30日)》,《陕甘宁边区政府文件选编》(第六辑),第270—272页。
④ 1941年度征粮时,为了避免本地干部"得罪人"的顾虑,曲子县调查粮户时配备两名干部,一名外来干部负责正面登记,而一名本地干部从侧面提供材料。镇原县大体亦是如此。《陕甘宁边区三十年度征粮征草工作总结》,《解放日报》1942年10月23日。
⑤ 《陕甘宁边区政府为完成征收九万石公粮致各专员县长第二次指示信(1940年12月16日)》,《陕甘宁边区政府文件选编》(第二辑),第530—533页。
⑥ 《盐池县府征粮工作报告(1942年1月8日)》,《陕甘宁边区政府文件选编》(第五辑),第178—181页。

告称:"群众中还有一种反映,就是说:'虽然靖边连年灾荒,粮食非常缺乏,但部队比咱们老百姓还困难,当这抗战时期,艰难军民都受才好'","我们觉得群众是比干部懂得道理"①。

为了确保党的政策意志的贯彻与征粮组织体系的有效运转,边府运用了某种形式的选举来清除干部队伍中的落后因素。边府表示:"边区的新民主主义政权是从人民中间生长出来的,所以它的各级领导人和干部能够艰苦奋斗、不辞劳瘁,甘当人民勤务员,特别是区乡间的干部,栉风沐雨,终日奔走,以完成人民所给予的任务。""这样真心诚意为人民办事的政权,在中国历史上是从来没有见过的。"但是,"由于旧社会还留下来的耍私情、摆架子、强迫命令、官僚主义等传统陋习的影响和侵袭,我们部分干部或多或少地犯了脱离群众的毛病"。为消除这些毛病,边府提出:要通过选举运动,"认真地进行批评和自我批评"。它认为:"只有倾听人民的意见,并按照人民的意见办事,才能使我们的政权机构更加健全,才能使我们的行政效率更加提高,才能使我们的政权和人民结合得更加密切。"②按照边区的制度,"乡市参议会半年一改选,经常讨论批评工作",从而基础干部"更加积极,不敢怠工与耍私情"③。1941年,新宁县举办选举时,人民"对选举乡长特别关心",他们"告发乡长、支部书记、自卫军连长的不正派行为"。这次选举,"将不称职的乡长及委员都选掉"④。在华池县,"15个乡长均受到群众及议员的批评",或者说"去年征粮时","大家都认为你能出8斗粮,结果你只出了6斗粮",或者说"乡长利益高于一切,常住家里不工作"等⑤。

事实上,中国共产党采取"群众斗争"的方式对不出粮的群众进行斗争,也发动群众去教育、斗争一些不愿出粮或者其他不符合党的政策要求

---

① 《靖边县府及征粮工作团呈文(1941年12月24日)》,《陕甘宁边区政府文件选编》(第四辑),第24—28页。
② 《要在全国人民面前做出更好的榜样——边区选举运动开始》,《陕甘宁边区政府文件选编》(第九辑),第414—417页。
③ 《民政工作三年总结(1941年10月27日)》,《陕甘宁边区时期的盐池(档案史料汇编)》(上),第197页。
④ 《新宁县乡的选举情况(1941年6月16日)》,《陕甘宁边区时期陇东民主政权建设》,第273、270页。
⑤ 《华池县1941年度全年民政工作总结报告书(1942年1月)》,《陕甘宁边区时期陇东民主政权建设》,第288页。

的干部。这也是边区政治共同体内征粮主、客体之间辩证法的一种能动表现与自觉实践。1941年,延安县丰富区五乡征粮委员秦兆五,"他本村粮经过多次报告不确",还"骂本村的群众确报了他的粮",结果"该秦经过斗争后撤职"。河庄区二乡指导员,"不愿儿子将粮确报,并说报的太多,将来没有粮出",结果也是"被克服斗争"①。这些现象不一而足,从更深的层次反映出中国共产党是以一种政治共同体的新理念看待传统的钱粮征收,与以往征粮主、客体("征"与"被征")之间紧张的对峙关系形成鲜明的对照。

1940年,安定县征粮时,有一个乡工会主任,"他本应出二斗,而他在大会上只报名出一斗,企图免收",经群众斗争,最终出了三斗。该县南区五乡党支部宣传干事耿海桂,"自己企图不出,用大帽子向群众威胁,叫群众多欢迎","后来群众向他提出抗议才出了两石"。不仅如此,这个宣传干事还受到撤职的处分。白卓王是安定县政府裁判员,其家在西一区,"据群众的正确意见,他应该出一石五斗左右,而这次只征收了他七斗",结果引起群众不满。安定县决定派人重新调查解决②。

显然,陕甘宁边区的这些打造征粮干部的实践,不仅会极大地提高征粮的效率,还有利于充实、推进中国共产党构造新型地域共同体的战略抱负。正因为如此,边府参议会的一份决议甚至主张"发动人民群众自下而上的批评、监督、控告","罢免(对上级人员)或直接实现罢免(对乡村人员)"③。1940年到1941年期间,有三分之一的区长、乡长,四分之一的乡政府委员在选举运动中被罢免,不少是因为"消极怠工、腐化堕落、官僚主义、强迫命令"被罢免的④。

然而,征粮干部的有些问题远不止如此。边府领导人认识到干部中

---

① 《延安县征收公粮公草工作报告(1941年11月28日)》,《陕甘宁边区政府文件选编》(第四辑),第344—352页。
② 《陕甘宁边区政府便函——复安定县征粮扩军事(1940年1月27日)》,《陕甘宁边区政府文件选编》(第二辑),第30—31页;《一月十九日函两件》,《陕甘宁边区政府文件选编》(第二辑),第31—35页。
③ 《陕甘宁边区第二届参议会第二次大会关于政府工作报告的决议(1944年12月19日)》,《陕甘宁边区政府文件选编》(第八辑),第468—471页。据原文推测,"上级人员"应是县级的。
④ 《民政工作三年总结(1941年10月27日)》,《陕甘宁边区时期的盐池(档案史料汇编)》(上),第214页。

出现的一些现象,这恰恰是中国共产党领导人民革命之初所力图破除的,因而有着历史与观念上严重的后果。高自立将这些干部称之为"新贪官污吏和新劣绅",指出:"旧社会对他的压迫,表示不满,引起他参加革命","但他们并不想打倒压迫,只是想自己来压迫别人"。"这一部分新的贪污劣绅并不比旧的好些","旧贪官污吏和劣绅的一切坏处,他们都学习了。"或许意识到这种干部有可能让整场革命逐渐变得徒劳与失败,西北局强调,对这类"破坏党、反群众分子"宽恕,"那便是对党的损害、对革命的损害"①。高自立主张采取严厉的措施:"对于他们,不能采用对于犯官僚主义作风者的办法,而是要从机关中驱逐出去,让新的积极分子来代替他们。某些罪大恶极的,应当交付法庭严办,用铁的纪律对付他。"②

1941年度征粮工作中,盐池县四区二乡乡长吴正甲由于"逃避工作","在参议会上免职并送县生产两月"③。曲子县马岭区三乡全体干部,"竟假造调查材料少报户口,把自己要出的粮,转由这些农户负担"。该乡的主要负责干部被判处了徒刑④。新宁县的张景杨,"素有鸦片嗜好,幼年读书,后在家务农",1941年2月混进该县四区府担任秘书,"因偷卖麦子换吸鸦片,疑为有政治活动,被调到税局工作",其便借故回家。嗣后又派到四区仓库帮助征收公粮,不料他"和其同村人张彦林、张步荣二人秘密商议如何破坏征收公粮,空送粮食",暗中将仓库收粮负责人的私章字样写出,"为人民写假条冒缴公粮"。新宁县府将之逮捕,"分别判张景杨死刑、张彦林徒刑三年"⑤。

任何一个政治共同体,始终需要以坚决的方式不断地清除出对其自身有败坏作用的因素,若不如此,其所追求的目标与存在的基础就难以维持。边区政府在给各分区专员及县长的指示信中清醒认识到:"革命战胜

---

① 《西北局给延安县委的一封信——关于检查区乡级干部工作问题(1941年5月)》,《中共中央西北局文件汇集(1941年)》,第13—19页。
② 高自立:《铲除新官僚和新劣绅的专横(1940年8月23日)》,《陕甘宁边区政府文件选编》(第二辑),第399—402页。
③ 《盐池县府征粮工作报告(1942年1月8日)》,《陕甘宁边区政府文件选编》(第五辑),第178—181页。
④ 《陕甘宁边区三十年度征粮征草工作总结》,《解放日报》1942年10月23日。
⑤ 《陕甘宁边区高等法院审核死刑案件意见书(1942年6月25日)》,《陕甘宁边区政府文件选编》(第六辑),第377—379页。

反革命,不是单靠武装,而是靠和老百姓联系在一起","因为反革命的武装常常是占绝对优势,而老百姓的力量,则是伟大无穷"①。谢觉哉直言:"犯罪而不罚(不可原谅的罪)于政权没有好处,于干部也没有好处。"②西北局则警告:对于区乡干部特别是乡级干部徇私情、包庇亲属以及避免或减轻自己动员负担等现象,如果发展下去,"结果必至使党脱离群众"③。

五、基层征粮干部:边区财政的新基石

整体而言,边区征粮干部体系,即使我们充分考虑了其存在的种种问题,但是由于其内在性质和工作方式,仍然能在很大程度上使地方社会"准自愿服从",具有相当的财政汲取能力。

盐池县在总结征粮工作经验时谈到:由于杜绝了干部的弊端,以模范行动去影响群众,结果收效更大④。确实,1939年,安定县为给抗大购买八百石小米,经过"耐心详细解释工作,说明了买粮的重要性",尽管价格处于上行趋势之中,群众大多感到为难,但所属各区还是完成了分配给它们的任务⑤。1939年延安县中区仅用了六天,就完成了征粮任务。据其报告,其首要原因在于"各组织的加强动员",先是在县上,接着在区上召开活动分子会议,然后编成工作组分头下乡,"各个乡均召集了三十名左右之干部参加会议",最后下到农村,"均有四、五名干部"。在此过程中,一些基层干部往往起着带头、激励的作用。该县四乡暖水沟农会会长高生贵,"自动出了一石五斗"。而南岸农会会长、六十多岁的张拐子,"去年征收了几升,今年自动提出缴二斗"⑥。这些干部及其表现,为整个体

---

① 《陕甘宁边区政府为改选及选举各级参议会的指示信(1941年1月30日)》,《陕甘宁边区时期陇东民主政权建设》,第191页。
② 《谢觉哉关于工作作风问题的讲话提纲(1945年7月25日)》,《陕甘宁边区政府文件选编》(第九辑),第366—377页。
③ 《西北局关于检查区乡干部工作的指示(1941年5月30日)》,《中共中央西北局文件汇集(1941年)》,第20—24页。
④ 《盐池县一年来的行政工作报告(1942年9月20日)》,《陕甘宁边区时期的盐池(档案史料汇编)》(上),第248—249页。
⑤ 《安定县三月份工作报告(1939年4月4日)》,《陕甘宁边区政府文件选编》(第一辑),第244—245页。
⑥ 《延安县政府报告(1939年11月4日)》,《陕甘宁边区政府文件选编》(第一辑),第428—429页。

系的运行注入了信心和动力,甚至是公正性与平等性。

安定县的一些党员干部亦是如此。1940年该县征粮时,"二乡开全乡大会",该乡"计共有出粮的家户三十二家,内有党员应出粮者十名"。在大会上,这十名党员很热烈地以打冲锋的精神报名,"引导着群众也流水般的报名他们自己应出的公粮数目"①。1941年征粮时,固临县更乐区安河乡指导员及富花乡乡长,他们在区的会议上提出许多具体办法,"发言很积极"。该县安河乡宣传干事李居和,"去年出粮五斗,今年自动提出一石"②。

所以,尽管各地每次征粮时,就像固临那样,诸如报粮不实之类的干部几乎无处不有③,但是,在边府的领导下,还是涌现出了相当数量的基层干部,他们不但没有免除纳粮的义务,还往往在报粮、交粮等关节点上发挥着表率的作用。边府承认,历年的征粮,就像1940年度那样,都证明着"党员干部模范作用的重要"④。延安县在征收公粮时就曾要求打粮多的干部,"首先报告自己的收获量与应交公粮数目"。该县的一些基层干部并没有令其上级失望,他们的表现,"使群众再不会感觉不公平,提高了对政府的信仰"。其在报告中讲到:

> 乡长李树才家庭五口人,打了十五石粮,上次已交了三斗,这次再交八斗。支部书记姬凤祥家庭八口,打了三十二石粮,上次只交了七斗七升,他开始只准备交一石五斗,后经其他同志热烈地报告之

---

① 《陕甘宁边区政府便函——复安定县征粮扩军事(1940年1月27日)》,《陕甘宁边区政府文件选编》(第二辑),第30—31页;《一月十九日函两件》,《陕甘宁边区政府文件选编》(第二辑),第31—35页。
② 《固临县征粮征草报告(1941年11月30日)》,《陕甘宁边区政府文件选编》(第四辑),第338—343页。
③ 《固临县征粮征草报告(1941年11月30日)》,《陕甘宁边区政府文件选编》(第四辑),第338—343页;《延安县征收公粮公草工作报告(1941年11月28日)》,《陕甘宁边区政府文件选编》(第四辑),第344—352页。据绥德专署报告:绥德县自乡级干部至人民,大家都隐瞒土地、粮食与副产。如义合一乡施家沟全村计议土地粮一律按七成报,沙滩坪六乡以调查不实为理由变相地拒绝了调查。一般的是少报收成,明明是平均每垧地收五斗粗粮,但报起数来平均只不过是三斗至四斗;其次是隐瞒土地,据过去土地革命时统计,每人二垧半至三垧,但一般的平均只一垧半至二垧。详见《绥德专署征粮工作报告(1941年12月12日)》,《陕甘宁边区政府文件选编》(第四辑),第444—449页。
④ 《陕甘宁边区政府一九四〇年征收九万石救国公粮运动的总结(1940年)》,《陕甘宁边区政府文件选编》(第二辑),第553—562页。

下,而该支书感觉自己提出很少,又提出再交二石五斗。农会主任家庭四口人,打了二十五石粮,上次交了七斗三升,这次提出交三石①。

1941年的时候,镇原二乡自卫军连长李海周,"在征粮之前,就将全村各户的地亩收获详细调查了,订成小册子"。绥德新店区九乡乡长自己是一个地主,"他把全乡土地都调查清楚,而且保证如所报不实,自甘受罚"②。延安县金盘区二乡连长杜梁宽,"将自己的粮食一律确报","影响全村的人确保"③。该县金盆区三乡乡长李丕义,则是"生前积极奉公","每遇动员下去,总是争先完成","直至迷离之际,还在念念不忘工作,嘱乡上干部爱护革命,好好完成夏征任务"。边府政府表扬他"为人正直,办事公平,从来不耍私情",为了工作,不怕落怨,不怕惹人,"更能与群众站在一起,联系在一起","实在是我乡政工作人员中的模范"④。而靖边县在给边府的呈文中称赞其本县凤凰区区长王怀仁,"品行端正,工作积极,对各种临时工作,如救国公债、有奖储蓄券、公粮公草、新旧公盐皆能如期完成","靖边县的任何工作,拉'尾巴'的习惯相当严重,该区长独能做众人楷模"⑤。在公粮仓库保管方面,也涌现出不少模范干部。延安蟠龙仓库主任何崇高,"在一年经过二万石粮食的进出中,损耗仅八石,占总数的万分之四"。不仅如此,"他与群众关系很好","每次老百姓交公粮时洒落在地上的粮食,他都为之簸净还给群众"⑥。

在抗战临近尾声的时候,边府在征粮工作总结中称:"在每次运动中,产生了千百个模范干部"⑦,应该说并无太多虚夸之处。据统计,1940年

---

① 《延安县征粮与扩军工作第二次报告书(1940年1月15日)》,《陕甘宁边区政府文件选编》(第二辑),第10—13页。
② 《陕甘宁边区三十年度征粮征草工作总结》,《解放日报》1942年10月23日。
③ 《延安县征收公粮公草工作报告(1941年11月28日)》,《陕甘宁边区政府文件选编》(第四辑),第344—352页。
④ 《延安县政府呈文(1942年11月10日)》,《陕甘宁边区政府文件选编》(第六辑),第397页;《陕甘宁边区政府关于学习李丕义乡长的通令(1942年11月20日)》,《陕甘宁边区政府文件选编》(第六辑),第397—398页。
⑤ 《靖边县政府呈文(1942年4月26日)》,《陕甘宁边区政府文件选编》(第六辑),第158页。
⑥ 南汉宸:《陕甘宁边区的财经工作》,晋冀鲁豫军政联合财经办事处编:《华北解放区财政经济会议文献附件》,1947年印,第11页。
⑦ 边府办公厅秘书处:《征粮工作(1944年5月)》,《陕甘宁边区政府文件选编》(第八辑),第186—198页。

度征粮运动中,受到边区奖励的区级干部有1 989名,乡级干部有1 765名①。孔飞力注意到清代弊端丛生的征税体系中非法掮客、县官胥吏、生员之间的勾结、狼狈为奸之后,强调他不想低估中国革命将特权因素从财政制度中剥离出去所起的作用②。某种意义上,我们可以认为陕甘宁边区的这些乡村征粮干部以身作则的垂范行为,消除了长期以来人们对催征胥吏积累起来的负面看法,提高了地方社会对中国共产党政权公正性的信仰,以及在更大程度上唤起其自愿服从的缴纳意识,从而也就降低边府的征粮成本③。

当然,其中也与"边区有过去十年苏维埃运动的传统"不无关系。经过中国共产党的长期耕作,一个新型地域政治共同体日益成长,其中的人民"有了征公粮的习惯、认识和热忱","一般人民基本已认识交公粮是人民的义务,人民对国家对抗战应有负担"④。但是,地方社会对于粮食义务的这种自愿服从,并非一劳永逸、不会变化的。其所以能够长久维系,在相当程度还是由于中国共产党各级干部的不断启沃与勉力经营。边府领导人李景林有一次谈到⑤:

> 老百姓对我们政府的认识是不是正确?基本上是正确的,你问他我们政府到底和旧政府一样否?他说,我们的政府是民主的,绝对多数甚至全部工作人员,不是为升官发财的,就是你问那些打官司(告干部)不满政府的、甚至骂政府的人,你问他:"我们的政府人员,是不是和旧政府一样?都是贪污腐化的、想升官发财的?"他说:"那还不是"。

---

① 《民政工作三年总结(1941年10月27日)》,《陕甘宁边区时期的盐池(档案史料汇编)》(上),第214页。
② 孔飞力:《中国现代国家的起源》,第85—86页。
③ 《延安县征粮与扩军工作第二次报告书(1940年1月15日)》,《陕甘宁边区政府文件选编》(第二辑),第10—13页。毛泽东在中共"七大"上曾提到:延安人民虽然因为负担加重了,对共产党"要躲避一点",但是还是"很尊敬"的。毛泽东:《在中国共产党第七次全国代表大会上的口头政治报告(1945年4月24日)》,《毛泽东文集》(第三卷),第338—339页。
④ 《陕甘宁边区政府一九四〇年征收九万石救国公粮运动的总结(1940年)》,《陕甘宁边区政府文件选编》(第二辑),第553—562页。
⑤ 《李景林在边区作风座谈会上的发言(1945年6月19日)》,《陕甘宁边区政府文件选编》(第九辑),第392—395页。

尽管上述讲话不太严谨,属于即席的漫谈,但是鲜活、质朴,从中可以直接感受到抗战时期中国共产党领导下的整个干部队伍,其大致的面貌与根本性的特质,也可以明白为什么中国共产党的征粮体系能够比较成功地运行。

本 篇 小 结

从某个角度来看,中国共产党领导的革命是一场"心"的革命,因此即使是革命干部,相互之间的表现必然是千差万别,并不均衡,其中高层与基层之间的分化差序具有某种结构性的重要意义①。这种差序层级是经过长期斗争,历史地形成和积淀下来的,既表现在组织层级("位")上,但在一定程度上也由于其革命觉悟性("思")的不同所致②。正因为如此,针对"区乡干部不好"的现象,边府领导人除了运用选举、斗争或者惩治等方式进行事后治理,其实更是始终注意通过冬训或者训练班之类的方式,对这些区乡干部进行"思想启发",让他们"回去与群众一起检查工作",之后,重新集中起来再作检讨,以求取解决之道③。西北局指出:区乡级干部极大多数是文化程度异常低,甚至有些文盲,"对于革命、对于党的认识"非常一般,"不能了解革命尚未成功","革命的民族敌人和阶级敌人还严重的在我们面前"④。边区参议会则提出:"改进干部作风","首先在于

---

① 边区政府曾将边区政权分为三个层级:区乡级、县级和边区级。这里的"高层"与"基层",大体上分别相当于边区政府所讲的"边区一级"的领导干部与"区乡级"领导干部。可参见《陕甘宁边区简政实施纲要(边区政府第三次政府委员会通过)》,《中共中央西北局文件汇集(1943年)》(一),第39—59页。
② 曼德尔指出:一个先锋党的出现以及党群间的某种分离是不可避免的,这是一种复杂的辩证关系,起源于某种"普遍化的劳动分工和商品生产"。否则的话,我们就只能相信"资本主义生产方式能够成为一所为无产阶级独立活动提供准备的完美学校"。详见其《革命的马克思主义与20世纪社会现实》,第81—83页。
③ 《罗迈关于作风问题在学习大会上的报告(1945年11月25日)》,《陕甘宁边区政府文件选编》(第九辑),第385—392页。
④ 《西北局给延安县委的一封信——关于检查区乡级干部工作问题(1941年5月)》,《中共中央西北局文件汇集(1941年)》,第13—19页。

教育","提高他们的文化水平,提高他们为人民勤务员的觉悟和决心,提高他们对于政策的认识"①。

不过,我们也必须充分注意到基层干部的"思"与"位"之间,存在着难以分辨的同构性关系。在陕甘宁边区,有一段时期人们认为"区乡政府作风有严重毛病",认为"大和尚经好,小和尚念坏了"。延安县的一位区乡干部就很不以为然:"我们小和尚念坏了,但你们大和尚也有念歪的。"这引起了边府的警觉。所以,当基层干部抱怨:"乡上工作多,生产任务重;上面笔杆子一摇,我们就得一阵跑,跑回来,还要做饭"时,边府领导表示:"所有这些,使下面拉稀,主要上面负责",并且"官僚主义"严重,没有顾及下面的干部"大部农民出身,经验、知识、文化都有困难"②。我们上述的研究显示,他们与地方民众朝夕相处,征粮时无论主观上、还是客观上都很难超越日常生活中利益与情感的种种牵扯。

实际上,我们的讨论由此深入到了国、共两党在政权组织方面具有重要意义的一个差异。以陕甘宁边区而论,中国共产党在该地的高层干部往往并非出身于当地社会③。据1941年10月的一份"边区专署与县级行政长官"名单显示,边区一级领导人共十八名,只有民政厅长刘景范(志丹)、财政厅副厅长霍维德(绥德)、建设厅副厅长李景林(清涧)以及总务处长刘耀三(清涧)四人是陕甘宁地区的④。整体而言,他们抛弃财产、四海为家,与家乡、亲友的关系暌违多年,甚至两相茫茫。更关键的是,为了革命,他们才落脚陕北,聚集在一起。这些共产党高层干部迥然有别于当时重庆的国民党高级官员,也与边区的基层干部不尽相同,他们没有那么

---

① 《陕甘宁边区第二届参议会第二次大会关于政府工作报告的决议(1944年12月19日)》,《陕甘宁边区政府文件选编》(第八辑),第468—471页。
② 《罗迈关于作风问题在学习大会上的报告(1945年11月25日)》,《陕甘宁边区政府文件选编》(第九辑),第385—392页。
③ 以陇东专区(包括陇东专署、庆阳县、华池县、合水县、环县、镇原县、曲子县、新正县和新宁县)而言,237名区级干部没有一个外省的。专署25名"专县级"干部,外省的有6人;庆阳县专县级干部25人,外省的3人;华池县专县级干部26人外省的4人,外省的4人;合水县专县级干部25人,外省的1人;环县专县级干部27人,外省的6人;镇原县专县级干部22人,外省的2人;曲子县专县级干部20人,外省的3人;新正县专县级干部26人,外省的5人;新宁县专县级干部21人,外省的12人。详见《陕甘宁边区时期陇东民主政权建设》,第575页。
④ 《民政工作三年总结(1941年10月27日)》,《陕甘宁边区时期的盐池(档案史料汇编)》(上),第192—193页。

多人情与利益的纠缠,相对而言也更能心无旁骛地投身革命事业,表现出更高程度的政治进步性和政策自觉性①。他们所处的"位",由于其所"思",更影响着他们之所"思"②。在中国共产党的整个组织体系中,他们是某种关键性的原动力,前所未有地既带动、鼓舞了,也鞭策、教育和改造了处于体系末端的大批区、乡干部,从而使边区征粮干部体系整体上与以往任何旧政权类似的机制、体系形成重大的差别。正是从这个意义上我们认为,中国共产党所领导的是一场自上而下的革命③。

在全面抗战时期,边区征粮工作在中国共产党重构地域政治共同体的战略引领下,坚持取之有道,不仅"保证了抗日军政的粮食",还"在征粮过程中教育了农民",在政治上提高了他们。我们也发现,在重塑地域共同体的过程中,远不止是"耕"者方面的变化,而且其变化之发生,更多的还是由"代耕"者的变化有以致之。在某种意义上,正是中国共产党所秉持的革命性逻辑与组织性逻辑相互作用,一起构筑了人们所谓的"延安道路"。

---

① 曼德尔以为,斯大林的胜利是列宁主义"组织理论"中缺失"一个在革命中受过教育、保持着较高的活跃度且与群众密切相连的广大工人骨干阶层"所致(参见其《革命的马克思主义与20世纪社会现实》第86—87页)。我们对陕甘宁边区征粮干部体系的历史考察则发现,从组织层级而言,相对于基层干部,中国共产党的高层对于革命事业维系与发展亦有着不可或缺的关键性意义。
② 边区政府对区乡级干部的批评是"相当浓厚的乡土观念",县级干部是"带着若干狭隘经验主义的作用",而边区一级的干部则是"缺乏实际知识,缺乏工作经验"。《陕甘宁边区简政实施纲要(边区政府第三次政府委员会通过)》,《中共中央西北局文件汇集(1943年)》(一),第39—59页。
③ 陕甘宁边区征粮干部体系的这种层级差序,也曾出现赣东北苏区。参见《汪辰关于赣东北的报告(1932年11月20日)》,江西省档案馆藏,编号G001-4-199-。我们不应忘记中国共产党起源于一批像毛泽东、方志敏这样接受了现代教育、读过《新青年》以及其他进步刊物的知识分子(可参见 C. Martin Wilbur, "The Influence of the Past: How the Early Years Helped to Shape the Future of the Chinese Communist Party", *The China Quarterly*, Oct.-Dec., 1968, pp.23-44)。

下 篇

整体主义体系的起源与形成：
东北解放战争是如何解决粮食问题的

在整个解放战争时期,东北根据地的粮食具有至关重要的战略意义,决策稍有所失,都会有直接的后果①。1947年5月,张启龙在一次会议上讲到:"全吉林地区(吉北除外)有九十八万人口,城市人口三十五万,已耕土地是三十五万垧(内有水地三万垧),这些土地产粮仅二十五万吨。现在贫农的生活水准一年所需三百一十七公斤粮食,中农三百八十五公斤,包括衣、食、人情在内,我们全省还缺少十万吨粮食。"至于老百姓的负担,在吉南吉东每人平均负担公粮六七公斤,如再加上其他想不到的负担,如区政府、学校摊派的办公费、教育费、部队的"自动慰劳队及支差"等,那就更重了②。在通化地区,"关于征收公粮工作,一般反映任务太重,有的发生恐慌,有的叫苦","英额布区车岭背村,全村共68户,共摊公粮17万斤,平均每户要纳2 500斤"③。而且,正如萧华所讲,"战争越久,规模越大,资源的供给越困难","特别是粮食"④。1948年9月,中共中央根据东北解放区钞票发行递增的速度提醒东北局:"如东北与关内党政民和军队的比例近似,亦为一比二,则公家人总数将达一百六十万,占人口百分之三点七",早已超过一般的百分之二,所以,"你们必须看到已经存在着的财政上的极大危险性"⑤。此外,东北解放区的粮食不仅仅供应内需,当时急需进口的医药、无线电器材、汽车、汽油、棉花等,亦是"非拿粮食去交换不可"⑥。

然而,如众所知,解放战争首先在东北地区取得胜利,中国共产党领

---

① 参见陈云:《把财经工作提到重要位置上来(1948年8月)》,《陈云文选》(第一卷),人民出版社1995年,第370—373页。
② 《张启龙同志在财经工作会议上的总结报告(1947年1月5日)》,吉林省档案馆编:《中国共产党吉林省委员会重要文件汇编》(第一册),1984年印,第190—201页。每垧相当于十亩。
③ 《通化市县政府一年来工作总结报告(1947年)》,中共通化市委党史研究室编:《解放战争时期的通化》(内部资料),第95—111页。
④ 《萧华传达东北局省委书记联席会议精神的报告(1948年4月23日)》,辽宁省档案馆编:《中共中央东北局辽东分局档案文件汇集(1946年—1948年)》,1986年印,第165—181页。
⑤ 《中央对东北局召开东北高干会请示的批示(1948年9月24日)》,中央档案馆编:《中共中央文件选集》(第十七册),中共中央党校出版社1992年,第336—338页。
⑥ 李富春:《东北形势及我们的任务(1948年4月3日在东北军区全军后勤会议上的报告)》,《中国人民解放军后勤史资料选编(解放战争时期)》(第六册),第120页。

下篇　整体主义体系的起源与形成：东北解放战争是如何解决粮食问题的

导下的东北部队也从最初的十几万发展到辽沈战役前后一百万。农民缴纳的公粮,则从1946年的698 170吨,激增到1949年的2 277 609吨①。在这个过程中,几乎没有哪一场战役因为粮食供应而受到严重影响②。不仅如此,东北三年解放战争,战勤民工总计达3 132 572人③。

人们不禁要问,东北解放区的粮食问题究竟是如何解决的？它是如何成为东北解放区财政收入最主要的来源？④ 以往的学术研究更多地侧重于东北解放区的粮食生产、粮食贸易以及后勤保障等方面,对于中国共产党在解决粮食问题的过程中如何逐步形成一个崭新的整体主义组织体系,关注不多⑤。以下我们试以此为角度,作一探讨。

---

① 东北粮食总局：《三年来粮食工作总结报告(1949年6月)》,《东北解放区财政经济史资料选编》(第四辑),第226—227页。
② 毛泽东一直很关注战役的粮食供应情况。他提到：1948年4月间,华北军区的两个纵队出至绥东,"因当地无粮,不能久留,丧失良好之歼敌机会"。可参见毛泽东：《东北应充分准备大军所需粮食(1948年5月31日)》,《毛泽东军事文集》(第四卷),军事科学出版社、中央文献出版社1993年,第470页。
③ 东北行政委员会民政部：《东北三年来各地人力、畜力、战勤统计表(1949年3月12日)》,《东北解放区财政经济史资料选编》(第四辑),第566页。值得强调的是,在动员战勤时,"凡不适合出战勤条件的,如老弱、疾病、有问题的等,要一律审查出去"。这实际上意味着战勤所动员的是最具生产力的劳动资源。详见东北行政委员会民政部：《东北三年来的战勤工作(1949年5月)》,《东北解放区财政经济史资料选编》(第四辑),第570页。
④ 据陈云讲,1948年预算收入360万吨(高粱米),其来源中,公粮有134万吨,占总收入的37.2%。不仅如此,对外贸易91万吨收入(占25.3%),"其老本还是靠公粮"。若此,公粮占总收入的比重超过一半了。详见陈云：《东北财经问题(1948年10月8日、11日)》,《陈云文集》(第一卷),中央文献出版社2005年,第639—640页。
⑤ 有必要说明的是,梁思文的 *Anvil of Victory: the Communist Revolution in Manchuria, 1945-1948*(Columbia University Press, 1987)和曹树基等的《江津县的"减租退押"》(见其与刘诗古合著的《传统中国地权结构及其演变》,上海交通大学出版社2014年,第十章)对这里的研究颇具启发。

第一章
"食"随"心"动:
东北解放区的历史意志与粮食政策

1947年6月,在一次军官训练团研究班讲话中,蒋介石训示各将领"要学习敌人的长处,彻底反省"。讲完之后,他却苦闷不已:"余对前方将领之教训勖勉,心力已尽,未知果有效验否。"①无论如何,陈诚是按照蒋的话去做了。1948年初他从东北行辕主任黯然离任之际,致电孙立人,希望其以后能取人之长,"改我所短"。陈诚所说的"取人之长",指的就是东北民主联军"求战、求兵、求食"这一战略逻辑和旺盛的主体意志②。客观地看,陈诚的这个检讨简明扼要,集中反映了中共中央东北局在抗战后三年里高度的战略主动性与科学性。

一、"和""战"不定与混乱的财粮供应

我们知道,在"七七"会议之前,中国共产党在东北地区并非毫无长期战争的准备意识。1946年6月6日,中共吉辽省委、吉林省政府、吉辽军区联合发出关于粮食问题的指示:"根据目前局势的发展,反顽战争的长期性与东满地区粮食的异常缺乏,各部队、各机关的首长人员应重视这一问题的严重性,如粮食问题得不到解决,则不但现存的东满地区不可能坚持,就是我部队机关人员在此地生存亦困难","我们应深刻认识到为粮食而斗争对于坚持东满斗争有头等重要意义。"该指示决定:"以栗又文、王

---

① 周美华编辑:《蒋中正"总统"档案:事略稿本》(70),第26、42—43页。
② 吴淑凤编著:《陈诚先生回忆录:国共战争》,台北"国史馆"2016年,第289—290页。

兴让、孙立基、苏梅、王寅冬五同志组织粮食委员会,并以栗又文同志为主任,专管筹措调剂分配节省粮食事宜","除战斗部队与必要的工作人员外,其余杂务人员在可能情况下,应进行种杂粮蔬菜等,准备必要时做饭吃"。"在群众生产方面,除战争必要动员群众参战外,应尽量动员组织群众生产","各部队、各机关应有粮食预算决算,领取粮食应按现有人数,不许重领或浮报"。"省财政厅、军区后勤部如遇有必要到各部队、各机关查询粮秣时,各部队机关应具实报告,以便统筹。"①但是吉林省的这个粮食委员会,其主要工作是"到榆树县、扶余县三岔河地区搞粮食",或者是征用,或者是"用钱从市场买"。结果是,到次年春夏期间,粮荒问题仍然没有得到彻底解决②。

同年6月7日,陈正人向东北局报告:东满的"地方部队与县区队正进行巩固工作,并加紧剿匪除奸,发动群众,建立各县根据地,转移后方,并已派后方同志来哈尔滨到五常一带抢运粮食,以准备长期斗争"③。林枫在吉辽省委、军区直属机关部队党员干部会议上则是批评了有些部队的抓车问题。他说:"在冬天老百姓的大车还有些空闲,如果春天还这样继续下去,不仅违犯群众利益,而且也影响了春耕。"林枫要求政府和军队作出规定,春耕时停止支差任务④。

然而,从整体上看,这种准备长期战争的意识毕竟不是主流,不太明确与彻底⑤。正如陈正人在中共吉林省委的一次扩大会议上所讲述的,在"七七"会议之前,东北党内存在着一种看法,认为东北问题决定于国际关系,"把东北在现时国际国内环境下的复杂微妙关系简单化","过低估计顽蒋争夺东北的斗争","对顽蒋二十年来斗争经验接受的太不够";"对国内与东北敌我力量估计不恰当,夸大自己力量,过低估计敌人力量"。陈正人指

---

① 中共吉辽省委、吉林省政府、吉辽军区:《关于粮食问题的指示(1946年6月6日)》,中共吉林省委党史研究室编:《东满根据地》,1994年,第224—225页。
② 《为创建东满根据地解决吃穿用的问题——访王兴让同志记录》,《东满根据地》,第338—340页。
③ 陈正人:《致东北局电(1946年6月7日)》,《陈正人文集》,第25页。
④ 《林枫同志在吉辽省委、军区直属机关部队党员干部会议上的报告(1946年2月26日)》,《东满根据地》,第29页。
⑤ 也可参见《一九四七年的任务——坚持辽吉(陶铸同志在县干会上的报告和总结(1月2日))》,中共铁岭市委党史资料征集办公室编:《烽火前沿——东北解放战争时期的中共辽吉一地委》,辽宁大学出版社1988年,第208页。

出:在这种看法下,很多人只是"一般的承认东北问题的解决要经过斗争,并且要经过战争,但对斗争与战争的长期性严重性认识不足,对战争希望打大仗速胜","缺乏长期战争的打算","把东北问题的解决寄托于和平谈判的多,对于和平的认识是一般的抽象的",从而"造成党内某些和平幻想"和混乱,"丧失了时间放松了根据地的创造"以及"放松了战争的准备"①。

在财政上,其后果是对于支持长期自卫战争的重要性认识不够,"没有贯彻农业第一的方针","缺乏战时的经济指导观点"②。1946年3月,张策在松江军区干部会议上讲到当时财经来源,主要是收集敌产、收税(营业税、粮食出口税等)、发行公债、收公粮、发钞票、做贸易("这也是不容易的")等,缺乏一个长期的政策方针③。所以,1947年1月,王首道在东北局政委会财经会议上指出:"过去的一年,我们的财政经济是靠'抓一把',没收敌伪资财,第二步就要靠发钞票,为了战争需要,保证部队供给,又投一部分生产",然而,"我们的长期方针,还是要靠发展生产,开辟财源","我们要肯定'长期打算,节衣缩食,建设根据地'的方针,否定吃光用光政策"④。

在吉林地区,本来确实有很好的经济发展条件,比如有伪满存留下来的不少资财(仅延吉地区就有八十九个大小不同的工厂),有雄厚的劳动力,有可资利用的铁道运输、电力与煤,更有"半年多的比较和平的环境"。然而,在相当程度上由于"和""战"问题上意志不定,吉林地区财政上"入不敷出,亏空很大",出现"上下交困、互不信任、互相责难"的局面⑤。

---

① 陈正人:《在中共吉林省委扩大会上对形势与今后方针的发言(1946年7月16日)》,《陈正人文集》,第27—33页。林枫在一次较大范围的讲话中就详谈了和平实现之后将会面临的问题与可能采取的办法。他说:"如果真正和平实现了,或者是快要实现了,或者是实现了以后","我们的同志应有两个思想准备":"(一)要会做合法斗争(过去是你死我活的斗争,方式简单),此后,则要偏重于政治的、社会的、群众的合法斗争","要从政治上战胜国民党";"(二)以后,党对军队的领导,恐怕要更复杂一些,支部取消了,政委也许取消,但不是党对军队就不领导了,也许会采取公开领导"。他还进一步预计了和平以后,"叶参谋长、王震都可到北平,孙志远进大同,陈毅到济南","但国民党也扩大了影响","他们也可以到各处去","那时就要看我们自己受不受他的影响了","说不定,也许有人会失足落水淹死了"。详见《林枫同志在吉辽省委、军区直属机关部队党员干部会议上的报告(1946年2月26日)》,《东满根据地》,第37页。
② 中共吉林省委:《关于财经工作的决定(1947年2月20日)》,《东满根据地》,第226页
③ 张策:《在松江军区干部会议上的报告(节录)(1946年3月26日)》,《东北解放区财政经济史资料选编》(第四辑),第7—9页。
④ 王首道:《发展经济建设东北解放区(1947年1月)》,《王首道文集》,第90—91页。
⑤ 中共吉林省委:《关于财经工作的决定(1947年2月20日)》,《东满根据地》,第226页。

张启龙其实也讲到,由于没有准备长期战争的意识,到了1946年5月,财政相当困难,"连部队、机关干部的菜金都发不出来"。"为解决燃眉之急",只有结合各地正在进行的反奸清算斗争,清查和没收敌伪资财,以克服面临的困难。"据吉林市统计,这一期间所清出的物资,总价值在100亿元以上。其他各地也清出不少资财。这对解决当时物质严重困难确实起了一定作用。"①

事实上,陶铸在1946年初的时候就注意到,辽西各地财政都很困难,"特别在主力部队到了之后,更感到无法维持",现有的收入与掌握着的粮食相较于必需的数目相差太远。然而,清算敌伪资财,"各地用行政力量已搞出了一些,虽解决了些问题,但为数不大"。他强调:"今后的财政出路","主要依靠生产与经济建设,不把群众发动起来,不依靠群众劳动热忱,也会收获不大的"②。

有此认识之后,1946年4月,辽西省政府发出春耕指示:"春天到了,现在老百姓迫切要求是能种上地,可是现在群众有好多自己难以解除的困难与障碍,假若政府不领导人民克服这些困难与障碍,今年在不少地方很有种不上地荒芜了的可能。若真是这样,就会严重影响到我们在辽西建立巩固的根据地。"③然而,在"和""战"还在左右不定的整体局势下,减租增资及清算运动并未坚定地推动,"号召生产和增产"无形之中不了了之,以致春耕工作一直消沉不起④。

二、"七七"决议与东北解放区的粮食政策

我们注意到,1946年夏天,中共中央东北局在"和""战"问题上不再犹豫的时候⑤,其相关的粮食政策随之逐渐发生根本性的变化。

1946年7月22日,中共辽吉省委表示:"我们在东北八个月来的斗

---

① 张启龙:《创建东满根据地的回忆》,《东满根据地》,第296—297页。
② 《陶铸同志在省委扩大干部会议上关于建立辽西民主根据地与发动群众的报告(1946年1月1日)》,中共辽吉省委编印:《辽吉历史文件汇编》(第一册),1948年印,第1—17页。
③ 《关于春耕生产的指示(1946年4月10日)》,《辽吉历史文件汇编》(第一册),第33页。
④ 《关于发动春耕的指示(1946年4月12日)》,《辽吉历史文件汇编》(第一册),第35页。
⑤ 蒋介石注意到共产党方面自1946年夏间以来,在解放区实行全面总动员。周美华编辑:《蒋中正"总统"档案:事略稿本》(70),第113页。

争,时间不为不短,条件不为不利,但到今天为止,我们还不能很好的站住脚,我们还处在大城市既困难站不住,而中小城市与广大乡村没有把工作搞起来,'两头失踏'的严重局势面前。"它认为,这是由于过去对东北的斗争形势估计不够,对斗争的性质认识不明确,"缺乏坚定的阶级斗争路线的思想","在一些政策上特别在减租与分地问题上,仍是民族统一战线的老一套",发动群众时斯斯文文、温温和和,"不敢让群众真正翻过身来"。辽吉省委强调:要"在全体党员干部中进行很好的阶级教育,彻底纠正一切"①。

据此,朱其文在辽吉省第一次专员县长联席会上提出:"纠正抓一把的短命鬼政策","从发展国民经济中,奠定财政上'取之不尽,用之不竭'的基础,这就是民富国有的方针",并表示要"建立长期打算的思想"。朱其文分析说:"从目前战争要求来说,也须要我们有一明确的认识,即蒋介石所发动的全国大内战,不是靠任何人的调解和双方面的谈判可以停止他们独裁野心的","中国和平民主的胜利,既不是靠调解谈判可以取得,也不是靠某一战役的胜败可以解决,换言之,必需经过一番长期的残酷斗争过程,才能实现"。由于"辽吉区是处在战争的前线","我们要坚持这一地区自卫战争的胜利,一方面要使人民从战争中改善自己的生活,一方面还要使人民有力量支援这一长期的战争,这些也都必须要有长期的打算"②。

在吉林,1946年7月,陈正人在省委扩大会上强调:"根据当前的环境,根据地的创造与争取战争胜利不可分,和平创造根据地是不可能的,并且应准备较长期的艰苦斗争"。考虑到"财经工作过去注意不够",陈正人提出"为加强财经工作为粮食冬衣而斗争",发展生产解决财政是基本方针,要"长期打算量入为出,统一领导分散自给,统一领导分散经营,大家动手克服困难",对于人民负担不能杀鸡取卵,而要"少取多予",实行"供给制度统一,反对苦乐不均"③。10月,中共吉林省委发出指示:"为着

---

① 《辽吉省委关于分地进一步发动群众的指示(1946年7月22日)》,《辽吉历史文件汇编》(第一册),第35页。
② 《辽吉区财政经济建设问题——朱其文同志十一月一日在第一次专员县长联席会上的总结报告》,《辽吉历史文件汇编》(第一册),第184—185页。
③ 陈正人:《在中共吉林省委扩大会上最后发言提纲(1946年7月24日)》,《陈正人文集》第34—39页。

长期斗争与支援将要到来的战争需要,对于财经工作应该迅速加强。"这个指示强调:"粮食是决定我们财经工作好坏的主要物质基础,各地党委决不可忽视","凡敌人可能占领的地区,应争取时间抢征公粮,并用大力组织运输,保管,运送安全地带,严防偷盗腐烂浪费"。"为渡过难关,在财政上,供给上,必须实行节约,消灭任何浪费贪污现象","机关部队原定的精简方针应迅速贯彻,务求缩小,精简机关,加强连队,加强下层"①。12月,吉林省委召开群众工作会议,"对1947年的大生产和财经工作作了研究和部署,确定农村以春耕生产为压倒一切的中心任务"②。

中共辽东省委在1946年9月提出:"为着坚持东北长期内战的形势","我们的财政预计必须建立在发展国民经济、发展生产的基础上","任何单纯财政观点、抓一把、不长期打算的做法,必须立即纠正停止","今冬应当准备好各种条件,明年来一个大生产运动"③。

1946年10月,中共辽东三地委也发出紧急指示:"敌向辽南地区大举进犯","地方党政干部及机关即进入战斗化,组织各种战时工作",除了领导人民群众彻底破路、送情报、捉特务、打土匪、运输及安插伤病员之外,还要"征收公粮",以利于坚持斗争④。中共柳河县委自1947年1月国民党军队撤出孤山子、五道沟等处后,也要求其所属的三、四、五、八等区,在接收市镇时"迅速征收粮食,以备长期坚持斗争"⑤。

不论在何种情况之下都注意收集粮食,或许还不能充分反映中国共产党与国民党长期斗争下去的巨大决心⑥,那么,即使在复杂的游击战争环境下,仍然念念不忘其有领导农民发展生产的任务,而不是诉诸随时征

---

① 中共吉林省委:《关于准备粉碎蒋介石的新进攻的指示(1946年10月7日)》,《东满根据地》,第57—58页。
② 张启龙:《创建东满根据地的回忆》,《东满根据地》,第296—297页。
③ 《中共辽东省委关于财政问题及一九四七年度预算的决定(1946年9月)》,辽宁省档案馆编:《中共中央东北局西满分局、辽东省委档案文件汇集(1946—1947)》,1986年印,第236—238页。
④ 《省委关于目前紧急战争动员工作的指示(1946年10月30日)》,李涛主编:《解放战争时期辽东三地委》,沈阳出版社1988年,第252—253页。
⑤ 《中共柳河县委一年工作总结汇报》,《解放战争时期的通化》,第112—114页。
⑥ 比如,在中共东北局和战之间还是摇摆之际,1946年3月沈阳县委和县政府就进行了发动群众,反奸除霸,减租减息,征粮等工作。参见王一伦:《忆辽东沈抚本三角地区斗争》,《解放战争时期辽东三地委》,第55—82页。

取的方式①,则足以说明共产党已对国民党方面不抱什么和平的幻想,而是确立起了"长期自卫战争思想"。

1946年底1947年初,中共吉林省委召开县团级干部会议。会上,陈正人表示,由于有了"中央前年十二月的指示,去年五四土地指示,和东北局七七决议的指示,以及以后各次指示",克服了和平幻想和忽视农村的思想,"建立起坚持长期自卫战争的观点"以及"重视和创造根据地的思想",也由此"克服了侥幸取胜的偏向,建立起倚靠群众自力更生的思想"。所以,他谈到1947年的春耕是党出关后头一次发动群众大生产运动,在这方面,"都还缺乏经验","还存在发展生产的许多困难",必须"领导群众及早筹划,有效的解决"②。这次会议的另一个讲话中,陈正人认为,"如何发展生产克服财经困难"以及"如何继续发动和深入群众运动彻底完成土地改革","是创造和建设根据地达到坚持长期爱国自卫战争的根本问题"③。

1947年初的时候,辽东三分区所处的位置十分严峻。其所面临的三大城市(沈阳、抚顺、本溪)及两条铁路(安奉路、沈海路),在政治、经济、军事上极为重要,"是敌人的心脏"。不仅如此,"由于敌占侧后小城镇",使中共方面失去了靠背,"内部有敌人据点补给线"。所以,整个三分区"处在敌后独立分散小块的与蒋军反复斗争的游击战争环境"。然而,辽东三地委在1947年3月提出积极加强武装斗争、充分发动群众运动、积极开展敌区工作以及培养干部等这些战争环境下题中应有之策略外,强调:"发展生产","准备春耕,调剂耕牛农具种籽困难,组织劳动互助,保证农民于分得土地上进行春耕,增加生产,改善人民生活",以此"保证军

---

① 1946年3月底,同样是东北蒋军大举进犯本溪,但是本溪县政府全力以赴的六项主要工作,包括开征公粮、动员群众组织担架队、发动祝捷劳军运动、全力剿匪以及扩充军队等,竟无一是积极领导群众进行生产的。其时,中共本溪县政府的粮食政策主要是征收公粮,采取大户借垫办法。此办法在短时间之内非常奏效,"前后仅二十天即征到公粮500万斤"。与之形成对照的是,本溪县政府在1948年除了征粮扩军、组织运输担架支援战争外,在解放区的建设上大力发动翻身农民组织生产互助,插犋换工,开展大生产运动,号召农民拔穷根、扎富根,争做生产模范、争当劳动英雄,"坐稳天下,生产发家"。详见王甦:《本溪县政权建设历程》,《解放战争时期辽东三地委》,第163—171页。
② 陈正人:《贯彻大胆放手方针、彻底消灭封建势力(1946年12月)》,《陈正人文集》,第45页。
③ 陈正人:《在吉林省县团级干部会议上关于群众工作的总结(1947年1月11日)》,《陈正人文集》,第67—68页。

食民食供给"①。

辽东三地委的这个决定绝非孤立的,而是中国共产党整体上意志与决心的转变。正是因为这个转变,王首道在东北局政委会提出,"今后各省委、政府负责人都要把财经工作当作重要的任务"②;中共沈抚县也把发展生产,改善与提高人民的生活水平,作为一项重要任务,"无论是因敌人的进攻而造成对我不利的险恶形势,还是我军节节胜利的大好局面",始终不渝地将之列为重要议程③。

1947年3月,吉南地区第一次县长会议上也谈到:由于有了"长期打算","为了解决今后财经问题","从去年七八月即决心抽得力干部去后方生产,进行国外贸易,建立家务基础"。会议指出今后工作的总的精神是"集中一切力量支持战争,切实为战争服务,党政军民共同进行对敌斗争","这是中心的中心";"其次专心给群众办几件好事,多谋一些群众利益,多做群众工作,切实为人民服务","这不是清官思想,也不是恩赐观点"。对于这两点,"在过去多多少少作了一些,但是还不够的很,今后特别在吉南应当把这两种思想从上而下地打通,随时随地检讨反省","因为今后战争仍然是长期的"④。

与此相一致的是,这次会议决定,"今后三个月的工作",首要的就是"开展与组织春耕运动","扩大农业生产,增产粮食,解决人民机关部队粮食问题","发展与组织农村副业","用副业生产来解决农家的油盐和部分穿衣问题","实行劳武结合,使战争与生产密切联系"。会议还规定了各地的具体生产任务:"桦甸县扩大耕地面积三千垧(去年之新熟荒地在内)","磐石县消灭去年新荒提倡细作,多锄多铲","桦南在维持与保证去年生产的基础上,积极发展副业生产"。会议认为:"生产是政府主要责任","也是党政军民一致的责任","地方党保证这一工作的完成","村屯中要由村屯干部积极分子,党员领导这个生产,并起核心作用,没有核心,

---

① 中共辽东三地委:《关于形势与方针的决议(1947年3月16日)》,《解放战争时期辽东三地委》,第266—268页。
② 《发展经济建设东北解放区(1947年1月)》,《王首道文集》,第93页。
③ 华春:《难忘的日子》,《解放战争时期辽东三地委》,第205—222页。
④ 《吉南半年来政权工作检讨及今后工作布置(1947年3月28日)》,中共吉林省委党史研究室编:《吉南烽火(解放战争时期吉南地委史料)》,1991年印,第88—89页。

生产热潮是搞不起来的"。"要防止村屯干部民兵不爱劳动,脱离生产脱离群众的偏向。"①

当然,这次会议也决定将继续筹粮,比如"没收国民党屯积在仓库的粮食","没收国民党之反动恶霸地主(包括应没收之顽保甲人员)粮食"等。其中一个现实的紧迫原因是"过去公粮在一月底就用完","所存不足吉南部队机关(连独立师)三个月之用"。但是,取之于敌的筹粮工作,在吉南工作议程上已退而居其次了②。

随着战争形势的发展,人们日益认识和感受到东北局的这个转身所具有的历史意义。1947年5月左右,东北战局起了根本性的变化,"敌已由攻转为守(全东北),我由守正以一切努力转为攻"。陈云分析,东北敌我力量发生变化的首要原因是"打破和平幻想,一心一意备战打仗"。他认为,由"和"转入"战","变动了敌我两军的士气","使我军上下决心死打"③。

1947年7月,中共吉林省委召开了第二次县团级干部会议,认为自从接受与执行东北局"七七"决议以来,东满地区的革命局面有了重大的发展,"克服了党内一部分同志的悲观失望情绪","确定了正确的方针"。一年来,"从敌伪残余和地主手里取得了五十二万四千多垧土地",分配的粮食仅延边一地就有二万一千多石(汪清一县十一万人口分粮一千吨);在土地改革中,"培养了脱离生产的干部两千五百多名","部分地方政权已真正改造过来了";扩大耕地面积约九万垧,"在财政经济与自给的农工业生产方面,也取得了相当成绩,克服了不少困难"。陈正人在会议上表示,"我们现在一致承认'七七'决定是东北斗争的转折点","使得东北党有了正确的方针,因而经过全党一年来的努力,就根本改变了东北的局势"④。10月,吉敦四县向吉林省委报告:"自我军从长春、吉林撤出后到

---

① 《吉南半年来政权工作检讨及今后工作布置(1947年3月28日)》,《吉南烽火(解放战争时期吉南地委史料)》,第85—95页。
② 《吉南半年来政权工作检讨及今后工作布置(1947年3月28日)》,《吉南烽火(解放战争时期吉南地委史料)》,第85—95页。
③ 陈云:《东北敌我力量发生变化的原因和东北建党问题(1947年5月8日)》,《陈云文集》(第一卷),第593—594页。这种士气的转变,甚至在一些前线下来的伤兵身上亦有表现,他们的情绪,比四平之战好多了,"没有一个颓唐的"。参见萧军:《东北日记(1946—1950)》,第169页。国民党方面则不一样,大多丧气自馁。可参见熊式辉:《海桑集》,第600—601页。
④ 陈正人:《在吉林省第二次县团级干部会上的总结(1947年7月16日)》,《陈正人文集》第107、93页。

去年七月","干部思想的主要倾向是对战局忧虑,表示悲观,而对工作不安心",但是,"自去年七月到三下江南前(至今年二月间),由于东北局'七七'决定方针的正确及全体干部下乡的号召下,大多数干部是安心了"①。1948年上半年,安东省的粮草支前等工作取得了相当的成绩。其原因之一,有论者认为,这是"在上级正确领导下,使我们在战争观点上有了新的转变和提高"②。李富春在一次东北军区后勤会议上指出:"七七"决议是"扭转局面的一个非常重要的关键","使党和广大东北农民结合起来"③。萧华则谈到:"过去动员担架、兵源很困难,自'七七指示'后,这情况完全改观了,我已立稳脚跟,生长了力量。"④

三、"物"随"心"动

事实上,如果战争的意志足够旺盛的话,那么一旦发动,只要稍具一些基本的条件,便会自我加速、扩大,有时候甚至是始料未及地动员、创造出更多的前所未有的人力、物力资源(例如粮食),从而将战局推向更高的阶段,直至到达某种新的政治均衡⑤。

东北解放战争就是如此。"为着迎击敌人的进攻与准备反攻",战争越来越向大兵团的运动战发展。不必说,这所需的战费往往非常浩大。1947年3月,中共东北局的一份指示里讲到:可靠的财政收入极其微小,"仅够支出的1/4,收支差额甚大"。由于过去一年多以来的搜集敌伪资产以及发行纸币的办法已经难以为继,东北局强调:"进一步树立长期打

---

① 《吉敦四县土改基本总结给省委报告(1947年10月12日)》,延边朝鲜族自治州档案局(馆)编:《中共延边吉东吉敦地委、延边专署重要文件汇编(第一集)》,1985年印,第166—167页。
② 潘琪:《安东省半年来支前工作总结》,《安东行政导报》1948年6月24日。
③ 李富春:《东北形势及我们的任务(1948年4月3日在东北军区全军后勤会议上的报告)》,《中国人民解放军后勤史资料选编(解放战争时期)》(第六册),第112—113页。
④ 《萧华传达东北局省委书记联席会议精神的报告(1948年4月23日)》,《中共中央东北局辽东分局档案文件汇集(1946年—1948年)》,第165—181页。
⑤ 比如中共辽东分局财委会在检讨以往工作时发现,自己的思想远落后于战争形势发展的需要,"对战争规模之大、消耗之大认识不足"。详见《中共辽分局财委会关于贸易工作的决定(1947年11月18日)》,《中共中央东北局辽东分局档案文件汇集(1946年—1948年)》,第64—69页。连柏生在1947年10月辽宁省财粮工作会议上也讲到:粮食工作虽有成绩,但还是"落后于客观形势发展的需要"。参见辽宁财政志编辑室编:《解放战争时期辽宁财政史资料选编(内部资料)》,1994年印,第120—121页。

算,自力更生,发展生产,培养民力","借以解决当前与最近期内的财政困难",并由此"造成发展公私经济的有利条件"。东北局还提出:坚决清除"今朝有酒今朝醉""吃光用光""会餐政策"等贪污浪费、享乐腐化的思想①。到5月份,东北局判断:"党正处在一个新形势的前面",我军从防御逐渐转入反攻,为此,必须"前后方一齐努力,加油加劲","积极组织力量,全力准备大反攻","巩固和扩大解放区"②。

随着东北解放战争的战局转变,合江省政府的认识紧跟而上,并使自己的工作从各方面适应、促进这一历史性的变化。考虑到在此形势下前方的需要一天比一天增加,他们表示:"如果财经办事处一方面处在前方供给频繁中,还要担心后方供给,还需在后方补助很大一笔支出",那么,"无论在财政力量上和工作上都会影响自给前方效能"。所以,合江省政府提出争取财政由半自给到全自给。他们认为,"现时各方面都叫财政困难","主要的是过去对于上级依赖惯了","现在一听要自给,提出这困难两字"。他们深入挖掘、分析合江的经济潜力,指出:"合江省不但有广大的人口、土地和丰富农产品","而且还有丰富的工业资源","丰富的煤产和木材",以及很多的金矿和加工业。"如果能将现有基础的工矿业加以整理和开辟,将这些工矿业工作做好,仅以煤产、木材及金矿计","就能增加社会财富 1 700 000 万","那末解决省的财政只是附带的问题"③。

1947年夏季,中共辽东分局发现"辽宁粮食情况是相当严重"。然而,"为保证整个战争过程粮食供给",他们提出:"前方二、四分区,除应坚决完成原有征粮任务外,必须决心再征补三千万斤,并尽量使办法合理,真正做到粮多者尽力多出,无粮者坚决不出,粮少者少出";"为保证后方供给,一分区应将原有公粮任务尾欠,保证全部征起";"各级党委应坚决保证并严格检查同级政府公粮任务的完成,保证粮食制度的顺畅执行";

---

① 东北局:《关于1947年度财经工作方针与任务的指示(1947年3月4日)》,《东北解放区财政经济史资料选编》(第一辑),第33—35页。
② 东北局:《关于东北目前形势与任务的决议(1947年5月5日中共中央东北局通过并经中央批准)》,《东北解放区财政经济史资料选编》(第一辑),第48页。
③ 合江省政府:《合江省财政经济初步调查(1947年4月20日)》,《东北解放区财政经济史资料选编》(第四辑),第45—50页。

"各级党委派出之群众工作团,必须最少保证就地工作区域公粮任务之完成"①。武少文在1948年3月吉北生产会议上讲到:"从自卫战争来看,规模是日益巨大","必须使这物质基础赶上胜利形势的发展,必须发展生产",以加速战争的全面胜利。他迫切希望立即掀起全民的大生产运动,指出:"大生产运动的成功在我们吉北就是要生产112万吨粮食","这就会使人民的生活进一步得到改善,也就必然加速自卫战争的胜利,打倒蒋美统治,解放全中国"②。

有材料显示,1946年辽北省财政高度分散,"县区政府都是自己想办法解决自己的问题",固定的财政收入很少,70%的财政开支是靠发票子过日子,解决军政人员的开支都很困难。但是随着解放区的不断扩大,情况日趋改观,财政有了一定的固定收入,军政机关也想各种办法生产自给,以度过财政极端困难的时期。到了1947年,财政收入比1946年有所增长,但是财政开支增长得更为迅猛,财政赤字仍达30%。1948年的时候,财政情况基本好转,不仅财政收支平衡略有结余,而且上交的各项税收占到了财政收入的52%。这不仅保证了军政人员的开支,还将15%的开支用在生产建设方面③。松江省工商管理局也发现:由于三下江南的战局好转,各税务机关的工作人员待遇适当提高,其工作较前安心了④。

战争是人类主观能动性的高度集中的表现,在某种意义上,"物"是随"心"而动的。当东北解放区从"和""战"不定走到"敌我斗争存亡胜败的关头"时,其军费开支占到各项开支的80%以上。东北局领导人表示:"数字是巨大的,但是必须的","还要扩军,也是必须的"⑤。其解决之道是革命逻辑与组织逻辑的辩证运用。所以人们看到,尽管反动派向我进

---

① 《中共辽东分局关于最近辽宁粮食情况的决定(1947年8月15日)》,《中共中央东北局辽东分局档案文件汇集(1946年—1948年)》,第40—41页。
② 《开展大生产运动——武少文同志在生产会议上的总结(1948年3月)》,中共吉林省委党史研究室编:《吉北的曙光(解放战争中的吉北地委史料)》,1990年印,第218—226页。
③ 刘彬整理:《解放战争时期辽北财政的一些资料》,《解放战争时期辽宁财政史资料选编(内部资料)》,第1260页。
④ 松江省工商管理局:《1946年—1947年松江省税收工作概况(1947年)》,《东北解放区财政经济史资料选编》(第四辑),第85页。
⑤ 李六如:《关于财政问题的结论报告(1947年1月21日)》,《东北解放区财政经济史资料选编》(第一辑),第28—29页。

攻,地区逐步缩小,收入断绝、来源减少,但是中国共产党不仅没有丧失斗志,而且一切军队补给、党政方面能按照计划圆满完成。1947年10月,辽宁省财粮工作会议决定实行统筹统支财政政策:"量出为入,大量开源与法令政策相结合"①,以"争取反攻胜利"②。李富春在财经会议上的讲话,对人心之鼓舞作用,更是跃然于纸:"全东北解放区千百万农民在望着我们,几百万的工人店员与贫民在望着我们,几十万前线士兵在望着我们,全国各解放区也都在关心我们",我们必须"动员起来","为完成由分散到统一的转变而奋斗"③。

到了东北解放战争胜利前夕,"心"在"物"的相当基础上不断澎湃发展,由解放全东北开始眺望解放全中国。辽北省表示:为了"完成解放东北和支援全国革命历史上艰巨任务","我们今天的财粮建设","必须反对不顾战争的需要,片面的群众利益观点",必须"反对百废俱兴"的和平建设思想影响战争中财粮的供应,"必须反对小手工业的作风,小手小脚的从事各种生产与管理"④。在此高昂的革命意志之下,中国共产党从各个方面组织、运用有形无形的资源,全力以赴财粮战线上面临的新使命。

---

① 连柏生:《辽宁省财粮工作会议总结报告(1947年10月24日)》,《解放战争时期辽宁财政史资料选编(内部资料)》,第123页。
② 《辽宁省财政工作总结(1947年1月至1948年3月)》,《解放战争时期辽宁财政史资料选编(内部资料)》,第129—135页。
③ 李富春:《在财经会议的报告与总结(1947年8月)》,《东北解放区财政经济史资料选编》(第一辑),第72页。
④ 《新的辽北与新的财粮任务——辽北省第二次财粮科长联席会议总结(1948年8月)》,《解放战争时期辽宁财政史资料选编(内部资料)》,第184页。

第二章
"予"与"取"：
东北解放区粮食政策的本体论与方法论

"物"随"心"而动，但是"心"须以"物"为基础和前提。从本质上看，中国共产党领导的革命，目的是为了最广大的人民群众。不过，为了争取实现最广大人民的最根本的整体利益，往往需要从各个方面不同程度地汲取一些资源。在具体的政策方法上，从人民那里获取资源之前，必须首先使人民的政治与经济利益有相当的满足。毛泽东在延安时期就批评许多同志："只是做了一个方面的工作，即是只知向人民要这样那样的东西"，"不知道做另一方面的工作，即是用尽力量帮助人民发展生产，提高文化"。他强调："我们的第一个方面的工作并不是向人民要东西，而是给人民以东西。"只有组织人民、领导人民、帮助人民发展生产，增加他们的物质福利，"并在这个基础上一步一步地提高他们的政治觉悟与文化程度"，"我们去做第二方面的工作——向人民要东西的工作时，我们才能取得人民的拥护，他们才会说我们要东西是应该的，是正当的"[①]。为了实现解放战争第二年的战略任务，将战争引向国民党区域，毛泽东再次向全党强调"予"与"取"的政策策略：坚决执行争取群众的政策，使广大群众获得利益，唯有如此，其始能"站在我军方面"，而我们始能取得胜利[②]。

---

① 毛泽东：《经济问题与财政问题（节选）(1942年12月)》，《毛泽东文集》（第二卷），第458—468页。
② 毛泽东：《解放战争第二年的战略方针(1947年9月1日)》，《毛泽东军事文集》（第四卷），第226—227页。

一、先"予"后"取":辩证法的开局之步

1946年12月,陈云在给东北局领导人的一封信中指出:"农民是最讲实际的,他们的积极性是建筑在切身利益基础上的,得利越多积极性越高。"他讲到南满地区:

"农民群众已经在分地后确知八路是代表他们利益的","因此,当我军未退时,担架是可以组织的,一切是可以完成任务的。——此次我军撤退,亦无群众扣捕落伍人员事件,相反,个别群众还有掩护的。这是4个月来(从7月起)土地改革的效果"。

"但群众鉴于日俄战争、'九一八'、'八一五'的经验,认为后退者必一去不返。因此,他们认为我军大势已去,眼看已得利益不可保护,并且最重要的是已得利益不多,不值得为此而拼死斗争。""南满情况警告了我们全东北","不论土地分得如何彻底,但因为时间短,群众得利不多(如果我保持了3年以上的地区或可例外),不能希望群众起来游击或摆地雷阵,不能希望群众与我并肩作战。"

据此,陈云要求东北各解放区:"现在要研究有什么利可让农民得,农民有什么利需要我们去保护。"①张策在松江军区干部会议上则表示:珠河、苇河等地方应缓一步征收公粮,"我们应先确实给群众有好处,然后再向群众要"②。这些往复辩证的予取关系,对于中共辽东分局来讲,亦毫无认识上的困难。1947年7月21日,其在一份关于彻底肃清土匪的决定中指出:"农民不能翻身,兵源粮源无处取得,根据地难于形成,社会秩序不安定,给今后自卫战争巨大困难。"③

---

① 《陈云给林彪、彭真、高岗的信(1946年12月20日)》,《解放战争时期的通化》,第535—540页。
② 张策:《在松江军区干部会议上的报告(节录)(1946年3月26日)》,《东北解放区财政经济史资料选编》(第四辑),第8页。
③ 《中共辽东分局关于彻底肃清土匪之决定(1947年7月21日)》,《解放战争时期的通化》,第362—363页。事实上,早在苏区时期,这种"取"与"予"的辩证法已经在实践。比如,闽赣省苏维埃政府通过查田突击运动,解决了土地问题之后,其"土地税、收买粮食、推销经济建设公债等任务全部完成","在家的红军也归队了一部分"。邵式平:《闽赣省查田突击运动的总结(1934年4月28日)》,《闽赣苏区文件资料选编》,第183—184页。

"取"与"予"辩证法在革命的具体实践中,经常成为一种引导群众的策略技艺。1946年,安东省在施政纲领中表示要"废除敌伪一切苛捐杂税,减轻人民负担",在此基础上"施行工商业所得税,逐渐推行统一累进税,进行整理土地与田赋,建立合理税收制度"①。在人民有所得之后,再令其有所出,在情理与政治上都会处于相当有利的主动地位。1946年3月9日,张从周在通化人民代表大会上的讲话一再地运用了这种动员技艺。他表示:"为了减轻人民负担,安定民生,关于田赋已由专员公署明令免征。"在免除了田赋的前提下,通化政府在1945年度征收了建国公粮1 163 879斤、马草941 567斤。接着,他讲到:"为解决军政粮食不足,专署已于[1945年]11月明令开征建国公粮。"然而他强调,"为照顾人民困难,政府采用征粮新办法,其主要精神为按照实际产量、人口等累进征收,尽量合理化",又"唯恐执行中产生偏差(如按出荷、献纳等办法同样看待),特组织工作队分赴各区协助征粮工作,中间并检查一次"。"征收中为恤民困,专署一再忍饥减免,同时过去混乱时期,军用粮草政府一概加以适当承认或偿还,免除人民额外负担。"②在张从周市长对于"取""予"关系的反复论述中,东北根据地的公粮政策所具有的道义性和合法性无形之中变得更加明确了起来③。

通化行政公署主任连柏生在1946年7月7日的广播讲话中,似乎也在自觉或不自觉地运用这种引导、论证的艺术。他说:"今天为了保卫通化,供给支出势必增加,但我们仍处处为人民着想,决不能随意加重人民的负担。例如粮食问题是供给中主要环节,对自卫战争的影响极大,但在今天的征收总数中,政府三度慎重讨论,始定最低征收额,即是只够支出全通化区军政机关最低的日用粮食数。采取累进征收,以求公平合理,不

---

① 《安东省施政纲领(1946年5月10日)》,中共辽宁省委党史研究室、中共丹东市委党史研究室编:《解放战争时期的安东根据地》,中共党史出版社1993年,第73—76页。
② 《五个月来通化县市的政权工作——张从周市长1946年3月9日在人民代表大会上的讲话(摘录)》,《解放战争时期的通化》,第65—74页。
③ 据粤桂边区的一个革命者反思说:"我们过去的筹粮筹款工作,只是要粮要款,不要人的政策",这种不合情不合理的"抄家行动","失了人心,多树敌人","得不偿失"。他赞同毛主席的思想,即:"先给群众以东西,然后向群众拿东西,先给群众十分,然后向群众拿三分"。《南路抗日战争时期工作问题总结(摘录)(1946—1948年初)》,中共湛江市委党史办公室等编:《粤桂边革命根据地财政税收史料选编》,1986年印(无出版社),无页码。

足粮数以尽量清查敌伪粮食与生产粮食做为补充。"连柏生又提到各机关普遍开展生产运动,号召自7月份起,以大部或全部的生产收入自给菜金与办公费。他指出,这"也是减轻人民负担的一个重要方法"。他还巧妙地把共产党的征粮政策与国民党政权作对比:"我们正感觉到人民负担减轻还不够,要像关内老解放区那样,做到更进一步减轻人民负担","国民党反动派却又生气了,日夜想打进通化来,以便象在沈阳、长春要补收14年的田赋,要征收170多种捐税"①。

在"取"与"予"的关系中,无论从革命本身的使命而言,还是从革命的策略上看,"予"都是首要的、第一位的②。1946年10月陶铸在通辽、开鲁县区干部会议上批评说:"我们来此之后,开始就是打仗,向老百姓要东西,军纪又不十分好","康平的经验,值得我们时刻警惕,它第一个阶段,轰开了局面,并对辽吉区整个群众分地斗争,起了带头作用,是不容否认的,错误就在于没有继续深入","在第一阶段之后,即自以为根据地已经建立起来了,便转去搞形式主义的一套,更严重的是供布,献马,拼命扩兵——弄得群众出钱买兵,使群众分了地尚未得实利就要出负担",以致局面终究没有打开③。在1947年1月的一次会议上,陶铸继续强调:"农民的觉悟,一下不容易提高的,但给他的利益必须真正给到手,才能提高觉悟。"据他分析,过去辽吉地区农民觉悟不够的原因之一,就是"负担重",远远超过了他们获得的。他提出"减轻民负,除公粮外,不要负担,发动爱民运动,整顿纪律",并"宣传与组织明年的大生产"④。

在"取""予"之间的多重辩证关系中,农民政治上的翻身以及由此而来的对中国共产党领导的积极认同和支持,具有开局性的重要意义。国民党东北行辕责令各地以富户充任乡镇村保长,达到维持阶级秩序的目的。所以,正如东北民主联军总政治部所讲:一旦在中国共产党领导下,

---

① 连柏生:《为保卫通化人民已得的民主果实而斗争(1946年7月7日)》,《解放战争时期的通化》,第76—81页。
② 东北地方人士冯庸警告熊式辉:国民党"对人民取之者多,予之者少","已怒气冲天"(熊式辉:《海桑集》,第596—597页)。
③ 《陶政委于一九四六年十月底在通辽、开鲁县区干部会议上的讲话》,《辽吉历史文件汇编》(第一册),第66—73页。
④ 《一九四七年的任务——坚持辽吉(陶铸同志在县干会上的报告和总结(1月2日))》,《烽火前沿——东北解放战争时期的中共辽吉一地委》,第210—211页。

"封建势力打倒了,农民彻底翻身了",那么"爱国保田的自卫战争",也就可以获得解放区内百分之九十以上的农民的支援",不仅所需的兵源得以解决,繁重的战勤工作任务、整个部队的吃饭、穿衣,以及经费问题都得以解决①。辽沈战役前夕,东北野战军领导人考虑新区有些地方部队只是路过,此前人民并未首先从中共战后的反奸清算、减租减息或者土地改革等政策中获益,因此"人民对我无完纳公粮义务"。为了预筹紧急之需,他们不得不实行借粮政策,"向地主富农及在不得已时向农民借粮(包括马草、马料),给被借户以借粮证,作为日后向我政府完纳公粮之用"。尽管这可能使农民吃亏太大,但是"根据过去经验,作出一些规定",或可"不乱或少乱"②。

"取""予"之间的辩证关系中最广为人所知的是,土地改革激发了农民支持战争的热情。据林枫在东北解放区第一次行政会议上讲,在东北土地改革中,有 6 290 824 个无地或少地的农民,分得了 5 070 753 垧土地,每人平均分得 8 亩,最多者一垧四亩三,最少者三亩。他还讲到,辽北、松江、合江、吉林、牡丹江五个地区六十二个县的统计显示,分配房屋156 151 间,牲口 59 125 头,粮食 1 046 286 石③。

确实,1946 年底,伍晋南向吉林省委报告称:"榆树三区和松江沿岸的几个村,由于广大农民的要求,进行了推平土地(即平均地权)","富农土地大部或少部被分出","甚至有两家大地主的棺材被农民抬去"。"由于群众新的发动,该地秋征工作也顺利迅速完成,农民热烈交公粮时说:'这比交地租快!'"④东满地区的中共领导人表示:"高度的满足农民土地经济要求,真正建立起农民的统治,这就是我们的方针。"不仅如此,他还指出:"斗地主可否打？地主要不要搬地方？","这是要由农民去决定的问

---

① 东北民主联军总政治部:《贯彻土地改革的思想》,1947 年印,第 12—13 页。这与国民党方面形成鲜明的对比。1948 年国民政府粮食部长关吉玉称:1948 年度田赋,"开征两月余,仅收达配额一成","殊嫌疲滞"。《粮食部长关吉玉呈中华民国总统蒋中正为请赐电各省主席加紧催收三十七年度田赋(1948 年 11 月 24 日)》,"国史馆"藏,典藏号 001-087000-00007-002。
② 《林罗谭关于采取借粮办法解决军粮问题的请示(1948 年 9 月 9 日)》,《中国人民解放军后勤史资料选编(解放战争时期)》(第六册),第 135—136 页。
③ 林主席:《关于东北解放区民主政权建设总结》,东北书店 1947 年印行,第 3 页。
④ 《伍晋南关于榆树土改向吉林省委的报告(1946 年 11 月 6 日)》,《吉北的曙光(解放战争中的吉北地委史料)》,第 187 页。

题"。"农民斗争痛恨的恶霸地主,即使发生打的行动,也是正义的行动,是恶霸罪恶的结果","我们的原则是就是'对于农民一切正当的主张和正义的行动,必须坚决拥护'"①。在1947年10月梅河群众工作会议上,陈云指出:"要恰当的满足基本群众的政治的经济的要求,在政治上群众要出气,要评理,经济上要土地、要牲口,群众从经济开始,我们的目的则要从经济提高到政治。"②12月,在讨论是否将富裕中农的牲口拿出一部分的时候,他又一次强调:"现在不要看贫雇农表现积极,这种政治上的积极是建立在经济上的。"③中共吉林省委要求其干部应该认识到动员各种人力、物力时,"决不可能离开广大群众积极性这个基础","这个积极性的高度发挥","完全来源于广大贫雇农以至中农是否满足了土地经济要求与民主要求"④。

农民在经济利益和政治地位上获得了相当满足之后⑤,往往会对中国共产党的动员作出经济与政治上的积极响应。张闻天讲到,合江农民翻身之后,由于经济要求满足了,"凡是拥军、劳军、参军、大车担架、公粮购粮、献铁等等任务,他们莫不自觉自愿,争先恐后的来迅速完成"⑥。这是一种政治诗学的表述,但仍有相当的事实依据。黑龙江曾对1947年冬

---

① 陈正人:《在吉林省第二次县团级干部会上的总结(1947年7月16日)》,《陈正人文集》,第92页。在龙江,一个名为王尚的伪满恶霸,不仅杀人,还把受害者"埋在他家地中"。其后该恶霸被"民主政府"枪毙。萧军:《东北日记(1946—1950)》,第262页。
② 《陈云在梅河群工会议上的发言(1947年10月)》,《中共中央东北局辽东分局档案文件汇集(1946年—1948年)》,第55—60页。
③ 《陈云在辽宁群工会议上的总结(1947年12月6日)》,《中共中央东北局辽东分局档案文件汇集(1946年—1948年)》,第69—76页。
④ 中共吉林省委:《关于一九四八年任务的指示(1948年1月9日)》,中共吉林省委党史工作委员会编:《吉林党史资料》总第15辑。
⑤ 比如,在汪清县春兴区共有1965户,经过土地改革之后,31户地主中的18户降为中农,5户降为富农;与此同时,1074户贫农中有242户上升为中农,81户雇农分得了土地,上升为贫农。又如该县春芳区2104户中,原有地主61户中,有47户降为中农,14户降为贫农,612户中农里有7户上升为富农,1138户贫农有783户上升为中农,90户雇农中有40户上升为贫农,49户上升为中农。在蛟河县,地主在土地改革前占有土地20566垧,占原耕地面积的48.5%,经过土改,只剩下1221垧地,比例下降为2.8%;中农在土改前3229垧地,占比为7.63%,经过土改,分进7777.2垧,占比为18.37%;贫农变化更大,土改前占地305.7垧,占比0.72%,经过土改,分进20581垧,占比为48.6%。详见《中共延边吉东吉敦地委、延边专署重要文件汇编》(第一集),第139、156—157页。
⑥ 张闻天:《合江农村的新形势与新任务(1948年2月19、20日)》,《张闻天文集》(第三卷),中共党史出版社1994年,第389—390页。

季农民参加担架队的动机与动员方式作过调查,发现其去前方动机,在1 083人中,有76％是自愿,10.5％是为了解决冬衣,戴罪立功的占3％,为了赚钱占3％,怕斗争占2.5％,怕参军占2.4％,顶替他人占1.6％,为了上前方"捡洋捞"占0.7％。不少农民甚至表示:"应给新解放区看看我们翻身哥们是什么样的。"①

所以,赵德尊称:"土地改革的胜利彻底消灭了农村封建制度,农村发生了翻天覆地的变化,地主阶级统治威风扫地,广大贫雇农扬眉吐气","黑龙江省真正成为东北根据地的可靠的战略后方","在从1947年初到1948年末的两年时间内,不到300万人口的黑龙江省向主力部队输送9.5万多新兵","粮食80多万吨"②。萧军在龙江的一次工作队会议上提出:为了重振"回生"的老百姓情绪,"必须提出一个与百姓生活密切联系的口号,如'借冬衣'之类",同时"把突出的几个恶霸如土皇帝之类,一齐捕起来,追究过去罪行,掘坏根,挖财宝","由政治转入经济","否则基本群众不易发动起来"③。反是亦如此,所以在1946年10月的时候,中共辽东省委警告说:"分地不分粮或仍交地主租,则想土地改革运动继续深入,查地征粮使农民支援自卫战争是不可能的。"④

1948年6月24日《安东行政报》报道:安东在该年上半年征集支前粮草数以百万余斤,"保证了部队伤员、民工、大车之给养",群众性的慰劳慰问,"仅新年中猪羊一项即达千余头,现金4 700万余元"。该报道分析认为,这主要是由于土地改革启发了广大农民的热忱,"如果不是土地改革发动了群众","是不可想象的"⑤。7月,中共安东省委强调:"目前我

---

① 杨英杰:《黑龙江省一年战勤工作总结》,1948年印,第3—4页。
② 赵德尊:《赵德尊回忆录》,中央文献出版社1998年版,第90—91页。在西满龙江县,"有些新兵因检查体格不够",居然哭了,"愿意下次参军"。征兵动员大多超出任务。萧军认为,这是由于动员工作做得不错,"分了土地"。详见萧军:《东北日记(1946—1950)》,第247页。而国民党方面,正如阎锡山所讲:不需要"剿共"的农民,反而"强制在战场上忍饥受寒而拼命"。详见周美华编辑:《蒋中正"总统"档案:事略稿本》(70),第191—193页。
③ 萧军:《东北日记(1946—1950)》,第267页。
④ 《中共辽东省委关于彻底解决秋收后群众要求分粮的通知(1946年10月15日)》,《中共中央东北局西满分局、辽东省委档案文件汇集(1946—1947)》,第248—249页。
⑤ 潘琪:《安东省半年来支前工作总结》,《安东行政导报》1948年6月24日。当时的国民党军,没有广大农民的就地支持,受困于长春之围,投送粮食耗费之巨,牵累整个大局,以至于徐永昌提出利用新秋,觅食较易,放弃长春。详见《徐永昌日记》(第九册),第111页。

们的工作重点仍应放在农村,因为农村有我们用之不尽、取之不竭的物资,农村是人力、物力、财力的源泉。我们打仗靠农村出兵,靠农民支援前线;我们吃粮靠农村供给粮食"。为此,"要大胆放手使群众真正活动起来,满足百分之八十以上的农民要求"。安东省委尤其指出,"在发动农民当中,不要把发动农民与照顾地主并立,更不应强调照顾地主,这会阻碍农民运动的开展。只有让农民把地主斗倒之后,把地主封建势力彻底摧垮的时候,在农民自愿的原则下,才能谈到对地主的照顾"①。其"选边站"的立场十分明确。

二、"取""予"辩证法的深度发展

人们很少思考的是,这种为了农民长远与根本利益而实行的"取"与"予",乃是人类社会极富历史意义、也是至为艰难复杂的一种资本运作。只是启动、经营这项事业的不是资本家,而是一批革命家。

一些地方发现,土地改革一旦发动起来之后,"雇贫农相信了和满意我们党的彻底的土地政策"之后,其斗争的要求则是"空前提高"了。"有些地方雇贫农已经不像过去那样要我们等待他们,而是在等待我们,或者不等待我们了"②。陈正人在1947年12月一次会议上讲到农民的要求不断地上涨。他说:"去年冬天以前,一般的情况是我们等待群众,就是说群众觉悟程度低。到了今年春天,群众的情况是逐渐变了,由于部分地方已经起来了清算分地斗争,战局开始稳定,群众要求提高,所以在今年春天的时候,许多地方群众就时时盼望工作队去了。工作队为什么还不来呢?这就是告诉我们群众已经反过来在等待我们了。因此今年春天,我们的工作方式已经有了变化,就是采取了较普遍发动的办法,并提出突击分地。到了今年夏秋时候,由于夏季秋季攻势全面反攻胜利,群众在斗争中

---

① 《安东省委关于目前形势与任务的指示(1948年7月3日)》,《解放战争时期的安东根据地》,第146—150页。在龙江,萧军遇到一件事:有两个农民诉说"因打地主被威胁","已经打了八斗,又送回食子去了"。见其《东北日记(1946—1950)》,第266页。
② 陈正人:《组织一个彻底消灭封建平分土地的运动——一九四七年十二月省委县书联席会议的总结》,《陈正人文集》,第111页。国民党东北行辕,为与共产党较量,表示要实施土地法,确实核减房租、地租,限制私有土地数量,并开征地价税及土地增值税,逐步平均地权。然而,直至其在东北败亡,仍然不过是画饼。

已获得部分利益,但又还不满足。"①

日益激进的运动逻辑就是这样推动着中国共产党一步一步地走向历史的更深处,以满足那些不断高涨起来的群众要求。然而,由此引发的复杂结果,大多数是党始料不及的。

在整个东北解放战争中,公粮是当时相当重要的一种战略资源。1947年9月,吉南专署在一份工作指示中强调:"公粮对于支持长期战争及经济建设上有很大政治意义。"②12月,吉南专署又表示:"今冬粮食任务完不成,根据过去经验,会给明年工作及吉南根据地建设坚持以很大困难",要求各县"从思想上打通","于[1948年]一月十五日完成征收,一月底全部入仓不得再拖延"③。

在征收公粮时,一般都要考虑到所在地区的人民负担程度。1947年中共柳河县委副书记张彬到大甸子检查工作后报告:该村"汉族72户,310口人,82个劳动力,其中有52户种地为业,共种地841亩,共收粮食2 002 800斤","因产量未搞清楚,故未确定负担数量"④。吉南专署则表示:"在我中心区彻底实行土地改革地区,土地关系已有重大变化,形成均田情况,且群众已初步发动,此种情况下不能实行累进比例征收","因贫苦农民才得到土地青苗,经济基础尚未站稳,按土地产量负担,将负担过重,势必影响明年生产"⑤。

同年8月,中共辽南行政公署在征收公粮时决定:"为了支援前线,争取自卫战争的胜利,必须保证供给","以最大决心完成本年度的公粮任务",但是"另一方面辽南人民遭受国民党八个月的摧残掠夺,农村经济,已受到重大损失",因此,"必须照顾到人民生活,力求合理负担"。"在评订产量时,为了鼓舞农民生产,应注意将当年产量结合评订,布置征粮任务时,要以完成任务为主,同时照顾负担合理,原则上以每口平均产量八十一斤起

---

① 陈正人:《组织一个彻底消灭封建平分土地的运动——一九四七年十二月省委县书联席会议的总结》,《陈正人文集》,第118页。
② 《吉南专署关于今年公粮工作指示》,《吉南烽火(解放战争时期吉南地委史料)》,第100页。
③ 《专署政务会议决定记录(1947年12月11日)》,《吉南烽火(解放战争时期吉南地委史料)》,第110页。
④ 《中共柳河县委一年工作总结汇报》,《解放战争时期的通化》,第112—114页。
⑤ 《吉南专署关于今年公粮工作指示(1947年9月15日)》,《吉南烽火(解放战争时期吉南地委史料)》,第100页。

征,以百分之一或百分之二起累,累进率最高不超过百分之廿五。"①

在征、借粮食时,东北解放区有关方面都注意让不同的阶级在政治获得感方面有一定的差异。1947年6月,辽宁行政公署为了有效解决7至11月的粮食问题,决定"从去年应征公粮中用借的方式征一部分"。这次借粮的对象,"按每口三亩以上之土地借(不满三亩者不借)","即主要为地主富农"②。9月,吉南专署也指示:"在未彻底进行土地改革地区,土地未彻底分配者,应执行公粮暂行条例,具体执行中应掌握地主负担占其收入的30％左右、中农14％左右、贫农7％左右的原则。"③

辉南县则发现,如果让农村中不同阶级获得超其所得的政治经济利益,那么公粮征购就更能成功地完成。《辽东日报》讲到辉南的双桥,"全村7屯261户1 016口人(前后参军百多人,现实有900多人),耕地600多顷,土质是黄土,在全区14村中是最穷且较小的村子","全村总产量4 470斗,亩平均8斗,每人平均4斗多"。在以往公粮征收时,中农以上阶层的瞒报普遍很严重。该村贫雇农大会订出罚规,"瞒地者查出归农会,瞒产量者不分给青苗,议定先分苗后分地","青苗抽多补少,贫雇农各收各的,分组挨户进行自报和评议"。"评议结果,土地和产量都大大增加","仅以上3屯即多出578斗,几乎超过全村任务(15 000斤)的1倍"。《辽东日报》指出:公粮负担之所以为人感到公平合理,"重要关键是以贫雇农为主的群众性的普遍评议产量"。在评议过程中,"提出谁吃公粮谁拿公粮之后,大家认为贫雇农的天下不分公私,只有前方和后方之分"。该报进一步指出:双桥的例子说明:在评议时"要依靠贫雇农,吸收个别中农,地富无权参加","评中不仅要看产量还要看浮物多少,有无副业和劳力强弱";"已分地之地区单靠一纸征收率解决不了问题,也不能根据分地多少决定超征和免征。辉南最初曾根据每人平均产量多少决定征收率,往往照顾不到贫雇农,因为不少贫雇农在分苗中每人平均产量不少于

---

① 《辽南行政公署关于征收卅六年度公粮的决定(1947年8月15日)》,《解放战争时期辽宁财政史资料选编(内部资料)》第579—582页。
② 《辽南行政公署关于借粮的训令(1947年6月26日)》,《解放战争时期辽宁财政史资料选编(内部资料)》,第577—578页。
③ 《吉南专署关于今年公粮工作指示(1947年9月15日)》,《吉南烽火(解放战争时期吉南地委史料)》,第100—102页。

中农,抽多补少时有的贫雇农超过全村每个平均数,但其鸡鸭鹅猪和家中浮物都很少,单按产量征收就大大吃亏了"。《辽东日报》还提到桦树屯的例子。该村公粮征收时经贫雇农讨论后规定,"若富农、中农、贫雇农每人平均产量相同时,富农要交17%,中农交16%,贫雇农交15%"。而碱草沟的王少云,"按产量还不如贫雇农多,但他家境好,因而贫雇农大会和翻身屯长就派他一石,少一粒也不行"①。

1947年11月,吉北地委对于舒兰是先征购粮食再进行砍挖运动直至平分土地,还是先"砍挖","索还地主土地、粮食、房屋、财产及征收富农上述多余部分",再去征购粮食,当时的地委领导之间有分歧。但是,时任吉北地委副书记的雍文涛发现,该县不少地方反映"去年及今春分地","地主普遍留地多,留好地,农民分得坏地",农民"对地主岗地产粮多,他们分得洼地不打粮","心存愤怒"。"每个村讨论到索还地主、富农多余粮食,均自然联系到公粮问题",他们说:"拉回来(指没收地主粮食),打好场交公粮支援前线,咱们一垧地打石二八斗,交了公粮还剩多少?人家一垧地打四石,还是有吃有借的!"所以,不少工作队发现,还是首先满足农民"索还土地""索还粮食"的要求,"公粮更有把握"②。中共热辽地委会就实行"在发动群众中完成征粮(先征公粮也可,但应把已征公粮在土改中重新由群众进行评议调正)"③。

确实,以往最为底层的农民在政治经济上的获得,会以某种方式边际地转化为中国共产党政权的道义力量,从而使公粮的征收在该地变得更加合法,此时有任何的抗辩或逃避在情理上都难以站得住脚了。所以,中共中央指示东北局:"在土改中过分着重挖底产以及采用肉刑急促地去挖底产,因而逼死很多人民,确实是错误的",但是,"农民如采用缓慢办法,

---

① 张忱:《依靠贫雇农自报评议征粮做到公平合理》,《辽东日报》1947年12月5日。在国统区,情形恰恰相反。据国民党方面的一位田粮处长报告:在课税征粮时,"各地权绅豪富,恃势自恣,多方规避,地方官吏心存顾忌,曲相容忍",导致"实际出钱出粮"的,"尽系贫弱中下户"。《中国国民党中全会决议案报告(1947年7月28日)》,"国史馆"藏,典藏号001-014152-00022-007。
② 《雍文涛给吉北地委的信(1947年11月5日)》,《吉北的曙光(解放战争中的吉北地委史料)》,第148—150页。
③ 《在热辽地委会上的总结报告(1947年12月11日)》,朝阳市史志办公室编:《热辽风云——解放战争时期的中共热辽地委》,辽宁民族出版社2001年,第243—248页。

调查谈判并挖出地主底产","亦不可禁止农民分配"①。

三、生产运动:"取""予"辩证法的另一种实践表现

在公粮上的这些"取""予"关系中,更为根本的是,在积极领导农民发展生产之后再征收公粮,将使中国共产党的动员政策更理顺成章,具有更大程度上的逻辑正当性与经济合理性②。抗战胜利后不久,一些部队和地方为了解决财政问题,或者经商,或者乱抓浮财,甚至"在群众中去找敌伪遗散的零散物质"。显然,这不可能是长久之策。1946年4月,中共通化省委表示:"财经问题是我们目前最困难的问题","我们要坚决执行以农业为主的生产方针","只有农民生活改善,财经才有出路"③。零和式的经济汲取迟早会走向财政的枯竭,更为重要的是,东北根据地的政权将难以获得合法性的根基。

某种意义上,恰是中共中央东北局意识到这点,在和战问题不再犹豫之后,就积极领导生产,根据不同的农业季节发动各种生产运动。张启龙在1947年1月的一次会议上指出:"从战争情况上看,农业生产最可靠",而农业生产则以生产粮食为主④。

从1946年8月直至1949年11月,华春长期担任中共沈抚县长。据他回忆:他们很早就认识到只有积极领导农业生产,才使"根据地村村有公粮"⑤。中共辽东省委在1946年指示各市县:"根据当地具体情况,提出群众生产的具体口号与要求",比如"发展生产贸易,改善人民生活,组

---

① 《中央关于纠正土地改革中"左"倾错误时不要限制农民必要的斗争给东北局的指示(1948年5月10日)》,《中共中央文件选集》(第十七册),第156—157页。
② 林伯渠曾经讲到:"我们的政权,不是单纯的仰给于民的,还能够给予人民以实际的利益,从旧的政权中把人民解放出来","我们给他们民主权利,改善他们的生活,关心他们的文化发展"。详见林伯渠:《中国共产党与政权(1941年7月1日)》,《林伯渠文集》,第225—228页。
③ 《通化省委对目前形势与我们具体任务的指示(1946年4月10日)》,《解放战争时期的通化》,第388—391页。
④ 《张启龙同志在财经工作会议上的总结报告(1947年1月5日)》,《中国共产党吉林省委员会重要文件汇编》(第一册),第196页。
⑤ 华春:《难忘的日子》,《解放战争时期辽东三地委》,第205—222页。据曾在沈抚县委担任过副书记的郭洪林回忆,当时他们其实还有其他一些粮食来源,比如从敌区、边沿区征税征粮、建立敌区和接敌区的两面政权、扩大粮食来源等。但是,他们更倾向于通过积极领导群众生产,以保障粮食的供应。详见郭洪林:《忆沈抚县委》,《解放战争时期辽东三地委》,第223—247页。

织劳动互助,发展合作社运动,消减熟荒,防止生荒,开展农村副业,多施肥,多锄草,兴办水利等"①。辽东省委的实际举措如何,我们不得而知,但该指示很能表明其对财政上"取""予"之间的辩证关系已有相当的认识。

我们以中共辽东三地委为例,具体看一下这种财政辩证法的实践力度与细致程度。1947年3月,辽东三地委发出《关于贯彻土地改革运动的指示》。这份本应以土改为其主旨的文件,重点却是强调"春耕季节行将到来","我们必须用一切办法,使农民要回被地主要去的粮食土地,迅速分得应分而未分的粮食土地,种上自己应得的土地","在农民分得土地时,应该立即进行春耕准备工作,提倡及时送粪,调剂耕牛、农具、种籽困难,提倡劳动互助,以保证贫农、雇农、赤贫等阶层于获得土地后,能及时春耕,不违农时,以巩固农民果实,增加生产,改善农民生活"②。

5月27日,辽东三地委又发出《关于开展夏季生产运动的指示》,其中称:"各县农代大会以后,中心工作是准备春耕,突击种大田",领导各地多铲多上粪(还要多开荒)。这个指示特别强调了党在群众生产方面应该积极作为,要求干部不能因为"群众说:'生产咱会生产'",便取消领导者的作用,而是应该"用一切方法发挥群众生产力的作用"。为此,辽东三地委具体提出:"各县可以区或基点村为单位召开各村生产组小组长,春耕生产中堪称各种模范的人物(选一下最好)初步的评春耕、奖春耕,并布置夏季生产开展竞赛。"③

国民党方面有屡次令其部队抢购、抢收战地粮食的要求,而且往往"放任官兵径自强取"④。所以,在辽东三分区的边沿地带,一般从春天开始,即面临着被抢粮、抢牲口或者衣物等东西,夏秋间更有下地扒土豆、劈青苞米和围村抓人绑票要粮等事情发生。显然,共产党领导保护、抢收边

---

① 《为更加普遍开展群众运动的指示(1946年3月20日)》,《解放战争时期辽东三地委》,第248—251页。
② 中共辽东三地委:《关于贯彻土地改革运动的指示(1947年3月30日)》,《解放战争时期辽东三地委》,第273—276页。
③ 中共辽东三地委:《关于开展夏季生产运动的指示(1948年5月27日)》,《解放战争时期辽东三地委》,第279—283页。
④ 《徐永昌日记》(第八册),第488—489页。

沿地带粮食,为党与农民之间下一步"取""予"关系的展开创造了可能。1948年9月的时候,中共方面看到:"敌人对我边缘区已开始新的抢秋行动","从地里抢高粱、苞米、谷穗和场院,一直到抢仓抢家一齐来,而不等群众收割完了",其方式是,"以武装带领大批伪匪亲友及利诱强迫地区百姓进行抢掠";或者"利用我边缘区反动逃亡地主回来和收买坏人混入我边缘村庄调查了解情况,配合其抢粮行动"。因此,"必须向群众反复说明秋收是一年的生产结果","保护秋收保护粮食,就是保护自己的生命";"打破群众往年割地、拉地、打场、入仓分段进行的旧习惯,改用随割、随打、随藏同时进行的新办法";并且"要组织民兵护收队或不同形式的小组,在重要地点放哨侦察"①。

在辽吉,省政府也深切感到不首先改善人民生活,"取""予"关系的进一步发展便会困难重重。"人民过去的创伤不仅没有能喘息过来",而国民党反动派带来的"灾害与痛苦,尤甚于伪满","蒋介石无限止的抓丁与摊款,边缘地区蒋介石胡匪政策","我全省人民在支持战争的消耗",所有这些,不仅造成人民的生产力降低,且耕地面积也已日渐缩小,农村手工业几乎停顿。"我们如果不能在今年春耕季节,用大力展开大生产运动,从发展经济中增加人民财富,减轻人民负担,那末我们今后的困难,将更加严重。"②

1947年9月,中共吉林省委要求各级党委积极领导秋收工作,与深入挖坏根运动相结合,重视副业生产,以增加农民收入,在此过程中做好征收公粮的准备工作③。辽南行政公署也指示各地征粮时要与土地改革相结合④。这些都隐含着先"予"而后"取"的政策策略。辽宁省估计,

---

① 易非:《边沿区秋收中的组织领导》,《安东日报》1948年9月9日。
② 《省府关于开展春耕大生产指示(1947年3月10日)》,《辽吉历史文件汇编》(第一册),第234—241页。
③ 中共吉林省委:《省委关于秋收工作的指示(1947年9月15日)》,《中国共产党吉林省委员会重要文件汇编》(第一册),第188—189页。1947年8月中共姜地房子区政府在征粮前,召开纪念八一五大会,斗争"一个过去在伪满催出荷粮的科长","因为他过去打过很多人,白天喝酒吃小鸡,夜间提马棒每家去打人,晓得妇女连裤子全忘了穿起来"。在回子房,夜间过堂的一个犯人,是个小地主,"曾为匪军拉线,去抢农会,把农会的干部全剥光了扔在雪地上"。详见萧军:《东北日记(1946—1950)》,第272,274页。
④ 《辽南行政公署关于征收卅六年度公粮的决定(1947年8月15日)》,《解放战争时期辽宁财政史资料选编(内部资料)》,第579—580页。

下篇·第二章 "予"与"取":东北解放区粮食政策的本体论与方法论

1947年秋征由于年成较差,将是一件艰巨的工作,但是,"经土地改革群众翻了身",成为有利条件,希望"大家要下最大决心完成任务,保证反攻的物质基础"①。

安东省在总结1948年农业生产时说:"在群众生产与渡荒运动中,县区领导与干部积极负责地深入群众,组织领导群众生产,战胜灾荒,改变了工作作风与生活作风,密切了与群众的关系";"在生产运动中,紧紧贯彻了党与政府关于生产政策的教育,而且针对各个不同时期群众的思想情况,提出了宣传教育的内容,反复在群众中进行宣传教育,使群众顾虑逐渐减轻"。由于群众生产积极性大大提高,"基本上保证了全部耕地播种"。全安东耕地5 300 000亩,1948年新开荒400 000亩,4 000 000亩平均大部锄趟二遍,产量达710 000吨,增产粮80 000吨,占总产量10%强。这极大地保障了公粮任务的落实。据安东省测算,农民"除交公粮外,平均每人可余粮570斤,足够一年的食粮"②。

然而,这种"取"与"予"的辩证法超过某种程度之后,便难以继续为解放区提供财政的支持。

1946年度,东满解放区按收入率征收公粮,即"按全村人口每年一人消耗量抽肥补瘦的分配办法"。孔原指出,这"实际上是平粮办法",造成"征粮时全村负担面很大,几乎无免征户",贫雇农的负担率也较高。他讲到太阳区柳新乡的贫农吕其南,"六口人全年生产量为二千五百七十公斤,分出粮九百五十公斤,分回粮七百七十公斤,交公粮五百零四公斤",结果是"拿出的比收回的还多"。他又提及贫农金洛重,"四个人全年总生产量七百九十公斤,分出粮一百八十一公斤,分回四百六十五公斤,交公粮一百四十公斤,实际上得粮仅一百四十公斤"。事实上,"贫雇农分得的粮食有相当部分转为公粮(特别是中农或下中农)"。这引起了一些群众的议论,他们说"共产党的手段很妙"③。

在吉林双阳,发生了严重推平牲口的偏向。"牲口推平以外,粮食推

---

① 连柏生:《辽宁省财粮工作会议总结报告(1947年10月24日)》,《解放战争时期辽宁财政史资料选编(内部资料)》,第121—123页。
② 《1948年安东省农业生产的基本总结》,《解放战争时期的安东根据地》,第174—177页。
③ 《孔原同志在群工会议上关于土地问题的报告(1947年1月)》,《中共延边吉东吉敦地委、延边专署重要文件汇编(第一集)》,第148页。

平了,柴火、草料推平了,甚至小猪小鸡也有个别地方要推平的",如不推平,"则雇贫农极不满。"在一次农民大会上,"雇贫农坚主'平',中农要往回要,结果雇贫农,就都走了"。陈南生表示:"这问题颇棘手,而春耕在即,处理不好则影响春耕,需要双方照顾,全面考虑。"①宁安三区则对干部和农民进行政策教育,打破均产思想,保护中农富农,要求"借粮要经过动员","和有余粮的说道理","由农会打保,给二分利息"②。

在安东省,平分土地后,一些农民确实获得了生产资料,但是"在平分土地执行政策中发生了偏差",严重侵犯到中农的利益。几次"削尖"与"均产"的运动,也使得农民对其到手的利益产生怀疑③。长白县在"查田挖浮"运动中,也发生了侵犯中农利益的现象,"造成中农的惊恐与不满"④。在海龙辑安,各村分了地之后,害怕打乱重分,以至于1948年春天的时候"准备大生产的情绪不高","不往地送粪,怕送了粪将来再有变动吃亏"。1947年一些村庄"集团收割及集体分粮"时,就出现"大伙劲头不大",或者"把自己地里的苞米摘下来,撂在地里不往回拿"的现象。一些牲口虽然已分到贫雇农手中,但"怕再分出去","牲口喂的不硬实",死掉了不少⑤。在辽吉,1948年春也出现了严重的粮荒⑥。在彰抚库地区,"将近十万人口发生严重粮荒","树皮剥关,野菜挖光"⑦。

更为严重的是,这种"取""予"关系在具体实践过程中出现了令东北解放区政府感到意外的扭曲与变异。在辽吉,分地时把开拓地当做"国有"地(不承认其私有本质)平均捆在一起分配,"使中农吃亏很大"⑧。1948年初,张策在磐石发现,一些屯子的农会,以生产为名留用大车、牲

---

① 《张策转陈南生的信给省委领导》,《吉南烽火(解放战争时期吉南地委史料)》,第75—77页。1947年8月西满的三棵树,中共工作队到那里后,"中富农惶惶"。详见萧军:《东北日记(1946—1950)》,第269页。
② 《弄通思想领导春耕》,《东北日报》1947年3月18日。
③ 《1948年安东省农业生产的基本总结》,《解放战争时期的安东根据地》,第174—177页。
④ 《长白克服右倾思想,查挖运动全面展开》,《东北日报》1947年10月29日。
⑤ 《海龙辑安各村群众重划阶级后消除顾虑安心生产》,《辽东日报》1948年3月26日。
⑥ 五地委:《想尽一切办法尽一切努力为克服粮荒和不荒地而斗争(1948年6月6日)》,《烽火三年——解放战争时期的辽吉五地委》,第474—475页。
⑦ 辽吉五地委:《紧急通知——紧急救灾救命募捐(1948年6月13日)》,《烽火三年——解放战争时期的辽吉五地委》,第478—480页。
⑧ 《辽吉省委关于突击与检查夹生地区春耕工作的指示(1947年4月30日)》,白城地区史志工作委员会编:《白城党史资料》(第2辑·土地改革运动专辑)。

口、粮食、草料等斗争果实,或者"任意派用农民的牲口,乱派人工","用牲口用人工均不计工不给价"。"在屯子里一些群众大会上'大伙说了算'的空气是很高的,但征求意见的结果很多则是'无意见',这样的结果则不是'大伙说了算',而是'大伙不说就能算'"①。

在德惠,由于过去打击面"宽而不深"(宽到一般的25%—38%),加上纠偏时又发生若干毛病,"后进群众中的思想是相当混乱的",存在着诸如不分贫富、一切打烂平分、不讲交易的思想等均产倾向,生产情绪很低,"特别是中农没有什么生产心肠"。在派官差战勤时,你推我却,有的说,该人手多的先去,有的说:"分果实你往前钻,出担架你往后缩可不行"。"雇农与雇农之间,贫农与贫农间,雇贫农与中农间,都有了些意见",出现"越穷就越好,就越能多分和先分"的空气。时任吉北民运部长的汪小川指出,"这种空气很有碍于生产、扩军和战勤任务"②。

陈正人也向东北局报告:相当部分富裕中农以及被斗地、富,"怕斗怕分";一些贫雇农产生了靠斗靠分的均产思想、"穷是光荣"的观念;一部分地区贫雇农与某些中农之间存在着对立情绪③。

武少文则是算了一笔账。他说,1948年被斗地主富农,"如果动员不够,解决问题不及时,荒地的可能是很大的"。"全吉北170多万人口,以1/10计,每人5亩地,则有8.5万垧土地是属于地富的"。"假如不按全部荒掉,即按问题解决得不好,耕作失时,每垧较常年减产1000斤计算,则无形之中即损失17万石","可以够10万人吃7个月",如果"再有被侵犯的中农",至少也占人口5%,"他们也消极下去,则减产的数字也是惊人的"④。

---

① 《张政委给雷鸣玉同志的信(1948年4月2日)》,《吉南烽火(解放战争时期吉南地委史料)》,第78—81页。雷鸣玉,时任中共磐石县委书记。
② 《汪小川给吉北地委的信(1948年3月30日)》,《吉北的曙光(解放战争中的吉北地委史料)》,第151—153页。
③ 陈正人:《关于吉林春耕情况给东北局的报告(1948年5月26日)》,《陈正人文集》,第135—140页;《开展大生产运动——武少文同志在生产会议上的总结(1948年3月)》,《吉北的曙光(解放战争中的吉北地委史料)》,第218—226页。1947年8月在前平房开斗争会时,附近一些地方"已经造成恐怖状态",所以萧军"尽力控制着那些群众一转怯懦反抗原始的报复性",提出要发扬"革命政府的革命精神'治病救人'"。详见萧军:《东北日记(1946—1950)》,第281—283页。
④ 《开展大生产运动——武少文同志在生产会议上的总结(1948年3月)》,《吉北的曙光(解放战争中的吉北地委史料)》,第218—226页。

中国共产党的灵活性在于其能随时而变,当旧的一组"取""予"关系不再适用时,在战争供应的强大压力之下,能够立即将之扬弃,在新的基础上重新开始党与农民之间的互动关系。1948年3月,陈正人致信李初黎和张策,针对吉南地区土改的偏向,提出:"凡领导干部不强,队伍不纯,群众未真正发动的地区(表面发动,实际坏人当权)",应当暂时停止斗争,"如已经过一些斗争的比较彻底的地方,也暂时停止深入斗争","一时干部力量分不过来,没有较强的领导的地方(就是没有发动过斗争的地方),也暂时不轻易去发动","目前吉南应以发动和组织生产为中心去发动群众"。陈正人认为,由于春耕已到,"农民心里最迫切的要求,是如何种上地"。所以,应该确信:生产,只有生产,"才能更好的发动群众","离开生产,去孤立强调斗争,是一定会脱离群众的","如果今年生产搞不好,也一定要脱离群众,当然也就无法支持战争"①。"取""予"的辩证法在这里已悄然发生了变换。

1948年3月,吉北专署表示:"为使翻身人民能在今年生产中劳动致富","凡今春已经平分了的土地确定地权,今后不再重分,分得土地的人,可以买卖、出典,没有劳动力无法耕种者,可以出租";"今后乡村各阶层人民间互相借贷,根据当时情况自由确定利息,借钱借粮借东西的人,必须依契约按时归还,并偿付利息";"各地贫雇中农应该督促与管理地主富农从事生产,今后自己劳动所得就是合法的收获,归其所有,决不再斗再分。已经斗争彻底了的地主富农允其将隐蔽财产,拿出来作其生产资本,亦不再斗再分"②。为了提高吉北农民进行大生产运动的积极性,武少文在一次会议上论证道:1947年"全吉北产粮以每人平均最多1 000斤计算,除公粮10万吨,每人合117斤,则每人只剩883斤","今年完成生产任务后,每人平均得粮1 317斤,假如公粮还是10万吨,每人仍是117斤,则每人剩粮1 200斤,比去年之883斤多317斤"。这就是说,"完成今年的大

---

① 陈正人:《关于以生产为中心发动群众等问题给李初黎、张策两同志的信(1948年3月4日)》,《陈正人文集》,第132—133页。
② 《吉北专署生产令(1948年3月)》,《吉北的曙光(解放战争中的吉北地委史料)》,第98—99页。

生产运动,仅在人民生活方面其指数可较去年提高35％以上"①。

1948年4月,中共辽东分局决定全力突击播种、保证不荒一亩地,要求各地土改已经调整好者,"即由县府发给临时地照,确定地权"。"凡已来不及调整土地与未实行土改者,应立即宣布耕种权,现在谁耕种秋后粮食归谁","凡开新荒者,今年一律不缴公粮"。"今年公粮分担按土地质量分等征收,因为精耕细作超出常年产量者不多征公粮,因懒怠故意荒芜者,仍照征公粮"。其目的是将农民从以往的那种"取""予"关系中解除出来,给予他们"人人劳动勤俭致富"新的政策红利,以此激发农民的生产热情,"全力突击播种"②。

几乎与此同时,萧华在总结辽东半年土改工作时也反复强调:"在土改完成后,解放区的建设工作和群众运动最中心最基本的环节,就是开展群众性的生产运动"。在这新的局势下,生产问题就是战争观念问题,因此要"提出适合农民情绪和要求的具体的生产动员口号","把农民反封建斗争的饱满的锐气组织到生产战线中去",甚至可以给地主富农以一定的生活资料,督促其从事生产③。

1948年4月,张策在给磐石县委的信中则提出:"纠偏是有效发动春耕的办法",在处理斗争果实(屯中的生产及没收的粮食)时应该"按集体收割打场,清算每人出工几次,按工计粮,开销工价","保证出工的没有白劳动","以刺激生产情绪,使'尖头'和二溜子干部不能有任何借口不从事劳动";"给被没收的地富,留与大家或者相等或稍少于相等的一份粮","用大部分赔偿被斗错的中农";"去年因地富粮食被没收,使一些雇工劳金未得到工资,应开销去年雇工劳金应得的工资";"除此外还有剩余的话,可照顾一些无劳力的军属,低利贷给有生产热情而生产条件不足之家"。张策最后告诫道:"绝不应再填穷补缺,随便发给无粮者,使农民中

---

① 《开展大生产运动——武少文同志在生产会议上的总结(1948年3月)》,《吉北的曙光(解放战争中的吉北地委史料)》,第218—226页。
② 《中共中央辽东分局关于全力突击播种保证不荒一亩地的决定》,《辽东日报》1948年4月19日。
③ 萧华:《辽东半年土改总结(1948年2月23日)》,《解放战争时期的安东根据地》,第121—126页。

生长一种依赖农会,不积极靠自己劳动的心理。"①

在辽吉一分区,1948年春耕时宣布:"秋前不分土地,秋后再分,不准荒一亩地,荒地也要出公粮","自己缺乏劳力,土地种不过来的,允许雇工出租"。在党和政府的积极领导下,经过紧张的夏锄、秋收,该分区"耕地522 021 垧(大垧),加上黑地十分之一,合 49 378 垧,共计 571 399 垧","减去荒地、棉田、水灾、虫灾共 233 442 垧(包括减免),实征耕地面积 337 957 垧,总产量 258 730 吨,再减铁岭一万垧的任务",其 58 500 吨公粮的征收任务大部分完成,仅有少数尾欠②。

如果说中国共产党此前用以满足农民利益的方式是政治性的,那么,在土改之后,更注意采取积极的生产性的方式使农民获得经济上的利益,再以此解决财政上的收入问题③。1947年2月,东北行政委员会决定:"凡各地农民已分得之土地,一律由政府发给地照",赋予其土地所有权;"凡无主生荒","当年开垦之后,即归本人所有,并免征公粮3年","开熟荒者,不问原主与新户,一律免征公粮1年";"为了增加生产,减轻人民负担,决定本年度(1947年度)全解放区征收公粮总数较上年度减少10%"④。显然,这些政策红利为解放区以后的财政收入提供了更为厚实的经济基础。

在东满,中国吉林省委以及多数县委,在政策上"强调保护合法的私有财产与确定地权,奖励增产","反对与处分生产怠工,对二流子采取教育改造与强迫劳动的政策","规定征收公粮,今后不按民主摊派,按常年标准产量征收公粮,努力增产超过常年产量者不加征公粮并予奖励,无故荒地或低于常年产量者,照样征收公粮,不能减征","坚决实行奖励开荒政策,公开批评过去动员新开荒地户献纳公粮的办法是错误的","重申允许雇工、出租(特定条件下)、借贷的政策,并特别强调以生产为中心贯彻

---

① 《张政委给雷鸣玉同志的信(1948年4月2日)》,《吉南烽火(解放战争时期吉南地委史料)》,第78—81页。
② 刘瑞森:《战斗在对敌斗争的前沿地区》,《烽火前沿——东北解放战争时期的中共辽吉一地委》,第36—52页。
③ 可参见《东北行政委员会颁布奖励农业生产令(1948年5月20日)》,黑龙江省档案馆编:《大生产运动》,1985年印,第3—5页。
④ 《东北行政委员会生产令布告(1947年2月15日)》,《东北解放区财政经济史资料选编》(第一辑),第445页。

纠偏,尽量补偿被斗错中农的损失,解决他们及被斗地富的生产困难",
"强调建立农村新民主秩序,在干部中群众中进行解释新民主政权的民主集中制的教育,强调保障合法的人权财权"。正如陈正人所讲,农民所获得的这些新政策红利,有利于农村建立、巩固新的政治经济关系①。辽吉地区亦是如此。为了做到新区不荒一亩地、老区增产12%,在群众中树立劳动生产致富的思想,对地权、财权进行确定,"谁地谁种谁收","以鼓动各阶层卷入春耕生产"②。

"取""予"的辩证法由此发展到了一个新的历史阶段。当然,它并不会就此终结,在否定之否定后,仍将继续推动东北解放区采取迈向更高一个阶段的历史步骤。按照李富春的说法,经过土地平分之后,"过去集中几百垧土地一块经营,现在划为小块",因此,党将面临着如何再组织起贫雇农共同经营、作大规模的集体性生产的历史选择③。1948年4月,中共辽吉五地委书记刘莱夫注意到,土改之后,"旧的生产秩序被打乱,新的秩序尚待建立,土地分散,牲口农具分散",要求所属各地对春耕生产的困难有充分估计。其中,"关键问题就是组织起来",推动农户"自由选择对象","自愿的凑数",下余不能凑伙的,由农会研究加以个别的补配④。

东北解放区还发动机关部队帮助群众生产,为"取""予"关系进一步注入了革命性的意义,使其迥然有别于以往的旧政权。1946年4月中共东北局通化地区党委会指示下属机关部队人员,春耕时节"根据各自环境","利用战斗与工作间隙","无报酬地帮助群众生产(至少5天),在各种生产中与群众合作,向群众学习生产经验"⑤。1947年春耕,辽吉省级机关及分区一级,"抽调出六、七十个干部组成工作队到各县帮助春耕",并且表示:"宁可为了春耕而放松一点其他工作,不可为着其他比较重要

---

① 陈正人:《关于吉林春耕情况给东北局的报告(1948年5月26日)》,《陈正人文集》,第135—140页。
② 《刘莱夫同志在五地委县书联席会上的报告(1948年4月18日)》,《烽火三年——解放战争时期的辽吉五地委》,第470—471页。
③ 李富春:《东北形势及我们的任务(1948年4月3日在东北军区全军后勤会议上的报告)》,《中国人民解放军后勤史资料选编(解放战争时期)》(第六册),第120页。
④ 《刘莱夫同志在五地委县书联席会上的报告(1948年4月18日)》,《烽火三年——解放战争时期的辽吉五地委》,第470—471页。
⑤ 中共东北局通化地区党委会:《关于努力生产加紧节约问题的指示(1946年4月2日)》,《解放战争时期的通化》,第386—387页。

一点的工作,而放松了春耕"。辽吉四地委提出,将认真执行省府的指示,要求"后方机关部队的大车马匹(不论骑马或拉马)毫无例外地帮助群众耕种","每辆车每匹马助耕 15 天","后方机关部队人员,一律帮助群众生产,平均每人 7 天"。他们还要求县、区、村各级春耕委员会,解决与调剂牲畜种籽农具,检查农贷发放情形等①。

耐人寻味的是,政治上有差别的给予,还以一种特别的方式表现为:拒斥一些阶级身份有问题者所提供的人力资源。通化发现有的地方"由于平时对支前教育不够","个别干部产生了不负责任的凑数现象"。"某区任务数是担架 15 副,人数 100,结果 30% 是被斗的地、富、反、坏分子,20% 是地痞流氓,10% 是被打倒的干部,25% 是贫雇农,尚有一部分则是工不工,农不农的游手好闲的'二流子'"②。"取""予"之间的关系不仅仅是一种市场交换,它是讲政治、有原则的,是一种革命的方法论。

当"取"与"予"之间的关系处在一定的政治边界内,则是表现为某种纯粹经济意义上的交换。1947 年,通化地区考虑到既要保证战争的胜利,"供给部队以足够的粮食",又要维持人民的需要吃用,因此决定采取用布换粮的办法,将部队节余之千匹白布,换取粮食,在全县范围根据人民的负担量与军队的需要,"换 200 万斤,具体划分六道沟区 80 万斤,热水河区 120 万斤"。至于"以布换粮的标准,根据当地的布价和粮价而定"。不过,以布换粮的范围是"已超过公粮数目之粮",至于拖欠的公粮,须"一律征收清楚"③。同年 7 月,辽宁省政府"为了保证伤员的细粮供给""减轻种稻户公粮负担",发出通令:"除征收公粮稻子外各种稻田农户在余存稻子中,应将与公粮稻子相等数量之剩余稻子卖给政府,政府照市价折给以生活必需之粗粮、布匹、食盐、豆油或现款"④。1948 年 5 月,辽南行署"为了帮助广大农民渡过灾荒,搞好生产",决定"用硫氨一比一与

---

① 中共辽吉四地委:《关于动员与组织春耕的指示(1947 年 4 月 1 日)》,中共吉林省委党史研究室编:《洮南根据地》,1990 年印,第 235—242 页。
② 《通化县、市冬季攻势以来战勤工作总结(1948 年 5 月 2 日)》,《解放战争时期的通化》,第 125—127 页。
③ 《通化市县政府一年来工作总结报告(1947 年)》,《解放战争时期的通化》,第 95—111 页。
④ 《辽宁省政府令(1947 年 7 月 26 日)》,《解放战争时期辽宁财政史资料选编(内部资料)》,第 558—559 页。

农民交换粮食",如此可以"一方面解决政府在粮食供应上出现的差额,又帮助了农民生产上的急需"①。

四、"取""予"辩证法的实践意义

在东北解放战争过程中,有一些地方征粮任务的完成并不如意。1947年底,通化的六道沟区和热水河子区对于粮食任务都很快完成,"保证了部队的吃饭问题,支援了前线"。但是这两个区的纳粮表现极为参差不齐。其原因,通化市县政府认为有:"战争环境,时间紧迫,没有时间讨论研究,部队多,用粮急";"粮食柴草账目很复杂,征粮又是很细致的工作,村干部能力有限,对征收政策不了解";"管财粮的干部调动频繁,接交不清,一时摸不着头绪,客观环境又要求马上进行工作";"区、村财粮干部太少,有的区只有一个财粮助理,既要到各家收集粮食供给部队,又要及时记清账目","再加上粮票不足,随便打白条,每天条子一大堆,没有工夫计算清楚";"粮食局未能发给部队粮票,后来发的粮票数又太大,致使红白条子满地滚"等,但通化政府认为最主要的是群众对于交公粮没有获得公平感。这份工作总结报告指出:有的"村干部财政委员搞鬼贪污(如四道江附近一村干部,贪污粮食1 200斤,已处理)","四道江村负担太重,很久没纠正,个别群众,哭哭啼啼,生产情绪不高","五道沟村负担也不公平"②。

据1947年通化市县政府报告:"按照产量和征收任务的要求,最多按省府要求完成73.8%,最少者20%,平均36.5%,规定之任务相差太远。"③同年6月,辽南行政公署也表示,其去年公粮,仅收到六分之一④。

不过,从整体上看,东北解放区的大多数地方都获得了其所需要的粮食。1946年开始就担任中共辽西省昌北县委书记兼县大队政委的李涛说,"在支前方面,除我带领县大队配合主力打了几仗外,对境内各战役,都动员了民众,出担架大车,支援前线,同时军粮、军草以及棉布、干菜等

---

① 刘宝田、王海东:《辽南革命根据地财粮工作的回忆》,《解放战争时期辽宁财政史资料选编(内部资料)》,第1489—1490页。
② 《通化市县政府一年来工作总结报告(1947年)》,《解放战争时期的通化》,第95—111页。
③ 《通化市县政府一年来工作总结报告(1947年)》,《解放战争时期的通化》,第95—111页。
④ 《辽南行政公署关于借粮的训令(1947年6月26日)》,《解放战争时期辽宁财政史资料选编(内部资料)》,第577页。

每次是按期完成"。1946年,继秀水河子战役之后的大洼战斗,其所需粮草,"均为昌图、昌北两县供给,昌北县为最多,为数甚巨"。在"三季攻势"中,"昌图共征军粮36 000石,布匹25 000尺,军草350万斤"。1948年,昌图处在前线附近的后方,当年动员军粮75 200石①。1947年,永北县天北区自接到征粮任务后,即于10月30日召集村干部布置工作。"烧锅村在村长杜连岩带头下,10天内完成了4.5万斤公粮",超过了原订计划,成了全区征粮模范村,"尤家屯郭百云(朝鲜族)自愿献出3石稻子,当晚该屯即献出10余石,并在24小时内赶推出2万斤军粮"②。

整个东北解放区,1948年37.2%财政预算收入来自公粮。另外,对外贸易占25.3%,"其老本还是靠公粮"③。即以通化为例,1949年该地市政府在其三年来工作总结称:"除1946年,由于游击环境的限制,公粮供给无法统计外,近两年来共完成公粮数为21 121 057斤",保证了部队机关粮食供给④。据东北粮食总局统计,1946年实征公粮698 170吨,1947年为1 511 792吨,1948年达到2 277 609吨,农民的负担率分别为9.09%、21.33%和18.57%,明显高于关内⑤。

"取""予"之间的上述种种辩证实践,既反映了革命的本体论,也是一种革命的方法论。在东北解放战争规模大、战斗空间集中、战斗时间连续以及运动机动性大的情况下,这种"取""予"的辩证法基本上成功地解决了部队粮食的供应问题,为军事与政治上向更高程度的组织性发展提供了路径与基础。

---

① 李滔:《回忆在昌图的斗争岁月》,《烽火前沿——东北解放战争时期的中共辽吉一地委》,第169页。
② 《永北县天北区群众参军交粮热烈支前》,《吉林日报》1947年12月13日。
③ 陈云:《东北财经问题(1948年10月8日、11日)》,《陈云文集》(第一卷),第639—640页。当时东北解放征粮之外,一些地方还实行购粮,征、购比例达到二比一。参见《东北行政委员会关于一九四七年度征粮购粮问题的命令(1947年10月3日)》,黑龙江省档案馆编:《支援前线》,1984年印,第135—137页。
④ 《通化市人民政府三年来工作总结(1949年)》,《解放战争时期的通化》,第173—181页。
⑤ 相关数据转引自朱建华主编:《东北解放区财政经济史稿》,黑龙江人民出版社1987年,第446—447页。

第三章
一个整体性组织体系的形成(上)：
以生产领域的粮食为线索

"有了粮食，就有了胜利的保证。"①我们若以粮食为线索，可以发现东北解放区往往以整体主义的模式，打通、整合人们习以为常的家庭的、性别的、地域的或部门的分隔，"万众一心"地实现一些具有全局性、战略性的生产任务。

一、全人口的生产动员与组织

在战争与生产的双重压力下，不少地方确实是想尽一切办法，做到"不闲一个人""不荒一亩地"②，在其可能的范围内使人力资源发挥出最大的边际效应。

吉林桦甸县的东南岔村，共有88户人家，337口人，120个劳动力，320坰耕地。1946年5月底，中共桦甸县委、县政府和吉南军分区七十二团先后撤到这里。这年下半年，东南岔村大多数强壮劳力出了战勤，年轻的妇女在兵站服务，村里只剩老弱和部分妇女。由于劳力不足，耽误了秋收，大部分苞米冻在地里。为了抢收粮食，村政府成立了全县最早的互助组，以自愿为原则，把各家各户在家能劳动的人组成十几个互助组，每组

---

① 《萧华关于群运工作的总结报告(1948年2月12日)》，《中共中央东北局辽东分局档案文件汇集(1946年—1948年)》，第108—120页。
② 朱轮：《开展春耕运动的几个问题》，《吉林日报》1948年4月20日；《吉北专区生产会议打通干部群众思想完成增产粮食任务》，《吉林日报》1948年5月7日；《中共辽东分局关于开展大生产运动的指示(1948年2月25日)》，《中共中央东北局辽东分局档案文件汇集(1946年—1948年)》，第144—146页。

多则十几家,少则四五家,采取换工的办法抢收庄稼,终于在大冻之前把全部庄稼收到了家。村政府对出战勤的民工、脱产干部和教师,实行代耕补助。年终一算账,该地的粮食不但没受损失,产量反而比过去增加了①。1947年5月,东北民主联军发动夏季攻势,正是春耕大忙季节。为了使春耕、战勤两不误,东南岔成立了战勤生产指挥部,一边组织生产,一边做好战勤支前工作。年轻力壮的干部带着青壮年抬担架、赶大车上了前线,抢救伤员,运输物资。后方管理生产的干部组织弱劳力和妇女,进行春耕夏锄生产,还组织部分青年、妇女在救护站护理伤病员,老人们烧水、做饭。整个村庄人人各尽其能,形成了一个严密有效的战时服务体系②。

考虑到吉南地区地广人稀,处于战争环境,"人民劳役异常繁重,一般壮丁,每月摊差,有多至十七八次者,至少亦在十次以上"。为了使支差事项对春耕不造成大的影响,1947年,吉南军分区司令部和行政专署联合决定:"各机关部队之支差,必须使用支差证,无支差证者,任何人不得劳动民夫与畜力",对支差进行统一的合理化规定。比如:"以自然村为单位,凡十八岁至四十五岁之壮丁,全编成自卫队,牲畜车辆(或爬犁)全编成运输队(区成立运输大队、行政村成立运输中队,自然村成立运输小队)轮流担任公差";"春耕时,军政尽量避免公差。万不得已时得用换工办法,出差人的地由全村未出差的各户代种。出差户及代种户,所出之劳力以半数计工,平时(非农忙)的换工要一顶一";原则上"每一壮丁每月公差不得超过五日,紧急战争情况下不得超过十日(车马折工数亦同)";"军队方面限于弹药、服装及伤病员之运送,余事概不准用民夫或畜力";"政权方面限于公粮公草及配合军事行动之公差(如发动民夫做临时工事或破

---

① 《东南岔村的无私奉献:访问郭云龙同志记录》,《吉南烽火(解放战争时期吉南地委史料)》,第385页。1947年度吉林省委要求秋收与战勤相结合的指示,可参见中共吉林省委:《省委关于秋收工作的指示(1947年9月15日)》,《中国共产党吉林省委员会重要文件汇编(第一册)》,第188—189页。
② 《东南岔村的无私奉献:访问郭云龙同志记录》,《吉南烽火(解放战争时期吉南地委史料)》,第384页。也可参见李滔《回忆在昌图的斗争岁月》(《烽火前沿——东北解放战争时期的中共辽吉一地委》,第168页)等。

路等)";"贸易局、银行、合作社及各军政机关之生产,绝对不得动用公差"等①。

1947年7月,吉北地委提出:各县、区"必须动员男女老幼一切力量争取时间进行抢铲抢耥","为了真正组织起来,发挥集体劳动的威力,必须解决个体经营与集体劳动间的矛盾","坚决贯彻自愿结合,两利互助的原则"②。1948年夏桦川因为雨多草旺,发生荒地现象。该县委提出"普遍动员妇女儿童","参加间高粱苗、薅谷子、侍弄菜地等",然后抽出大批的男劳动力加强铲草,并加强领导适当解决农村生产中的散伙现象,合理规定工价、评分时数量质量并重③。

1947年秋季,通化有关地区的担架出发前,"正值各区村进行秋收"。其中,铁厂子村200余户,出担架5副,又有162人参加帮翻队,能下地秋收的男劳力仅100余人。但是该村的妇女儿童都动员起来扒苞米、运粮食,"其它区村也大同小异"。同时为鼓励前方战勤人员,该地及时向战勤人员通报其家里粮食得到优先收获的消息④。1948年,通化县为了使春耕与战勤密切结合,采取了代耕、换工等办法,"交群众进行讨论深入动员",力求公平合理,"使出勤民工安心参战","保证给出勤民工先种上地"⑤。在另一份政府通令中,通化市县向所属各区长再次强调,当出勤正值农忙时期,"必使战勤与春耕密切结合起来,并应对群众进行深入动员与说服,以免影响群众生产情绪"⑥。5月份,在总结去年秋冬季攻势以来的战勤工作时,通化市对于其所实行的保证粮食生产的举措还是较为满意的:"民工出勤后,对其家庭则以代耕、换工的办法帮助其家庭","去

---

① 《吉南军分区司令部、政治部、吉南行政督察专员公署关于改善支差办法及使用支差证的通知(1947年)》,《吉南烽火(解放战争时期吉南地委史料)》,第124—126页。
② 《吉北地委扩大会议关于农民生产问题的决议(1947年7月14日)》,《吉北的曙光(解放战争中的吉北地委史料)》,第34—35页。也可参见《吉北边缘群众支援前线突击生产》,《人民日报》1947年5月30日。
③ 《桦川紧急动员抢铲》,《东北日报》1948年6月22日。
④ 《通化市县政府战勤工作总结》,《解放战争时期的通化》,第115—120页。
⑤ 《通化县政府令——为接受新的战斗任务组织担架大队(1948年4月6日)》,《解放战争时期的通化》,第340页。
⑥ 《通化市县政府令——为组织大车战勤任务(1948年5月2日)》,《解放战争时期的通化》,第341页。

年秋收时,给出勤民工家先收,帮助其家庭担水、打柴等"①。

显然,大规模的长期战争促使农村劳动力的运用不断地朝着更有组织性和统一性的集约化方向发展。1946年3月,东北局就提出:"开展生产运动,首先要善于根据当地人民的习惯和需要,发动劳动互助运动",提倡与鼓励农民互相帮助,采用"换工""搭牛犋"及各种适当的形式,组织人力和畜力的合作互助②。1947年3月,东北局再次指示各地:"提倡组织人力、畜力,按照当地农民习惯与适当的运用各解放区经验,采用换工互助方法,把人力、畜力组织起来","组织合作社,有计划的购买耕畜、农具、种籽","实行劳武结合"③。中共延边地委就非常注意各种劳动互助组织的变工、插犋等,使其相较于个体劳动更为优越、更为节约有效率,还要求所属各地"做好组织妇女劳动力",以在"用很多劳动力支援前线的时候","农村生产工作才不会受影响"④。魏震五提出:"不仅要组织全劳动力,而且要组织半劳动力","把妇女儿童组织起来"。他说:"东北妇女有劳动的习惯,大足能够下地播种、扶犁。"此外,还要"把城市贫市民转入农业生产"。据魏震五估算,如能动员城市1/10的劳动力,大约就有30万人,"再把原有的劳动力组织起来",这将近100万人,"对发展生产是一支巨大的力量"⑤。

1948年3月,陈正人讲到:"吉南大生产运动是一个非常艰巨和困难的任务","要估计到生产时期还可能有大规模的战争动员落到吉南身上"。因此,他要求吉南地委专署立即着手研究"如何精密计划组织领导生产","做到以贫雇农为领导,贫、雇、中农为大军,并督促富农地主同时

---

① 《通化县、市冬季攻势以来战勤工作总结》,《解放战争时期的通化》,第125—127页。
② 《中共中央东北局关于开展生产运动的指示(1946年3月27日)》,《东北解放区财政经济史资料选编》(第一辑),第442页。
③ 东北局:《关于1947年度财经工作方针与任务的指示(1947年3月4日)》,《东北解放区财政经济史资料选编》(第一辑),第35页。
④ 《关于全力准备反攻和延边党的任务(1947年6月5日)》,《中共延边吉东吉敦地委、延边专署重要文件汇编》(第一集),第56—62页。
⑤ 魏震五:《农业生产报告(1947年7月27日)》,《东北解放区财政经济史资料选编》(第一辑),第457页。魏震五(1914—1980),吉林辽源人,解放战争时期,曾任东北行政委员会农业部副部长。

进入生产运动","男女老幼各尽所能,一齐动手"①。在各地春耕接近完成之后,5月中共吉林省委随即要求各县委布置夏锄工作,并特别注意以巩固与推广生产合作组织为中心,"合理解决换工中的草料工价","达到充分发挥乡村一切劳力半劳力在夏锄中的作用,特别强调组织妇女、儿童参加夏锄","在全省范围之内有计划调剂粮食","注意生产与战勤结合,保证不因战勤,耽误夏锄"②。

在旧东北,土地所有权高度集中。不少地主为便于经营与管理,"通常是以十垧二十垧以至几十垧的数量集中地租给富农,而极不愿意三两垧四五垧分散地租给贫农",所以,土地的使用权也高度集中③。但是,这些以往人们相互之间自发形成的生产关系,经过土改拆解之后,各个农户家庭基本上难以短时间内形成新的社会分工关系,"大农生产"不复存在。再加上"战争影响农村劳动力的减少",以及土地和牲口占有的分散,结果是生产受到严重影响④。东北行政委员会认为,"较伪满时期统计材料",1947年,东北解放区10省1市人口减少420万,耕地减少389万垧,产量减少600万吨,主要原因之一是"砍、挖使农村土地关系改变","土地、耕畜、农具由集中变为分散"所致⑤。李富春也讲到:"东北自进行土改以后","由大规模经营商品生产变成小规模的小农生产","过去集中几百垧土地一块经营,现在分划为小块"。在土地改革打击面达到农村人口百分之二十五的情况下,他估计1948年粮食可能减产⑥。

为了使劳动力集约化使用、并能得到更高程度的进一步发展,有必要

---

① 陈正人:《关于以生产为中心发动群众等问题给李初黎、张策两同志的信(1948年3月4日)》,《陈正人文集》,第132—134页。
② 陈正人:《关于吉林春耕情况给东北局的报告(1948年5月26日)》,《陈正人文集》,第139—140页。
③ 邓力群:《邓力群自述(1915—1974)》,人民出版社2015年,第118—120页。
④ 参见《深入检查春耕准备解决春耕困难(1948年4月)》,《中共中央东北局辽东分局档案文件汇集(1946年—1948年)》,第162—165页;《黄克诚司令员在东北军区后勤会议上的报告(1948年3月10日)》,《中国人民解放军后勤史资料选编(解放战争时期)》(第六册),第78页。
⑤ 东北行政委员会财政委员会:《东北解放区财政报告(1948年5月10日)》,《东北解放区财政经济史资料选编》(第四辑),第118—119页。
⑥ 李富春:《东北形势及我们的任务(1948年4月3日在东北军区全军后勤会议上的报告)》,《中国人民解放军后勤史资料选编(解放战争时期)》(第六册),第119—120页。

打破以家庭为单位的生产边界,乃至于产权边界,以重建起某种更大规模的没有剥削性的生产关系。所以,中共中央东北局非常乐见、也积极促成"换工插犋,组织互助",认为这是解决土改后生产困难的主要方法。据魏震五报告,"组织起来效果很大,首先解决了人力、畜力困难",同时提高劳动效果,"春耕播种过去要一个月,今年只二十天种完"。组织起来,还可以使得战争勤务和生产结合起来,"虽然大批民伕车辆到前方去了,但后方的生产并未受到很大影响"①。

当看到一些村屯"自拉关系",按"人合心情、马合套"的原则,组织了很多换工插犋小组,《吉林日报》高度赞扬:"这是很好的。"②对于不少地区在组织换工插犋中,普遍地、严重地存在着的形式主义,中共辽东分局提出批评:"只领导在会议上发号施令,以村为单位按间按户地把群众编制起来,并满足于表面的组织数目和群众情绪,认为'组织起来了',实际这样组织起来以后,群众还是各干各的,换工插犋实际还是有名无实","它和建筑在个体私有经济基础上,根据自愿,互助两利,民主领导而组织的集体互助的原则,是根本违反的","对于今年的春耕生产是毫无益处的"③。

在东满,1947年春耕时期大生产运动展开的时候,战勤动员亦已开始(大规模修路等),农民又严重缺粮,然而,经过许多努力,还是完成了春耕生产计划。陈正人认为:在这个过程中,生产力开始提高,"一部分农民已体验到集体生产、劳动互助的好处"。于是,他提出:"生产互助换工,应该更加发展扩大,做到雇、贫、中农间的互助两利","除此以外,副业生产,特别是纺织合作运动应尽可能地推广起来。"④

到1948年5月,陈正人向东北局报告时,东满地区大多数建立了插犋换工合作组织。这些换工互助组织,有多种多样的形态。有一种是全村全屯全间组织起来,以保证种上全部土地为目的,即"按全村全屯全间

---

① 魏震五:《农业生产报告(1947年7月27日)》,《东北解放区财政经济史资料选编》(第一辑),第452页。
② 朱轮:《开展春耕运动的几个问题》,《吉林日报》1948年4月20日;《九台县九个区认真纠偏切实解决困难基本完成春耕任务》,《吉林日报》1948年6月3日。
③ 《反对生产领导的官僚主义和组织起来的形式主义(1948年5月)》,《中共中央东北局辽东分局档案文件汇集(1946年—1948年)》,第194—196页。
④ 陈正人:《在吉林省第二次县团级干部会上的总结(1947年7月16日)》,《陈正人文集》第93、97页。

的畜力劳力、土地等情况,先规定一付犁杖所能担负与应担负的种地数,然后形式上经过自愿结合,组织换工插犋组,这样结合以后,剩下的少数人户,则经过民主评议,分编到各组去"。还有一种是真正从自愿两利出发,完全由群众酝酿自然结合,部分地、逐渐地把他们组织起来,凡不愿的人力畜力,不参加互助组,有困难或有多余劳力畜力者,则以其他办法调剂。此外,有少数是"搭伙",即合伙种地,合伙吃饭,打下粮食,按各人地亩分粮①。

相对于关内,东北解放区是"新的解放区","脱离生产人员占全人口5％至6％,公粮达到总收获量15％以上";"在群众条件上,群众对我们的认识上,政治经验上,政治教育上比老解放区都是较差的"②。因此,只要稍有可能,即使通常情况下并非生产的部门,也要求其打破藩篱,自食其力,承担相当的生产任务,以求"一个人做两个人或三个人的工作,一天做两天或几天的工作"③。整体主义模式几乎是无所不及的,它吸纳、整理与利用了所有碎片化的闲置资源与空隙时间,以之汇合而成一股磅礴的、足以再造一个崭新国家的历史性力量。

二、全部门的生产动员与组织

中共吉林省委在1947年2月表示:"为着保证生产任务的完成,必须打通思想,必须实行劳武结合,必须小公服从大公,大公照顾小公。"④辽北省委也指出:"支援战争与组织生产相结合","劳力与武力相结合","辽北省处在战争的前线,战斗频繁,如不能把支援战争与组织生产结合起来,不是影响战争,就会影响生产,或者都会受到严重的损失"⑤。9月,吉林省委又指示接敌区,应当充分防范"蒋匪将乘秋收四出抢粮,破坏秋

---

① 陈正人:《关于吉林春耕情况给东北局的报告(1948年5月26日)》,《陈正人文集》,第135—140页。松江、黑龙江等省的情况,可参见黑龙江省档案馆编:《大生产运动》,第36—42、145—147页等。
② 李六如:《关于财政问题的结论报告(1947年1月21日)》,《东北解放区财政经济史资料选编》(第一辑),第28页。
③ 参见《中共延边吉东吉敦地委、延边专署重要文件汇编》(第一集),第61页。
④ 中共吉林省委《关于财经工作的决定(1947年2月20日)》,《东满根据地》,第232页。
⑤ 《省府关于开展春耕大生产指示(1947年3月10日)》,《辽吉历史文件汇编》(第一册),第234—241页。

收","以全力领导群众武装保卫秋收"。"各机关部队在不妨碍自卫战争的准备下,应以大力协助群众进行秋收,以进一步加强军民关系,与补助人民劳动力之不足"。中共吉林省委要求:"各机关、部队必须做出成绩来。"①

1947年秋季攻势后,双阳、伊通驻有四个纵队(一、三、六纵、炮师、独六师)。当时"正是抢分地、大生产的时候",部队入驻后,"无形之中有很多负担(例如:柴火问题,送柴火、马草、送粮等)",但是这里牲口已较往年减少很多,尤其边沿更甚。针对这些现象,陈南生致信请求"军区"并转告总部,"发一电告知各部队","在此休整时间务必尽量节省人力(尽量自己运输打柴火、拉煤烧)",并且"设法在整训时间内帮助群众以畜力、人力种地"。张策接到信后立即转给了中共吉林省委书记陈正人等②。

1948年,中共东北局领导提出"今年生产是一大关键",要求"所有干部到下面去突击生产"。由于辽东还处于土改纠偏之中,江华在接到东北局指示后表示:不能专门纠偏,要"以生产为中心结合纠偏","上下应从思想上动员,保证不荒一亩地,把此任务作为紧急任务,是全党的任务"③。萧华也提出:"号召第二线兵团与后方机关部队组织军民变工,帮助农民解决牲口、人力之不足,并在变工中采取吃亏原则,不与民争。"④在东满,1948年春耕时候,有些地方村级农会政府机关白天完全停止办公,"所有干部一律参加生产(在非交通要道,战勤少,尤其是后方地区)"⑤。1948年4月,为了保证春耕,"减轻大生产中的群众运输负担",辽宁省规定:后方机关及后方部队之人吃马食,"如粮草在乡村,可经政府批给到乡村自运(医院工厂不在此例)","后方部队机关尽量多吃包米,并调剂百分之二十的大豆"⑥。

---

① 中共吉林省委:《省委关于秋收工作的指示(1947年9月15日)》,《中国共产党吉林省委员会重要文件汇编》(第一册),第188—189页。
② 《张策转陈南生的信给省委领导》,《吉南烽火(解放战争时期吉南地委史料)》,第75—77页。
③ 《江华在中共辽东分局扩大会议上关于纠偏问题的发言(1948年5月2日)》,《解放战争时期的通化》,第91—94页。
④ 萧华:《辽东半年土改总结(1948年2月23日)》,《解放战争时期的安东根据地》,第121—126页。
⑤ 陈正人:《关于吉林春耕情况给东北局的报告(1948年5月26日)》,《陈正人文集》,第135—140页。
⑥ 《辽宁省政府通令——后方部队机关之粮秣供给由》(1948年4月25日),《解放战争时期辽宁财政史资料选编(内部资料)》,第111页。

海龙县在土改中就积极酝酿1948年的大生产运动,并决定自该年3月4日起,工作团下乡,各地的主要干部都参加。按照海龙县政府粗略估算,全县"新老亩不分共1 263 000亩",如"按老亩计算,每亩按过去平年产量平均200斤,则总产量为2.3亿斤"。"乡村人口是177 400人,再加上外来移民及城市地主下乡者2 000人,共按180 000人口计算(中鲜不分,城市居民不计),每人可得粮1 277斤"。如果按前一年公粮比例37.7%来计算,"每人应交公粮479斤",则每人余粮789斤。如果"按大小人平均,每人全年食用600斤"①,余粮则有189斤。这是典型的全县一盘棋的粮食筹划思路,其精打细算、无所遗漏,令人印象深刻。

1948年4月,中共中央辽东分局在一份决定中表示:谷雨即到,全辽东播种时期已到来,"今年春耕播种能否胜利完成,它将决定我们能否支持长期战争"。为此,该分局要求"各级党政民领导机关及全体农村干部",除必要的战争动员外(公粮及担架大车动员),"必须以绝大精力集中春耕播种工作,其他一切不重要工作或暂时停止,或必须服从于此任务"。该决定还要求各地党政机关及全体干部向农民宣传"春耕生产动员令",以安定其生产情绪。辽东分局认为:"春耕播种能否完成,决定关键在组织起来",所以它提出:"各地应以牲畜为中心,3—5户、6—7户组成一犋或二犋的变工组","在辽宁地区党政民应严肃负责解决农民籽种的困难,特别是苞米种"。这份决定还要求前方各部队在作战空隙之际帮助人民春耕,"后方机关部队,除努力完成自己生产任务外,并应帮助驻在地的农民","边沿区的部队,则应坚决打击围困敌人包围春耕"②。

辽北省委也曾在1947年春耕季节提出:"后方机关部队的大车马匹(不论骑马拉马),毫无例外的帮助群众耕种。每辆车每匹马平均助耕十五天。后方机关部队人员,也一律帮助群众生产,平均每人七天。"③1948年春耕时中共热辽地委强调:"党政军民大力帮助群众生产,确实是件大事,除本身之机关生产外,每人必须全年以十个工帮助群众生产(大车、牲

---

① 《海龙县生产准备及计划报告》,《解放战争时期的通化》,第239—241页。
② 《中共中央辽东分局关于全力突击播种保证不荒一亩地的决定》,《辽东日报》1948年4月19日。
③ 《省府关于开展春耕大生产指示(1947年3月10日)》,《辽吉历史文件汇编》(第一册),第234—241页。

口骑马在内),帮工时间分春耕、锄草、秋收三季去做。"①辽吉一专署的专员宋广常和法库县县长王丹波,"亲自带领大车69辆,骡马200余匹","到法库南部、新民北部和辽中等县等前沿地区,在武装部队的掩护下,帮助群众抢种,谁家没有牲口,就帮助他们,用大车帮助送粪,帮助种地、趟地"。9月,为了搞好秋收,防止敌人抢粮,更有效围困封锁沈阳,中共辽吉一地委组织了前沿抢收委员会,分区地方武装也全部出动,"赴前沿区助民抢收"②。

在这里,后来人们所熟知的"举国体制"的组织逻辑已经隐约可辨。1947年2月,中共吉林省委决定各分区成立财经分会,"由地委统一领导","各县委成立生产委员会,由县委统一领导","党、政、军、民众团体亦须有生产节约委员会之组织,把每个能生产的人统统组入生产战线中去"③。3月,伍晋南在吉北地委财经会议上提出:"吉北是接敌区,主力部队主要是战争,但生产也是能搞的","如不战争我们就生产,利用一切空隙"。他要求"吉北独立师与野战兵团也要搞些生产"④。

1947年4月,吉林省委发出了一个更具分量的战争动员指示。这份指示首先指出:"全国和东北战局日益向着有利于我的方向发展,中央二月一号指示和东北局指示,指出继续积极的打击敌人,更多的更大量的歼灭敌人,是争取全国和东北战局根本转变的主要关键。"然而,"目前战争动员正处在春耕大生产运动中,为着战争胜利,必须进行动员,为着保证战争胜利,也必须进行生产。战争动员与生产两个任务同时执行的确存在矛盾,因此必须细心研究克服这个矛盾的一切可行办法,使战勤和生产相结合的合理办法"。吉林省委要求各个地区按照实际情况,学习经验,加以创造和发挥,做到"城市与乡村人力的充分发挥作用","使所有一切劳动力(全劳动力与半劳动等)充分合理的使用,而又达到使负担合理,做

---

① 《热辽地委关于后勤、生产工作指示(1948年2月)》,《热辽风云——解放战争时期的中共热辽地委》,第197—202页。
② 刘瑞森:《战斗在对敌斗争的前沿地区》,《烽火前沿——东北解放战争时期的中共辽吉一地委》,第36—52页;张雪涛:《艰苦征战三载,红旗插遍前沿——回忆我在一专署时的工作》,《烽火前沿——东北解放战争时期的中共辽吉一地委》,第68—71页。
③ 中共吉林省委:《关于财经工作的决定(1947年2月20日)》,《东满根据地》第228页。
④ 《伍晋南在吉北地委财经会议上的报告(记录稿)(1947年3月28日)》,《吉北的曙光(解放战争中的吉北地委史料)》,第194—197页;《永北扩大耕地六千垧生产会上奖励六十名劳武模范》,《东北日报》1947年7月5日。

到既能满足战争动员需要,又能充分照顾农村生产"。省委也要求"每一个同志,每一个机关部门都必须高度的发挥自己的积极性,千百倍的比平常紧张的工作起来。每一个同志要自觉的强调服从纪律,服从组织,要勇敢的听从党所随时分配的每一件工作,并谨慎的及时的去完成自己的每一个任务。任何一点自由主义官僚主义都应在战时扫除干净"。吉林省委最后号召所有的党员和群众,发挥"为人民战争为革命为党的事业负责的革命英雄主义精神",以"完成我们所担负的重大的战争任务"①。这份历史性的动员文件在某种程度上既反映、也预示着解放战争席卷无数男女老少的革命气势与组织气势交织而成的历史巨浪。

早1946年3月,东北局就已发出号召:"部队中所有指战员和各级党政群众团体的工作人员,都毫无例外的,以积极的姿态,进入生产战线,用开展机关部队生产运动的模范行动,减轻人民负担,给群众生产运动以有力的影响",此外,"各机关部队每人至少需要帮助群众进行生产五天以上的义务生产,在生产运动中更加密切军民关系,开展爱民运动"②。1947年初,东北局又发出指示,要求"除前方作战部队外,一切后方部队、机关、学校都要进行自给的生产","按照不同的性质与情况,确定不同的生产任务与计划,分别进行耕地、种豆、种菜、养猪、养兔、养狗、捕鱼、打猎及做鞋、打毛衣等日用品、手工业生产";"机关部队的牲口,实行放青3个月作为生产任务","利用空闲与当地农民变工生产"③。辽北洮南则创建了预备兵制,按村编制,"无事在家生产,随调随到",生产与战争同时兼顾④。

在东北局的领导下,中共东北局通化地区党委会1946年4月发出指示:"除负有重要作战任务集中行动的兵团外,一切机关部队都应明确规

---

① 中共吉林省委:《关于加强战争动员的指示(1947年4月28日)》,《东满根据地》,第261—264页。也可参见胡亦民《开辟前沿阵地,支援辽沈决战》(《烽火前沿——东北解放战争时期的中共辽吉一地委》,第60—64页)等。
② 《中共中央东北局关于开展生产运动的指示(1946年3月27日)》,《东北解放区财政经济史资料选编》(第一辑),第443页。萧军就讲到1947年6月其所在的鲁迅文化出版社预备下乡开设碾米工厂,"附带养些羊、猪、牛形成一个小牧场","算为出版社生产机关一部分"。7月在齐齐哈尔,他遇到一个女人的丈夫在公安局工作,但是"下乡种地去了"。详见萧军:《东北日记(1946—1950)》,第234,241页。
③ 东北局:《关于1947年度财经工作方针与任务的指示(1947年3月4日)》,《东北解放区财政经济史资料选编》(第一辑),第37页。
④ 《洮南创建预备兵制》,《东北日报》1947年10月29日。

定自己的生产任务,并按具体情况,各自打出自己的生产计划";并提出"从今年下半年起(即7月起),各机关部队依其不同的情况,要做到伙食费的自给或大部自给,并生产够自己两月以上的粮食,用做本单位的生产基金,改善战士生活和战士分红"①。1947年,通化市县政府发现,其所属地区各学校的生产工作做得不太好,"除铁厂子定出生产计划外,其它各校都未定,有的学生不愿劳动,认为学生只应该念书,有的教员也放不下架子"。但是"经过几次动员和解释","他们已准备提出升级计划,来解决全年学校的办公经费",各校均分到了田地,"自己来耕种或有计划地与群众换工或变工"②。

实际上,远不止是通化一地如此。1946年8月,吉林省政府决定本省各级政府、直属机关,"一律自9月1日起始,实施菜金自给制度","以农业生产为主,同时在条件许可的情形下,可以试办小型工业及组织机关人员的手工业生产","要大量采取农家副业的方式,如养猪、养鸡、打野菜、磨豆腐、打柴等"③。1947年开始的时候中共吉林省委进一步决定:"机关部队学校今年种地一万五千垧(菜地在外),产量一万到二万二千吨,做到部队自给一月的粮食,地方部队机关学校自给两月的粮食,马草自给四个月到六个月,蔬菜柴炭全部自给,烟叶秋收后自给";"除农业生产外,机关部队学校必须发展供给所必需的自给工业和作坊运输,利用间隙进行各种手工业生产以及各种副业生产,如养猪、养鸡、割马草、烧木炭、做鞋、织草鞋、纺织、打围、砍柴、挖煤、采金等生产,以解决本身的伙食办公杂支擦枪津贴及临时等费用";"机关部队除粮食、被服(内有两双鞋子)、作战经费、军工建设、残废金、抚恤费、生育费等七项,由省政府负责外,其他各项开支全由军事系统本身生产解决之"④。

1947年6月,辽北省副主席朱其文在一次会议上表示,为了支持长

---

① 中共东北局通化地区党委会:《关于努力生产加紧节约问题的指示(1946年4月2日)》,《解放战争时期的通化》,第386—387页。
② 《通化市县政府一年来工作总结报告(1947年)》,《解放战争时期的通化》,第95—111页。
③ 吉林省政府:《实施菜金自给制度(1946年8月4日)》,《东北解放区财政经济史资料选编》(第四辑),第11—12页。
④ 中共吉林省委:《关于财经工作的决定(1947年2月20日)》,《东满根据地》,第226—228页;《为创建东满根据地解决吃穿用的问题——访王兴让同志记录》,《东满根据地》,第345页。

期战争,保证供给,"财政建设的重点是建立县财政","从发展群众性的生产中,培养财源,奖励和帮助土产(盐、碱、鱼等)的改造与经营","烧锅、油房、加工业确定归县经营,各县公营企业生产的收入归县所有,并将田、房契税、司法行政罚款拨归县收入"。他还表示:"从今以后,走上财政上的一个新的阶段","放手满足战争的要求","克服过去财政上的保守观念,因财政而限制了战争的要求"。其中,粮食方面,"上级方面为了照顾本省是前方,一律规定自给粮一个月,我们为了照顾全局,尽量减少公粮的开支,大家都同意用自己的节约,规定腹心地区自给一月半,长岭、双辽、通辽、开鲁、鲁北自给一个月";农业生产方面,"各机关要保证大家每年生产蔬菜够一年吃的","后方每人种五亩地,前方种二亩","种菜、种地、种稻子,根据东北政委会决定,全部免征公粮";"烧锅、油坊,各县可有一个,省也直接掌握几个","自十一月份起禁止老百姓的烧锅,如系恶霸地主的产物,采取没收方式(要保持完整),没收后继续经营,如系一般人民经营,可采取限期停烧或兑出的办法"①。

安东省表示:"供给制度的确定,是根据安东省整个财政收入状况,及各方面的实际需要","不仅保证军需能得到必要的供给,还需要照顾群众负担",因此如果希望改善各机关部队生活水平,"必要依靠各机关部队亲自动手,进行生产,做到部分自给"②。1947年,舒兰县大队8个月内节约高粱米5万斤,大米3 000斤,并将该项粮食全数交公。据舒兰县大队介绍,其经验是除了"严格的掌握了制度"之外,主要是"自己生产"③。

1948年6月,辽宁省政府发出通知:为生产减轻人民负担,后方党政军民机关团体,"实行全年蔬菜肉类自给"④。辽宁省1948年11月全省自给粮情况见表3-1。

---

① 《朱其文副主席在辽北省第二次专员县(旗)长联席会议上总结报告(1947年6月26日)》,《解放战争时期辽宁财政史资料选编(内部资料)》,第153—154、160—161页。
② 《安东省政府命令》,《解放战争时期辽宁财政史资料选编(内部资料)》,第1169页。
③ 《舒兰县大队节省粮食的经验(1947年12月2日)》,《吉北的曙光(解放战争中的吉北地委史料)》,第93—94页。
④ 《辽宁省政府通知——关于后方部队机关团体变更供给事项由(1948年6月11日)》,《解放战争时期辽宁财政史资料选编(内部资料)》,第1112页。

表 3-1 1948 年 11 月辽宁省各级机关团体粮食生产自给表

部　别	人　数	粗粮米(斤)
一专署	2 428	101 976
瓦房店市府	137	5 754
庄河	1 140	47 880
复县	940	39 480
新金	1 040	43 680
盖平	1 040	43 680
万福	1 040	43 680
省秘书处	376	15 792
省委	50	2 100
军区	7 500	340 800
税务局	32	1 344
邮电局	129	5 418
学院	700	29 400
农专	480	20 160
公安处	300	14 400
报社	50	2 100
白山艺校	30	1 260
合　计	17 412	758 904

辽宁省财厅数据显示,1948 年 11 月预领上级财政部经常粮 5 733 587 斤,所以,生产自给粮食占比为 13% 左右[①]。应该说,在革命逻

---

① 数据来源于《解放战争时期辽宁财政史资料选编(内部资料)》,第 1334、1335 页。

辑与组织逻辑的双重作用下,脱产人员发挥出了较大的生产潜力。

在战胜粮荒时,东北解放区更是对各种可能资源进行了最大限度的动员与重新组织。1947年,安东省粮食生产由于人祸天灾而普遍歉收。当时全省各地农村正根据省委的指示,开展轰轰烈烈的土改运动,还没有足够重视农业的严峻形势。进入1948年,一些县区相继发生了粮荒。因此,如何开展1948年的农业生产,便成为一个重大的问题摆在省委、省政府的面前。为了保证农业生产的正常进行,1948年1月,安东省委、省政府先后发出了《为生产节约备荒告农民书》和《关于生产节约备荒的指示》等文件。进入春耕季节,省委、省政府又发出了"生产救荒"的紧急指示,并派出大批干部分赴各地,领导农民从事春耕生产。为解决农民的种子和口粮困难,省政府还贷粮1 100万斤,银行也向农民贷款30亿元。这期间,安东省机关和部队也积极参加春耕。此外,省委、省政府还主要抓了以下几项工作:(1)要求各级党委和政府反复向广大农民进行宣传教育,以消除其单纯依赖和均产等错误思想,自觉参加生产自救运动;(2)实行优惠政策,扶助农民从事副业生产和运输事业,使其渡过生活难关;(3)明令禁止啃青行为,以确保粮食获丰收。在多方力量的动员与重新组织下,1948年全省耕地530万亩,新开荒40万亩,获得粮食产量71万吨(折14.2亿市斤),比1947年增产8万吨。全省除了交公粮131 140吨外,平均每人余粮还有570斤,"足够一年的口粮"①。1947年10月,伍晋南开始担任中共安东第四地方委员会书记,适逢其事。据他回忆:1947年末,宽甸县已送交军粮1 500万斤,军柴3 100万斤。到了1948年春,由于国民党侵占时的破坏,严重自然灾害的侵袭和土改时期的铺张浪费,凤、桓、宽、赛相继发生粮荒。安东四地委于是发动各县开展节约度荒、生产自救运动。"宽、凤、赛三县分别对干部和群众进行了紧急动员,组建合作社、互助组","经过一年奋斗,战胜了粮荒"②。

不必说,有一些地方,其整体主义方式的运用并不如人意,"一个地区、一个机关、一个天下"的现象广泛存在。其缺点和偏差,按照辽宁省财

---

① 《恢复和发展生产》,《解放战争时期的安东根据地》,第362—365页。
② 伍晋南:《安东四地委的工作与斗争》,《解放战争时期的安东根据地》,第294—296页。

政厅的工作总结,主要有①:

(1) 偏重于生产而影响到工作和政策。"有的县长区长分区政委均去作生产,而助长了单纯的发财观点",各城镇到处都是公营生产机关,收复一个城镇,抓光和买光一个城镇。

(2) "机关人员生产化、商人化,投机取巧,买空卖空,囤积居奇,与民争利","买猪给群众定官价"。有的部队生产人员,"以军事重要为名","强迫向群众要大车民夫,实际是作生产"。

(3) 不少生产人员铺张浪费,腐化堕落,甚至是贪污。某部队生产人员20人,"有40%人员大小贪污"。

(4) 随便开支,"近水楼台",苦乐不均。干部开支占绝大部分,实际战士未得到多少待遇;上层小灶中灶,战士天天菜汤高粱米;先成立的机关部队学校抓了东西随便开支,晚来和后来的空空如也。

不过,东北解放区打造的整体主义战争-生产模式并不是简单的历史倒退。只要有可能,它会让某一部门承担多项任务;反过来,只要有可能,它也可以集中多种力量支持某个部门更高程度地专注于某一项使命。

1947年8月,陈云提出"对野战军一切经费全发,不要他们自给",以利于其"收心作战"②。李富春则讲到:"我们的主力部队本身,既不能像内战时期一样筹款,又不能像抗战时期一样从事生产","即令在战争空隙,也只能休整训练",因此,主力作战的补给任务,必须由根据地承担③。1948年1月,辽宁省委、省府、军区联合决定,所有生产家务,悉数移交各级政府经营管理。5月,辽南行署下令彻底清查上缴各县家底,以后"在不妨碍以农业生产为主的原则下,可按需要与条件,经营小型工业,如油坊铇子厂等";而且,"除省、专、县三级政府外,其他任何机关部队不准有小型工业(军工除外),查出者交县没收管理"④。

---

① 《辽宁省财政工作总结(1947年1月至1948年3月)》,《解放战争时期辽宁财政史资料选编(内部资料)》,第129—132页。
② 陈云:《对野战军经费以不定自给任务为有利(1947年8月17日)》,《陈云文集》(第一卷),第618—619页。
③ 李富春:《在财经会议的报告与总结(1947年8月)》,《东北解放区财政经济史资料选编》(第一辑),第53—54页。
④ 《辽南行政公署令(1948年5月4日)》,《解放战争时期辽宁财政史资料选编(内部资料)》,第147—151页。

1947年5月的时候,中共吉林省委根据东满地区的人力财力之可能性,提出将发展相当数量的脱离生产的武装部队,解除军区独立师的生产任务;各独立团的供给由各分区担任,"战时调遣执行任务,由军区补助,把他们的精力放到整训部队与打仗方面去",但还是需要担负一定的生产任务[①]。

这种整体主义模式中"一"与"多"的辩证法,根据不同的需要与可能,适时地进行着无数次的演绎与实践。到1948年,辽北省的收入主要依靠企业(40.39%)、税款(28.53%)以及出口粮食(12.05%)等,几乎没有生产自给收入[②]。

中国共产党以整体主义的方式领导的生产运动,为赢得东北解放战争的胜利奠定了重要的经济基础。1949年的时候,通化市人民政府称:"三年来的支前工作(包括1948年11月以后全市县的支前工作)是以极大的努力,动员与组织一切人力、物力参军参战,保证部队的兵源补充与粮食供应。"[③]在延边,如陈正人在1948年中共吉林省委民族问题座谈会上所讲的,其粮食历来是不够吃的,但是,"现在有剩余,如天气不阻碍,状况当更好"[④]。合江亦是如此。由于插犋换工,组织广大妇女和过去不从事劳动的二流子、地主、富农等参加劳动,即使动员了大批兵力,农村经济几乎仍未受到大的影响。不仅如此,1948年密山县耕种土地增加了10%,虎林西岗动员参军后,劳动力由191个下降到162个,但是耕种土地却由272垧增至350垧[⑤]。

---

① 中共吉林省委:《关于东满军事建设计划(1947年5月8日)》,《东满根据地》,第154—159页。
② 《辽北省一九四八年度会计收支年终报告表(1948年4月25日)》,《解放战争时期辽宁财政史资料选编(内部资料)》,第1283页。但是,在1946年度辽吉省财政收入中,军区生产收入和省级机关收入占比超过7%。详见《辽吉省一九四六年财政收支决算表》,《解放战争时期辽宁财政史资料选编(内部资料)》,第1269页。
③ 《通化市人民政府三年来工作总结(1949年)》,《解放战争时期的通化》,第173—181页。
④ 陈正人:《在中共吉林省委民族问题座谈会上关于朝鲜民族问题讨论的总结》,《陈正人文集》,第144页。
⑤ 中共合江省委:《两年来战勤扩军工作调查材料(1948年9月9日)》,《东北解放区财政经济史资料选编》(第四辑),第515—516页。

第四章
一个整体性组织体系的形成(下)：
以财政领域的粮食为线索

粮食的支出方面，东北解放区向着财政统一的方向不断升级、迈进。辽北省的例子比较有代表性，其财政统一大致经历了三个阶段。

第一阶段是分筹分支，自1945年冬到1947年底。当时政权不固定，收支也无计划，财政来源主要靠清算、接收东北敌伪物资、企业生产（主要是贩卖大烟）、发行纸币（辽西地方流通券），其次是"税收与国家辅助"、公债贷金等。

第二阶段是统筹分支，自1947年底到1948年底。"银行、公粮、实业公司都全部统一到国家，税收一半统一到国家，一半由省提成管理"，财政上开始有些计划。收入主要有：税收（28.4%），企业收入（40.3%），购粮款（12.2%），国家补助（12.2%），还有上年度结余款等。

第三阶段是统筹统支，自1948底开始，财政由各县及各专署向省统一，给各县留生产资金或者代营企业作为部分自给，其余由省直营①。

一、财粮供应：从自给到统一

据东北局讲，1946年初，整个东北解放区的政权是在分散的状态下建立的，"粮食没有出路，只能吃，不能做其他财政收入"，财权主要在县、

---

① 《原辽北省三年来（一九四六至一九四八年）财政工作历史情况》，《解放战争时期辽宁财政史资料选编（内部资料）》，第205—208页。

区手中,省次之。直到1947年才有转机,"逐步走向统一"①。不过,此前东北财经委员会第一次会议决定:"国有意义的企业,如兴山煤矿、绥佳图佳铁路、林业、松花江航运、省银行、对外贸易","由东北财经办事处统一领导","地方性的企业,如烧锅、油坊、火锯、火磨等,仍归地方经营","省的经济必须竭力做到自给"②。

1947年1月,王首道在东北局政委会上提出:"必须实行财政的统一","要认识这不是什么吞并、包办,更不是垄断,也不是绝对的统一,而是要经过大统小不统、上统下不统实现财政统一"③。李六如则特别提出:"粮政要有核算制","各部队如有余粮,上级按价收回","各级政治部做动员工作,不准随便打白条"④。不久之后,东北局进一步强调:在财政极端困难而物价又继续高涨的情况下,必须"从组织上贯彻精简与统一编制","严格管理公粮,减低粮食供给标准,实行粮票制度,严禁乱开白条子、乱支公粮的贪污浪费现象";"规定基本的供给标准","发动后方机关、部队、学校人员实行缩衣节食,降低生活待遇","取消中灶,小灶降为中灶标准"⑤。当时东北财政委员会主要争取做到公粮与主要贸易收入统一,以及公粮与被服的统筹统支⑥。

1947年12月,为进一步统一东北财政收支(暂不包括各省、县地方

---

① 《东北局关于东北财政情况向中央的报告(1948年10月2日)》,辽宁、吉林、黑龙江省税务局、档案局编:《东北解放区工商税收史料选编》(第一册),黑龙江人民出版社1988年,第156页。
② 《东北财经委员会第一次会议关于对企业归属等问题的决定(1946年6月16日)》,《东北解放区财政经济史资料选编》(第四辑),第10—11页。
③ 《发展经济建设东北解放区》,《王首道文集》,第91页。所谓统大不统小,我们以吉林为例作一解释。到1948年9月的时候,吉林省的工、矿、森林、采金等重要企业、粮食、贸易以及银行等,"大部交了国家","只有小的企业经营以及小工矿划归省营矿局所辖的和龙煤矿、亚麻工厂、纸烟厂等"。详见《吉林省一九四八年上半年财政工作初步总结——在县书县长联席会议上的报告》,《中国共产党吉林省委员会重要文件汇编》(第一册),第362—368页。
④ 李六如:《关于财政问题的结论报告(1947年1月21日)》,《东北解放区财政经济史资料选编》(第一辑),第31—32页。以辽北省为例,1947年1月至6月部队到边沿吃粮,第一次7万人吃了一个多月,吃了36 000石,相当于征粮的1/3。第二次又到边沿吃了25 000石。这些粮食的欠条都"未与群众算账"。详见林浩:《辽北省经济和财政概况(1947年8月13日)》,《解放战争时期辽宁财政史资料选编(内部资料)》,第187页。
⑤ 东北局:《关于1947年财经工作方针与任务的指示(1947年3月4日)》,《东北解放区财政经济史资料选编》(第一辑),第38页。
⑥ 东北财政委员会:《东北解放区1947年财政工作报告(1948年1月31日)》,《东北解放区财政经济史资料选编》(第四辑),第104页。

财政),东北行政委员会颁布金库条例,规定:"凡属东北财政收入之一切款项,必须由征收机关按期全部缴之金库","在未缴库之前,任何机关不得擅自直接动用";"各分、支库非凭上级金库之支票不得付款","总金库非凭财政委员会之支付命令亦不得付款给任何机关","各级金库及各级政府、机关不得以特殊而自由动支金库款项";"各支库所存款项必须按期向上级金库解送","各分库存款,须随时听候总金库统一调度"①。

一般而言,东北解放区的财政统一,以省为单位,以县为起点,在自给的基础上逐步实现。1946年9月的时候,辽宁省就训令各级公安司法机关罚没款物统一交政府财政科;10月又训令任何机关部门和个人,未经省府批准、无省府支付命令,不得支配和动用税款;1947年2月,公布政民地方机关统一供给标准,6月颁布金库条例,以及统一收支款项解缴支领暂行办法;10月成立地方财政金库,税收直接交国库,工业作坊副业等收入,移交地方财政金库。财政统一制度不断建立和完善,但是,直到1947年年底,只是省县区已经初步建立了制度,而省对东北联办行委会仍无关系②。辽北省则在1947年8月称:"由于战争影响,县财政多采取自收自用,用后向上报销,多了交一点,少了向上要","今年二月以后,实行统收统支及预算制度",但是,"还没有完全走上正轨"③。

我们再以吉林为例④。1946年初中共关外大批干部刚到吉林时,"党的财政中心任务是供给地方武装,财政上是抓一把的时代,依靠敌伪资财过生活,没有经常收入,各方面都很困难,但最受威胁的是粮食,是吃饭问题",当时,"省县财政是独立的,分散的"⑤。这在当时既无可避免,也是必要的。

然而,正像吉南的情况所显示的,在吉南专署成立后半年里,"由于前

---

① 东北行政委员会:《东北金库条例(1947年12月21日)》,《东北解放区财政经济史资料选编》(第四辑),第77—78页。
② 《辽宁省财政工作总结(1947年1月至1948年3月)》,《解放战争时期辽宁财政史资料选编(内部资料)》,第129—147页。
③ 林浩:《辽北省经济和财政概况(1947年8月13日)》,《解放战争时期辽宁财政史资料选编(内部资料)》,第191页。
④ 其他各地基本上经历了类似的发展阶段,可参见刘宝田、王海东:《辽南革命根据地财粮工作的回忆》,《解放战争时期辽宁财政史资料选编(内部资料)》,第1471—1506页等。
⑤ 《吉林省一九四八年上半年财政工作初步总结——在县书县长联席会议上的报告》,《中国共产党吉林省委员会重要文件汇编》(第一册),第362—368页。

方环境以及认识不足","拨粮证的大批拨粮比较主观","粮食的浪费要占五分之一"①。1947年2月,中共吉林省委为此要求:"部队机关一定要重视粮食,克服重钱轻粮的观念,建立粮库粮票及预决算制度,严防浪费","发给机关部队学校的粮食不准出卖,各伙食单位节省下来的粮食,由政府按市价收回,严禁用粮食烧酒熬糖以及各种浪费粮食的现象"。吉林省委还提出:"警惕富农及一部分中农糟蹋粮食,必要时可实行粮食的登记和管理,并公开号召与组织群众的节粮运动","成立强有力的粮食局,有计划的组织群众到邻区及敌区购买粮食,或以物品交换,不要因贪图盈利而放松了购粮工作"②。

在吉林省委的指示下,1947年3月,吉南第一次县长会议上决定"筹划粮食严格管理",认为这是坚持吉南斗争的关键之一。会议提出:"各县财政要统一,有关政府的财政收入(税捐、罚款、没收等)统一交县政府金库","各单位都必须造报预决算按制度到县政府报销";各县设立生产节约委员会,"进行清理家务,以党性负责,切实逐级报出,统一管理家务";"机关部队不准买卖粮食,统一由贸易局收买调剂";"禁止用粮谷烧酒作糖(糠皮造酒须得专署批准)"③。武少文在吉北地委财经会议上则强调:"今后对困难的克服,只有发展生产,励行节约,建立健全规章制度,才能保证战争的供给",指出统筹统支是财政上的原则问题,"要坚决执行此制度";没有预算,"县、区绝不能开支","分区一级没有预算的开支须经财委会讨论,然后决定";"区里的所有收入都要原封不动的交到县里";"预决算2个月报一次,如不交预决算就不发粮"。另外,村经费由县统筹,"村摊派要严格取消,村区政府没有任何权利向老百姓摊派,如发现有摊派现象就是勒索民财"④。

1948年,吉林省的一份财政工作报告书就认为,1947年是吉林"初步

---

① 《吉南半年来政权工作检讨及今后工作布置(1947年3月28日)》,《吉南烽火(解放战争时期吉南地委史料)》,第85—95页。
② 中共吉林省委:《关于财政工作的决定(1947年2月20日)》,《东满根据地》,第231—232页。
③ 《吉南半年来政权工作检讨及今后工作布置(1947年3月28日)》,《吉南烽火(解放战争时期吉南地委史料)》,第85—95页。
④ 《武少文在吉北地委财经会议上的报告——关于建立健全财经规章制度问题(记录稿)(1947年3月28日)》,《吉北的曙光(解放战争中的吉北地委史料)》,第198—199页。

建立财政工作的一年","是建立经常收入的一年"。"当时虽有了经常收入,但并不宽裕,各方面都很困难",但是,到这年下半年已有大部财源交国家,"省财政是半独立的"①。

从1947年10月之后,东北各地财政上的任务,就像吉林一样,除保证供给,还要支援全东北,支援全国,为此必须更为正式地走向统一的时代,"省的收入大部上解(公粮、税收、贸易、企业等),各县依靠生产自给过生活"。以公粮为例,1947年征收大约为168 000到172 000吨,除5%地方粮外全部上解国家。此外,贸易、银行亦交国家经营;吉林一省财政支援全东北和省内开支的比例约为95.6%与4.4%之比②。

到1947年底,整个吉林省财政统一的程度明显加强。12月,吉南专署对党、政、军供给问题进一步作出决定:"吉南专署供给专署机关、地委机关及直属工作团、公安分处、吉南粮食分局之经费(除被服粮食外)","专署与分区不发生直接供给关系,每月应解省之收入交银行,分区按月向省做预决算,分区每月持省之支票到专署,由专署按支票拨款及物资","吉南各县政府统一供给各县党政及地方武装,由各县财委会统一筹划县府执行","一切供给单位应实行预决算制度"等。吉南专署政务会议的这个决定拟对党、政、军各个方面实行统一供应和整体性的管理。这次会议还决定召集吉南兵站、医院、各处后方、分区供给人员的会议,"统一执行粮秣制度"③。党内一元化的组织精神,为吉南专署这些财粮政策的出台与实践提供了政治与思想的基础。

1948年4月,中共吉林省委指出:"粮食是国家财政命脉,是支持和保证大规模战争胜利的主要物质基础","去年征收的粮食数目,因战争需要的增加,已不能维持常年预算,赤字庞大",同时,"粮食工作,粮食制度,还存在着严重的混乱现象"。吉林省委强调:"今后如再熟视无睹使这些混乱和浪费继续下去,将造成对战争的严重影响"。其表示:"严格执行制

---

① 《吉林省一九四八年上半年财政工作初步总结——在县书县长联席会议上的报告》,《中国共产党吉林省委员会重要文件汇编》(第一册),第362—368页。
② 《吉林省一九四八年上半年财政工作初步总结——在县书县长联席会议上的报告》,《中国共产党吉林省委员会重要文件汇编》(第一册),第362—368页。
③ 《专署政务会议决定记录(1947年12月11日)》,《吉南烽火(解放战争时期吉南地委史料)》,第110页。

度，执行供给标准，伙食单位节约粮不准变菜金改善伙食，必须卖给粮食局"；"战争缴获及解放一个地区的缴获粮，必须交公，作为国家公粮开支，对缴获粮打埋伏，对公粮打埋伏，均应以贪污行为论。"吉林省委要求各级党委政府"检查过去违反支拨手续的混乱现象"，各县限期成立粮食科，"配署干部财粮分开不得兼任"①。吉林的粮食统一程度，我们可以从其供应的来源占比获得大致的了解。1948年上半年，吉林全省粮秣（包括粗粮、细粮和马料）开支总数为24 907 574斤，其中"国家供给"为21 336 817斤，占85%，而省供给3 570 757斤，仅为15%②。

1948年1月前后，辽东地区面临空前严重的灾荒，"粮食征购后，群众普遍不够吃，影响物价上涨"。中共辽东分局以此为契机，加强对公粮的统一管理，要求各机关部队按供给系统造具粮食预算，经辽东办事处核准后，开给支粮证到指定的粮食局或粮食仓库领支粮食。为了统一全辽东地区粮食管理，辽东分局还规定：由辽办财政处统一印制粮证与粮票，将各供给系统的粮食预算审核后发给支粮证与粮票；"以后任何机关部队不得打白条子向粮库支粮"；"各省所征附加粮，皆收归国有，统一做贷粮及救济之用，由附加粮中开支项目，须造报预算，经批准始得支拨"。同时，"为了节约备荒，后方粮食供给标准改为，党政民机关每人每天粗粮二十两，后方军事机关（包括军区及野战军在后方的机关）及后方部队及各机关之警卫队每人每天粗粮二十二两，独立师每人每日二十四两、细粮每人每日一斤四两"。辽东分局要求："支出公粮、草、柴应按办事处批准各供给系统机关、部队领支粮草柴的预算数字发给粮草柴或支拨证，到仓库支粮，否则，不准动用。前方部队遇有特殊情形，可由省粮食局暂借后，在该部之供给系统预算内扣还。"③

---

① 中共吉林省委：《省委关于粮食工作的指示（1948年4月23日）》，《中国共产党吉林省委员会重要文件汇编》（第一册），第345—346页；中共吉林省委：《省委对目前粮食工作的指示（1948年5月25日）》，《中国共产党吉林省委员会重要文件汇编》（第一册），第346—349页。
② 《国家、省、县供给与自给比例（1948年9月1日）》，《中国共产党吉林省委员会重要文件汇编》（第一册），第371页。
③ 《中共辽东分局财经委员会关于加强公粮管理的决定（1948年1月30日）》，《中共中央东北局辽东分局档案文件汇集（1946年—1948年）》，第87—90页。辽南行署在此前后也表示："从一九四八年元月起，各供给单位报送粮食予决算，经行署审核批准后按数拨给（转下页）

不久,辽宁省也制定了比较详尽的粮秣供给标准和预决算制度,要求各地各系统坚决贯彻,"否则不予审批",如果未经合法手续动用公粮,"以挪用公款论"。同时还规定:"战争缴获、节旷粮一律交公","节余粮由粮食局按照当地市价收买","不得私自随便出卖"①。辽宁行政公署则规定:"战斗缴获粮交政府粮库","严禁任何机关部队私卖公粮",如交政府粮库,可提奖百分之三十②。在辽南行署,"自上级决定公粮归国有"后,建立严格的支拨制度,计口授粮,预算领粮,施行粮票制度,在大部分县份消灭了红白条。即使是一些"应该开支",在上级许可之前,"省里未擅自动支"。该行署认为,其粮食收支从各自为政的情况下转变过来是快的③。

不过,整体而言,据东北行政委员会财政部报告,直到1948年6月,除南满三省全部统一于财委会,北满七省进行全部统一的条件仍不成熟。这主要表现为:(1)由县统到省的工作还没有完全做好;(2)各省编制尚未确定,人员增减无法及时了解和掌握;(3)各省预决算制度尚未真正建立。在粮食领域,粮票制度不能贯彻,白条子现象仍很严重,"粮食支付均是预借,人马数不能切实掌握"。另外,"村财政自向人民筹来毛病多"。东北行委承认,地方财政问题,是"财政工作最薄弱的一环"。不过,他们仍然表示,在1949年春以前要实行全面财政统一④。

二、财粮统一的规模效应

东北解放区亟需逐步实行不同程度的财政统一,一个重要的原因是

(接上页)粮票","持粮票至粮库兑换粮食","兑换一千斤至五千斤者须附有团以上首长之证明文件","五千斤至一万斤者须附师以上首长之证明文件","一万斤至五万斤者须附有省军区首长之证明文件","五万斤以上者须由行署发支付令"。详见《辽南行政公署训令(1947年11月24日)》,《解放战争时期辽宁财政史资料选编(内部资料)》,第1501页。

① 《辽宁省现行适用粮秣供给标准及预决算制度(1948年)》,《解放战争时期辽宁财政史资料选编(内部资料)》,第1099—1105页。
② 《辽南临时供给标准(1947年3月1日)》,《解放战争时期辽宁财政史资料选编(内部资料)》,第1146页。
③ 《辽南行署一九四八年公粮征收总结与今后任务》,《解放战争时期辽宁财政史资料选编(内部资料)》,第594页。
④ 《东北解放区财政经济史资料选编》(第四辑),第128—129、137页。

其财政所承担的供养比例很高①。到 1948 年 10 月的时候,整个东北解放区脱产人数占总人口的 4.5%,"实际还要多一些"。这个比例大体上从 1947 年 12 月开始就已经如此。与之相比,华北在 1948 年 3、4 月间统计时,人口 7 950 万(除陈赓、苏北),脱产的有 160 万,其中军队 120 万、地方 40 万,占比为 2.4%;晋东南脱产人员占比为 1.37%;渤海为 3.04%;山东为 2.78%;西北为 6.7%;晋察冀为 2.54%②。应该讲,东北的财政是相当紧张的。

辽宁省从 1946 年 3 月起,就对各级政府编制进行统一规定:抚顺、鞍山、营口各市,市府编制至多不得超过一百五十人;本溪、铁岭、辽阳各市,市府编制至多不得超过一百二十人;海城、盖平、辽阳各县,县府编制至多不得超过一百人;本溪、台安、盘山、辽中、抚顺各县,县府编制至多不得超过九十人;新宾、清原各县,县府编制至多不得超过八十人;城市区区公所,至多不得超过二十五人,邮村区区公所至多不得超过二十人。对于各级政府勤杂人员的配备,也进行统一限制:市长县长得备骑马二匹,马夫一人,警卫员一人(警卫员外,不准另用勤务员);秘书室及各科,得各用勤务员一人,唯人数较少之科,应两科共同用勤务员一人;伙房平均每十人用伙夫一人,十五人以上,用两人,二十五人以上用三人,其余依次进推;除传达通讯员等必要之工作人员外,不得另用其他冗员。至于区公所,区长得用勤务员一人;秘书及股长或秘书及助理,得共用勤务员一人。辽宁省政府还规定:市或县除所限制之人数外,得设预备额,但是一般不应超过二十人,"如再多时,应先请准备案"③。

---

① 军队暂且不论,以政府系统而言,1948 年辽宁省粮食供应的会计单位有:辽宁军区(军区直属机关及所属部队,军分区,县大队等)、各县政府(县政府直属单位及所属各区之党政民各系统)、各专署(专署机关及直属分区之党政民机关)、省委(省委机关及所属警卫部队、省直属工作队,广播站电台,印刷厂,书店等)、省政府(省府机关及所属警卫连,被服厂,省金库,招待所,医务所)、省粮食局(粮食局机关及所属运输大队省粮库)、省邮政局(省局机关)、省电报电话局(省局机关)、工业局(省局机关,下属各工厂不供给公粮)、公安处(本处机关及犯人)、高等法院(本院机关及犯人)、省朝鲜民盟(本机关)、荣军一校(本校工作人员、学员)、荣军二校(本校工作人员、学员)、省税务局(省局机关及直属局)、民政厅(处理抚恤粮)、教育厅(处理省立学校粮食供应)。详见《辽宁省现行适用粮秣供给标准(1948 年)》,《解放战争时期辽宁财政史资料选编(内部资料)》,第 1103—1104 页。
② 陈云:《东北财经问题(1948 年 10 月 8 日、11 日)》,《陈云文集》(第一卷),第 638—639 页。
③ 《辽宁省政府财政厅关于供给标准几种补充规定(1948 年 4 月 7 日)》,《解放战争时期辽宁财政史资料选编(内部资料)》,第 1105—1110 页。

辽南行署也对各级机关人员数额进行严格规定：第一、五个专署每个专署四十人，第三专署五十人，第二、四专署每个专署三十人，另外每个专署武装人员三十人；县级人口三十万以上的，组成人员九十人（内有武装人员三十人）；人口三十万以下的，组成人员八十人（内武装人员三十人）；人口十五万人以下的，组成人员七十人（内武装人员三十人）；区级组成人员十至二十人，至多不得超过十五人，村公所至多不超过三人（村脱离生产人员由村供给）；县级群众团体二十至三十五人，县工作队五十人，县训练班至多不超过一百人；县公安局一百至一百五十人（分所及武装人员在内），区公安员二人①。

为了使有限的粮食资源发挥最大的军事效用，1947年8月，东北政委会提出"减衣缩食渡过难关"的号召和"先前方后后方、先战士后干部、先部队后机关"的原则，初步颁布了全东北的供给标准，并大力推动财政统一工作。李富春批评一些财经同志，"或者习惯于结绳记事的原始办法，不习惯于精密计算"，"或者自命清高，不屑于计算"，"或者是大少爷习气，不懂得要计算"，结果在财政支出上产生许多浪费与漏洞②。

在东北局的强力组织领导下，辽宁省规定："客饭一律不准报销，今后各部队机关来往人员，凡因公出差者，一律带粮柴票菜金，伙食单位，不增减人数"；"凡经省（或军区）以上领导机关批准之会议会议费，按到会人数规定每人一斤肉为标准，未经批准者不予报销"；房屋如经冬季冻坏漏水者，"尽量作到自己动手，只报一点少数材料预算（自己实不能作，必须雇用工人者更必须事先造具预算，经批准后方能开支，否则不予报销）"③。

在吉南，各级政府的编制规定见表3-2。

---

① 《安东省政府命令——实行新供给标准》，《解放战争时期辽宁财政史资料选编（内部资料）》，第1178—1179页。
② 李富春：《在财经会议的报告与总结（1947年8月）》，《东北解放区财政经济史资料选编》（第一辑），第71页。
③ 《现行后方供给自给标准（1947年11月15日）》，《解放战争时期辽宁财政史资料选编（内部资料）》，第1047页。

下篇·第四章 一个整体性组织体系的形成(下):以财政领域的粮食为线索

表 3-2　1947 年吉南各级政府编制表

	人　员						马　匹			大车	备　注
	干部	勤杂人员					乘马	公马及驮马	合计		专卖局各警卫员1各乘马1
		警卫	普通	伙夫	马夫	计	总计				
专署(包括公安处)	35	2	5	2	3	12	47	3	3	6	2	
县政府(包括公安局)	25	3	2	2	2	9	34	3	2	5	1	公安局长各警卫员1乘马1
区政府	12		2	1	1	4	16		1	1		
村政府	1~3						1~3					一等村三人村长书记、二等村二人村长书记、三等村一人村长

吉南专署还规定,各级政府勤杂人员不能超过总数的三分之一,村干部一律不准脱离生产。在伙食费方面,规定:"伙食费每人每天发现金22元,分区一级干部之小灶改为中灶,团级干部及村长、医生等技术人员之中灶一律取消(改为大灶)";"战斗部队每人每天细粮一斤八两,机关人员每人每天细粮一斤五两"等①。吉南专署的这些规定基本符合1947年2月吉林省委作出的关于财经工作的各种要求②。

1947年10月,吉北地委、专署决定:"从1948年新会计年度起(本年11月)起,超过编制之人数,一律不予报销粮食、被服",以后"各县不论区划如何变更,工作队人数不再增加,均按省定人数根据具体情况,以县为单位,调剂使用,新增之区政府,每区最多不得超过丙等区之人数"③。

不过,供给标准的统一更多是在省一级。吉林省在1948年上半年财

---

① 《吉南各级政府编制和供给标准的规定(1947年)》,《吉南烽火(解放战争时期吉南地委史料)》,第116—121页。
② 中共吉林省委:《关于财经工作的决定(1947年2月20日)》,《东满根据地》,第226—232页。
③ 《吉北地委、吉北专署关于编制问题的决定(1947年10月18日)》,《吉北的曙光(解放战争中的吉北地委史料)》,第36页。

政工作报告中讲到:"政委会的供给标准,在过去分散自给情况下,在省财政开支上是一贯执行了的,但到县区则有许多问题不能解决","因为各县经费是自收自支,预算决算又不按时报","省里长期安于这种状态未能及时纠正这个问题"①。

尽管吉林省认为"供给标准不能完全解决问题,反而使下面破坏制度",但在粮食方面却是例外。当时食粮的"国家标准"是后方人员每人每日 1.5 斤,实际执行情况是"后方部队仍发 1.5 斤",但是为了节约救灾,"党政自六月份减为 1.4 斤"②。

1948 年,安东省除了满足野战部队粮食需用外,还要准备一万到数万脱产人员的食粮。这在相当程度上促使中共安东省委严厉要求各机关、部队在财粮物资的问题,"强调统一,反对乱抓一把的本位主义",同时实行"统一分配,克服贪污浪费,建立各种制度,克服财粮问题上的紊乱现象"③。其中,最为关键的是统一部队的财政开支。安东省政府规定:凡属部队系统的供给均由辽东军区后勤部统一向省府作预算,各部队不与政府直接发生供给关系;辽东后勤部、各级政府未经省府批准或没有省金库支付命令,不准擅自借款与贷款,"如不经省府命令借款该级首长应受到批评"。不仅如此,"各县已征起之公粮柴草,没有省府粮食局支付命令不得动用","如因有特殊情形,必须借支粮秣时,县政府及粮库均不得决定动支,必须呈请专署以上之行政首长核准","并须即时报告省府粮食局审核"④。

不必说,在整个东北解放战争时期,军队占粮食供应的相当份额⑤。

---

① 《吉林省一九四八年上半年财政工作初步总结——在县书县长联席会议上的报告》,《中国共产党吉林省委员会重要文件汇编》(第一册),第 366 页。
② 《吉林省一九四八年上半年财政工作初步总结——在县书县长联席会议上的报告》,《中国共产党吉林省委员会重要文件汇编》(第一册),第 68、383 页。
③ 《安东省委关于目前形势与任务的指示(1948 年 7 月 3 日)》,《解放战争时期的安东根据地》,第 146—150 页。
④ 《安东省政府命令——实行新供给标准》,《解放战争时期辽宁财政史资料选编(内部资料)》,第 1174、1176—1177 页。
⑤ 比如,1948 年上半年吉林省粮秣开支 24 907 628 斤,其中军费部分达 19 549 609 斤,占 80%,而政费仅占 20%,为 5 358 019 斤。参见《军政费开支比例计算表(1948 年 9 月 1 日)》,《中国共产党吉林省委员会重要文件汇编》(第一册),第 372 页。另一个数据显示,该省 1948 年上半年粮秣开支,军事占 85%,政务占 15%。"如果将马草计入,则约为 90% 与 10% 之比"。参见《吉林省一九四八年上半年财政工作初步总结——在县书县长联席会议上的报告》,《中国共产党吉林省委员会重要文件汇编》(第一册),第 365 页。

据陈云在1948年10月份讲,当时整个东北解放区脱产人员有140万,其中军队108万(内有公安武装2万),地方32万(热河40万在外),军队占77%,地方占23%①。我们以1948年1—11月间辽宁为例,管窥一斑。该省政府经常粮秣57 902 133斤,但是仅军队主力作战用粮(包括辽南各地战役以及鞍山等作战主力用粮和往来军队用粮),就超过此数,达到65 632 107斤②。我们还可以再换一个角度,对军队用粮占比有大致的估计。1948年松江全省1市19县,参军人数有114 012人,"参政及参加其他工作者",包括党、政、群、教员、税务、贸易、铁路、邮电、矿山员工等("这些人也是吃公粮的"),大约有15 000人,两者之比为7.6∶1③。

当然,更能体现组织性逻辑所起到的作用的是,整个粮食供应的标准是向前方倾斜的。李六如强调:供给标准"要明显的区别前方与后方、作战与非作战之别"④。1946年9月开始,辽宁省根据军政双方的共同决定,供给系统分为两大类别:县以上部队和政治处,直接归军区保安司令部后勤部供给;各级处、联会、邮政、电报、电话、公安、税贸、各级学校、区中队以及政府警卫部队,归政府供给⑤。据此,军队系统的粮食供应标准(以带皮粮计)是:前方主力纵队、独立师团之战士及机关工作人员、军工工人、炮兵战士等,每人每日2.2斤;后方机关、部队一切工作人员及地方武装,每人每日2斤。相比之下,政民系统的粮食供应标准不及军队系统:脱离生产之政府系统之政民工作人员,每人每日1.8斤;游击区之地方政民工作人员及区中队以及警卫部队,每人每日2斤⑥。1947年3月,辽南行政公署规定:前方人员每人每天粗粮(以苞米为标准)2.2斤、后方

---

① 陈云:《东北财经问题(1948年10月8日、11日)》,《陈云文集》(第一卷),第638页。
② 辽宁省政府:《卅七年度岁出、岁入说明书》,《解放战争时期辽宁财政史资料选编(内部资料)》,第1035—1037页。
③ 松江省政府:《关于战勤与兵力动员初步总结(1948年9月9日)》,《东北解放区财政经济史资料选编》(第四辑),第534页。
④ 李六如:《关于财政问题的结论报告(1947年1月21日)》,《东北解放区财政经济史资料选编》(第一辑),第31页。
⑤ 张学思:《通令九月份起分两大供给系统(1946年10月5日)》,《解放战争时期辽宁财政史资料选编(内部资料)》,第1069页。
⑥ 《关于政民地方机关统一供给标准之规定(1947年2月20日)》,《解放战争时期辽宁财政史资料选编(内部资料)》,第1078—1079页。到1948年的时候,辽宁省粮秣供应标准有所提高:党政民地方工作人员(包括机关之干部勤杂人员)每人每日粗粮20两;辽宁军区机关及后方部队(包括县大队独立团等)、各机关之警干部队、各县之公安队,每人每日粗粮22两;(转下页)

1.8斤,前方每人每月细粮4斤,后方2斤①。

  1947年11月,东北财政委员会厉行节约粮食的政策,供应标准有所降低。如果属于前方部队,供应的标准是:野战兵团战时每人每日加工粮20两,平时18两;特种兵团战时与野战兵团同,平时16两;军区部队参战时与野战兵团同,平时16两;前方后勤人员及参战民伕战时与野战兵团同②。如果属于后方,其供应标准是:军区部队每人每日加工粮16两,练兵时期20两(全年练兵以3个月计算),参战时与野战兵团同;军事政治干部学校及其他在一个连以上之警卫部队16两;后方军政机关人员、医院伤员15两③。

  事实上,财政上的统一也有利于各地之间经济上的相互调剂。1947年3月,伍晋南在吉北地委财经会议上讲到:"两次战争使老百姓负担非常重,据不完全的统计,舒兰缺2个月粮食,榆树缺3个月粮食,于家屯共有190家,有140家缺粮,有的缺2个月、3个月,有30家缺6个月"。为了解决吃粮问题,吉北地委"一方面向东北局要,给老百姓调剂,一方面从本地也要调剂,县与县、村与村互相调剂"④。

  1947年春夏期间,东满出现粮荒。在吉北,"由于受1946年长春、吉林撤退的战事影响,部分地区误了春耕,加上气候不好,秋天歉收,还向东满运去了大批粮食",兼之1946年末,东北民主联军驻北满主力部队几万人发动了为期3个多月的"三下江南"作战,吃掉粮食6000余吨,"这样一

(接上页)独立团每人每日粗粮24两;前方主力部队每人每日26两。另外,新旧年节时,每人每节每日发细粮28两,发两天。其他三八妇女节、五一劳动节、五四青年节、端午节、七一共产党生日节、八一红军建军节以及农历中秋节,都会发放数量不等的细粮。但是,东财部对此提出意见,认为:"1948年时辽宁供给标准比北满高",比如北满后方每人每天为970元,但是辽宁为3 795元,高出3.91倍。详见《解放战争时期辽宁财政史资料选编(内部资料)》,第1099—1105、1117页。

① 《辽南临时供给标准(1947年3月1日)》,《解放战争时期辽宁财政史资料选编(内部资料)》,第1145页。1948年6月,辽南出现严重粮荒,根据上级指示,决定降低粮秣供给标准:野战军每人每日高粱米1.8斤,二线兵团、医院军事学校每人每日1.1斤,后方党政军机关学校每人每日1.4斤。但是保健人员婴儿保育粮标准不变。《辽南行政公署通知——降低粮秣供给标准(1948年6月21日)》,《解放战争时期辽宁财政史资料选编(内部资料)》,第1159页。
② 《东北财政委员会关于"前方供给标准"(1947年11月15日)》,《解放战争时期辽宁财政史资料选编(内部资料)》,第1042页。
③ 《现行后方供给自给标准(1947年11月15日)》,《解放战争时期辽宁财政史资料选编(内部资料)》,第1047页。
④ 《伍晋南在吉北地委财经会议上的报告(记录稿)(1947年3月28日)》,《吉北的曙光(解放战争中的吉北地委史料)》,第194—197页。

来,素称粮仓的榆树县也发生了粮荒"。"为了渡过春荒和青黄不接的难关",吉林省粮食委员会"请东北局和东北行政委员会的帮助,从北满的合江、松江省和西满的白城地区调剂粮食",帮助解决群众的吃粮问题①。据危秀英回忆,1947 年底,她担任吉林省妇女委员会书记之后,经常下乡,到榆树县时,"看到老百姓没粮吃,吃野菜、浮肿","种地没种子,没牲口,用人拉犁,用镐刨着种","我了解了这个情况后,就写报告给省委,找袁任远要求调粮食。拨给了几亿斤粮食,解决了很大问题"②。

1948 年,中共吉林省委谈到:"本省各县粮食状况有很大的不平衡。有的地区则离前线较远,所受战争影响小,去秋又没有灾情,群众还有余粮。有的地区则已经发生严重粮荒,甚至已饿死了人。有的区域虽不如榆树严重,但在春耕时已感到缺粮,夏锄时会影响生产。有的地区则粮食可以自给,如能注意群众的节约,则尚可省出一部粮食"。吉林省委表示:"在整体观念的立场来看,一省之内如能作到大力说服群众及干部的本位思想,作到在省内取消相互封锁粮食,则省境内有余粮地区及粮食尚能自足地区,就可以调剂严重缺粮的地区",不仅如此,还可以大大地援助粮荒地区的群众坚持生产,渡过难关。吉林省委还预计到将来长春市收复,"市内外(市外三十里左右绝大部分土地未种上)将有百万人缺粮","那时吉市粮价势必受长春及其周围的牵制波动",因此必须"增购调剂粮"。为此吉林省委预先规定了各有粮县分增购的任务:延边 2 500 吨,蛟河 600 吨,敦化 400 吨,桦甸 500 吨③。

一省之内如此,各省之间亦复如此。王首道在一次讲话中指出:"统一的目的是为了通盘筹划,统一调剂","下面固然不能依靠上面,但上面则需按照地区的不同施以调剂","要不断经过相对统一的调剂,如对南满粮食的帮助,辽吉困难的解决,确保东、西、北满支援前线"④。1946 年 12

---

① 《为创建东满根据地解决吃穿用的问题——访王兴让同志记录》,《东满根据地》,第 339—340 页。
② 燕颉、学新:《访问吉林首任妇委书记——危秀英大姐》,《吉林党史资料》1986 年第 3 辑。
③ 中共吉林省委:《省委对目前粮食工作的指示(1948 年 5 月 25 日)》,《中国共产党吉林省委员会重要文件汇编(第一册)》,第 346—349 页。
④ 《发展经济建设东北解放区》,《王首道文集》,第 91 页;郑重:《解放战争时期的辽东省财政工作回忆》,《解放战争时期辽宁财政史资料选编(内部资料)》,第 1506—1511 页。

月,陈云、萧劲光等决定在长期、反复的艰苦斗争中坚守南满,将"四纵全部伸向通化、桓仁、浑江以西","在安奉路两侧'大闹天宫'","消灭弱敌,调动敌人",将三纵一部布置在长白山外,"主力亦到敌后作战",但是希望"北满给我们一万吨粮"①。

张启龙在1947年1月吉林省财经工作会议上谈到:"吉林撤出后我们是财物两空的,省政府到了这里(指延吉)之后就起了统一筹划的作用。但是没有各方面的帮助,仍然是不能解决问题的。首先是吉北地区的党政军民发给了吉东(包括吉南在内)一万四千多吨粮食,这是很大的支援,没有这些粮食,我们的困难问题很难解决","东北局和松江省也给了我们很大帮助,无代价送给我们很多粮食,并帮助运输"②。

到解放战争后期,各地纷纷表示其财政实现了由局部统一到全省统一,"走上正规化国家化的规模","打通干部思想","树立整体观念,全局思想","从全面出发,共负艰苦,分别轻重缓急","严密财粮制度","清理家底","集中统一全省的人力、财力和物力,进一步开展工矿和副业的生产,壮大全省财经事业",打下地方财政全部自己的基础,基本上完成了"解放全东北和支援全国的光荣任务"③。

在东北解放战争的过程中,财政的统一对于物价的稳定也起到了相当的作用。以辽北省为例,如果1946年12月的物价指数是100,1947年3月为198,6月上升到383,9月则为440,12月甚至到737④。但是,当时东北解放区各地的公营企业、机关学校工资薪金的货币支付是以实物(粮食、布匹)价格为计算标准。比如,"重工业技术熟练工人、下井矿工及有损健康的化学工业工人,最高工资之值,每月为高粱米二〇〇斤,布九尺","大学校长、教授及文化卫生专门技术人员,最高薪俸之值,每月为高粱米一九〇斤,布九尺"。不过,其到手的不是实物,而是货币。为了"加

---

① 《萧劲光、陈云、萧华、程世才致林彪、东北局并中共中央电(1946年12月16日)》,《解放战争时期的通化》,第534页。
② 《张启龙同志在财经工作会议上的总结报告(1947年1月5日)》,《中国共产党吉林省委员会重要文件汇编》(第一册),第190—201页。
③ 《新的辽北与新的财粮任务——辽北省第二次财粮科长联席会议总结(1948年8月)》,《解放战争时期辽宁财政史资料选编(内部资料)》,第174—180页。
④ 刘彬:《解放战争时期辽北财政的一些资料》,《解放战争时期辽宁财政史资料选编(内部资料)》,第1264页。

油加劲提高效能集中力量支援前线",对于各种公营企业工人工资及各学校机关教职员的薪俸待遇,1947年2月东北民主联军总部规定:"以哈市粮布价格为基数,按各地不同的粮布价格全月平均增加的指数发给补助费","指数公布以各省政府各地银行每月十四、十五、十六等三日公布之粮食、布价格全月平均指数为标准"。如此,工资的稳定,取决于物价的稳定。由于当时粮食未能在全东北范围实行统筹,因此东总要求各省政府、专署,"调剂城市及缺粮区的粮价","使其不突然猛涨而影响工资薪金之支付"[①]。

三、大决战与财粮大统一

随着战争的升级和扩大,粮食的需求激增,对财政统一必然提出越来越高的要求。中共大举进入东北之初,虽在财政上亦有各种统筹的意见和规定,显然并无多少实际影响。1946年6月6日,中共吉辽省委、吉林省政府、吉辽军区在《关于粮食问题的指示》中讲到:"在省财政厅、军区后勤部如遇有必要到各部队、各机关查询粮秣时,各部队机关应具实报告,以便统筹。"[②]这个文件并未使人感到财政统一要求的迫切性和强烈性,其实际执行程度也可想而知。

但是,到了1948年8月,中共吉林省委、吉林省政府指出,从目前形势发展来看,人民解放军正在胜利地进军,战争的规模越来越大,作战军队的集中行动常常是几十万或百万以上,与此同时,解放区不但日益扩大,并且已在日渐趋于链接成为带国家规模的整体,尤其东北更为明显。吉林省委、省政府强调,高度的集中兵力,胜利地进行大规模作战,必须获得充分的及时的物资供给,才能保证战争更大胜利,"同时由于战争的相当长期性,解放区人民生活的调整与经济建设的发展,其不可分割的联系性亦日渐增加"。在此趋势下,"只有财经领导组织集中统一,才能有计划的带全盘性的进行经济建设,支持战争,照顾人民生活","分散的、破裂的各自为政的财经工作方法,已经完全不适于形势的要求"。该决定表示:

---

① 《各类技术人员待遇暂行条例(1947年2月1日于哈尔滨总司令部)》,《解放战争时期辽宁财政史资料选编(内部资料)》,第1033—1035页。
② 中共吉辽省委、吉林省政府、吉辽军区:《关于粮食问题的指示(1946年6月6日)》,《东满根据地》,第224—225页。

"坚决执行东北局财经指导方针,拥护集中统一",实行全省范围的财政统一,"自九月起作到统一编制,统一财政制度,统一供给与开支标准,统一财政工作纪律"①。

1948年8月,吉林省委要求财政上大部未统一的县,"在八月上旬起至八月底止,必须作到实行全县的财政统一(县区党政机关内部队之财政统一)"。另外,"各县必须在八月底以前把全县现有之家务流动资金(粮食、原料、成品、半成品及各种物资),全县之自给性的农业生产,自给性工矿、加工业","对省委省府作全面的准确的报告"。考虑到"不少县分的自给经济对加工业的依赖颇大,平均在50%以上","与努力发展农业生产不合,与国家财经利益不合(如动支公粮烧酒打油,抢购粮食,降低公购粮之加工率,影响全面物价掌握等等),并牵制各县集中力量从事农业生产的精力",吉林省委决定:"加工业均须统一交国家(烧锅、油坊、精米所、大规模粉业、大皮革工场),以求今后对国家完成任务的保证",并使各县专心致力于大规模地组织与领导国家利益与群众利益相结合的群众副业(如木业、草袋、草绳、席子、山货运输等)。但是,"各县之农业自给生产(即今年所种的地),农业生产之成果","仍由各县自行管理"②。

吉林的这份文件充满着强烈的国家观念和整体思想。即使如此,吉林方面仍认为其财政统一工作"还统得不好","有的县份家务还不少,但未能集中起来运用到发展生产与支援前线上去",还要进一步统一,"把全部的物力财力结成整体","以便更有力地打击敌人"③。

越来越大的战争规模迫切要求中共对各种各样的财政行为进行整顿与规范。东北解放战争之初,辽宁省的财政供给方针是自力更生、生产自给,虽然保证了供给,"减轻了群众的负担",但是,由于上面不了解下面,"各自为政,闹独立性,对上面打埋伏,机关与机关闹本位,不相互照顾",致使苦乐不均,出现各种浪费紊乱现象,更严重的是,"收一个城市,买一

---

① 中共吉林省委、吉林省政府:《关于实行全省财政统一几项准备工作的决定(1948年8月6日)》,《东满根据地》,第235—238页。
② 中共吉林省委、吉林省政府:《关于实行全省财政统一几项准备工作的决定(1948年8月6日)》,《东满根据地》,第235—238页。
③ 《吉林省一九四八年上半年财政工作初步总结——在县书县长联席会议上的报告》,《中国共产党吉林省委员会重要文件汇编》(第一册),第363、367页。

个,把东西买光,买卖给做光",在政治上造成很大损失①。与此同时,各级政府组织编制,亦不按规定,"因循旧制者有之","标新立异者亦有之",还有各种铺张浪费的官僚习气与特殊现象②。

在吉北,财政制度贯彻不够,"某些地方混乱,个别的贪污腐化浪费,开白条子的相当多,杂支与零支很多","有的有预算没有决算,开支不按标准,没收资财不交不报,随便向老乡借款派款摊款"③。在部队中,"以多余粮食擅自出卖移作别用","不经正式领粮手续,乱向政府或人民打白条子领取粮食"等时有发生④。在通化,直到1947年的时候,粮食的预决算制度还是非常之差。各级财粮部门"认为环境动荡没法抓",在执行制度时"能拖则拖,马马虎虎";对于预决算的重要与作用,也不甚了解⑤。

1948年吉林省委先后发现:"新会计年度开始五个月来,虽几经政府命令规定严守国家公粮制度,但仍有部分地方擅自动支公粮,不遵守支拨制度的现象",比如"某县拿着公粮倒把出口","某县不经粮食系统以公粮大豆打油,卖了油作了财政开支,或卖了油补回大豆来补偿马料比例","个别地方不经粮食支拨手续,自行批条子支用公粮和供给吃用";"实际开支上与政治意图不完全切合,表现在:编制人数(政治意图)与开支原则不符","机关庞大,部队缺员,对军政开支比例的掌握缺乏计划性"等⑥。

中共辽东分局财经委员会则发现,一些财经机关及企业部门的会计及开支制度极不严格,"有些部门甚至漫无制度,任意开支,铺张浪费,生

---

① 《辽宁省财粮会议总结报告(1947年6月11日)》,《解放战争时期辽宁财政史资料选编(内部资料)》,第579—580页。
② 《辽宁省政府训令(1946年3月6日)》,《解放战争时期辽宁财政史资料选编(内部资料)》,第1067—1069页。
③ 《伍晋南在吉北地委财经会议上的报告(记录稿)(1947年3月28日)》,《吉北的曙光(解放战争中的吉北地委史料)》,第194—197页。
④ 《关于严格粮食制度的通令(1947年4月1日)》,《中国人民解放军后勤史资料选编(解放战争时期)》(第六册),第73页。
⑤ 《通化市县政府一年来工作总结报告(1947年)》,《解放战争时期的通化》,第95—111页。
⑥ 中共吉林省委:《省委关于粮食工作的指示(1948年4月23日)》,《中国共产党吉林省委员会重要文件汇编》(第一册),第345—346页;《吉林省一九四八年上半年财政工作初步总结——在县书县长联席会议上的报告》,《中国共产党吉林省委员会重要文件汇编》(第一册),第367页。

活特殊"①。岫岩县朝阳区区长竟将1948年度查出黑地所征公粮八万余斤,"既不入库,又不请示报告"②。

在人员编制方面,实际执行时也是问题不少。据吉林省1948年上半年检查,其各军分区和团,"表面看来都不足额,但实际机关人数都大大超编制",最多的到达编制的183%,超过最少的也达150%以上。另一方面,部队缺员却很严重,只满编制的58%到84%(详见表3-3③)。

表3-3 1948年上半年吉林省编制检查情况表

分区别		吉 东			吉 南			吉 北		
月别	部别	编制	实报	超过	编制	实报	超过	编制	实报	超过
十二月	直属机关	900	1 644	744	900	998	98	900	1 357	457
	团	10 000	8 508	-1 492	7 500	6 917	583	10 000	8 111	-1 889
一月	直属机关	900			900	1 377	477	900	1 353	453
	团	10 000			7 500	5 081	-2 419	10 000	8 166	-1 834
二月	直属机关	900	1 609	709	900	1 402	502	900	1 419	519
	团	10 000	5 844	-4 156	7 500	6 833	-1 117	10 000	8 715	-1 285
全季平均	计	10 900	8 802		8 400	7 386		10 900	9 207	
	机关超出总数			726			359			476
	团不足数			-2 824			-1 373			-1 669

---

① 《中共辽东分局财经委员会关于严格财经部门开支的决定(1948年1月5日)》,《中共中央东北局辽东分局档案文件汇集(1946年—1948年)》,第79—80页。
② 《辽宁省政府通令(1948年4月13日)》,《解放战争时期辽宁财政史资料选编(内部资料)》,第577页。
③ 《吉林省一九四八年上半年财政工作初步总结——在县书县长联席会议上的报告》,《中国共产党吉林省委员会重要文件汇编》(第一册),第377页。

吉林省的这次检查还发现,地方党政机关普遍超出编制,超过最多者达到180%。比如,伊通县,编制为384名,实报534名,超过了150名;延吉县,编制为363名,实报463名,超过了100名;榆树县,编制为372名,实报660名,超过了288名①。

且不论庞大的财政体系会造成多大的组织成本,即使一定范围内的财政统一,有时亦难以灵活、机动地适应瞬息万变的、各种临时与紧急的战情。这是各地、各部门对财政统一表示抵触的一个不可低估的因素②。另外,在制度安排上,对于有财政贡献者缺乏相应的激励机制。吉林省的一些企业投入资本少,原因是"怕国家统去",有一些可发展的事业经营好了,却被统走,企业往往不愿尽到应有的力量③。1948年8月,吉林省委在表示执行上级党委政府财政统一的决定之后,告诉各县"应该破除对统一的顾虑","省委省政府在财政统一后","尽力作到保证供给保证及时","保证临时紧急的特别开支","照顾到各县实际情况"④。

无论如何,在自觉或不自觉地创造一个崭新国家的过程中,财政上相当程度的集中统一,对战争的粮食供应实行通盘预算和计划,无疑是起到了相当重要的作用。1947年春夏,东满地区在解决当时的粮荒过程中,"除了广泛宣传节约用粮之外",还在财政上进行严格的统一性规定,比如"在前线作战和守备部队,每人每天只供应毛粮2斤,后方部队和地方机关、军校、医院等,每人每天只供应毛粮1斤";"要求自给粮食两三个月以上"等。这些决策,最终使东满根据地度过了饥荒,保证了最低生活水平的供应。对此,吉林省委认为:"这是上下一齐努力的结果,没有下面多方面的努力经营,供给是不可能保证的,然而没有上面的统一筹划,整个的

---

① 《吉林省一九四八年上半年财政工作初步总结——在县书县长联席会议上的报告》,《中国共产党吉林省委员会重要文件汇编》(第一册),第378页。
② 吉北地委在1948年2月份的时候就谈到:"因时间推移,形势变化,力量迅速的发展,财力物力的消耗与需要急剧的增加,使我们过去财政工作的布置及要求已远落在形势发展之后"。参见《吉北地委关于1948年财经任务的决定(1948年2月28日)》,《吉北的曙光(解放战争中的吉北地委史料)》,第37页。
③ 《吉林省一九四八年上半年财政工作初步总结——在县书县长联席会议上的报告》,《中国共产党吉林省委员会重要文件汇编》(第一册),第362—368页。
④ 中共吉林省委、吉林省政府:《关于实行全省财政统一几项准备工作的决定(1948年8月6日)》,《东满根据地》,第235—238页。

问题仍是很难解决。"①

正因为如此,陈云一直强调"要从全局出发"。他指出:"全局可以挽救局部",但是如果全局垮了,局部则不能挽留。在财政上,要统筹统支,"强调照顾全体"②。李富春也谈到:"任何一个师、一个纵队想自己去解决问题,是不可能的了","打一个城市,就消耗几千发炮弹,一个炮在关内抵一千二百斤小米","自己怎样能独自搞得起来呢?"他说:"如果没有很好的计划很好组织去使用人力物力,则一百万的军队得需要一百五十万的消耗","一千辆汽车集中使用能起一千辆的作用,分散起来会抵不上一百辆","财政的开支也是这样"③。

由于财政方面革命逻辑与组织逻辑的相互作用,在东北解放区,大体上如1947年底陈诚向蒋介石检讨时所讲,"一切军队补给充足"④。确实,1948年5月,据中共东北行政委员会报告,由财委会直接统一供给的主力部队增加到74万人,"连同各省党政及第二线兵团",总数将达到123万人。即使如此,考虑到"天气酷寒,冬季时间又长,在零下数十度连续作战","为照顾战士健康",东北行政委员会仍然没有降低被服装备与伙食的标准⑤。

---

① 《为创建东满根据地解决吃穿用的问题——访王兴让同志记录》,《东满根据地》,第340页。
② 陈云:《克服缺点就是增加力量(1947年7月1日)》,《陈云文集》(第一卷),第606—608页。
③ 李富春:《东北形势及我们的任务(1948年4月3日在东北军区全军后勤会议上的报告)》,《中国人民解放军后勤史资料选编(解放战争时期)》(第六册),第114、123页。
④ 吴淑凤编著:《陈诚先生回忆录:国共战争》,第276页。
⑤ 东北行政委员会财政委员会:《东北解放区财政报告(1948年5月10日)》,《东北解放区财政经济史资料选编》(第四辑),第116页。

本 篇 小 结

　　1947年2月,中共吉林省委分析了其在战争财粮供应上为何采取整体主义模式:"为着争取爱国自卫战争的胜利,我们必须保持足够的兵力,现有的兵力不但不能减少,而且还要继续扩大,前方战士的生活标准,不但不能降低而且要改善,但我们财政收入是不敷出的,群众的负担很重(去年的公粮平均每人约负担六十七公斤;其他未经许可的摊派捐款要求慰劳支差等尚在外,较之陕甘宁边区和晋察冀鲁豫均重得多),生活仍很苦不能再加了。"但是,"我们要解决这一重大矛盾,而且必须解决"。吉林省委表示:唯有"全党全军一齐动手发展经济厉行节约克服困难支援前线","这就是我们的财政方针"①。其实,吉林省委的这份文件所揭示的是中国共产党何以走上整体主义之道的军事根源与政治考虑。同年中共辽东分局在关于纪念"七一"的通知中也指出:"目前的自卫战争是大规模的,一切兵力、物力、人力必须依据全面的须要来统一使用。只顾局部,不顾全体的本部位的局部观点,都是与争取胜利不相符合的。因此,各级党委应该检查在反对本位主义、实行照顾全局方面的成绩与缺点。"②

　　为了支援"统一指挥集中行动的大规模战争",李富春提出:以下这些不适合现在战争需要的财经思想,都必须予以克服:(1)单纯游击战争的观点,忽视大规模战争的特性,"以为在一个地方,可独立自主的搞一

---

① 中共吉林省委:《关于财经工作的决定(1947年2月20日)》,《东满根据地》,第227页。然而,国民党在筹集军粮时,往往遇到包括地主在内的种种阻力。参见《陈诚先生日记》,第703页。
② 《中共辽东分局关于纪念"七一"的通知(1947年6月20日)》,《中共中央东北局辽东分局档案文件汇集(1946年—1948年)》,第35页。

套";(2) 平均主义、百废俱兴的观点,不分别轻重缓急,"这样也做,那样也做","脱离基本(土地改革),脱离中心(支援战争)","结果是分散与浪费力量";(3) 不从长期打算,不知道节省民力财力,使后方与前方脱节,使工作与战争脱节;(4) 狭窄的保守的观点,只顾群众眼前利益,"不了解我们不能离开战争的需要,离开积极的发展,离开人民的更大利益","只消极的斤斤计较人民的眼前利益,因而放松对战争的动员与人民在战争中必须的负担"。他强调:"目前解放区人民的自卫战争不仅具有空前巨大的规模,而且是民族解放、阶级翻身最激烈、最深刻的战争","我们必须动员全部力量争取战争的最后胜利"①。

这种整体主义战争模式,表现在财政上则是一种"军民兼顾、统一筹划、分工负责、精密计算、结成整体"的组织逻辑。在1947年8、9月间,东北政委会就决定首先将北满七省的财政统一起来。不到一年,南满三省在财政上也统一了起来。王首道指出:"财政的统一,对于支援大规模的军事行动,特别是对于最后集中全部财力、物力支援辽沈战役,起到了十分重要的组织保证作用。"②1948年3月萧华在一次会议上传达了罗荣桓的讲话:"全党要能保证野战军大兵团作战的需要","今年战争特点"是"大兵团、正规化、攻坚战","今天的作战是要有大后方供给大前方,否则,不能支持作战"③。在各种物资供应中,粮食作为一种重要的战略资源,很早就成为东北解放区实行财政统一的首当其冲的对象,其统一的程度也相对较大。李富春强调:全部公粮确定为"国家性收入","由财政委员会统一掌握",各地方"不要再在公粮中打财政主意";"要统一粮票制度","把反对粮食浪费作为反对一切浪费中的头等工作";各地方的粮食局,仍由地方党政机关管理,但是粮食"不许自由支配"④。

---

① 李富春:《在财经会议的报告与总结(1947年8月)》,《东北解放区财政经济史资料选编》(第一辑),第53—55页。
② 王首道:《东北解放区人民政权的建立及财政经济工作》,中共中央党史资料征集委员会、中国人民解放军辽沈战役纪念馆建馆委员会、《辽沈决战》编审小组合编:《辽沈决战》(下),人民出版社1988年版,第371页。
③ 《萧华传达东北局省委书记联席会议精神的报告(1948年4月23日)》,《中共中央东北局辽东分局档案文件汇集(1946年—1948年)》,第165—181页。
④ 李富春:《在财经会议的报告与总结(1947年8月)》,《东北解放区财政经济史资料选编》(第一辑),第68—69、79页。

如前所述,在整体主义模式下所实行的这种粮食政策,为最大限度地发挥战争的意志与战略战术提供了物资上的可能性。对此,陈云的论述鞭辟入里。他说:东北脱产人口占比达到4.5%,这"从财政上看不好,但从政治上、军事上看就很好"。他指出:

> 中央告诉我们,农业税收超过百分之二十、脱产人数超过百分之二就会有危险性。因此,摆在我们面前的只有两条路:或者挑起百分之四点五这个担子来,或者裁兵。东北局过去是挑起来的方针,把形势改变了再说,如此方能消灭被围困的敌人,又能歼灭增援的敌人。假如改为百分之二点五,脱产人员只能有七十七万人,其中军队五十八万,地方十九万。消灭被围敌人与打援二者不得兼顾①。

李富春也谈到:东北要解放,必须打下大城市。为了执行这个任务,"一方面要攻城,一方面还要打援","队伍就要很多"。如果要攻打长春,"就得要四倍于敌人的兵力",打援的兵力也要比敌人大三倍。"没有这样大的兵力,大的城市是打不下来的。"②也就是说,粮食等财政经济问题如果不以特定的革命逻辑与组织逻辑解决,那么,东北解放战争无论是形态、还是结局以及对未来历史走向的塑造,都会很不相同③。

正如蒂利所说,战争塑造了国家④。我们上述的研究发现,仅以粮食

---

① 陈云:《东北财经问题(1948年10月8日、11日)》,《陈云文集》(第一卷),第639页。陈诚似乎意识到了其在财政上的症结所在。1947年12月针对日益枯竭的粮源,他在东北行辕年终工作检讨会议上指责各方面负责人一方面希望在与共产党的战争中胜利,另一方面却"不愿征粮"。他宣称"对于粮食问题要作一个通盘解决"(吴淑凤编著:《陈诚先生回忆录:国共战争》,第286—287页)。
② 李富春:《东北形势及我们的任务(1948年4月3日在东北军区全军后勤会议上的报告)》,《中国人民解放军后勤史资料选编(解放战争时期)》(第六册),第117页。有学者注意到国民党军队在两倍甚至三倍于自身的中共军队强大攻击之下,几乎毫无撤退或者喘息的机会。可参见 Harold M. Tanner, *Where Chiang Kai-shek Lost China: The Liao-Shen Campaign, 1948*, Bloomington: Indiana University Press, 2015, pp.76-96。
③ 有学者认为,拉美国家比较孱弱,与其战争不多,而且以内战,而不是国际战争为主有关。可参见 Miguel Angel Centeno, *Blood and Debt: War and the Nation-State in Latin America*, University Park: Pennsylvania State Univeristy Press, 2002。我们这里的研究反驳了这类观点。
④ 可参见 P.B.Evans, D. Rueschemeyer and T.Skocpol (eds.), *Bringing the State Back In*, Cambridge: Cambridge University Press, 1985. pp.161-191。

而言,东北解放区所采取的整体主义政策框架,不仅仅实际解决了战争的供应问题,更奠定与塑造了新中国的某种基础性特质[1]。1949年新中国的整体主义组织形态不是苏联模式的外来强加或简单移植,而是此前战争时期革命逻辑与组织逻辑辩证运动的结果[2]。

---

[1] 李怀印称之为"全面集中主义"(total centralism),详见其《现代中国的形成(1600—1949)》,第342页。不过,他和马克·塞尔登一样,更强调中国共产党在20世纪40年代前后有一场深刻的蜕变,而不是两者之间的一脉相承性。
[2] 国民党内有所谓"一部世界史便是一部第五纵队活动史"的谬论,然而早在1947年5月张作相、王树翰等国民党东北地方高官就告诫熊式辉,共产党是"从下面鼓励的",不能"以对日伪方法对付之"。言外之意,共产党领导的革命是内源性的,不可过于看重其与苏联之间的关系。详见熊式辉:《海桑集》,第580页。也可参见Vladimir Petrov, "The Soviets and World Communism: Sources of the Sino-Soviet Dispute", in O. B. Borisov and B. T. Koloskov (eds.), *Soviet-Chinese Relations, 1945-1970*, Bloomington: Indiana University Press, 1975. 有研究就指出,国民党政权深陷于派系斗争,使之无法成为构建民族国家的担纲者,最终不得不让位于共产党(Donald G. Gillin, "Problems of Centralization in Republican China: The Case of Ch'en Ch'eng and the Kuomintang", *The Journal of Asian Studies*, Aug., 1970, pp.835-850)。

结　　语

　　我们所考察的苏区时期红军组织、全面抗战时期陕甘宁边区政府以及东北解放区,并非三个相互独立的历史存在,粮食这根红线贯穿始终。不仅如此,我们始终围绕着一个主题展开考察,即:中国共产党的革命性与组织性是如何历史地辩证交织,在思想与实践中寻求打破所谓的"米歇尔斯铁律"[①]。这也是美国学者弗朗茨·舒尔曼(Franz Schurmann)所试图探索的主题:中国共产党是如何形成一种机制,使其领导力与组织力始终相互作用,开辟出一条不同于西方资本主义,也不同于苏联的社会主义道路[②]。只不过我们的方法是历史的,而舒尔曼更倾向于理论。

　　在中国共产党的话语系统中,"组织性"亦时常称为"组织纪律性",但凡"自由主义""散漫性""个人英雄主义""本位主义"或者"宗派主义"等,都是对"组织性"的否定与背离。由此形成的思想与行动逻辑,反映的是党在充满挑战与不确定性的历史中,对集体团结、集体理性这类大我精神的认识与推崇。而"革命性"则是相当于某种"创造性的破坏",表现出对

[①] 所谓"米歇尔斯铁律",主要是指革命的组织越发展,革命的动力越失去。可参见罗伯特·米歇尔斯:《寡头统治铁律——现代民主制度中的政党社会学》,第 322—324 页。在我们之前,已有著名理论家西德尼·胡克(Sidney Hook)和布哈林(Nicolai Bukharin)等对"米歇尔斯铁律"纷纷作出回应。他们指出,米歇尔斯忽视了历史上的寡头统治所赖以建立的社会经济前提,在社会主义社会里已经不存在,越来越多的技术精英和组织人才将会从工人阶级队伍中脱颖而出,"统治集团的封闭性将因此而遭到动摇"。

[②] Franz Schurmann, *Ideology and Organization in Communist China* (Second Edition), Berkeley: University of California Press, 1968, "Prologue".

打破、颠覆旧世界、旧制度的决心与信仰[1],它所追求、所充盈的思想与行动逻辑则是"为天地立心、为生民立命"的主体精神以及向往美好明天的历史唯物主义信仰。

"革命性"令中国共产党历尽狂风暴雨,也令其能够跌倒了爬起来、再跌倒再爬起来,洋溢着动人的理想主义光辉。这使同时代的其他政治力量黯然失色,当然,也令少数人感到侧目与不适[2]。著名学者胡绳写道:"自辛亥革命以来,政治家们都是为小集团、为个人利益而奋斗,社会主义者们则有一个超乎这些狭隘目的的伟大目标",他们因此而"生气勃勃"[3]。当时的一些人则形容中国共产党人有"飞蛾扑火之勇"[4],其气概"不类常人"[5]。中国共产党人的革命逻辑不同程度地吸引着不同阵线的人们[6],为其思想与行动提供了一个崭新的总体叙事与宏大规划。

对"组织性"的强调则表现了中国共产党人的理性与清醒。在建党之后的第二年,中共就通过决议案警示自己:"凡一个革命的党,若是缺少严密的集权的有纪律的组织与训练,那就只有革命的愿望,便不能够有力量去做革命的运动",因此,"各个党员须牺牲个人的感情意见及利益关系以拥护党的一致"[7]。革命不能仅凭一时的冲动,更不是通过政变、暴动等方式就能咄嗟而成。革命的长期性、曲折性与艰难性,不断地锤炼着中国共产党人。丁治磐在其日记中承认,"有组织权威及技术"是共产党的优

---

[1] 1931年8月陈诚在吉安固陂圩一所苏维埃房子里看到两副对联:"仇敌尚猖狂,环顾全球真惨暗;大家须努力,铲除妖孽放光明","旧世界,打他个落花流水;新社会,创造得灿烂光明"(《陈诚先生日记》,第44页)。这些对联鲜明地刻画出中国共产党思想与行动的革命逻辑。

[2] 比如,抗战胜利前夕,美国一位众议员中国之行的报告虽然赞扬中国共产党不仅拥有一支良好的军队,还比其他地方更民主,但是该报告亦以己之心度人之腹,认为中共视自己为"虔诚的十字军战士和改革家",是为弱点之一。详见"Mike Mansfield to the President(January 3,1945)",FDR-FDRPSF,Diplomatic Correspondence,China 1945,美国国家档案馆藏,编号16618386。

[3] "从五四运动到人民共和国成立"课题组:《胡绳论"从五四运动到人民共和国成立"》,社会科学文献出版社2001年,第22页。

[4] 《胡宗南先生日记》(上),第154页。

[5] 《徐永昌日记》(第七册),第236页。

[6] 1937年12月国民党政府从南京撤退后,一些人谈到政府改组时表示:"最好请毛泽东做行政院长,朱德做军政部长"。陈克文:《陈克文日记(1937—1952)》(上册),陈方正编辑校订,"中研院"近代史研究所2012年,第155—156页。

[7] 《中国共产党第二次全国代表大会文件(1922年7月)》,《中共中央文件选集》(第一册),第90—91页。

点之一①。组织成为中国共产党克敌制胜的重要武器,也是其安身立命之处。所以,就像1948年的时候中共吉林省委所讲,每个党员必须"提高组织观念","严密上下级关系,同级各部门之间的关系",以"使党达到更高度的集中统一"②。

如果我们以"革命性"作为中国共产党的政治本体论,那么,"组织性"则是中国共产党的政治方法论,它们辩证地相互作用,从一开始就使中国共产党区别于其他政治主体③。"组织武器论"的著名学者菲利普·塞尔泽尼克(Philip Selznick)提醒人们:社会巨变不应仅仅被视为运用组织的结果,而是更具持久性的人类生活模式转型所致,其所创造的不同历史选择是每个时代都无法逃避的④。然而,不少学者和后来的塞尔登一样,只看到了1942—1944年延安整风对于党锻造其组织性的意义,以及只看到中国共产党的革命性与组织性之间的相互矛盾、此消彼长⑤,他们没有看到、也看不懂这两种属性对于中国共产党而言与生俱来,而且不只是相互矛盾,还有相互促进的一面⑥。曼德尔强调:"一个革命党可能会退化为官僚主义党这个事实,并不能成为我们反对列宁主义组织概念的理由","任何偏离这个概念并退回到'纯粹'群众自发性的做法,就好比医学科学

---

① 丁治磐:《丁治磐日记》(第五册),"中研院"近代史研究所1992年,第10—18页。
② 中共吉林省委:《关于整顿党的队伍的指示(1948年1月4日)》,《东满根据地》,第99—103页。
③ 曼德尔指出,列宁在1914年之后"对革命党和一般组织做了区分"。他强调:"一个革命先锋组织(一个革命党更是如此)官僚主义堕落的危险程度不仅取决于走向自治的倾向(该倾向其实也折磨着资产阶级社会的所有机构),还取决于现存的反倾向",这些反倾向有:革命组织与国际运动的融合;与实际的革命斗争紧密相连,从而不断在实践中挑选骨干;制度上的保障(例如限制全职工作人员的收入,捍卫内部民主的组织原则)等。欧内斯特·曼德尔:《革命的马克思主义与20世纪社会现实》,第83—85页。
④ Philip Selznick, *The Organizational Weapon: A Study of Bolshvik Strategy and Tactics*, New York: McGraw-Hill Book Company, Inc. 1952, "Introduction".
⑤ Mark Selden, "Yan'an Communism Reconsidered", *Modern China*, Jan., 1995.
⑥ 冷战史学尤其不懂或者不承认中国共产党组织性的优势是以革命性为前提和基础的。即使长期与共产党打交道的阎锡山,也对此颇感困惑。他发现:"共党俘得国军士兵,即时编入部队作战,我则不敢",虽然阎锡山军队中每班皆设有督察,但难有可靠者,整个"国军""一片散沙"。可参见《徐永昌日记》(第九册),第94—96页。但是,卢作孚看懂了。1948年12月他与张治中、熊式辉的一次会谈中推断:共产党不会走中间路线,不会忘却主义,盖因没有主义即不能掌握、运用组织(《海桑集》第676页)。学者熊伟也认识到:共产党所倚靠者为"顺应社会主义大势"。他给蒋介石的信函中有推行经济民主的建议。详见周美华编辑:《蒋中正"总统"档案:事略稿本》(70),第636—637页。

退回到庸医术一样荒谬"①。确实,当我们以革命性与组织性相互辩证作用为视角,考察新民主主义根据地有关粮食的决策与表现,发现:

(1) 在整个红军时期,不论其粮食是取之于民或者取之于敌,中国共产党都非常注意由此带来的政治影响,也非常注重赋予这些行动以政治的意义。而且,红军对于筹粮政策的革命性含义有着高度理性的把握。某种意义上,或许正是强烈的革命抱负,促使红军需要更加清醒地看待其所处的复杂境况与其所追求目标的艰巨性。

(2) 农民游击行动的革命性不经整理、组织与引导,其进一步发展就会受到严重的制约。农民的军事行动只有在相当的组织结构支撑下,才会获得更高程度、更大规模的发展②。整场苏维埃革命的组织化程度发展,日益表现为其各个构成系统相互之间的任务分工。从某种角度上讲,各个组成部门心无旁骛地专司其职,有利于推进整个革命的发展。

(3) 全面抗战时期陕甘宁边区政府的征粮工作,由于中国共产党重构地域政治共同体的战略引领,坚持取之有道,不仅在征粮过程中教育了农民,在政治上提高了他们,而且还保证了抗日军政的粮食,从根本上重构了传统中国征粮时的主、客体关系,把整个边区某种程度打造为革命的共同体,与大后方或者沦陷区相比,形成其深刻的政治差异。

(4) 中国共产党领导下的陕甘宁边区政权,其在该地的高层干部,不同于与之相当的国民党高级官员,也不同于边区自身的基层干部。他/她们没有那么多人情与利益的纠缠,相对而言也更能心无旁骛地投身革命事业,表现出更高程度的政治进步性和政策自觉性。他们所处的"位",由于其所"思",更影响着他们之所"思"。他们是中国共产党各组织体系关键性的原动力,前所未有地既带动、鼓舞了,也鞭策、教育和改造了处于体系末端的大批区、乡干部,从而使边区征粮干部体系整体上与以往任何旧

---

① 曼德尔以史为鉴,指出:"一个列宁主义类型的革命组织的存在同真正的苏维埃民主或苏维埃政权没有矛盾",相反,如果没有革命先锋所从事的系统的组织工作,要不就像德国1918—1919 年的苏维埃制度那样被改良主义官僚机构所扼杀,要不就像 1936 年至 1937 年西班牙革命委员会那样,因为无力解决最重要的政治任务而失去政治影响力。参见欧内斯特·曼德尔:《革命的马克思主义与20世纪社会现实》,第87—88页。
② 苏区几乎从一开始就强调:"要注意农民意识,不要流于无目的无组织的状态中"。可参见六霍县联席会:《六霍县委关于春荒斗争的策略路线(1929 年4 月1 日)》,《安徽革命根据地财经史料选》(一),第6 页。

政权类似的机制、体系形成重大的差别①。

（5）在征借粮食过程中，东北解放区"取""予"之间的辩证实践，既反映了革命的本体论，也是作为一种革命方法论的表现。在东北解放战争规模大、战斗空间集中、战斗时间连续以及运动机动性大的情况下，这种"取""予"的辩证法基本上成功地解决了部队粮食的供应问题，发挥了巨大的军事与政治上作用。

（6）东北解放区无论是生产领域还是财政领域，在实践中形成的整体主义组织模式，为最大限度地发挥战争意志与战略战术，提供了粮食上的保障。事实上，其所采取的一系列粮食决策不仅仅解决了大规模战争的供应问题，更催生与塑造了新中国的革命逻辑与组织逻辑。1949年新中国的国家形态不是苏联模式的外来强加或移植，而是此前战争中革命逻辑与组织逻辑辩证运动的结果。

随着中国共产党在全国范围内执政，其革命性逻辑与组织性逻辑，继续以各种变化了的或者未曾变化的方式相互作用②。它们跨越1949年，始终贯穿在新中国翻天覆地的变化之中。

---

① 比如，国民党重庆行辕王瓒绪报告：成都米价一再飙升，而"四川军政首长邓锡侯、刘文辉、潘文华有屯粮之嫌"。可参见周美华编辑：《蒋中正"总统"档案：事略稿本》(70)，第321页。
② 1963年9月，毛泽东会见南非非洲人国民大会代表团时谈到：如果我们争取人民群众，教育他们，并且以各种形式把他们组织起来，那么我们"就会胜利"。参见《毛泽东年谱（1949—1976）》（第五卷），中央文献出版社2013年，第257—258页。毛泽东这里阐述的，实际上是长期以来中国共产党革命性逻辑与组织性逻辑如何相互作用的历史经验。

征 引 文 献

一、党和国家主要领导人文献

1. 《毛泽东选集》(第一、四卷),人民出版社1991年版。
2. 《毛泽东文集》(第一、二、三卷),人民出版社1993年版。
3. 《毛泽东军事文集》(第一、四卷),军事科学出版社、中央文献出版社1993年版。
4. 《毛泽东年谱(1893—1949)(修订本)》(中卷),中央文献出版社2013年版。
5. 《毛泽东年谱(1949—1976)》(第五卷),中央文献出版社2013年版。
6. 《周恩来选集》(上卷),人民出版社1980年版。
7. 《周恩来军事文选》(第一卷),人民出版社1997年版。
8. 《邓小平年谱(1904—1974)》(上),中央文献出版社2009年版。
9. 《邓小平军事文集》(第一卷),军事科学出版社、中央文献出版社2004年版。
10. 《陈云文集》(第一卷),中央文献出版社2005年版。
11. 《陈云文选》(第一卷),人民出版社1995年版。
12. 《林伯渠文集》,华艺出版社1996年版。
13. 《张闻天文集》(第三卷),中共党史出版社1994年版。
14. 《张闻天晋陕调查文集》,中共党史出版社1994年版。

二、未刊已刊档案史料

1. 中国第二历史档案馆藏档。

2. 中央档案馆编:《中共中央文件选集》(第一册),中共中央党校出版社1989年版。
3. 中央档案馆编:《中共中央文件选集》(第九册),中共中央党校出版社1991年版。
4. 中央档案馆编:《中共中央文件选集》(第十二册),中共中央党校出版社1991年版。
5. 中央档案馆编:《中共中央文件选集》(第十七册),中共中央党校出版社1992年版。
6. 中共中央党史研究室第一研究部编译:《联共(布)、共产国际与中国苏维埃运动(1931—1937)》(13,14),中共党史出版社2007年版。
7. 中央档案馆、湖北省档案馆编:《湖北革命历史文件汇集·省委文件(1930年)》,1984年印。
8. 中央档案馆、湖北省档案馆、河南省档案馆、安徽省档案馆编:《鄂豫皖苏区革命历史文件汇集(1929—1935)》(第四册),1985年印。
9. 中央档案馆、湖北省档案馆、河南省档案馆、安徽省档案馆编:《鄂豫皖苏区革命历史文件汇集·中央分局文件(1931—1932)》,1985年印。
10. 中央档案馆、湖北省档案馆、湖南省档案馆编:《湘鄂西苏区革命历史文件汇集·省委文件(1927—1932)》,1985年印。
11. 中央档案馆、湖北省档案馆、湖南省档案馆编:《湘鄂西苏区革命历史文件汇集·苏维埃、群团文件(1930—1932)》,1985年印。
12. 中央档案馆、湖北省档案馆、湖南省档案馆编:《湘鄂西苏区革命历史文件汇集·中央分局文件(1931—1934)》,1985年印。
13. 中央档案馆、陕西省档案馆编:《中共陕甘宁边区党委文件汇集(1937—1939)》,1994年印。
14. 中央档案馆、陕西省档案馆编:《中共陕甘宁边区党委文件汇集(1940—1941)》,1994年印。
15. 中央档案馆、陕西省档案馆编:《中共中央西北局文件汇集(1941年)》,1994年印。
16. 中央档案馆、陕西省档案馆编:《中共中央西北局文件汇集(1942年)》,1994年印。

17. 中央档案馆、陕西省档案馆编:《中共中央西北局文件汇集(1943年)》(一),1994年印。
18. 中央档案馆、陕西省档案馆编:《中共中央西北局文件汇集(1943年)》(二),1994年印。
19. 中央档案馆、陕西省档案馆编:《中共中央西北局文件汇集(1944年)》,1994年印。
20. 中央档案馆、陕西省档案馆编:《中共中央西北局文件汇集》(乙种本),1994年印。
21. 江西省档案馆藏档。
22. 陕西省档案馆藏档。
23. 吉林省档案馆编:《中国共产党吉林省委员会重要文件汇编》(第一册),1984年印。
24. 辽宁省档案馆编:《中共中央东北局辽东分局档案文件汇集(1946年—1948年)》。
25. 辽宁省档案馆编:《中共中央东北局西满分局、辽东省委档案文件汇集(1946—1947)》,1986年印。
26. 延边朝鲜族自治州档案局(馆)编:《中共延边吉东吉敦地委、延边专署重要文件汇编》(第一集),1985年印。
27. 美国国家档案馆(National Archives and Records Adminstration)藏档。

三、专题史料(集)

1. 中共中央党史资料征集委员会、中国人民解放军辽沈战役纪念馆建馆委员会、《辽沈决战》编审小组合编:《辽沈决战》(下),人民出版社1988年版。
2. 中国人民解放军政治学院党史教研室编:《中共党史参考资料》(第六、七册)。
3. 中国财政科学研究院主编:《抗日战争时期陕甘宁边区财政经济史料摘编》(第六编),长江文艺出版社2016年版。
4. 中共广东省海南行政区委员会党史办公室、档案馆编:《琼崖土地革命战争史料选编》,1987年印。
5. 中共江西省委党史研究室等编：《中央革命根据地历史资料文库·党的系统》(3),中央文献出版社、江西人民出版社2011年版。
6. 中共吉林省委党史研究室编：《东满根据地》,1994年印。
7. 中共吉林省委党史研究室编：《吉北的曙光(解放战争中的吉北地委史料)》,1990年印。
8. 中共吉林省委党史研究室编：《吉南烽火(解放战争时期吉南地委史料)》,1991年印。
9. 中共吉林省委党史研究室编：《洮南根据地》,1990年印。
10. 中共辽吉省委编：《辽吉历史文件汇编》(第一册),1948年印。
11. 中共辽宁省委党史研究室、中共丹东市委党史研究室编：《解放战争时期的安东根据地》,中共党史出版社1993年版。
12. 中共庆阳地委党史办公室编：《陕甘宁边区时期陇东民主政权建设》,甘肃人民出版社1990年版。
13. 中共铁岭市委党史资料征集办公室编：《烽火前沿——东北解放战争时期的中共辽吉一地委》,辽宁大学出版社1988年版。
14. 中共通化市委党史研究室编：《解放战争时期的通化(内部资料)》。
15. 中共铜仁市委党史研究室编：《周逸群文集》,中共党史出版社2006年版。
16. 中共湛江市委党史办公室等：《粤桂边革命根据地财政税收史料选编》,1986年印。
17. 东北解放区财政经济史编写组编：《东北解放区财政经济史资料选编》(第一、四辑),黑龙江人民出版社1988年版。
18. 后勤学院学术部历史研究室、中国人民解放军档案馆编：《中国人民解放军后勤史资料选编(土地革命战争时期)》(第一至四册),金盾出版社1993年版。
19. 后勤学院学术部历史研究室、中国人民解放军档案馆编：《中国人民解放军后勤史资料选编(解放战争时期)》(第六册),金盾出版社1992年版。
20. 湖南省档案馆等编：《湘鄂赣革命根据地文献资料》(第一辑),人民出版社1985年版。

21. 江西省档案馆等编：《中央革命根据地史料选编》(下册)，江西人民出版社1982年版。
22. 黑龙江省档案馆编：《支援前线》，1984年印。
23. 黑龙江省档案馆编：《大生产运动》，1985年印。
24. 广东省档案馆、广东省惠阳地区税务局编：《东江革命根据地财政税收史料选编》，广东人民出版社1986年版。
25. 陕西省档案馆、陕西省社会科学院合编：《陕甘宁边区政府文件选编》(第一至九、十二、十三辑)，档案出版社1986—1988、1990年版。
26. 江西财经学院经济所、江西省档案馆、福建省档案馆编：《闽浙赣革命根据地财政经济史料选编》，厦门大学出版社1988年版。
27. 福建省三明、建阳档案馆，江西省抚州、上饶档案馆编：《闽赣苏区文件资料选编》，1983年印。
28. 福建省政府秘书处编：《新福建》，1942年印。
29. 辽宁、吉林、黑龙江省税务局、档案局编：《东北解放区工商税收史料选编》(第一册)，黑龙江人民出版社1988年版。
30. 辽宁财政志编辑室编：《解放战争时期辽宁财政史资料选编(内部资料)》，1994年印。
31. 盐池县档案馆编：《陕甘宁边区时期的盐池(档案史料汇编)》，宁夏人民出版社2016年版。
32. 《湘赣革命根据地》党史资料征集协作小组编：《湘赣革命根据地》，中共党史资料出版社1991年版。
33. 统一出版社编：《中共之粮食政策及其实施》，统一出版社1942年版。
34. 华中师院历史系中国近现代史教研室编：《鄂豫皖苏区革命史资料选编》(2)，1981年印。
35. 安徽省财政厅等编：《安徽革命根据地财经史料选》(一)，安徽人民出版社1983年版。
36. 朝阳市史志办公室编：《热辽风云——解放战争时期的中共热辽地委》，辽宁民族出版社2001年版。
37. 东北师范大学政治系编：《中共党史教学参考资料(4)》(抗日战争时期)，1981年印。

38. 王恩茂：《王恩茂日记——抗日战争》（下），中央文献出版社1995年版。
39. 《王首道文集》编辑委员会编：《王首道文集》，中国大百科全书出版社1995年版。
40. 王新亭：《王新亭回忆录》，解放军出版社2008年版。
41. 中国机械工业联合会编：《陈正人文集》，中共中央党校出版社2009年版。
42. 邓力群：《邓力群自述（1915—1974）》，人民出版社2015年版。
43. 中共湘乡市委宣传部、中共湘乡市委党史办主编，《李卓然文集》（上册），湖南人民出版社2000版。
44. 赵德尊：《赵德尊回忆录》，中央文献出版社1998年版。
45. 张秀山：《我的八十五年——从西北到东北》，中共党史出版社2007年版。
46. 杜中主编：《川陕革命根据地财政经济史料选编》，四川省社会科学院出版社1987年版。
47. 李涛主编：《解放战争时期辽东三地委》，沈阳出版社1988年版。
48. 延安时事资料社编：《时事参考资料》，1944年印。
49. 张泰会编：《田赋征收》，1940年印。
50. 杨英杰：《黑龙江省一年战勤工作总结》，1948年印。
51. 岳谦厚、张玮辑注：《"延安农村调查团"兴县调查资料》，南京大学出版社2020版。
52. 蒋介石：《蒋介石日记》（手稿本），美国斯坦福大学胡佛研究所图书馆藏。
53. 周美华编辑：《蒋中正"总统"档案：事略稿本》（70），台北"国史馆"2012年版。
54. 陈诚：《陈诚先生回忆录：国共战争》，吴淑凤编著，台北"国史馆"2016年版。
55. 陈诚：《陈诚先生日记》，林秋敏、叶惠芬、苏圣雄编辑校订，台北"国史馆"、"中研院"近代史研究所2015年版。
56. 陈克文：《陈克文日记（1937—1952）》，陈方正编辑校订，"中研院"近代史研究所 2012 年版。
57. 胡宗南：《胡宗南先生日记》(上)，蔡盛琦、陈世局编辑校订，台北"国史馆"2015 年版。
58. 丁治磐：《丁治磐日记》(第五册)，"中研院"近代史研究所 1992 年版。
59. 熊式辉：《海桑集：熊式辉回忆录(1907—1949)》，明镜出版社 2008 年版。
60. 徐永昌：《徐永昌日记》(第七、八、九册)，"中研院"近代史研究所 1991 年版。
61. 萧军：《东北日记(1946—1950)》，Hong Kong：Oxford University Press，2014。

四、报纸期刊史料

1. 《安东日报》。
2. 《安东行政导报》。
3. 《白城党史资料》。
4. 《大公报(桂林)》。
5. 《东北日报》。
6. 《斗争》。
7. 《红色中华》。
8. 《共产党人》。
9. 《吉林党史资料》。
10. 《吉林日报》。
11. 《江西党史资料》。
12. 《解放日报》。
13. 《辽东日报》。
14. 《每周评论》。
15. 《民国档案》。
16. 《青年实话》。
17. 《人民日报》。
18. 《实话》。

19. 《新中华报》。
20. 《益世报(西北版)》。
21. 《中国农村》。
22. 《中共党史资料》。
23. 《中央日报扫荡报(联合版)》。

五、中文版著作论文

1. 胡乔木:《胡乔木回忆毛泽东》,人民出版社1994年版。
2. 中国工农红军第二十五军战史编辑委员会编:《中国工农红军第二十五军战史(第二稿)》,解放军出版社1985年版。
3. 中华人民共和国财政部《中国农民负担史》编辑委员会编著:《中国农民负担史》第3卷,中国财政经济出版社1990年版。
4. 吴学海主编:《中国人民解放军后勤史(土地革命战争时期)》,金盾出版社1992年版。
5. 郭清树、李葆定主编:《中国人民解放军后勤史(抗日战争时期)》,金盾出版社1995年版。
6. 张德良、徐庆儒主编:《中国人民解放军后勤史(解放战争时期)》,金盾出版社1999年版。
7. "从五四运动到人民共和国成立"课题组:《胡绳论"从五四运动到人民共和国成立"》,社会科学文献出版社2001年版。
8. 徐味冰:《田赋积弊之检讨》,1936年印。
9. 彭雨新等:《川省田赋征实负担研究》,商务印书馆1943年版。
10. 胡永恒:《陕甘宁边区的民事法源》,社会科学文献出版社2012年版。
11. 朱建华主编:《东北解放区财政经济史稿》,黑龙江人民出版社1987年版。
12. 曹树基、刘诗古:《传统中国地权结构及其演变》,上海交通大学出版社2014年版。
13. 柴树藩等:《绥德、米脂土地问题初步研究》,人民出版社1979年版。
14. 何友良:《苏区制度、社会和民众研究》,社会科学文献出版社2012年版。

15. 侯建新：《资本主义起源新论》，生活·读书·新知三联书店 2014 年版。
16. 侯欣一：《从司法为民到人民司法——陕甘宁边区大众化司法制度研究》，中国政法大学出版社 2007 年版。
17. 李怀印：《现代中国的形成（1600—1949）》，广西师范大学出版社 2022 年版。
18. 凌宗虞：《中国田赋之整理》，国立武汉大学毕业论文，1944 年。
19. 顾炎武：《日知录集释》，黄汝成集释，上海古籍出版社 2013 年版。
20. 安东尼·吉登斯：《民族-国家与暴力》，胡宗泽、赵力涛译，生活·读书·新知三联书店 1998 年版。
21. 奥特弗利德·赫费：《政治的正义性——法和国家的批判哲学之基础》，庞学铨等译，上海译文出版社 1998 年版。
22. 本尼迪克特·安德森：《想象的共同体——民族主义的起源与散布》，吴叡人译，上海人民出版社 2005 版。
23. 贝奈戴托·克罗齐：《历史学的理论和实际》，傅任敢译，商务印书馆 2017 年版。
24. 黛博拉·布罗蒂加姆等主编：《发展中国家的税收与国家构建》，卢军坪等译，上海财经大学出版社 2016 年版。
25. 杜赞奇：《文化、权力与国家——1900—1942 年的华北农村》，王福明译，江苏人民出版社 1996 年版。
26. 宫崎市定：《宫崎市定论文选集》（上），中国科学院历史研究所翻译组编译，商务印书馆 1963 年版。
27. 黄仁宇：《从大历史的角度读蒋介石日记》，中国社会科学出版社 1998 年版。
28. 孔飞力：《中国现代国家的起源》，陈兼、陈之宏译，生活·读书·新知三联书店 2013 年版。
29. 卡尔·曼海姆：《重建时代的人与社会：现代社会结构的研究》，张旅平译，生活·读书·新知三联书店 2002 年版。
30. 罗伯特·米歇尔斯：《寡头统治铁律——现代民主制度中的政党社会学》，任军锋等译，天津人民出版社 2003 年版。
31. 欧内斯特·曼德尔：《革命的马克思主义与 20 世纪社会现实》，颜岩译,中国人民大学出版社 2016 年版。

32. 吕迪格尔·萨弗兰斯基:《海德格尔传——来自德国的大师》,靳希平译,商务印书馆 1999 版。

33. 马克·赛尔登:《革命中的中国:延安道路》,魏晓明、冯崇义译,社会科学文献出版社 2002 年版。

34. 森正夫等编:《明清时代史的基本问题》,周绍泉、栾成显等译,商务印书馆 2013 年版。

35. 尚塔尔·墨菲:《政治的回归》,王恒、臧佩洪译,江苏人民出版社 2008 年版。

36. S.N.艾森斯塔德:《大革命与现代文明》,刘圣中译,上海人民出版社 2012 版。

37. 王国斌:《转变的中国——历史变迁与欧洲经验的局限》,李伯重、连玲玲译,江苏人民出版社 1998 年版。

38. 王业键:《清代田赋刍论(1750—1911)》,高风等译,人民出版社 2008 年版。

39. 岩井茂树:《中国近世财政史研究》,付勇译,江苏人民出版社 2020 年版。

40. 周锡瑞:《意外的圣地:陕甘革命的起源》,石岩译,香港中文大学出版社 2021 年版。

41. 郝银侠:《抗战时期国民政府田赋征实制度之研究》,华中师范大学博士学位论文,2008 年。

42. 曹春荣:《苏区时期红军筹款自给问题胜论》,《苏区研究》2021 年第 1 期。

43. 曹树基:《国家形象的塑造——以 1950 年代的国家话语为中心》,《上海交通大学学报(哲学社会科学版)》2008 年第 3 期。

44. 陈德军:《抗日战争时期陕甘宁边区的征粮政策与实践(上、下)》,(香港)《二十一世纪》2021 年第 4、5 期。

45. 陈佳:《第五次反"围剿"中松毛岭战役的后勤保障》,《党史研究与教学》2021 年第 6 期。

46. 代雅洁、杨豪:《华北解放区南下干部与南方新区征粮实践研究

(1948—1950 年)》,《安徽史学》2020 年第 4 期。

47. 邓广:《加征与发还:战后初期胶东解放区公粮征收的考察》,《中国农史》2016 年第 2 期。

48. 邓广:《山东解放区的农村财粮征收(1946—1949)》,《近代史研究》2017 年第 1 期。

49. 董佳:《征粮中的农民与国家关系:观察现代中国构建的一个视角——以抗战时期的晋陕根据地为例》,《中共历史与理论研究》2015 年第 2 辑。

50. 郝平:《太行、太岳革命根据地粮食危机及应对》,《安徽史学》2016 年第 6 期。

51. 侯洪波、蔡志彬:《从红军供给部长到新中国的车管部长——记老红军曹昆隆》,《湖南党史月刊》1989 年第 2 期。

52. 黄道炫:《抗战时期中共的权力下探与社会形塑》,《抗日战争研究》2018 年第 4 期。

53. 黄道炫:《革命、裂缝、根据地》,《苏区研究》2017 年第 4 期。

54. 黄惠运:《中央苏区反"围剿"中的群众工作》,《军事历史研究》2014 年第 3 期。

55. 黄珍德、赖勘忠:《广东省全面土地改革前征粮问题初探》,《当代中国史研究》2018 年第 2 期。

56. 黄正林:《抗战时期陕甘宁边区粮食问题研究》,《抗日战争研究》2015 年第 1 期。

57. 黄志高:《地缘·粮食·革命:鄂豫皖苏区的际遇与困境》,《党史研究与教学》2019 年第 5 期。

58. 姜涛:《抗战时期国民党军粮补给的军事近代化困境》,《南京大学学报(哲学·人文科学·社会科学)》2022 年第 3 期。

59. 李成瑞:《抗日战争时期几个人民革命根据地的农业税收制度与农民负担》,《经济研究》1956 年第 2 期。

60. 李成瑞:《第三次国内革命战争时期几个革命根据地的农业税制度》,《经济研究》1958 年第 3 期。

61. 李里峰:《经纪模式的消解:土地改革与赋税征收》,《江苏社会科学》

2005年第6期。

62. 李里峰：《土改结束后的乡村社会变动——兼论从土地改革到集体化的转化机制》，《江海学刊》2009年第2期。

63. 李蕉：《征粮、哗变与民主建政：抗战初期陕甘宁边区治理方式的变革》，《党史研究与教学》2014年第5期。

64. 李淑蘋：《试论晋察冀抗日根据地的救国公粮制度》，《晋阳学刊》2007年第2期。

65. 李铁强：《抗战时期鄂豫边区粮食危机中的政府、士绅与农民》，《党史研究与教学》2012年第5期。

66. 李玉蓉：《从进入山西到立足华北——1937—1940年八路军的粮饷筹措与军事财政》，《抗日战争研究》2017年第4期。

67. 刘大可：《山东解放区的农业互助合作运动》，《东岳论丛》1991年第2期。

68. 刘诗古：《征粮、"春荒"与减租退租：对土地改革的再认识——以1949—1951中南区为中心》，《学术界》2013年第6期。

69. 刘信君、王丽君：《东北解放区粮食问题的应对和解决》，《党的文献》2023年第3期。

70. 刘艳静、王广义：《"一切为了前线"：解放战争时期冀东解放区的支前工作》，《党的文献》2023年第4期。

71. 刘永之：《抗日战争时期解放区的大生产运动》，《新史学通讯》1954年11月号。

72. 刘宗灵、郑祥文：《川陕苏区的粮食供应问题探析》，《苏区研究》2023年第6期。

73. 罗其芳：《川陕苏区军政人员粮食供给问题探究》，《四川文理学院学报》2016年第1期。

74. 邱明华：《中央苏区四次重大筹粮活动的成效、措施及启示之探析》，《苏区研究》2020年第1期。

75. 邱松庆：《略论中央苏区的农业生产》，《中国社会经济史研究》2002年第2期。

76. 石文安：《困境与路径：山东抗日根据地财粮干部队伍建设》，《苏区研究》2024 年第 3 期。

77. 孙超：《米谷与革命：中央苏区后期的资源动员》，《中国农业大学学报(社会科学版)》2020 年第 4 期。

78. 王建华：《群众路线是如何炼成的——基于陕甘宁边区征粮动员的观察视角》，《四川大学学报(哲学社会科学版)》2018 年第 1 期。

79. 王士花：《中共山东抗日根据地的粮食保卫战》，《军事历史研究》2019 年第 4 期。

80. 吴敏超：《战时军粮谁承担？——以国统区叶集军粮案为中心的探讨》，《抗日战争研究》2017 年第 1 期。

81. 谢庐明、李红梅：《保甲与抗战时期浙江的粮食生产与征收——以龙泉县为例》，《民国档案》2018 年第 1 期。

82. 张国琦：《第二次国内革命战争时期红军编成情况》，《近代史研究》1981 年第 2、4 期。

83. 张雷：《1932—1934 年鄂豫皖革命根据地粮食危机探析——兼论红 25 军长征原因》，《军事历史研究》2018 年第 6 期。

84. 张水良：《抗日战争时期解放区军民农业大生产运动》，《厦门大学学报(哲学社会科学)》1965 年第 6 期。

85. 郑康奇：《抗战时期陕西国统区军粮研究》，《经济社会史评论》2019 年第 3 期。

86. 周祖文：《动员、民主与累进税：陕甘宁边区救国公粮之征收实态与逻辑》，《抗日战争研究》2015 年第 4 期。

87. 周祖文：《封闭的村庄：1940—1944 年晋西北救国公粮之征收》，《抗日战争研究》2012 年第 1 期。

88. 朱玉湘：《山东抗日根据地的"合理负担"政策》，《文史哲》1985 年第 3 期。

六、英文版著作论文

1. Barrington Moore, *Social Origins of Dictatorship and Democrarcy: Lord and Peasant in the Making of the Modern World*, Boston: Beacon Press, 1966.

2. B. Borisov and B. T. Koloskov (eds.), *Soviet-Chinese Relations, 1945-1970*, Bloomington: Indiana University Press, 1975.
3. Chalmers Johnson, *Peasant Nationalism and Communist Power: The Emergence of Revolutionary China 1937–1945*, Stanford: Stanford University Press, 1962.
4. Chen Yung-fa, "The Blooming Poppy Under the Red Sun: The Yan'an Way and the Opium Trade", in Tony Saich and Hans Van de Ven (eds.), *New Perspectives on the Chinese Communist Revolution*, New York: Routledge, 2015.
5. Donald G. Gillin, "Problems of Centralization in Republican China: The Case of Ch'en Ch'eng and the Kuomintang", *The Journal of Asian Studies*, Aug., 1970.
6. Franz Schurmann, *Ideology and Organization in Communist China* (Second Edition), Berkeley: University of California Press, 1968.
7. Frederick C. Teiwes and Warren Sun, "From a Leninist to a Charismatic Party: The CCP's Changing Leadership, 1937-1945", in Tony Saich and Hans van de Ven (eds.), *New Perspectives on the Chinese Communist Revolution*, New York: Routledge, 2015.
8. Harold M. Tanner, *Where Chiang Kai-shek Lost China: The Liao-Shen Campaign, 1948*, Bloomington: Indiana University Press, 2015.
9. Joel Krieger (ed.), *The Oxford Companion to Comparative Politics*, Oxford: Oxford University Press, 2013.
10. Lucien Bianco, *Origins of the Chinese Revolution, 1915–1949*, Stanford: Stanford University Press, 1971.
11. Mark Bailey, *The Decline of Serfdom in Late Medieval England*, Woodbridge: The Boydell Press, 2014.
12. Mark Selden, "Yan'an Communism Reconsidered", *Modern China*, Jan., 1995.
13. Martin Wilbur, "The Influence of the Past: How the Early Years

Helped to Shape the Future of the Chinese Communist Party", *The China Quarterly*, Oct.-Dec., 1968.

14. Miguel Angel Centeno, *Blood and Bebt: War and the Nation-State in Latin America*, University Park: Pennsylvania State Univeristy Press, 2002.

15. P.B. Evans, D. Rueschemeyer and T. Skocpol (eds.), *Bringing the State Back In*, Cambridge: Cambridge University Press, 1985.

16. Peter Schran, *Guerrilla Economy: The Development of the Shensi-Gansu-Ninghsia Border Region*, Albany: State University of New York Press, 1976.

17. Philip Selznick, *The Organizational Weapon: A Study of Bolshvik Strategy and Tactics*, New York: McGraw-Hill Book Company, 1952.

18. Roger Chickering, Denis Showalter and Hans van de Ven, *War and the Modern World*, Cambridge: Cambridge University Press, 2012.

19. Steven Levine, *Anvil of Victory: the Communist Revolution in Manchuria, 1945–1948*, New York: Columbia University Press, 1987.

20. Theda Skocpol, *States and Social Revolutions: A Comparative Analysis of France, Russia, and China*, Cambridge: Cambridge University Press, 1979.

21. Thomas Piketty, *Capital in the Twenty-first Century*, Cambridge: The Belknap Press of Harvard University Press, 2014.

22. Tony Saich, *From Rebel to Ruler*, Cambridge: The Belknap Press of Harvard University Press, 2021.

23. Ts'ui-jung Liu and John C. H. Fei, "An Analysis of the Land Tax Burden in China, 1650–1865", *The Journal of Economic History*, Apr., 1977.

24. Wang Yü-ch'üan, "The Rise of Land Tax and the Fall of Dynasties in Chinese History", *Pacific Affairs*, Jun., 1936.

图书在版编目(CIP)数据

新民主主义革命根据地粮食政策与实践研究/陈德军著.--上海：复旦大学出版社,2024.12.--ISBN 978-7-309-17796-1

Ⅰ.F329.06

中国国家版本馆 CIP 数据核字第202444F4A6 号

新民主主义革命根据地粮食政策与实践研究
陈德军　著
责任编辑/黄　丹

复旦大学出版社有限公司出版发行
上海市国权路579号　邮编：200433
网址：fupnet@fudanpress.com　http://www.fudanpress.com
门市零售：86-21-65102580　团体订购：86-21-65104505
出版部电话：86-21-65642845
上海四维数字图文有限公司

开本787毫米×960毫米　1/16　印张17.75　字数264千字
2024年12月第1版
2024年12月第1版第1次印刷

ISBN 978-7-309-17796-1/K·854
定价：78.00元

如有印装质量问题，请向复旦大学出版社有限公司出版部调换。
版权所有　　侵权必究